Reiner Steinweg/Ulrike Laubenthal (Hrsg.)

Gewaltfreie Aktion

Erfahrungen und Analysen

Mit Beiträgen von Martin Arnold, Sruti Bala,
Andreas Buro, Theodor Ebert, Christian Führer,
Hildegard Goss-Mayr, Wolfgang Hertle,
Joachim Heilmann, Matthias Hollerbach, Egbert Jahn,
Ulrike Laubenthal, Jens Magerl, Michael N. Nagler,
Sari Nusseibeh, Uwe Painke, Jörg Rohwedder,
Wiltrud Rösch-Metzler, Jochen Stay, Reiner Steinweg,
Wolfgang Sternstein, Katja Tempel, Konrad Tempel,
Saskia Thorbecke, Roland Vogt, Renate Wanie

W0194053

Brandes & Apsel

Auf Wunsch informieren wir regelmäßig über das Verlagsprogramm:
Brandes & Apsel Verlag, Scheidswaldstr. 22, 60385 Frankfurt am Main,
Germany
Internet: www.brandes-apsel-verlag.de
E-Mail: info@brandes-apsel.de

Das Erscheinen des Buches wurde gefördert von der
Berghof Stiftung für Konfliktforschung GmbH, Berlin

1. Auflage 2011
© Brandes & Apsel Verlag GmbH, Frankfurt am Main
Lektorat: Volkhard Brandes, Frankfurt am Main
Kolektorat: Saskia Thorbecke
DTP: Felicitas Müller, Frankfurt am Main
Umschlaggestaltung: Franziska Gumprecht, Brandes & Apsel Verlag,
Frankfurt am Main
Umschlagfoto: Castorblockade in Harlingen bei Dannenberg, 8. November
2010, picture alliance/dpa/Jochen Lübke
Druck: STEGA TISAK d.o.o., Printed in Croatia
Gedruckt auf einem nach den Richtlinien des Forest Stewardship
Council (FSC) zertifizierten, säurefreien, alterungsbeständigen und
chlorfrei gebleichten Papier.

Bibliografische Information *Der Deutschen Nationalbibliothek*:
Die Deutsche Nationalbibliothek verzeichnet diese Publikation in der Deutschen Nationalbibliografie; detaillierte bibliografische Daten sind im Internet
www.dnb.de abrufbar.

ISBN 978-3-86099-689-8

Inhalt

Vorwort 9

Ulrike Laubenthal / Reiner Steinweg
Kernpunkte der gewaltfreien Aktion
und wo in diesem Band mehr darüber steht 12

I. Beispiele und was sie zeigen

Saskia Thorbecke
Gewaltfreie Aktionen und Kampagnen
aus dreieinhalb Jahrhunderten. Fünfzehn prominente Fälle 21

Hildegard Goss-Mayr
Elemente der Gütekraft,
an Hand von Beispielen erklärt 38

Gewaltfreie Aktion in innergesellschaftlichen Konflikten

Egbert Jahn
Gewaltfreier Widerstand in parlamentarischen Demokratien.
Die Erfahrungen Martin Luther Kings
und der amerikanischen Bürgerrechtsbewegung 52

Christian Führer
Das Wunder der Gewaltlosigkeit.
Über das Ende der DDR 66

Roland Vogt
Wie mit gewaltfreiem Widerstand in 17 Jahren
ein Luft-Boden-Schießplatz der Bundeswehr
in der Kyritz-Ruppiner Heide verhindert wurde 75

Jens Magerl
Die Farben des Atomwiderstandes.
Eine Reflexion aus dem Wendland 84

Katja Tempel
Eine Aktion gegen den Anbau von Gen-Mais im Wendland 92

Wolfgang Sternstein
»Bei Abriss Aufstand« – die Schwaben proben die Revolution.
Stuttgart 21: Gewaltfreie Aktionen und Ziviler Ungehorsam 96

Reiner Steinweg
Gewaltfreiheit beim Umbruch
in den arabischen Ländern 108

Joachim Heilmann / Matthias Hollerbach / Jörg Rohwedder
SprecherInnenrat: Am Misthaufen bei der roten Fahne 112

Gewaltfreie Aktion in internationalen Konflikten

Sruti Bala
»Unsere Waffe ist die Beharrlichkeit«
Auftreten, Konzept und Aktivitäten der gewaltfreien
paschtunischen Armee der Khudai Khidmatgar (1929-1948) 119

Ulrike Laubenthal
Gewaltfreie Aktionen gegen den Golfkrieg 1991 126

Sari Nusseibeh
Wie die Al Quds-Universität in Ost-Jerusalem
vor der Zerstückelung bewahrt wurde 137

Wiltrud Rösch-Metzler
Ein Schiff für Gaza –
Eine internationale gewaltlose Aktion für ein Ende der Blockade 141

Reiner Steinweg
Internationale gewaltfreie Aktionen: Erfordernisse
in hochkomplexen Konflikten. Was aus der Katastrophe
auf der »Mavi Marmara« im Mai 2010 zu lernen ist   147

II. Auf den Punkt gebracht

Theodor Ebert
Lexikalisches Stichwort »Gewaltfreie Aktion«   159

Clara Wichmann
Antimilitarismus und Gewaltfreiheit   169

Andreas Buro
Meine Erfahrungen mit den »Satyagraha-Normen«
von Johan Galtung und Arne Næss nach Gandhi   174

Martin Arnold
Gütekraft: Zur Wirkungsweise gewaltfreier Aktionen   186

Jochen Stay
Fünf Thesen zu den Erfolgsbedingungen
eines massenhaften Zivilen Ungehorsams   205

III. Zur Vorbereitung gewaltfreier Aktionen

Uwe Painke
Trainings für Gewaltfreiheit. Ein historischer Streifzug   209

Konrad Tempel
Das »Handwerk der Gewaltfreiheit« lernen:
Hindernisse und Ansätze zu ihrer Überwindung   223

Ulrike Laubenthal
Trainingsangebote und Kontaktadressen   230

IV. Kritisches

Michael N. Nagler
Die Gaza-Blockade kann nur durch prinzipientreuen
gewaltfreien Widerstand überwunden werden 239

Egbert Jahn
Mit gewaltlosen Techniken für unrechte Ziele? 247

Renate Wanie
Neun Thesen für die Weiterarbeit nach Straßburg 254

Wolfgang Hertle
Stärke durch Vielfalt – Einheit durch Klarheit.
Rückblick auf Zivilen Ungehorsam und gewaltfreien Widerstand
in Deutschland und Frankreich seit den 1970er Jahren
und Schlussfolgerungen für die Zukunft 256

Ulrike Laubenthal
Wie bildet man eine Vereinigung mit Gewissen?
Ziviler Ungehorsam in Massen 268

Reiner Steinweg
Bibliografie 283

Editorisches Nachwort 285

Die Autorinnen und Autoren 286

Vorwort

E s ist anderthalb Jahrzehnte her, dass im deutschsprachigen Raum ein Sammelband erschienen ist, der die Gewaltfreie Aktion, die Erfahrungen, die damit gemacht wurden, und aktuelle Ergebnisse der Forschung vorstellte.[1] In diesen anderthalb Jahrzehnten ist jedoch auf diesem Gebiet, von der Öffentlichkeit zunächst kaum wahrgenommen, viel geschehen. Die langjährige Arbeit einer Reihe von Trainingskollektiven für Gewaltfreie Aktion seit den 1980er Jahren (siehe die Beiträge von *Painke* und *Laubenthal*) beginnt, Früchte zu tragen. In Deutschland haben sich – insbesondere im Widerstand gegen die Atomenergie und die ungesicherte Endlagerung radioaktiven Materials – große, effiziente Strukturen entwickelt, die gewaltfreie Aktionen vorbereiten (siehe die Beiträge von *Hertle, Magerl* und *Stay*). Mehrere Bildungsstätten bilden AktivistInnen und TrainerInnen aus, und es gelingt im Inland zunehmend, auch Massenaktionen gewaltfrei zu gestalten *(Laubenthal, Trainings).*

Bei *internationalen* gewaltfreien Aktionen dagegen erweist sich dies immer noch als schwierig *(Rösch-Metzler, Steinweg, Wanie* und *Hertle)* – ein Befund, den wir nicht achselzuckend hinnehmen möchten.

In der zweiten Hälfte des Jahres 2010 und im Frühjahr 2011, als die Vorbereitungen für diesen Band in die Endrunde gingen, ist die gewaltfreie Kampfform zeitweise in das Zentrum öffentlicher Aufmerksamkeit gerückt: durch die bisher größte Aktion gegen die Castor-Transporte *(Magerl)* wie auch durch die monatelangen, breit gefächerten und fantasievollen Protestaktionen gegen die Verlegung des Stuttgarter Bahnhofs unter die Erde, die im Zusammenhang mit der Atomkatastrophe von Fukushima zu einem politischen Erdrutsch bei den baden-württembergischen Landtagswahlen geführt haben *(Sternstein)*; und schließlich durch die weitgehend gewaltfreien Revolutionen in Tunesien und Ägypten. Deren Verlauf war keineswegs spontan. Gerade im arabischen Raum orientierte man sich an den Schriften des US-amerikanischen Nestors der Gewaltfreiheitsforschung, Gene Sharp *(Steinweg)*.

Gleichzeitig ist unübersehbar, dass trotz der wachsenden politischen Bedeutung dieser Form demokratischer politischer Willensbildung *(Jahn)* die Kennt-

---

[1] Günther Gugel: Wir werden nicht weichen. Erfahrungen mit Gewaltfreiheit. Tübingen: Verein für Friedenspädagogik 1996

9

nis ihrer großen Traditionen und der intensiven Forschung dazu weitgehend vergessen ist. Die Namen Gandhi, Martin Luther-King oder Nelson Mandela kennt man zwar und verbindet damit den Verzicht auf Gewalt, aber selbst ihre bedeutsamsten Kampagnen sind – außer in Verbänden wie *Pax Christi* und dem *Internationalen Versöhnungsbund* – kaum bekannt.

Deshalb eröffnen wir den *ersten Teil des Buches* mit einer Kurzbeschreibung prominenter Beispiele Gewaltfreier Aktion. Niemand kann auf so viel Erfahrung mit gewaltfreien Aktionen auf nahezu allen Kontinenten zurückblicken wie die *grand old lady* der Gewaltfreiheit, *Hildegard-Goss-Mayr*. Ihr Aufsatz ist eine Art *summa* der dabei gemachten politischen Lebenserfahrungen. Die anschließenden sieben Beiträge geben in historischer Abfolge Einblick in einige Fälle, die für Mitteleuropa besondere Bedeutung gewonnen haben: die US-amerikanische Bürgerrechtsbewegung, gespiegelt in den Erfahrungen beim jahrelangen Widerstand gegen die Startbahn West des Frankfurter Flughafens *(Jahn)*, das Ende des Staatssozialismus im Osten Deutschlands *(Führer)*, der erfolgreiche Widerstand gegen die Fortführung eines sowjetischen Luft-Boden-Schießplatzes nach der Wende *(Vogt)*, die Vielfalt des antiatomaren Widerstandes rund um die geplante Endlagerstelle für Atommüll in Gorleben *(Magerl)* sowie gegen Gen-Mais-Anbau *(Katja Tempel)* und Stuttgart 21 *(Sternstein)*. Anschließend beschreiben und reflektieren drei Beteiligte an den Anti-Castor-Aktionen die Erfahrungen, die dabei mit Basisdemokratie und Konsensprinzip gemacht wurden *(Heilmann u.a.)*.

Aus den gewaltfreien Aktionen, die sich auf Konflikte zwischen zwei oder mehr Völkern beziehen, greift der Band vier heraus: den Kampf der paschtunischen »Rothemden« unter Abdul Ghaffar Khan gegen die britische Besatzung in den 1930er Jahren *(Bala)*, die Versuche, durch gewaltfreies Eingreifen den Golfkrieg von 1991 zu verhindern *(Laubenthal)*, ein gelungenes Beispiel gewaltfreien palästinensischen Widerstands gegen den israelischen Mauerbau *(Nusseibeh)* und den Versuch vom Mai 2010, mit sechs Schiffen die israelische Blockade des Gaza-Streifens zu durchbrechen *(Rösch-Metzler, Steinweg)*.

Im *zweiten Teil* geht es zunächst um Definitionen und Basisfakten *(Ebert)* sowie um immer wiederkehrende Grundfragen an die Gewaltfreiheit, die bereits 1919 erstaunlich klar und pointiert beantwortet wurden *(Wichmann)*. Die Wiederentdeckung eines der wichtigsten, in Deutschland nie rezipierten Werkes der Gandhi-Forschung *(Buro)* und die Essenz einer über 1.000 Seiten umfassenden neueren Arbeit zu den Wirksamkeitsgründen der Gewaltfreiheit *(Arnold)* gehören zu den Höhepunkten des Bandes, obwohl sie in gewisser Hinsicht Gegensätze darstellen. Das Ende dieses Teils bildet eine erfahrungsgestützte Auflistung der Faktoren, die gegeben sein müssen, um auch massenhaften gewaltfreien Widerstand zum Erfolg führen zu können (Stay). Der *dritte Teil* gilt dem seit jeher wichtigen Aspekt der Vorbereitung auf gewaltfreie Aktionen *(Painke, Tempel, Laubenthal).*

Besondere Fragen ergeben sich da, wo Menschen, die der Gewaltfreiheit skeptisch oder ablehnend gegenüber stehen, gemeinsam mit AnhängerInnen einer prinzipiellen Gewaltfreiheit agieren. Diesen Fragen widmen sich die Beiträge im *vierten Teil (Nagler, Jahn, Wanie, Hertle).* Dabei geht es auch um eine alte Kontroverse: Muss Gewaltfreiheit als Prinzip alle Lebensbereiche durchdringen oder genügt es und ist es sogar wirksamer, wenn sie lediglich *strategisch* als wirksamstes Mittel eingesetzt wird? Der abschließende Beitrag skizziert Bedingungen, die der Gewaltfreien Aktion nicht nur zu einzelnen Erfolgen verhelfen, sondern die Gesellschaft insgesamt in eine andere, von erheblich weniger Gewalt gekennzeichnete Zukunft führen könnten *(Laubenthal).*

Weltweit sind Menschen gewaltfrei aktiv und gerade in den letzten Jahren sind viele neue Aktionsformen entwickelt worden. Ein Überblick über gewaltfreie Aktionen im ersten Jahrzehnt des 21. Jahrhunderts würde allein ein Buch füllen. Jenseits eines Anspruchs auf Vollständigkeit sollen die Beispiele im vorliegenden Band Prinzipien, Methoden und Wirkungsweise gewaltfreier Aktionen erhellen.

»Gewaltfreiheit ist die stärkste Waffe, die der Menschheit in die Hand gegeben ist.« (Gandhi) Möge das vorliegende Buch dazu beitragen, diese Waffe für immer mehr Menschen verfügbar zu machen.

ULRIKE LAUBENTHAL / REINER STEINWEG

Kernpunkte der Gewaltfreien Aktion
und wo in diesem Band mehr darüber steht

*G*ewaltfreie Aktion oder Gütekraft-Aktion als grundsätzliche Alternative zu passivem Erleiden oder gewaltsamen Änderungsversuchen ist mit »Verzicht auf die Anwendung von Gewalt« nur sehr unzureichend beschrieben. Im Folgenden haben wir einige Einsichten aus den Beiträgen dieses Bandes, die uns besonders wichtig erscheinen, in eine Kurzform gebracht. Diese Kernsätze sollen und können die Lektüre der einzelnen Beiträge nicht ersetzen, im Gegenteil: Sie sollen neugierig auf den Kontext machen, dem sie entnommen sind, und Querverbindungen zwischen den Beiträgen sichtbar machen. Daher wird unter jedem Absatz auf die entsprechenden Beiträge verwiesen; die Zahl nach dem Namen gibt die Seite an, auf der der entsprechende Beitrag beginnt. Selbstverständlich gibt es dort noch vieles zu entdecken, was hier ausgespart werden musste, und sicher würden die AutorInnen selbst noch viele andere Aspekte als »zum Kern gehörig« auswählen.

Uns kam es darauf an, einen ersten Überblick über zentrale Gesichtspunkte zu geben, die bei der Planung und Durchführung wie auch bei der gedanklichen Durchdringung dieser politischen Kampf- und Auseinandersetzungsform zu berücksichtigen sind. Dass dabei auf die berichtenden Beiträge seltener als auf die analytischen verwiesen wird, liegt in der Natur der Sache. Doch wenn ein theoretisches Verständnis der Gewaltfreiheit das Salz in der Suppe ist, so ist die gewaltfreie Praxis die nährende Suppe selbst. Praktische Erfahrungsberichte nehmen deshalb in diesem Band einen großen Raum ein und bilden die Grundlage für alle Theorie.

Wir freuen uns, wenn diese Kernpunkte weite Verbreitung finden.

Auslöser, Anlässe, Ziele

Gewaltfreie Aktionen wenden sich gegen erlebtes oder geplantes *Unrecht* bzw. gegen Entscheidungen und Maßnahmen, die die Lebensqualität, die Unversehrtheit oder/und die Freiheit vieler Menschen beinträchtigen oder stark bedrohen. Ihr Ziel ist zunächst die Dramatisierung von bis dahin wenig beachteten Konflikten und darüber die Veränderung politischer Verhältnisse oder Entscheidungen, sie richten sich niemals gegen die Personen, die diese Verhältnisse herbeigeführt haben oder unterstützen. Es geht um die Befreiung aus Passivität, Hilf- und Wehrlosigkeit, Unterwürfigkeit und Angst ohne Unterdrückung der Unterdrücker. Das Ziel ist nicht, den Gegner zu vernichten oder zu demütigen. Er soll nach und nach gewonnen und überzeugt werden. Dazu muss die Solidarität aller direkt und indirekt Betroffenen ermöglicht werden.

Nach- und weiterlesen bei: Goss-Mayr 38, Jahn 52, Sternstein 96, Tempel 92, Ebert 159, Wichmann 169, Arnold 186, Nagler 239, Hertle 256.

Menschenbild, politisches Grundverständnis, Weltsicht

Gewaltfreie Aktionen beruhen auf dem Widerstandsrecht gegen Unrecht und gegen Gesetze, die das Unrecht stützen, selbst wenn sie in repräsentativen Demokratien formal korrekt zustande gekommen sind. Die Wahrnehmung dieses Rechts zielt niemals darauf ab, die Rechtsordnung an sich anzugreifen oder zu beseitigen, sondern im Gegenteil, ihr auch in solchen Punkten zur Geltung zu verhelfen, in denen sie von den jeweils Mächtigen oder von Mehrheiten verletzt und ein »Leben in Fülle für alle« verhindert wird. Die vielfältigen, Gewalt mit sich bringenden Probleme einer Gesellschaft werden als komplex zusammenhängende Teile eines Gesamtsystems verstanden.

Dazu: Thorbecke 21, Goss-Mayr 38, Sternstein 96, Hertle 256.

Gewaltfreien Aktionen liegt ein tiefer Glaube an die Zukunft zugrunde und die Gewissheit, dass die Zuflucht zur Gewalt letztlich immer zu gesellschaftlichen Rückschritten führt. Er hat seinen Ursprung in ansonsten höchst unterschiedlichen Religionen. Gewaltfreies Handeln hat daher für viele einen transzendentalen Aspekt, ohne indessen die AktivistInnen auf eine religiöse Praxis zu verpflichten. Die Prinzipien der Gewaltfreien Aktion sind auch anwendbar ohne spirituelle oder transzendentale Orientierung; diese können in säkularen Gesellschaften, wenn zu stark betont, sogar hinderlich sein. In jedem Fall beruht gewaltfreies Handeln auf der Annahme, dass *alle* Menschen, auch die, die bösartig, abgefeimt, niederträchtig oder oberflächlich handeln oder erscheinen, in einem Winkel ihres Herzens zu Wohlwollen und Gerechtigkeit neigen.

Dazu: Goss-Mayr 38, Jahn 52, Bala 119, Wichmann 169, Arnold 186, Tempel 223.

Grundhaltungen

Das Verhalten gewaltfreier AktivistInnen ist von Wahrheitsliebe, Offenheit, geistiger Streitbarkeit und zugleich von der Einsicht geprägt, dass dem Bösen mit Gewalt nicht beizukommen ist. Aus Respekt vor der Freiheit des Menschen sind sie überzeugt, dass sie Leiden nur sich selbst, nicht aber dem Gegner aufbürden dürfen, und dass gerade auch ihm gegenüber Großmut und Wohlwollen geboten ist. Der gewaltfrei Handelnde fühlt sich mit dem Gegner als entfremdetem Menschen solidarisch und ist daher stets zum Dialog mit ihm bereit. Selbst wenn der Gegner droht, wird er als Mensch gesehen. Auch für ihn gelten die Menschenrechte.

Dazu: Thorbecke 21, Goss-Mayr 38, Jahn 52, Bala 119, Ebert 159, Wichmann 169, Arnold 186, Laubenthal 268.

Gewaltfreie AktivistInnen sind nicht nur im sichtbaren Verhalten, sondern auch innerlich, im Denken und Fühlen bemüht, sich nicht zu Gewalttätigkeit hinreißen zu lassen und Kritik stets durch konstruktives Denken und Verhalten zu ergänzen. Sie wissen, dass jede Beimischung von Gewalt, und sei es auch nur in geringer Dosis, die Tür zur gewalttätigen Eskalation öffnet. Schwierige Fragestellungen ergeben sich deshalb beim gemeinsamen Agieren mit Gruppen, die sich der Gewaltfreiheit nicht verpflichtet fühlen.

Dazu: Jahn 52, Vogt 75, Magerl 84, Arnold 186, Nagler 239, Wanie 254, Hertle 256, Laubenthal 268.

Zugleich sind sich gewaltfreie AktivistInnen der Relativität der eigenen Wahrheit und der eigenen Gerechtigkeitsvorstellungen bewusst, sie sind daher bescheiden und bereit, Fehler auch dann öffentlich einzugestehen, wenn es vorübergehend Nachteile bringt. Die Einnahme einer Opferhaltung ist ihnen fremd.

Dazu: Jahn 52, Ebert 159, Buro 174, Arnold 186.

Mittel und Formen gewaltfreier Aktionen

Die Mittel der gewaltfreien Aktionen entsprechen diesen Grundhaltungen: Die AktivistInnen versuchen, das Gewissen der GegnerInnen, jedes und jeder einzelnen, und derer, die sie stützen oder tolerieren, anzusprechen. Dies geschieht selbstbewusst, aber nicht feindlich, sondern wohlwollend und auf eine Weise, die den GegnerInnen zeigt, dass man ihnen Einsicht und entsprechendes Handeln zutraut. Das setzt eine vorangehende seelische Selbstreinigung der Akti-

14

vistInnen oder Formen gemeinschaftlicher Vergewisserung der eigenen Werte voraus, vor allem aber eine sorgfältige, auch selbstkritische politische Analyse und eine große Beharrlichkeit. Auch im Umgang untereinander entwickeln gewaltfreie AktivistInnen Formen der Auseinandersetzung und Entscheidungsfindung, die auf Respekt vor den Bedürfnissen, Einsichten und Werten der Einzelnen beruhen.

Dazu: Goss-Mayr 38, Vogt 75, Heilmann u.a. 112, Bala 119, Laubenthal 126, Steinweg 147, Arnold 186, Laubenthal 268.

Gewaltfreie Aktionen reichen von Demonstrationen, die dem Gegner zeigen, dass er dabei ist, die Massenlegitimation zu verlieren, über Formen der Nichtzusammenarbeit, kombiniert mit der Einrichtung von Parallelinstitutionen und verschiedenen Streikformen bis hin zum Zivilen Ungehorsam und zur zivilen Usurpation bestimmter gesellschaftlicher Funktionen und Rollen, also zur bewussten Übertretung von Gesetzen, und notfalls zum Massenwiderstand gegen den Einsatz staatlicher Gewaltinstrumente.

Dazu: Ebert 159, Arnold 186.

Alle diese, oft auch kulturspezifisch geprägten Aktionsformen sind kein Selbstzweck, sondern dienen der Solidarisierung der großen Mehrzahl der Betroffenen, z.B. indem man sie motiviert, öffentlich Position zu beziehen. AdressatInnen sind dabei u.a. diejenigen, die zwar »gegen Gewalt« sind, sich aber noch nicht zu aktivem gewaltfreiem Handeln durchringen können. Wichtig sind hierzu klare, begrenzte Ziele und dass das Spektrum der gewählten Aktionsformen auch Beteiligungsmöglichkeiten für Menschen bietet, die keinen Zivilen Ungehorsam leisten wollen oder – z.B. mit Rücksicht auf ihre Familie – können. Durch das Schaffen geeigneter Rahmenbedingungen werden auch Massenaktionen Zivilen Ungehorsams möglich.

Dazu: Tempel 92, Sternstein 96, Bala 119, Nusseibeh 137, Stay 205, Tempel 223, Nagler 239.

Letztlich geht es darum, zu einem Dialog zu kommen. Das wird erleichtert durch ein Reframing, einen anderen Rahmen für das Verständnis des Konflikts: Neue Aspekte, übergreifende Gemeinsamkeiten treten in den Vordergrund. Konstruktive eigene Beiträge zur Problemlösung und kreative Alternativen zum Bestehenden machen die eigenen Intentionen in positiver Weise sichtbar, »ermächtigen« die AkteurInnen und können die Dialogbereitschaft des Gegners erhöhen.

Dazu: Goss-Mayr 38, Vogt 75, Arnold 186, Laubenthal 268.

Eine zentrale Rolle spielt bei aller Vielfalt der Formen, die in jeder Aktion wie in einem Laboratorium situationsbezogen weiterentwickelt werden *(lear-*

ning by doing), ihre Symbolsprache. Sie ist daher vorab sorgfältig zu planen und immer wieder zu überprüfen. Verstärkend wirkt, wenn eigene persönliche Nachteile klaglos in Kauf genommen und die Aktionsvorhaben offen angekündigt werden. Der Gegner wird weder getäuscht noch überrumpelt, und seine Schwächen werden nicht ausgenutzt. Das Judo-Prinzip, Schläge des Gegners ins Leere laufen zu lassen und seine Kraft für die eigenen Zwecke zu nutzen, wird auf die Politik übertragen. Es wird sorgfältig vermieden, dem Gegner einen Gesichtsverlust zuzufügen, weil dies die Schwelle zum unbeschränkten Verlangen nach Zerstörung um jeden Preis ist.

Dazu: Thorbecke 21, Führer 66, Sternstein 96, Bala 119, Nusseibeh 137, Ebert 159, Wichmann 169, Buro 174, Nagler 239, Laubenthal 268.

Zugleich achten die AktivistInnen auch auf ihre *eigenen Kräfte*, indem sie rechtzeitig Pausen einlegen, feiern oder auf andere Weise die eigene Kraft nähren. Denn häufig können die Ziele nicht in einer einmaligen Aktion erreicht werden, sondern nur in langen, manchmal Jahrzehnte dauernden Kampagnen.

Dazu: Goss-Mayr 38, Vogt 75.

Insgesamt kann man die Mittel der Gewaltfreien Aktion auf die Formel bringen: »Paroli bieten und zugleich Vertrauen aufbauen.« Dabei gilt die Grundregel, dass die Mittel dem Ziel entsprechen müssen, es vorwegnehmen. Anders ausgedrückt: Der »Weg« enthält an jeder Stelle das Ziel.

Dazu: Wichmann 169, Laubenthal 268.

Ethik, Taktik, Strategie

Alle herausragenden AkteurInnen und DenkerInnen der Gewaltfreien Aktion haben über die Verwendung einzelner Mittel hinaus auch strategisch gedacht, manche wie etwa Gene Sharp sogar vorrangig, d.h. sie haben Rahmenbedingungen einer Aktion, den Gesamtzusammenhang, die Kräfteverhältnisse, gesellschaftliche, religiöse und politische Traditionen oder Grundströmungen und das Ansehen bestimmter Autoritäten oder das Zusammenwirken mit anderen Ansätzen wie etwa legale Demonstrationen und juristische Schritte bei ihren Vorhaben in Rechnung gestellt. Es ist ein allgemeiner strategischer Grundsatz, einen Gegner nicht dort anzugreifen, wo er am stärksten ist (im Fall der Konfrontation mit einem Staat: seine Gewaltapparate). Generell geht es bei gewaltfreien Aktionen wie bei militärischen oder quasimilitärischen Einsätzen um Machtentfaltung.

Dazu: Vogt 75, Steinweg 108, Arnold 186, Stay 205, Wanie 254.

Die Linien des strategischen und des ethischen Denkens nähern sich im Fall von Gewaltfreien Aktionen und Zivilem Ungehorsam jedoch tendenziell einander an. Denn Haltungen und Verhaltensweisen, die vom Gegner als nur strategisch oder gar taktisch motiviert durchschaut werden können, verlieren einen Teil ihrer Wirkung bzw. erzeugen nicht mehr eine so starke Resonanzdynamik.

Dazu: Ebert 159.

Daher bleibt die Zusammenarbeit zwischen Gruppen, die ihr gewaltfreies Handeln ethisch und grundsätzlich begründen, mit solchen, die ihr momentanes gewaltfreies Handeln eher als Taktik begreifen (»kommt gerade besser an«) und sich den Einsatz von Gewaltmitteln in anderen Situationen vorbehalten, eine Gratwanderung. Es gibt jedoch gute Gründe dafür, sie unter bestimmten Bedingungen immer wieder zu versuchen – nicht nur wegen der momentanen Wirkung einer Aktion, sondern auch, weil gelingende gewaltfreie Aktionen ein wichtiges Lernfeld für die Mitglieder auch solcher Gruppierungen sind, sofern ihre Mitglieder nicht ethisch abgewertet werden.

Dazu: Magerl 84, Rösch-Metzler 141, Steinweg 147, Buro 174, Wanie 254, Hertle 256.

Ein besonders wichtiges strategisches Werkzeug gewaltfreier Strategieplanung ist die »Große Kette der Gewaltfreiheit«. Oft bezieht diese Kette eine Solidarisierung von Menschen ein, die sich oder ihren bürgerlichen Status etwa durch Akte des Zivilen Ungehorsams nicht gefährden wollen oder aus familiären Rücksichten können. Die Qualität von massenhaften Gewaltfreien Aktionen bemisst sich darin, wie viel mehr Menschen in den nächsten Monaten aktiv werden. Deshalb ist eine allzu starke Polarisierung der Gesellschaft zu vermeiden, aber auch, weil sie leicht in Gewalthandlungen umschlagen kann.

Dazu: Magerl 84, Sternstein 96, Laubenthal 126, Ebert 159, Wanie 254.

Die Notwendigkeit der Vorbereitung

Ob eher strategisch oder eher ethisch motiviert: Gewaltfreie Aktionen bedürfen in jedem Fall und seit jeher einer sorgfältigen Vorbereitung. Das gilt auch für Großdemonstrationen.

Dazu: Laubenthal 126 und 230, Steinweg 108 und 147, Stay 205, Painke 209, Tempel 213, Nagler 239, Wanie 254.

Sowohl unsere biohistorische Ausstattung als auch unsere gesellschaftliche Prägung legen in Bedrohungssituationen eine Wahl zwischen den Grundmus-

17

tern »Flucht« oder »Angriff« nahe. Aber historische und gegenwärtige Beispiele beweisen, dass ein dritter Weg möglich ist.
Dazu: Thorbecke 38, Bala 119, Steinweg 108.

Trainings für gewaltfreies Handeln schaffen einen sicheren Raum, in dem wir diesen dritten Weg in Rollenspielen und Übungen ausprobieren und reflektieren können; dabei werden neue Handlungsoptionen erprobt und in unser Repertoire aufgenommen. Kernkompetenzen wie Aufmerksamkeit, Gelassenheit, Beharrlichkeit, Dialogfähigkeit und Selbstverantwortung können in Trainings erworben und psychophysisch verankert werden. Trainingsarbeit ist kulturabhängig bzw. weist kulturspezifische Unterschiede auf.
Dazu: Painke 209, Nagler 239.

Zu den notwendigen Rahmenbedingungen gewaltfreier Aktion gehört eine tief verankerte Überzeugung von der Richtigkeit und Notwendigkeit dieses Vorgehens. Sie kann durch eine spirituelle Vorbereitung erzielt werden. Aber auch ein streng strategisch orientiertes Denken kann zu dem gleichen Ergebnis führen.
Dazu: Goss-Mayr 38, Steinweg 108.

18

I

BEISPIELE UND WAS SIE ZEIGEN

SASKIA THORBECKE

Gewaltfreie Aktionen und Kampagnen aus dreieinhalb Jahrhunderten. Fünfzehn prominente Fälle

*U*nter den Hunderten von Beispielen für gewaltfreie Aktionen gegen Ungerechtigkeit, Unterdrückung, Diskriminierung, lebensbedrohende oder die
*Lebensqualität von Bevölkerungsteilen drastisch einschränkende Maßnahmen
haben wir für den folgenden Beitrag exemplarisch fünfzehn ausgewählt. Sie
haben entweder über die betreffende Region hinaus und manchmal weltweit
Aufsehen erregt, Wirkung gezeigt und Maßstäbe gesetzt, oder sie sind durch
die gewählten Aktionsformen bemerkenswert. Eine weitere Auswahl herausra-
gender gewaltfreier Aktionen ist am Ende des Beitrags mit Literaturverweisen
aufgelistet.*

*Weil die meisten Beiträge des vorliegenden Bandes gewaltfreien Aktionen
und zivilem Ungehorsam in Deutschland gelten, wird in diesem Beitrag nur
ein einziges deutsches Beispiel dargestellt. Da an anderer Stelle behandelt,
wird auch die gewaltfreie Bewegung der Khudai Khidmatgar der 1930er Jahre
mit Abdul Ghaffar Khan im heutigen Pakistan, die angesichts der gegenwärtigen Islamdebatte von besonderem Interesse ist, ausgespart (dazu Bala im vorliegenden Band). Ausgespart werden ferner Aktionen, die zur »Sozialen Verteidigung« gegen Aggressoren von außen zu rechnen sind, z.B. der gewaltfreie
Widerstand der norwegischen LehrerInnen gegen die Zwangsmitgliedschaft in
der Quislingpartei 1942 oder der Widerstand gegen die Besetzung der Tschechoslowakei 1968.*

*Die Darstellung ist im Stil eines lexikalischen Überblicks gehalten. Das ist
auch als Vorschlag an die Redaktionen der großen Nachschlagewerke zu verstehen, die bisher fast nichts zu diesem Thema enthalten. Diese Form erlaubt
es allerdings in der Regel nicht, den jeweiligen politisch-historischen Zusammenhang und weitere oder anders aufgezogene Aktionen zur gleichen Streitfrage bzw. im Zuge der gleichen Kampagne darzustellen. Dazu ist Genaueres
jeweils in den angegebenen Werken nachzulesen. Einleitend werden die vier
wichtigsten Denker der Gewaltfreiheit seit dem 19. Jahrhundert vorgestellt,
darauf folgen die fünfzehn »prominenten Fälle«.*

Der amerikanische Naturphilosoph *Henry David Thoreau* (geb. 12. Juli 1817, gest. 6. Mai 1862 in Concord, Massachusetts), Pionier für Umweltschutz und alternative Lebensweisen, gilt als geistiger Begründer des bürgerlichen Ungehorsams. Er hebt das Widerstandsrecht des Einzelnen gegen ungerechte Gesetze des Staates hervor. Als Gegner der Sklaverei verweigert er seine Steuerzahlungen und geht (für einen Tag – eine Verwandte zahlt seine Kopfsteuer) ins Gefängnis, da er den Staat Massachusetts wegen seiner Sklavereigesetze nicht anerkennen kann (Thoreau 2010; Klumpjan 1987, 100ff.; Feldhoff 1989, 48ff.). Der russische Schriftsteller Lew Nikolajewitsch Graf Tolstoi (geb. 9. September 1828 in Jasnaja Poljana, gest. 20. November 1910 in Astapowo) spricht sich als einer der ersten gegen den Wehrdienst aus. Jegliche Gewalt stehe im Gegensatz zum Christentum. Sein Maßstab ist die Bergpredigt. Er lehnt grundsätzlich jede Form von Staat ab, da er den Frieden zwischen den Völkern künstlich störe (»christlicher Anarchismus«). Aus der Bergpredigt leitet er u.a. das Gebot ab, sich nicht mit Gewalt dem Bösen zu widersetzen. Über alle Tugenden stellt er die Wahrhaftigkeit und erhebt sie zur obersten Handlungsmaxime (Kessler 1987, 96ff.).

Der Anwalt und Führer der indischen gewaltfreien Unabhängigkeitsbewegung *Mohandas Karamchand Gandhi* (geb. 2. Oktober 1869 in Porbandar, gest. 30. Januar 1948 in Neu-Delhi) entwickelt seine Handlungstheorie im zwei Jahrzehnte währenden Kampf gegen die Rassendiskriminierung der indischen Bevölkerung in den südafrikanischen Kolonialgebieten Großbritanniens (Gandhi 1977, 94ff., 270). Grundlegend für sein politisches Wirken ist das Streben nach der Wahrheit, »Satjāgrah«, d.h. die Wahrheit verteidigen, indem man nicht dem Gegner Leiden aufbürdet, sondern höchstens sich selbst, um den anderen durch Geduld und Sympathie von seinem Irrtum abzubringen. Er stimmt mit Thoreaus Prinzipien des bürgerlichen Ungehorsams überein, dehnt die individuelle Verweigerung aus Gewissensgründen jedoch weiter aus und organisiert Massenkampagnen mit einer größtmöglichen Öffentlichkeit (Rothermund 1997, 498). Besonders beeindruckt hat Gandhi Tolstois Werk »Das Reich Gottes ist in Euch« (1894/1995). Er teilt seine Einstellung zur Gewaltlosigkeit und seine Liebe zur Wahrheit, die er in Briefen mit Tolstoi erörtert (Fischer 1983, 51ff.; Murthy 1987; Gandhi 2011, Bd. 5, i.V.).

Der amerikanische Baptistenpastor *Martin Luther King jr.* (geb. 15. Januar 1929 in Atlanta, Georgia, gest. 4. April 1968 in Memphis, Tennessee) führt bis zu seiner Ermordung die US-Bürgerrechtsbewegung in den 1960er und 1970er Jahren zu zahlreichen Erfolgen (King 1984). Darüber hinaus fordert er das Ende des Vietnamkriegs, ruft zur Wehrdienstverweigerung auf und kämpft gegen die weltweite Aufrüstung (Oates 1986). Thoreau und Gandhi haben sein Wirken maßgeblich beeinflusst. Zu seinem Denken siehe den Beitrag von Egbert Jahn im vorliegenden Band.

(1)   Der Kampf der Quäker für Religionsfreiheit in Boston 1656-1682
1656 belegt der Oberste Gerichtshof der Puritanerkolonie Massachusetts jeden, der einen Quäker oder eine Quäkerin in die Kolonie bringt oder beherbergt, mit hohen Geldstrafen. Einreisende QuäkerInnen, die trotzdem ins Land kommen, werden inhaftiert, gefoltert und deportiert. Da sie die Verbannung vielfach ignorieren, gilt für RückkehrerInnen ab 1659 die Todesstrafe. Dennoch reisen viele von ihnen wiederholt ein, um ihre religiösen Auffassungen öffentlich zu vertreten, so auch eine dreiköpfige Gruppe um Mary Dyer. Nach Exekution ihrer Begleiter und eigener Begnadigung direkt nach ihrer »Scheinhinrichtung« kehrt sie zum vierten Mal nach Boston zurück und weigert sich, die Kolonie endgültig zu verlassen. Sie wird 1660 hingerichtet. Dies ist der dramatische Höhepunkt einer regelrechten gewaltfreien Masseninvasion von QuäkerInnen, die z.T. in selbstgebauten Schiffen den Atlantik überqueren, um in Neuengland für Religionsfreiheit zu protestieren. Die wachsende Solidarisierung der Bostoner BürgerInnen mit den gewaltfreien QuäkerInnen verhindert in den folgenden Jahren die Vollstreckung weiterer Todesurteile. 1661 erwirken englische QuäkerInnen einen königlichen Erlass gegen die Hinrichtungen. Am 23. März 1682 werden alle Anti-Quäker-Gesetze aufgehoben und die von den QuäkerInnen angestrebte Glaubens- und Gewissensfreiheit in den Kolonien verkündet. Von dort ausgehend nimmt dieses Grundrecht in den folgenden Jahrhunderten seinen Weg in die amerikanische Verfassung und in die Deklaration der Menschenrechte der Vereinten Nationen.
Literatur: Hallowell 1883; Bacon 1985.

(2)   Der Kampf für die Abschaffung der Sklaverei in England 1787-1807
1787 gründen u.a. Thomas Clarkson und Granville Sharp die »Society for Effecting the Abolition of the Slave Trade«. Sie sammeln 400.000 Unterschriften gegen die Sklaverei und gewinnen mit über 500 Petitionen und öffentlicher Unterstützung Parlamentsmitglieder wie William Wilberforce für die Anti-Sklaverei-Bewegung. Zudem veröffentlichen sie (biografische) Anti-Sklaverei-Bücher, organisieren Lesereisen und informieren die Öffentlichkeit über die Bedingungen der Sklaverei. Broschen und Anhänger mit dem Logo »Am I not a Man/Woman and a Brother/Sister?« sind ein einfaches, aber sichtbares Mittel, um sich öffentlich gegen Sklaverei auszusprechen. In den 1790er Jahren wird zum Boykott von Zucker aufgerufen, der durch Sklavenarbeit erzeugt

wird. Das Zusammenwirken von parlamentarischer Initiative und öffentlich-keitswirksamen Aktionen führt 1807 zum Verbot des Sklavenhandels mit britischen Schiffen.
Literatur: Oldfield 1995; Hochschild 2007; Kelly 2009.

(3) Gandhis Aktionen gegen die Illegalisierung indischer Ehen in Südafrika 1907-1913
Am 14. März 1913 verfügt ein Richter der südafrikanischen Kapkolonie, dass nur noch christliche Ehen legal sind. Nach dem Entzug des Wahlrechts 1893, der 1894 eingeführten Kopfsteuer und der Registrierungspflicht von 1907 verschlechtert sich der rechtliche Status der InderInnen durch die Illegalisierung ihrer Ehen weiter. Indische Ehefrauen verlieren ihre Aufenthaltsgenehmigung und ihre Kinder gelten als unehelich und nicht erbberechtigt. Nach Protesten und Petitionen gegen das Wahlgesetz verändert Gandhi 1906 seine Aktionsform: Dem Registrierungszwang begegnet er erstmals mit Satjāgrah-Kampagnen. Um gegen das Ehegesetz vorzugehen, starten am 15. September zwei Gruppen von Satjāgrahis zum illegalen Grenzübertritt. Die Gruppe um Gandhi von der Phoenix-Farm in Natal wird beim Grenzübertritt nach Transvaal verhaftet. Die Frauen-Gruppe von der Tolstoi-Farm in Transvaal erreicht dagegen ungehindert die Kohlengruben von Natal und ruft die indischen Kontraktarbeiter zum Streik auf. Um die 5.000 nun obdachlosen Bergleute versorgen zu können, führt Gandhi ungefähr 2.500 Freiwillige über die Grenze zur Tolstoi-Farm. Sie werden zur Zwangsarbeit verurteilt und in die Bergwerke zurückgebracht, wo es infolge ihrer Arbeitsverweigerung zu Misshandlungen kommt. Den folgenden Streik von 50.000 Arbeitern sollen Soldaten brechen, es kommt zu Toten und Verletzten. Als die südafrikanische Regierung durch den Streik weißer Eisenbahner zusätzlich unter Druck gerät, bricht Gandhi alle Kampagnen ab, um die Schwäche des Gegners nicht auszunutzen und ihn nicht zu erniedrigen. Gandhis Widerstandsaktionen und seine edle Geisteshaltung erregen die Aufmerksamkeit und Anerkennung der britischen Regierung und der Weltöffentlichkeit. Am 26. Juli 1914 nimmt das Unionsparlament in Kapstadt den »Indian Relief Act« an. Damit werden indische Ehen anerkannt, die Kopfsteuer und die Registrierungspflicht aufgehoben sowie die Einwanderung von Indern mit entsprechenden Bildungsqualifikationen erlaubt.
Literatur: Fischer 1983, 57ff.; Rothermund 1997, 83ff.

(4) Die 1930 von Gandhi angeführte indische Salzkampagne
Am 12. Mai 1930 zieht Gandhi nach langer Vorbereitung mit 78 Satjāgrahis von Ahmedabad ins 385 Kilometer entfernte Dandi, hebt dort am 6. April ei-

nige Salzbrocken aus dem Arabischen Meer auf und leistet damit zivilen Ungehorsam gegen das britische Salzmonopol. Tausende InderInnen schließen sich an und werden von der Polizei misshandelt und inhaftiert, nach einigen Wochen auch Gandhi. Am 21. Mai marschieren 2.500 Satjāgrahis in Absprache mit ihm zu den Salzwerken von Dharasana in Gujarat, um sie in Gemeinbesitz zu überführen. Der englische Journalist Webb Miller beschreibt, wie die Satjāgrahis in Reihen auf die Salzwerke zugehen und sich schweigend und ohne die geringste Gegenwehr von den stahlbeschlagenen Schlagstöcken der die Salzwerke verteidigenden Polizisten niederschlagen lassen. Einige werden getötet, viele schwer verletzt. Der Bericht erregt weltweit Aufmerksamkeit für die sich über ganz Indien ausbreitende Kampagne. Sie ist ein wesentlicher Beitrag zur Erringung der Unabhängigkeit Indiens 17 Jahre später.
Literatur: Erikson 1971; Weber 2001, 111ff., 143ff., 488ff.

(5) Berlin Rosenstraße: Der Widerstand der Frauen gegen die Deportation ihrer jüdischen Männer nach Auschwitz 1943
Am 27. Februar 1943 beginnt die Deportation der letzten Berliner Juden. Mehrere hundert Frauen demonstrieren im Wechsel vor dem Berliner Sammellager in der Rosenstraße mit Sprechchören wie »Wir wollen unsere Männer wiederhaben« für die Freilassung ihrer jüdischen Ehemänner. Die Frauen fordern vom Lagerleiter u.a. die Herausgabe der Schlüssel, führen Gespräche mit den Wachen, informieren ausländische Journalisten und lassen sich durch Gewaltandrohung (»Straße frei oder es wird geschossen«) nicht vertreiben. Um die Ausweitung öffentlicher Proteste zu verhindern, entlässt Goebbels innerhalb von zehn Tagen ab dem 6. März die ungefähr 1.700 in sog. Mischehen lebenden Juden. 25 bereits Deportierte werden aus Auschwitz zurückgeholt. Ob dieses Zurückweichen letztlich oder ausschließlich auf die Proteste zurückzuführen ist, ist unter HistorikerInnen umstritten. Die Proteste zeigen aber, dass auch unter extremen Bedingungen gewaltfreier Widerstand möglich ist.
Literatur: Jochheim 2000, 93ff.; Stoltzfus 2005, 144ff.

(6) Danilo Dolcis Kampf gegen die Armut auf Sizilien seit 1952
Seit 1952 kämpft Danilo Dolci gegen die Armut in Sizilien und die Verstrickung von Politik und Mafia. Zur Beseitigung des Armutsfaktors Wasserknappheit beginnt er 1955 mit Hungerstreiks und landwirtschaftlicher Aufklärung für Staudämme zu werben, z.B. für den am Fluss Jato, der 1962 gebaut wird. Am 30. Januar 1956 organisiert er am Strand von Cataldo den »Hungerstreik der Tausend« gegen gesetzwidrige Fischfangpraktiken. Drei Tage später folgt der »umgekehrte Streik«, bei dem rund 100 Arbeitslose eine Straße

in Partinico zu erneuern beginnen, um auf das verfassungsmäßige Recht auf Arbeit hinzuweisen. Sie werden von der Polizei gestoppt. Durch Protestmärsche über hunderte Kilometer, Hungerstreiks, Publikationen, Radiosendungen, Anti-Mafia-Lesungen sowie die Gründung von fünf »Zentren für Forschungen und Initiativen zur Vollbeschäftigung« erzielt Dolci auch außerhalb Italiens Aufmerksamkeit für die Probleme in Sizilien. Die Studienzentren, finanziert durch Spenden der »Freunde von Danilo Dolci« aus aller Welt, richten ihre Aktionen ausschließlich auf den systematischen Aufbau einer neuen Sozial- und Wirtschaftsstruktur.

Literatur: Ammann 1972, 99f.; Dirks 1976, 114ff.; Gruber 1998, 10f.; Scotto 1998, 62ff.

(7)   Aufhebung der Rassentrennung in den USA: Gewaltfreie Aktionen mit Martin Luther King jr. in Montgomery und Birmingham 1956 und 1963

Am 1. Dezember 1955 wird die afro-amerikanische Näherin Rosa Parks in Montgomery, Alabama, verhaftet, weil sie sich weigert, ihren Platz im Bus für einen weißen Amerikaner zu räumen. Daraufhin solidarisieren sich nahezu 20.000 schwarze BusbenutzerInnen in einem eintägigen Busboykott, der vom »Women's Political Council« begonnen wird. Nach M. L. Kings Rede in der Holt Street Baptist Church vor 7.000 ZuhörerInnen wird die Verlängerung des Boykotts beschlossen. King wird Präsident der »Montgomery Improvement Associaton« (MIA), die Fahrgemeinschaften, Anwälte, Öffentlichkeitsarbeit, Finanzierung und Gerichtsprozesse organisiert. Die Montgomery-Bewegung erhält Sympathiebekundungen und Spenden aus aller Welt. Die Stadtverwaltung reagiert mit willkürlichen Strafzetteln, Verboten, Verhaftungen und erwirkt Autoversicherungskündigungen. Im Januar verüben Unbekannte einen Bombenanschlag auf Kings Haus. Nach 381 Boykott-Tagen erklärt der Oberste Gerichtshof der USA die Segregation in Bussen für verfassungswidrig.

In den 1960er Jahren setzt Polizeichef Eugene »Bull« Connor die Rassentrennung in Birmingham, Alabama, besonders strikt und aggressiv um. Zusammen mit dem »Alabama Christian Movement for Human Rights« (ACMHR) organisiert M. L. King eine Kampagne dagegen. 1962 ruft diese Organisation zum Boykott von Restaurants und anderen Einrichtungen auf, in denen Dunkelhäutige nicht bedient werden. Von King geschulte Freiwillige versammeln sich seit April 1963 zu Sitzprotesten in Kaufhäusern. Zudem finden täglich Protestmärsche statt, die teilweise verboten werden. Connor lässt innerhalb weniger Wochen rund 2.500 Erwachsene und über 900 Kinder verhaften, die mit dem Lied »We shall overcome« in die Innenstadt gezogen waren. Der Einsatz von Wasserwerfern und Hundestaffeln bei weiteren Kindermärschen

erregt die amerikanische Öffentlichkeit. Als auch King verhaftet wird, gehen Forderungen seiner landesweiten Unterstützer bei Präsident John F. Kennedy ein. Am 10. Mai 1963 einigt sich die Bewegung mit der Stadt auf eine 90 Tage-Frist zur Erfüllung ihrer Forderungen.
Literatur: Miller 1970, 47ff., 144ff.; Oates 1986.

(8) Aktionen gegen die Atomrüstung der USA in den 1950er und 1960er Jahren mit Abraham J. Muste und dem »Committee for Nonviolent Actions«
Im Mai 1957 gründet u.a. der Quäker Lawrence Scott die erste gewaltfreie Aktionsgemeinschaft gegen Atomwaffen und Atomwaffenversuche, das »Committee for Non-Violent Actions« (CNVA), das später auch als Dachorganisation weiterer Gruppierungen fungiert.[1] Am 12. August 1957, zwölf Jahre nach dem Abwurf der Atombomben auf Hiroshima und Nagasaki, werden elf Personen beim Betreten des Atomtestgeländes Camp Mercury in Nevada verhaftet. Im Mai und Juni 1958 erreichen die Versuche, mit der »Golden Rule« in das Atomtestgebiet Eniwetok der Marshall-Inseln zu segeln, weltweite Aufmerksamkeit. Im Sommer 1959 ist die Atomraketenbasis Mead in Omaha Ziel einer Reihe von Aktionen, bei denen u.a. der 74jährige Abraham J. Muste, eine der leitenden Persönlichkeiten des CNVA, über den Zaun des Atomwaffenlagers steigt und verhaftet wird. Im Sommer 1960 organisiert das CNVA Proteste entlang der Ostküste und Kanufahrten in Groton gegen Atomwaffensprengköpfe auf U-Booten. 1960-61 führt es einen einjährigen Fußmarsch von San Francisco nach Moskau durch. 17 US-AmerikanerInnen und etwa ebensoviele EuropäerInnen demonstrieren für einseitige Abrüstungsschritte der jeweiligen Regierungen, verteilen Flugblätter und diskutieren mit BewohnerInnen. Am 10. Oktober 1963 verpflichten sich die USA, die Sowjetunion und England zur Beendigung der überirdischen Atomexplosionen, die von Frankreich und England bis 1966 weitergeführt werden.
Literatur: Lyttle 1966; Stinnes 1987, 299ff.; Painke/Quartier 2002, 49ff., 58ff.; Buro 2009.

(9) César Chávez und der Streik der Traubenpflücker 1965-1970
Im September 1965 streiken 3.000 Traubenpflücker im kalifornischen Delano gegen Lohndiskriminierung, für Arbeitsschutz und Anerkennung ihrer Gewerkschaft. Hauptorganisator César Chávez etabliert durch Fastenaktionen

---

[1] Zu einer umfangreichen Dokumentation der CNVA-Aktivitäten siehe: Committee for Nonviolent Action Records, 1958-1968 (Swarthmore College Peace Collection), http://www.swarthmore.edu/Library/peace/DG001-025/dg017/dg017cnvamain.htm (Stand: 28.1.2011)

den gewaltlosen Charakter des Streiks. Als Reaktion auf auswärtige Streikbrecher, gewalttätige Behinderung von Streikposten und um die Streikkasse zu entlasten, ruft Chávez 1966, vermittelt über die katholische Kirche, die Bürgerrechts- und die Arbeiterbewegung zum Traubenboykott und zum landesweiten Boykott der Produkte der Traubenindustrie auf. Beim »Pilgermarsch« von Delano ins 360 km entfernte Sacramento wirbt Chávez für den Boykott. Als die Firmen versuchen, ihre Trauben im Ausland abzusetzen, weigern sich Hafenarbeiter in Europa, die Schiffe zu entladen. Streik und Boykott währen fünf Jahre und erzielen bis Juli 1970 Gewerkschaftsverträge zwischen den »United Farm Workers« und 75% der Traubenpflanzer.
Literatur: Hornung 1979, 175ff.

(10) Die Protestaktionen der Berrigan-Brüder gegen den Vietnamkrieg
1965 sprechen sich Daniel und Philip Berrigan als erste amerikanische katholische Priester öffentlich gegen den Vietnamkrieg aus. Am 27. Oktober 1967 übergießt Philip Berrigan Einberufungsbefehle in einem Amt in Baltimore mit seinem Blut. Am 17. Mai 1968 verbrennen die Brüder vor laufenden Kameras in Catonsville 378 Musterungsakten. Beide Male lassen sie sich verhaften und verurteilen. Daniel Berrigan entzieht sich jedoch, wie sein Bruder, der Haft, um auf verschiedenen Veranstaltungen über die Catonsville-Aktion zu informieren, bis ihn das FBI nach vier Monaten fasst. Es folgen mehrjährige Haftstrafen und die öffentliche Diffamierung durch FBI-Direktor Edgar Hoover, der die Brüder mit einem Plan zur Entführung von Henry Kissinger in Verbindung bringt. Mit ihren symbolischen und drastischen Inszenierungen inspirieren die Berrigans die Friedensbewegung in den USA und weltweit.
Literatur: Van Etten Casey 1971, 135ff.; Weich 1971, 5ff.; Benedict 1987, 364ff.

(11) 103 Bauernfamilien bezwingen den Staat Frankreich: Die Aktionen gegen einen Truppenübungsplatz auf dem Larzac 1971-1981
Am 28. Oktober 1971 veröffentlicht das französische Armeeministerium Pläne zur Erweiterung des bestehenden Truppenübungsplatzes Camp-Larzac um das Vierfache auf 14.000 ha. Die wirtschaftlichen Einbußen durch Umwandlung der Nutzflächen bergen ein Armutsrisiko für das gesamte Departement und betreffen insbesondere 107 Schafzüchterfamilien. Lanza del Vasto, dessen »Arche« sich am Rande des Larzac befindet, ein Schüler Gandhis, hat maßgeblichen Einfluss auf den gewaltlosen Charakter des Widerstandes, der die Bauern vereint. 103 betroffene Familien verpflichten sich am 28. März 1972, dem Truppenübungsplatz nicht zu weichen. Die Aktion »Offene Höfe« lädt BesucherInnen ein, sich selbst von der Wirtschaftlichkeit des Larzac zu überzeu-

gen, um das mediale Zerrbild der »Steinwüste Larzac« zu entkräften. Viermal ziehen die Bauern nach Paris und eskalieren dabei schrittweise ihre Aktionsform: Nach einem Traktortreck folgt ein Fußmarsch über 700 km, eine ganz Frankreich erheiternde Demonstration mit Schafen unter dem Eiffelturm und ein zweiwöchiges Zeltdorf. Weitere Aktionsformen sind eine nationale Unterschriftensammlung, die Rücksendung der Militärpässe an das Verteidigungsministerium, Fastenaktionen, Steuerverweigerung usw. Im Mai 1981 gibt der neugewählte Präsident Mitterand, der sich im vorausgegangenen Wahlkampf darauf festgelegt hatte, das Erweiterungsvorhaben schließlich auf.
Literatur: Hertle 1982 und 1994.

(12) Ein Hungerstreik trägt 1978 zum Ende der Militärdiktatur in Bolivien bei
Von der am 22. Dezember 1977 erlassenen Generalamnestie für politische Gefangene und Gewerkschaftsmitglieder sind 348 Gefangene ausgeschlossen. Am 29. Dezember treten vier Bergarbeiterfrauen aus Llallagua in den Hungerstreik. Sie fordern eine uneingeschränkte Amnestie, die Rückkehr aller Exilierten (etwa 17.000), die Aufhebung der Besetzung der Bergbauzonen durch die Armee und die Wiedereinstellung aller entlassenen oder exilierten Bergarbeiter. Sie erhalten Asyl vom Erzbischof Manrique aus La Paz. Die Regierung organisiert Gegendemonstrationen und legt damit den Verkehr lahm, um die Koordinierung des Streiks zu behindern. Am 17. Januar 1978 lässt General Banzer alle Räume, meist kirchliche, in denen sich die Fastenden versammeln, besetzen und bricht jegliche Verhandlungen ab. Daraufhin streiken Presse und Radio für 24 Stunden, und Erzbischof Manrique lässt alle Kirchen für drei Tage schließen. Bis zum Ende des Hungerstreiks nach 21 Tagen fasten mehr als 1.200 Menschen in ganz Bolivien, darunter der ehemalige Präsident Adolfo Salinas. Am 18. Januar 1978 wird ein Abkommen geschlossen, das den Zielen der Hungernden entspricht. Die Amnestie wird sofort umgesetzt, die anderen Forderungen nur teilweise oder gar nicht, aber die Diktatur findet noch im gleichen Jahr ihr Ende.
Literatur: Goss-Mayr 1979, 123ff.

(13) Die Blockaden der Raketenbasis bei Mutlangen 1983-1987
Ab 1979 versucht eine stark wachsende Friedensbewegung, die Stationierung von NATO-Atomraketen in Westeuropa zu verhindern, denn ein sowjetischer atomarer Gegenschlag würde mit hoher Wahrscheinlichkeit auch bei einem Fehlalarm ausgelöst werden, da eine Überprüfung wegen der extrem kurzen Flugzeit in die Sowjetunion nicht möglich ist. Mit Eintreffen der ersten Pershing-II-Raketen in Mutlangen gibt es Blockaden zahlreicher Berufsgrup-

pen, Senioren- oder Mutter-Kind-Gruppen, die sich in kleinen Bezugsgruppen vorbereiten, trainieren und organisieren. Bei der ersten Prominentenblockade vom 1. bis 3. September 1983 beteiligen sich über 100 Prominente. Ab 1984 verpflichten sich im Rahmen der »Kampagne Ziviler Ungehorsam bis zur Abrüstung« 829 Personen mit ihrer Unterschrift zur jährlichen Blockierung des Depots Mutlangen. Bezugsgruppenkonzept, Aktionstrainings, Selbstverpflichtungen, Konsensentscheidung und SprecherInnenrat werden später in andere Kampagnen übernommen. 2.999 Personen werden infolge ihrer Teilnahme an gewaltfreien Blockaden wegen »Nötigung« verurteilt, das Bundesverfassungsgericht erklärt die Urteile 1990 jedoch teilweise für verfassungswidrig. Bis 1990 werden infolge des zwischen Gorbatschow und Reagan geschlossenen INF-Vertrags alle atomaren Mittelstreckenraketen aus Mutlangen und den anderen Standorten abgezogen.
Literatur: Nick/Scheub/Then 1993; Friedens- und Begegnungsstätte Mutlangen (Hrsg.) 1994.

(14) Die gewaltfreie Beendigung der Marcos-Diktatur auf den Philippinen 1986
Die Ermordung des Oppositionsführers Benigno Aquino jr. 1983 führt auf den Philippinen zu anhaltenden Protesten und Demonstrationen gegen das diktatorische Regime von Ferdinand Marcos. Für den 7. Februar 1986 werden schließlich Neuwahlen angesetzt, bei denen Aquinos Witwe, Corazon Aquino, für die Opposition kandidiert. Die Wahl wird von Repressionen begleitet und etwa 70 Oppositionsvertreter werden ermordet. Vielerorts umstellen Frauen und Kinder die Wahlurnen, um sie vor den Schlägertrupps zu schützen. Die massive Wahlmanipulation durch Marcos veranlasst ca. 30 offizielle Stimmzähler, sich vor laufenden Kameras der Legitimierung von Marcos als Wahlsieger zu widersetzen. Marcos beansprucht den Wahlsieg für sich, eine parallele Auszählung der Bürgerrechtsbewegung »National Citizens' Movement for Free Elections« (Namfrel) ermittelt Aquino als Siegerin. Als Marcos sich als Präsident vereidigen lässt, ruft Aquino die Bevölkerung auf, ihr Privatvermögen von den Banken abzuziehen und die Geschäfte zu boykottieren, die Marcos oder seinen Unterstützern gehören. Die Bischofskonferenz unter Kardinal Sin von Manila befürwortet gegen den Willen des Papstes den gewaltfreien Widerstand. Am 22. Februar verschanzen sich General Fidel Ramos und Verteidigungsminister Juan Ponce Enrile mit rund 300 Soldaten in den Militärbasen Aguinaldo und Crame bei Manila. Sie erkennen Aquino als Präsidentin an. Über eine Million Menschen folgen dem Aufruf von Kardinal Sin über den katholischen regierungsunabhängigen Radiosender Veritas und versperren die Straßen zu den

Militärbasen, um eine blutige Auseinandersetzung zwischen den Dissidenten und Marcos-treuen Militärs zu verhindern. Die Menschenmassen halten die Panzer auf, beten Rosenkränze, bieten den Soldaten Zigaretten und Süßigkeiten an. Einige verlassen ihre Panzer und die Truppen ziehen sich zurück. Auch die Marine und die Luftwaffe verweigern die Ausführung von Marcos' Befehl, auf die Zivilisten zu schießen. Die Fernsehstationen werden von der Bevölkerung übernommen. Marcos kann mit Hilfe der Amerikaner nach Hawaii fliehen. Corazon Aquino wird als Präsidentin vereidigt. Literatur: Paulson 2005, 239ff.; Goss-Mayr 2008, 123ff.

(15) Pflugscharaktion der »Seeds of Hope« gegen Düsenjäger zur Bekämpfung der Unabhängigkeitsbewegung in Ost-Timor 1996

Am 29. Januar 1996 dringen Lotta Kronlid, Andrea Needham und Joanna Wilson von der Pflugschar-Gruppe »Seeds of Hope« in den britischen Militärflughafen in Warton ein. Mit Hämmern rüsten sie ein Hawk-Kampfflugzeug ab, das nach Indonesien verkauft und gegen die Unabhängigkeitsbewegung in Ost-Timor eingesetzt werden soll. Sie hängen Banner auf, verstreuen Pflanzensamen, Asche und Kinderfotos. Nach zweistündigem Tanzen und Singen vor den Überwachungskameras informieren sie über die British Press Association den Sicherheitsdienst. Trotz eines Schadens von 2.25 Millionen Pfund ist dies die erste Pflugscharaktion, die mit einem Freispruch endet. Die Aktion der Angeklagten sei angemessen, da sie das Flugzeug nicht zerstören, sondern durch Entwaffnung Morde an der Zivilbevölkerung in Ost-Timor verhindern wollten. Infolge der Abrüstungsaktion ist das Kampfflugzeug unverkäuflich geworden.[2]

Andere besonders prominente Beispiele (in historischer Reihenfolge):[3]

– Die Kampagnen des irischen Politikers *Daniel O'Connell* (1775-1847) für die Gleichberechtigung der KatholikInnen und die Aufhebung der Union zwischen Irland und Großbritannien mit sog. Monster-Meetings, etwa 40 Massenkundgebungen mit bis zu einer Million Menschen (O'Ferrall 1981; MacDonagh 1991).

---

[2] http://www.newint.org/features/1996/07/05/update/ (Stand: 17.12.2010); http://www.paxchristi.org.uk/PeacePeople/4%20Ploughshares.pdf (Stand: 4.1.2011)

[3] Für weiterführende Übersichten siehe Sharp 2005 und das Verzeichnis von 329 Beispielen zivilen Ungehorsams in 14 parlamentarischen, rechtsstaatlichen Demokratien, in: Gewaltfreie Aktion Nr. 73/74, das den Zeitraum von 1919 bis 1988 abdeckt, sowie die Tabelle »Beispiele für Directe Actie gegen Krieg/für den Frieden ohne religiöse Motive« in der noch unveröffentlichten Dissertation von Martin Arnold (siehe S. 186 Fußnote 1 im vorliegenden Band), die aus den gesammelten Werken von Bart de Ligt ermittelt wurde.

- Der hartnäckige, von Ferenc Deak inspirierte ausdrücklich gewaltfreie *ungarische Widerstand gegen die österreichische Steuereintreibung* unter Kaiser Franz Josef I., die im Widerspruch zum österreichisch-ungarischen Vertrag stand. 1867 sah der Kaiser sich daraufhin gezwungen, den UngarInnen eine Verfassung zuzugestehen (Gregg 1975, 15f. unter Berufung auf Brockway 1929).
- Der erste *russische Generalstreik von 1905*, der auf Anraten von Lew Tolstoi im Gegensatz zu den beiden folgenden gewaltfrei durchgeführt wurde (Sharp 2005, 71ff.).
- Der *belgische Generalstreik 1913* für das allgemeine, gleiche Wahlrecht (Crook 1931; Ebert 1985, 16ff.).
- Der *Generalstreik gegen den Kapp-Putsch* im März 1920, der die demokratisch gewählte deutsche Regierung Bauer beseitigen wollte (Boserup/ Mack 1974; Reichardt 1997; Sharp 2005, 91ff.).
- Der *südafrikanische Kartoffel-Boykott* mit Albert Luthuli 1959 gegen die Unterdrückung und Ausbeutung durch die Apartheid-Politik (Schultz 1976, 76ff.; Ebert 1978).
- Die Aktionen *vietnamesischer buddhistischer Mönche* gegen den Vietnamkrieg, u.a. von Thích Nhât Hạnh und ihrer »Schule der Jugend für Soziale Dienste«, die beim Wiederaufbau der bombardierten Ortschaften half und dafür hohe Opfer in Kauf nahm (King 1996; Thích Nhât Hạnh 2004).
- Der gewaltfreie Widerstand des argentinischen Bildhauers *Perez Esquivel* und der von ihm mitgegründeten Organisation »*Servicio Paz y Justicia*« sowie der »*Madres de la Plaza de Mayo*« gegen die Verletzung der Menschenrechte durch die argentinische Militärregierung. Esquivel wurde 1977 für 14 Monate inhaftiert und gefoltert. Er erhielt 1980 den Friedensnobelpreis. Die Mütter forderten Aufklärung über ihre »verschwundenen« Kinder und eine Bestrafung der Schuldigen (Fiechtner 1984, 20ff.; Spiller-Hadorn 2006).
- Die *Chipko-Bewegung* von Bauern in Nordindien, die 1973-1981 versuchte, Bäume vor der Abholzung durch das Indische Forstministerium zu schützen, indem sie sie umklammerten (Berreman 1972; Gadgel/ Guha 1994).
- Die *Besetzung der Hainburger Donau-Au* in Österreich im Dezember 1984, mit der ein Großkraftwerk verhindert wurde, welches das später zum Nationalpark erklärte Gebiet zerstört hätte.[4]

---

[4] http://www.hainburg20.at/default.php?page=home (Stand: 15.1.2011)

- Die über 540 gewaltfreien Proteste gegen die unterirdischen amerikanischen *Atombombenversuche in der Wüste Nevada* 1986-1994, mit insgesamt 37.488 TeilnehmerInnen, von denen 15.740 vorübergehend festgenommen wurden (Giugni 2004). 1989 entstand nach diesem Vorbild und in Zusammenarbeit mit dieser Bewegung das »*Nevada Semipalatinsk Movement*«, das auf eine Beendigung der Atomwaffenversuche in Kasachstan hinarbeitete (Zheutlin 1990).[5]
- Die weltweite *Bewegung gegen Atomkraftwerke* (Brandon 1988; Rudig 1990).[6]

Literatur

Ammann, Walter (1972): Danilo Dolci. 20 Jahre Sozialarbeit in Westsizilien. Bern: Benteli

Bacon, Margaret Hope (1985): The Quiet Rebels. The Story of the Quakers in America. Philadelphia: New Society Publishers

Benedict, Hans-Jürgen (1987): Daniel und Philip Berrigan (geb. 1921 bzw. 1923). Gewaltfreier Protest im urchristlichen Glauben. In: Christiane Rajewsky und Dieter Riesenberger (Hrsg.): Wider den Krieg. Große Pazifisten von Immanuel Kant bis Heinrich Böll. München: Beck, 364-371

Berreman, Gerald D. (1972): Hindus of the Himalayas: Ethnography and Change. Delhi: Oxford University Press

Boserup, Anders und Andrew Mack (1974): Krieg ohne Waffen? Studie über Möglichkeiten und Erfolge sozialer Verteidigung. Kapp-Putsch 1920 / Ruhrkampf 1923 / Algerien 1961 ČSSR 1968. Reinbek: Rowohlt [²1978]

Brandon, Ruth (1987): The Burning Question: The Anti-Nuclear Movement since 1945. London: Heinemann

Brockway, A. Fenner (1929): Does Non-cooperation work? In: Devere Allen (ed.): Pacifism in the Modern World. New York: Doubleday, Doran, 177-198

Buro, Andreas (2009): Marsch der Gewaltfreien von San Francisco nach Moskau 1960/61. In: Marcel M. Baumann, Hanne-Margret Birckenbach, Volkhard Brandes, Sandra Dieterich, Ulrich Gundermann und Ulrike Suhr (Hrsg.): Friedensforschung und Friedenspraxis. Ermutigung zur Arbeit an der Utopie. Festschrift zum 70. Geburtstag von Reiner Steinweg. Frankfurt am Main: Brandes & Apsel, 143-152

---

[5] http://www.icanw.org/1989 (Stand: 19.12.2010)
[6] http://www.icanw.org/1989 (Stand: 19.12.2010)

Crook, Wilfrid Harris (1931): The General Strike: A Study of Labor's Tragic Weapon in Theory and Practice. Chapel Hill: The University of North Carolina Press

Dirks, Walter (1976): Danilo Dolci. In: Hans Jürgen Schultz (Hrsg.): Politik ohne Gewalt? Beispiele von Gandhi bis Câmara. Frankfurt am Main: Suhrkamp, 114-124

Ebert, Theodor (1978): Gewaltfreier Aufstand. Alternative zum Bürgerkrieg. Frankfurt am Main: Fischer

Ebert, Theodor (1985): Ein vergessenes Lehrstück der Arbeiterbewegung: Der Generalstreik für das allgemeine, gleiche Wahlrecht in Belgien 1913. In: Gewaltfreie Aktion, 65/66/67, 1985, 16-23

Ebert, Theodor (1987): Ziviler Ungehorsam in parlamentarischen Demokratien. Referat zum Colloquium 1987 »Widerstand im Rechtsstaat« der Schweizerischen Akademie der Geisteswissenschaften vom 12.-17. Oktober 1987 in Sigriswall. In: Gewaltfreie Aktion 73/74, 1987, 3-18

Erikson, Erik H. (1971): Gandhis Wahrheit. Über die Ursprünge der militanten Gewaltlosigkeit. Frankfurt: Insel Verlag

Feldhoff, Heiner (1989): Vom Glück des Ungehorsams. Die Lebensgeschichte des Henry David Thoreau. Weinheim: Beltz & Gelberg

Fiechtner, Urs (1984): Die Frauen von der Plaza de Mayo. In: Gisela Klemt-Kozinowski, Helmut Koch, Luise Scherf und Heike Wunderlich (Hrsg.): Die Frauen von der Plaza de Mayo. Lesebuch Menschenrechte. Baden-Baden: Signal, 20

Fischer, Louis (1983): Gandhi. Prophet der Gewaltlosigkeit. München: Heyne

Friedens- und Begegnungsstätte Mutlangen e.V. (Hrsg.) (1994): Mutlanger Text Nr. 13: Mutlanger Erfahrungen, Erinnerungen und Perspektiven

Gandhi, Mohandas K. (1977): Eine Autobiographie oder: Die Geschichte meiner Experimente mit der Wahrheit. Gladenbach: Verlag Hinder + Deelmann

Gandhi (2001). Hrsg. von Shriman Narayan, bearbeitet von Wolfgang Sternstein. Mit einem Nachwort von Gita Dharampal-Frick. Aus dem Englischen übersetzt von Brigitte Luchesi und Wolfgang Sternstein. Göttingen: Wallstein-Verlag [5-bändige Ausgabe]

Giugni, Marco (2004): Social protest and policy change : ecology, antinuclear, and peace movements in comparative perspective. Oxford: Rowman & Littlefield

Goss-Mayr, Hildegard (1979): Bolivien – Bergarbeiterfrauen gegen die Diktatur. In: dies. und Katholische Sozialakademie Österreichs (Hrsg.): Geschenk der Armen an die Reichen. Zeugnisse aus dem gewaltfreien Kampf der erneuerten Kirche in Lateinamerika. Wien: Europaverlag, 123-126

Goss-Mayr, Hildegard (2008): Wie Feinde Freunde werden. Mein Leben mit Jean Goss für Gewaltlosigkeit, Gerechtigkeit und Versöhnung. Mit einem Geleitwort von Franz Kardinal König. Berlin-Münster-Wien-Zürich-London: Lit Verlag, erweiterte Neuauflage

Gruber, Klaus (1998): Revolution heißt jedem Verantwortung geben. Zum Tod Danilo Dolcis. Graswurzelrevolution 226 Februar 1998, 10f., auch online http://www.graswurzel.net/226/index.html (Stand: 14.1.2011)

Gadgel, Madhav und Ramachandra Guha (1994): Ecological Conflicts and the Environmental Movement in India. In: Development and Change Vol. 25, Den Hague: International Institute of Social Studies 1994, 101-136

Hallowell, Richard P. (1883): The Quaker Invasion of Massachusetts. Boston: Houghton, Mifflin & Company. Nachdruck 2009 von Bibliobazaar

Hertle, Wolfgang (1982): Larzac 1971-1981. Der gewaltfreie Widerstand gegen die Erweiterung eines Truppenübungsplatzes in Süd-Frankreich. Kassel: Weber, Zucht

Hertle, Wolfgang (1994): Larzac, Wyhl, Brokdorf, Seabrook, Gorleben. Grenzüberschreitende Lernprozesse Zivilen Ungehorsams. In: Komitee für Grundrechte und Demokratie (Hrsg.): Ziviler Ungehorsam. Traditionen, Konzepte, Erfahrungen, Perspektiven. Köln: Komitee für Grundrechte und Demokratie e.V.

Hochschild, Adam (2007): Sprengt die Ketten. Der entscheidende Kampf um die Abschaffung der Sklaverei. Stuttgart: Klett-Cotta

Hornung, Volker (1979): Wirtschaftlicher Boykott als gewaltfreies Kampfmittel in Bürgerrechtsbewegungen. Zwei Fallstudien zur amerikanischen Bürgerrechts- und Landarbeiterbewegung. Frankfurt am Main: Haag+Herchen

Jochheim, Gernot (2000): Frauenprotest in der Rosenstraße.»Gebt uns unsere Männer wieder«. Berliner Frauen gegen Goebbels. In: Berlinische Monatsschrift, 9. Jg., H. 9 2000, 93-100, auch online http://www.luise-berlin.de/bms/berlinische_monatsschrift_publikationen_stadtgeschichte.html (Stand: 14.1.2011)

Kelly, Jason M. (2009): Anti-slavery movement, Britain. In: Immanuel Ness (ed.): The International Encyclopedia of Revolution and Protest. Blackwell Publishing. Online-Zugriff: http://www.revolutionprotestencyclopedia.com/subscriber/tocnode?id=g9781405184649_chunk_g9781405184649103 (Stand 1.11.2010)

Kessler, Wolfgang (1987): Lew Nikolajewitsch Tolstoi (1828-1910). Sittlicher Anarchismus und Gewaltlosigkeit. In: Christiane Rajewsky und Dieter Riesenberger (Hrsg.): Wider den Krieg. Große Pazifisten von Immanuel Kant bis Heinrich Böll. München: Beck, 96-102

King, Martin Luther jr. (1984): Freiheit. Von der Praxis des gewaltlosen Widerstands, 2. Auflage. Wuppertal: Brockhaus

King, Sallie B. (1996): Thich Nhat Hanh and the Unified Buddhist Church. In: Christopher S. Queen und Sallie B. King (ed.): Engaged Buddhism: Buddhist liberation movements in Asia. Albany: State University of New York Press, 321-357

Klumpjan, Hans-Dieter und Helmut Klumpjan (1987): Henry D. Thoreau mit Selbstzeugnissen und Bilddokumenten. Hamburg: Reinbek

Lyttle, Bradford (1966): You come with naked hands. The San Francisco to Moscow March for Peace. Raymond, New Hampshire: Greenleaf Books

MacDonagh, Oliver (1991): The Life of Daniel O'Connell 1775-1847. London: Weidenfeld and Nicolson [Erstausgabe New York 1987]

Mez, Lutz (1976): Ziviler Widerstand in Norwegen. Frankfurt am Main: Haag + Herchen

Miller, William Robert (1970): Wir werden überwinden... Martin Luther Kings Leben, Martyrium und Vermächtnis. Kassel: Oncken

Murthy, B. Srinivasa (ed.) (1987): Mahatma Gandhi and Leo Tolstoy: Letters. Long Beach: Long Beach Publications, auch online: http://www.bsmurthy. com/download/Mahatma_Gandhi_Leostoy_Letters_by_BSM.pdf (Stand: 27.1. 2011)

Nick, Volker / Volker Scheub / Christoph Then (1993): Mutlangen 1983-1987: Die Stationierung der Pershing II und die Kampagne Ziviler Ungehorsam bis zur Abrüstung. Tübingen: Eigenverlag, auch online: http://www.pressehuette.de/buch. php (Stand: 15.11.2010)

Oates, Stephen B. (1986): Martin Luther King. Kämpfer für Gerechtigkeit. München: Heyne

O'Ferrall, Fergus (1981): Daniel O'Connell. Dublin: Gill and Macmillan

Oldfield, John. R. (1995): Popular Politics and British Anti-Slavery: The Mobilization of Public Opinion against the Slave Trade, 1787-1807. Manchester: Manchester University Press

Painke, Uwe und Andreas Quartier (2002): Gewaltfrei für Atomteststopp. Bürgerengagement auf dem Weg zu nuklearer Abrüstung. Norderstedt: Books on Demand

Paulson, Joshua (2005): People Power against the Philippine Dictator – 1986. In: Gene Sharp (ed.): Waging Nonviolent Struggle. 20th Century Practice and 21st Century Potential. Boston: Porter Sargent, 239-243

Reichardt, Hans J. (1990): Kapp-Putsch und Generalstreik März 1920 in Berlin. Berlin: Nicolaische Verlagsbuchhandlung

Rothermund, Dietmar (1997): Mahatma Gandhi. Eine politische Biographie, 2. verbesserte und erweiterte Auflage. München: Beck

Rudig, Wolfgang (1990): Anti-nuclear Movements: A World Survey of Opposition to Nuclear Energy. Harlow: Longman

Schultz, Hansjörg Nikolaus (1976): Albert John Luthuli. In: Hans Jürgen Schultz (Hrsg.): Politik ohne Gewalt? Beispiel von Gandhi bis Câmara. Frankfurt am Main: Suhrkamp, 76-84

Scotto, Giovanni (1998): Stationen des Wirkens von Danilo Dolci. In: Gewaltfreie Aktion, 115/116, 1998, 62-66

Sharp, Gene (ed.) (2005): Waging Nonviolent Struggle. 20th Century Practice and 21st Century Potential. Boston: Porter Sargent

Spiller-Hadorn, Marianne (2006): Adolfo Pérez Esquivel. Der gewaltfreie Rebell. Zürich: Orell Füssli Verlag

Skodvin, Magne (1971): Gewaltloser Widerstand in Norwegen während der deutschen Besetzung. In: Adam Roberts (Hrsg.): Gewaltloser Widerstand gegen Aggressoren. Göttingen: Vandenhoeck & Ruprecht, 87-107

Stinnes, Manfred (1987): Abraham Johannes Muste (1885-1967). Die antikapitalistische Antwort des christlichen Pazifismus. In: Christiane Rajewsky und Dieter Riesenberger (Hrsg.): Wider den Krieg. Große Pazifisten von Immanuel Kant bis Heinrich Böll. München: Beck, 299-306

Stoltzfus, Nathan (2005): Saving Jewish Husbands in Berlin 1943. In: Gene Sharp (ed.): Waging Nonviolent Struggle. 20th Century Practice and 21st Century Potential. Boston: Porter Sargent, 143-147

Thich Nhat Hanh (2004): Wahren Frieden schaffen. München: Goldmann

Thoreau, Henry David (2010): Über die Pflicht zum Ungehorsam gegen den Staat und andere Essays. Zürich: Diogenes

Tolstoi, Leo (1894/1995): Das Reich Gottes ist inwendig in Euch, mit einem Nachwort von Paul H. Dörr. München: Diederichs; englisch: »The Kingdom of God is within you«, or, Christianity not as a mystical doctrine, but as a new life-conception. London: Walter Scott. Nachdruck BiblioBazaar 2007

Van Etten Casey, William (1971): FBI-Chef Hoover und die Berrigans. In: Kreuz kontra Krieg. Die Brüder Berrigan. München: Kösel, 135-151

Weber, Thomas (2009): On the Salt March. The historiography of Gandhi's march to Dandi. New Delhi: Rupa

Weich, Karl (1971): Wer sind die Berrigans? In: Kreuz kontra Krieg. Die Brüder Berrigan. München: Kösel, 5-9

Zheutlin, Peter (1990): Nevada, U.S.S.R. In: Bulletin of the Atomic Scientists, Nr. 2, Chicago, 46. Jg., März 1990, 10-12, auch online: http://books.google.com/books?id=hAwAAAAAMBAJ&pg=PA10&hl=de&source=gbs_toc_r&cad=2#v=onepage&q&f=false (Stand: 19.1.2011).

HILDEGARD GOSS-MAYR

Elemente der Gütekraft,
an Hand von Beispielen erklärt

*D*ie heutige Ehrenpräsidentin des Internationalen Versöhnungsbundes hat
sich seit den 1950er Jahren in vielen Ländern erfolgreich für gewaltlose
Befreiung engagiert. Sie initiierte die gewaltlose Befreiungsbewegung SERPAJ
in Lateinamerika. 1984 bis 1986 war sie mit Ihrem Mann Jean Goss an der Vorbereitung des gewaltfreien Aufstands gegen den Diktator General Marcos auf
den Philippinen beteiligt, wie sie in ihrem sehr lesenswerten Buch »Wie Feinde
Freunde werden« schildert.[1] Der folgende Text[2] beruht auf einem Vortrag, den
die Autorin am 5. Oktober 2001 in der Evangelischen Akademie Iserlohn im
Rahmen des Fachgesprächs der Arbeitsgruppe Gütekraft gehalten hat: »Gütekraft: Von Gandhis Satjāgrah zum aktuellen Verständnis der Kraft der Gewaltfreiheit«. Er erläutert an kleinen Beispielen, worauf es bei der Entfaltung einer
gewaltfreien Aktion ankommt.*

Ich verstehe meinen Beitrag als eine Verknüpfung der bereits laufenden wissenschaftlichen Erforschung mit der Praxis. Ich komme her von der Ebene des
Erlebens und des Engagements an der Basis. Mein Verständnis von Gewaltfreiheit und von Gütekraft vertieft und verändert sich im Laufe der Jahre, in
denen ich daran arbeite. Aber ich stoße auch immer wieder an Grenzen. Mit
dem Fundamentalismus kommen neue Fragen auf, die uns bewegen.

Ich möchte durch gelebte Beispiele einige wesentliche Elemente der Gütekraft verdeutlichen. Das können nur Elemente sein unter anderen. Aber diese
scheinen mir wesentlich zu sein. Ich sehe sehr deutlich die Notwendigkeit der
wissenschaftlichen Erforschung und Annäherung an den Begriff der Gütekraft.

---

[1] Wie Feinde Freunde werden. Mein Leben mit Jean Goss für Gewaltlosigkeit, Gerechtigkeit und Versöhnung. Mit einem Geleitwort von Franz Kardinal König [¹1996], erweit.
Neuaufl. Berlin-Münster-Wien-Zürich-London: Lit 2008

[2] In Absprache mit der Autorin leicht gekürzt aus: Pete Hämmerle und Roithner Thomas
(Hrsg.) (2003): Dem Rad in die Speichen fallen. Die UNO-Dekade für Frieden und Gewaltfreiheit, die Stimmen der FriedensnobelpreisträgerInnen und das österreichische Frie-
densnetzwerk. Ein Arbeitsbuch. Wien: Verlag Thomas Roithner, 156-173. Zuvor erschienen in: Gewaltfreie Aktion 131, 2002, 16-25

Die Humanwissenschaften haben schon sehr wichtige Elemente der Gütekraft ans Licht gebracht. Ich glaube, es ist nötig, eine *holistische, umfassende Sicht* aufzubauen und der Öffentlichkeit vorzustellen. Ich sage »*Annäherung*«, weil meiner Meinung nach Gütekraft Dimensionen enthält, die erkenntnismäßig, kognitiv nicht erfassbar sind: ein Element der Transzendenz, die Kraft der Liebe oder Compassion, die in den verschiedenen Religionen und Kulturen unterschiedlich benannt wird.

Ich möchte zur Einführung andeuten, ohne eine Definition zu geben, was ich unter Gütekraft verstehe: Eine Kraft, die eine Dynamik bewirkt, Bewegung, Gestaltung, Veränderung; eine Kraft der Wahrheit, der Liebe und der Gerechtigkeit zur Überwindung von Leben mindernden, Leben zerstörenden Haltungen (Gewalt) und zum Aufbau von größerer Gerechtigkeit, Versöhnlichkeit und Frieden für den Einzelnen und die menschliche Gemeinschaft. Vor mir steht der Begriff »Leben in Fülle für alle«.

Ich bin überzeugt, dass Gütekraft eine jedem Menschen eigene *Urkraft* ist, genauso wie wir in uns den Willen zu Herrschaft und Gewalt tragen. Eine Urkraft, die die absolute Achtung seiner selbst wie des anderen – des Gegners, des Feindes mit eingeschlossen – begründet. Es ist für mich eine *Lebenshaltung,* die darauf ausgerichtet ist, im Ringen um größere Gerechtigkeit gewaltfreie Mittel anzuwenden. Sie sehen das auch bei Gandhi und King: Mittel und Ziel sind eins. Sie tritt aktiv kämpferisch für *Leben in Fülle für alle* ein. Als eine die Lebensweise orientierende Kraft hat sie auch eine ganz spezifische Sicht des Menschen, seiner selbst wie der anderen. Es ist eine Frage der Beziehung. Vier wesentliche Perspektiven dieser Sicht des Menschen zeichnen sich ab:

1. Die *Achtung jedes Menschen.*
2. Die Überzeugung, dass jeder über ein Gewissen verfügt, das ansprechbar und veränderungsfähig ist. Dies ist etwas ganz Wesentliches. Es macht die Würde des Menschen aus, dass wir diese Möglichkeit in uns tragen: die Veränderungsfähigkeit zum Guten und natürlich auch zum Negativen.
3. Die Bereitschaft zum Engagement, das heißt die Bereitschaft, Konsequenzen, die aus solchem gütekräftigen Handeln entstehen, freiwillig und bewusst auf sich zu nehmen.
4. Gütekräftige Methoden zu erlernen, um an einer Alternative in Richtung auf *Leben in Fülle für alle* zu arbeiten. Das Ziel ist nicht Sieg, sondern doppelte Befreiung: Befreiung der Opfer *und* Befreiung der Täter in Richtung auf ein versöhntes Leben.

Elemente der Gütekraft anhand von Beispielen

Die Frauen von Medellin

Mein Mann und ich haben lange Zeit in Lateinamerika gearbeitet, unter anderem in Kolumbien. Dort hat uns ein kolumbianischer Priester eingeladen, der in Medellin in einem sehr großen Elendsviertel arbeitete. Ungefähr 30.000 Menschen haben dort gelebt, zugezogen vom Lande, wo sie keine Arbeitsmöglichkeiten hatten. Die alte Kolonialstadt Medellin liegt in einem Tal: die moderne Großstadt unten in der Talsohle – an den Hängen ziehen sich die Elendsviertel hinauf. Die Lebensbedingungen in diesen Barrios sind wie überall in der »Dritten Welt«. Es gab keine Urbanisierung, weder Wasser noch Strom oder Wege. Wenn es regnete, wurden die Hütten aus Lehm den Berg hinuntergeschwemmt. Die Arbeitslosigkeit und die Kindersterblichkeit waren sehr hoch. Der Priester versuchte, in dem Barrio Basisgemeinden aufzubauen. Das bedeutet: Menschen tun sich zusammen und entdecken an Hand der Bibel, was ihre Würde ausmacht; sie lernen, sich aus der Unterwürfigkeit zu erheben. Sie lernen: Gott hat alle in gleicher Weise geschaffen. Du hast dieselbe Würde wie alle anderen. Du trägst in dir die Kraft, dich für Gerechtigkeit und Leben einzusetzen. Der Priester zeigte den Menschen, aus der Situation der Ohnmacht aufzustehen und zu beginnen, sich für eine Veränderung der Situation des Elends einzusetzen. Bei dieser Bibelarbeit haben sie entdeckt, dass Unrecht nicht mit neuem Unrecht, sondern aus der Kraft, die das Evangelium uns schenkt, also aus der Liebe, der Gerechtigkeit und der Wahrheit, überwunden werden muss. Nachdem diese Basisgemeinden eine Zeit gearbeitet hatten, lud der Priester uns ein, mit Leuten aus den Gemeinden ein Seminar zur Schulung in Gewaltfreiheit und Gütekraft durchzuführen. Wir haben eine Woche mit ihnen gearbeitet und sind nach diesem Seminar wieder abgereist.

Nach dem Seminar hat sich eine Gruppe von Frauen, die an dem Seminar teilgenommen hatten, zusammengetan und gesagt:»Ja, jetzt müssen wir uns engagieren. Wir haben jetzt eine neue Kraft, einen neuen Weg in uns entdeckt. Das müssen wir jetzt umsetzen.« Sie haben zunächst mit ihren Nachbarinnen gesprochen, um sie dafür zu gewinnen, mit ihnen zu überlegen, wie das Engagement aussehen könnte. Sie haben die Situation analysiert. Sie haben sich gefragt:»Was ist von dem vielen Unrecht, das wir erleiden, das Schlimmste? Wir können nur einen kleinen Teil auswählen.« Und sie kamen zu der Überzeugung, dass es das Schlimmste sei, dass sie kein Trinkwasser hätten. Sie mussten unten an den Zapfstellen für das Trinkwasser bezahlen und es dann zwei Kilometer den Berg heraufschleppen. Es war ihnen klar, dass die Kindersterblichkeit stark mit dem Fehlen von Trinkwasser zusammenhing. Sie sagten: »Das ist das erste, was wir angehen wollen.«

Wie könnten sie nun die befreiende Kraft bei der Trinkwasserversorgung zur Anwendung bringen? Sie überlegten verschiedene Methoden des gütekräftigen Vorgehens. Sie sagten sich: »Wir versuchen den Dialog.« Medellin hat über eine Million Einwohner. Es ist eine reiche Stadt. Es gelang ihnen, einen Termin bei der Stadtverwaltung zu bekommen und ihr Problem vorzubringen. Sie ersuchten, Trinkwasser einzuleiten. Die Antwort war, zur Zeit gäbe es kein Geld dafür, aber in ein paar Monaten würde man mit ihnen über das Projekt sprechen, sie sollten nur nach Hause gehen. Die Frauen haben gewartet, und es ist natürlich nichts passiert. Warum? Weil die Machtverhältnisse so ungleich waren. Eine Handvoll armer Frauen auf der einen Seite, die Verwaltung einer wohlhabenden Stadt auf der anderen. Sie waren wirklich ohnmächtig, ohne Macht. Alle Macht war auf der anderen Seite. Das haben die Frauen verstanden. Sie sagten: »Wir sind in ihren Augen nichts, also müssen wir versuchen, *Solidarität zu schaffen*, damit wir Partner werden, mit denen man verhandelt.«

Sie überlegten, wen sie am ehesten ansprechen und für sich gewinnen könnten. Sie entschieden sich für die wohlhabenden Frauen, die unten in der Stadt leben und die Situation der armen Frauen nicht kennen.

Sie überlegten sich folgende Aktion. An einem bestimmten Tag teilten sie sich in zehn Gruppen auf. Jede der Frauen nahm ihr jüngstes Kind – meistens haben sie viele Kinder – auf den Arm, und sie gingen hinunter zur Plaza, auf den alten, schönen Hauptplatz, dorthin, wo rundherum Boutiquen sind, in denen die vornehmen Leute einkaufen. Dort befindet sich ein großer Springbrunnen, aus dem Tag und Nacht Wasser fließt. Der Wind trägt Wasser über den Rand des Brunnens hinaus, und es entstehen Pfützen außerhalb des Brunnens auf der Straße. Die erste Gruppe geht zu dem Brunnen. Die Frauen beginnen, ihre Kinder zu waschen, aber nicht in dem Brunnen, sondern in den Pfützen. Natürlich blieben gleich Frauen stehen und sagten: »Ihr seid verrückt, ihr seid dumm! Wie könnt ihr eure Kinder in dem schmutzigen Wasser waschen? Sie sterben dann!« Damit hatten sie die Möglichkeit, ihr Leid, ihr Problem mitzuteilen. Sie haben den wohlhabenden Frauen gesagt: »Dies ist ein Symbol. Wir leben da oben in dem Barrio, da gibt es nur Regenwasser, aber kein Trinkwasser. Und wir haben die Stadtverwaltung gebeten, aber sie hat uns die Trinkwasserleitung verweigert.« So kamen sie mit einigen wohlhabenden Frauen ins Gespräch.

Dann kam schon die Polizei. Sie vertrieb die Frauen und sagte: »Hier werden keine Kinder gewaschen!« Die Frauen wurden verjagt. Nach zehn Minuten kam die zweite Gruppe. So haben sie die Geste fünf oder sechs Mal wiederholt. Immer wieder eine neue Gruppe und auch immer mehr Polizei und mehr Frauen, die stehen blieben. Schließlich hat die Polizei angefangen, auf eine der Frauen mit ihrem Kind mit Knüppeln loszuschlagen. Da stellte sich eine wohlhabende Frau dazwischen und sagte zu ihm: »Mein Herr, wenn Ihre Frau in der Situation wäre, würde sie dasselbe tun.« Das wirkte: Die Polizei schlug nicht mehr zu, weil sie ja nicht auf die wohlhabenden Frauen einschlagen wollte.

Am Ende der Aktion bildete sich eine kleine Gruppe aus armen und wohlhabenden Frauen. Nach ein paar Wochen sind sie zusammen zur Stadtverwaltung gegangen und haben noch einmal das Problem aufgerollt. Jetzt waren die armen Frauen durch die Solidarität mächtiger geworden. Es kam zu einem Gespräch. Die armen Frauen hatten inzwischen ihre Männer dafür gewonnen, sich zu solidarisieren. Sie hatten gesagt: »Ihr seid arbeitslos. Seid ihr bereit, die Gräben für die Wasserleitung auszuheben? Damit wir der Stadtverwaltung vorschlagen können: Ihr braucht nicht alles zu bezahlen, wir machen einen Teil.« Es entstand Solidarität: Die Wasserleitung wurde gebaut.

Als mein Mann und ich etwa sechs Monate später wiedergekommen sind, um Nacharbeit zu machen, floss schon das Trinkwasser. Oben am Hügel war ein Stein mit der Aufschrift angebracht: »Zu Ehren der Frauen vom Barrio Santo Domingo, die den Mut hatten, für die Wasserleitung zu kämpfen.« Aus der ersten Erfahrung der Frauen mit der Kraft, die in ihnen liegt, sind viele andere Initiativen entstanden. Einen hohen Preis hatte der Priester zu zahlen: Er wurde beim Bischof als subversiv angezeigt und ist versetzt worden. Aber die Armen im Barrio waren inzwischen schon so weit, dass sie selbstständig weitergearbeitet haben.

Dieses einfache Beispiel zeigt wesentliche Elemente von Gütekraft

a) Es gab einen *Geburtshelfer* oder eine *Hebamme* – ich empfinde meine Arbeit auch ein bisschen als die einer Hebamme: Die Kraft der Gewaltfreiheit, die Gütekraft liegt in uns Menschen, aber meistens ungehoben, unentwickelt, unterentwickelt oder bewusst von außen zurückgedrängt. Es gilt also, diesen Samen, der *da* ist, zur Entfaltung zu bringen. Der Geburtshelfer war in diesem Falle der Priester; es kann irgendjemand sein, der diese Kraft bereits entdeckt hat, sie durch sich wirksam macht und anderen Menschen hilft, sie zu entdecken.

Durch diesen Geburtshelfer der Gütekraft entstand eine *Befreiung aus Unterwürfigkeit und Angst.* Menschen, die in solchen Bedingungen leben, haben

Angst vor Repression. Sie ist ein Faktor, der dazu beiträgt, dass Gewaltsysteme im Kleinen und im Großen bestehen können. Der Geburtshelfer hat aus der Angst, der Unterwürfigkeit, der Passivität befreit.

b) Die Entdeckung und Entfaltung der Gütekraft kann aus verschiedenen *Wurzeln* kommen, in diesem Fall waren es *biblische Wurzeln,* aus der *Theologie der Befreiung.* Auf diesem Wege hat der Priester geholfen, die eigene Würde und Achtung, aber auch die Achtung des Gegners zu entdecken, wie die Kraft der Gerechtigkeit und Wahrheit zur Überwindung von Unrecht.

Ein Beispiel aus Peking zeigt eine andere Wurzel der Gütekraft, aus der die Bereitschaft zu gütekräftigem Einsatz gespeist werden kann: Auf dem Tiananmen-Platz haben sich 1989 Studentinnen und Studenten für die Menschenrechte und für einen Schritt des Staates in Richtung Demokratie eingesetzt. Als die Repression begann, hat sich eine Gruppe auf den Sockel des großen Monuments, das auf diesem Platz steht, geflüchtet. Eine Studentenführerin sagte zu ihnen: »Erinnert euch an die Geschichte, die uns unsere Eltern erzählt haben: In einem Baum war ein Ameisennest. Der Blitz schlug in den Baum ein. Da überlegten die Ameisen, was sie tun könnten, um das Volk zu retten. Und sie beschlossen, eine Kugel zu bilden und von dem brennenden Baum herunter zu rollen.« Und dann sagte sie: »Dann verbrennen nur die, die außen sind, und das Volk wird gerettet. Heute sind wir außen. Wenn wir nicht bereit sind, außen zu sein, dann kann sich in unserem Volk nichts bewegen. Dann kann es nicht frei werden.« Ein sehr sprechendes Beispiel auf einer anderen Ebene.

In den afrikanischen Traditionen gibt es viele Arten der Streitschlichtung durch den Palaver und andere Formen. In der philippinischen Kultur gibt es die Herstellung von Harmonie. Es gibt auch humanistische Quellen der Gütekraft, Quellen, die der Logik entsprechen. Etwa 1968 in Prag: Man erkannte, dass Gegengewalt keine Lösung ist. Die Gütekraft wurde als die zielführende, die Gewalt überwindende Strategie eingesetzt. In jedem Fall geht es um eine grundlegende Umkehr zu einer neuen Lebenshaltung für uns selbst und in Beziehung zu anderen.

c) Ein weiterer Punkt ist, die *Wirklichkeit* zu erkennen. Es geht um *Wahrheitsfindung,* dafür ist eine *Analyse* zu machen. Die Gütekraft wirkt als neugestaltende Kraft der Wahrheit. Die Frauen von Medellin hatten in dem Seminar gelernt, eine Analyse zu machen.

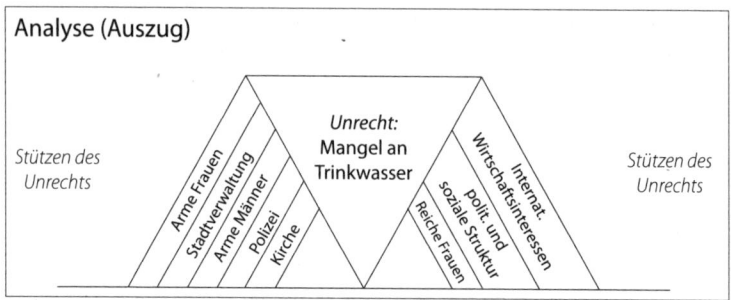

Analyse (Auszug)

Stützen des Unrechts

Arme Frauen
Stadtverwaltung
Arme Männer
Polizei
Kirche

Unrecht:
Mangel an
Trinkwasser

Wirtschaftsinteressen
Internat.
polit. und
soziale Struktur
Reiche Frauen

Stützen des Unrechts

Analyse, wie sie die Frauen von Medellin erarbeiteten

Zuerst wurde das Unrecht genau benannt: siehe Dreieck. (Es muss sich *objektiv* um eine Verletzung von Grundrechten handeln.)

Sodann: Das Unrecht kann deshalb bestehen, weil es gestützt wird: siehe die Pfeiler rechts und links. Als ersten Pfeiler, der das Unrecht stützte, erkannten die armen Frauen ihre *eigene Mitverantwortung*. Sie haben hinterfragt: »In welcher Weise sind wir verantwortlich, dass dieses Unrecht bestehen kann?« Sie erkannten ihre Angst, sich der Situation zu stellen. So dass sie sich sagten, wir sind ein Pfeiler dieser Situation. Sie erkannten als weitere Pfeiler, die das Unrecht stützten: die Stadtverwaltung, ihre Männer, die die Situation schweigend hingenommen hatten, die Polizei, die Kirche – zwar nicht ihr Priester, der mit ihnen gearbeitet hatte, aber die Kirche als Organisation in der Stadt – und weiter die reichen Frauen, die politischen und sozialen Strukturen. Die beiden letztgenannten Pfeiler konnten sie erst später entdecken. Sie haben versucht, die Wahrheit, die Wirklichkeit der Situation zu erkennen.

Bei der Analyse kommt es darauf an, der Wirklichkeit, der Wahrheit der Situation auf den Grund zu gehen und dabei die eigene Mitverantwortung in die Untersuchung einzubeziehen. Und auch die Bedürfnisse der anderen Seite zu erkennen und mit hineinzunehmen in den Prozess der Umgestaltung der Situation.

Von ihrer Analyse ausgehend haben sie dann versucht, die Art und Weise, wie sie dieses Problem auf gütekräftige Weise angehen wollen, zu entdecken und eine konkrete Vorgehensweise zu erarbeiten, ein Projekt zu entwerfen. Aufgrund dieser Analyse dachten sie, dass sie als Frauen zuallererst die reichen Frauen, die in Wohlstand leben, zur Solidarität gewinnen könnten. Und deshalb haben sie ihr Projekt auf dieser Basis aufgebaut.

d) Ansprechen des Gewissens: Hier wird ein weiteres Element der Gütekraft sichtbar, ein sehr wesentliches. Die Frauen haben mit Hilfe des Priesters und in dem Seminar zunächst *die Gütekraft in sich entdeckt* und damit an der Bewältigung ihrer Angst gearbeitet. Sie konnten sich der Situation erst stellen, nachdem sie in sich diese Kraft der Wahrheit, die Kraft der Liebe, die Kraft der Gerechtigkeit entdeckt hatten und sich auch bewusst geworden waren, dass *die andere Seite grundsätzlich ansprechbar ist*, dass hier eine Möglichkeit besteht, das Gewissen anderer Frauen zu solidarisieren. Diese Wahrheit wurde ihnen klar. Sie haben eine grundsätzliche Einsicht in die Situation gewonnen und sich gefragt, wie sie das Gewissen des Gegners oder der Passiven mit Gütekraft ansprechen und ihnen das Unrecht einsichtig machen können: durch Gesten, die einerseits den Verstand und andererseits das Herz erreichen. In diesem Fall ging es darum zu zeigen: Unsere Kinder können nicht leben, weil wir kein Trinkwasser haben.

e) Ein weiterer Punkt war, darauf zu achten, dass es nicht zu Verurteilung oder Revanche kommen kann und daher *alle Konsequenzen* des Sprechens, des Bezeugens dieser Situation *auf sich zu nehmen*. Das kann selbst Schläge, Verhaftungen, Misshandlung bedeuten. Ich glaube, wir wissen alle, dass eine freiwillig ertragene Konsequenz, die manchmal bis zur Hingabe des Lebens gehen kann, eine enorme moralische und politische Wirkkraft hat. Ich glaube, dass es nicht selbstverständlich ist, hierzu bereit zu sein. Wir brauchen eine spirituelle Vorbereitung.

Die Frage der Macht: Hier ist es auf einer ganz kleinen Ebene dargestellt, aber wir sehen es auch auf der Ebene eines ganzen Staates, einer Gesellschaft oder auf weltweiter Ebene. Die Gütekraft verändert Machtverhältnisse *nicht durch Zwang, sondern durch Meinungsbildung*. Die Frauen in Medellin haben versucht, durch ihre Geste das Gewissen der reichen Frauen anzusprechen und sie zu solidarisieren. Bei gütekräftigem Vorgehen werden Machtverhältnisse nicht durch Zwang verändert, sondern durch Meinungsbildung: Indem Solidarität geschaffen wird, indem versucht wird, das Gewissen der anderen Seite aufzuschließen, zu solidarisieren, wächst die Kraft der Bewegung und es kommt zu einer *Ermächtigung* der Gruppe, die sich engagiert.

f) Ein weiteres Element war *Solidarität*. Das heißt einerseits zu versuchen, zunächst die Gruppe anzusprechen, die uns am nächsten steht, also diejenige, bei der Hoffnung besteht, dass am ehesten eine Öffnung zum gemeinsamen Handeln zustandekommen kann. Daher beginnt der Prozess der Solidarisierung meistens mit denen, die am ehesten für eine Unrechtssituation einsichtig gemacht werden können.

g) Ein weiteres Element war, eine *kreative Alternative, eine* kreative Lösung zu suchen, *die auch die Bedürfnisse der anderen Seite einbezieht.* Es ging hier darum, der Stadtverwaltung entgegenzukommen. Dadurch, dass man die Männer gebeten hat, die Wasserleitung zu legen, hat die betroffene Gruppe gezeigt, dass sie bereit ist, selbst einen Teil der Verantwortung an dieser Problematik zu übernehmen. So konnte das Projekt verwirklicht werden.

h) Ein weiterer Punkt war: Ein erster kleinerer Schritt vermittelt *Erfahrungen* mit der Gütekraft und ermutigt dann auch zu weiteren Schritten. Immer wenn wir gütekräftig vorgehen, entdecken wir die Fähigkeit, daran zu wachsen. Und durch die Praxis, durch die Anwendung dieser Kraft, die in uns liegt, entdecken wir weitere Möglichkeiten, immer größere Projekte aufzugreifen und umzusetzen.

Frauen in Israel haben mir ein Beispiel erzählt, Frauen von Bat Shalom: Sie hatten in der Zeit des Libanonkrieges begonnen, öffentlich zu demonstrieren und ihre Demonstrationen immer angemeldet. Durch ihr Engagement wurden sie mutiger: In der Zeit der zweiten Intifada haben 500 Frauen, unter Vernetzung zahlreicher Organisationen, gemeinsam einen Menschenteppich vor dem Verteidigungsministerium gebildet, um Grundrechte für die palästinensische Bevölkerung einzufordern.

Ich möchte erinnern an die Arbeit im Larzac in Frankreich, wo die bäuerliche Bevölkerung sich geweigert hatte, ihren Boden für eine große Militärbasis herzugeben. Sie hatten zuerst große Angst, mit ihren Traktoren in die Kreisstadt zu fahren. Doch dann entdeckten sie Schritt für Schritt, wie diese Kraft der Gewaltfreiheit ihnen geholfen hat, immer stärkere und wirksamere Schritte zu gehen – über Demonstrationen zum zivilen Ungehorsam. So hat dort eine Bäuerin vor hunderttausend Menschen ein Referat gehalten. Das hat gezeigt, wie sie an Gütekraft gewachsen ist und ihre menschlichen und geistigen und spirituellen Kräfte immer stärker entwickelt hatte.

i) Ein weiterer Punkt in dem Beispiel von Medellin war das *Feiern,* also die Freude über eine gelungene Aktion. Den Frauen wurde ein Gedenkstein errichtet. Ich glaube, das Feiern, die Freude über das Wirksamwerden der befreienden Kraft der Gewaltfreiheit ist ein ganz wichtiges Element. Die Menschen hier in diesem Beispiel haben entdeckt, wenn gemeinsam mehr Gerechtigkeit erreicht wird, ist das etwas Wunderbares, das gefeiert werden muss. Es ermöglicht auch ein bewussteres und engagiertes Leben für Menschen, die zunächst durch ihre Passivität oder ihr Unrecht auf der Gegenseite standen. Es handelt sich nicht um einen Sieg über andere, sondern es kann für beide Seiten Leben in größerer Fülle entstehen.

j) Dieses Beispiel zeigt auch, dass *Grundhaltungen und Methoden* untrennbar miteinander verbunden sind. Wenn es unsere Grundhaltung ist, Menschen zu achten, auch den Gegner zu achten, dann müssen wir Methoden suchen, in denen diese Achtung bereits zum Ausdruck kommt. Nur dann, wenn diese Verbindung von Grundhaltung, Methode und Ziel zustande kommt, kann ein gutes Ziel verwirklicht werden.

Schwierigkeiten begegnen

k) *Wie können wir unsere Durchhaltekraft nähren?* Es gibt oft das Problem, dass solche Prozesse lange dauern. Wir wissen alle, dass Veränderungsprozesse in uns und in der Gesellschaft Zeit in Anspruch nehmen – beim Einzelnen wie in der Gesellschaft –, und dass der Rhythmus unserer menschlichen Seinsweise zu beachten ist. Wenn wir ihn überspringen, brechen entweder unsere Bemühungen zusammen, oder die Arbeit kippt um und wir greifen doch zur Gegengewalt. Es gilt auch: Aufgedrängte Veränderungen halten nicht. Die Probleme werden dann nicht wirklich gelöst. Alle wissen, dass es die revolutionäre Ungeduld gibt, dass in dramatischen Situationen Menschen meinen, jetzt müssen wir ganz schnell die Veränderung herbeiführen. Sie führen damit Gewalt herbei und müssen erleben, dass im Grunde die Problematik nicht gelöst wird. Selbst wenn sie siegreich sind, wird der Gegner, der besiegt wurde, sofort eine Strategie erarbeiten, um zurückzuschlagen.

Wir alle wissen, dass wir in der Arbeit die Gütekraft des Einzelnen und der Gruppe ständig nähren müssen. Persönlich vielleicht durch Meditation, durch Stille, durch Gebet. In der Gruppe durch *Läuterungsfasten*: Wir fasten für uns, dass wir bereiter werden, die Gütekraft in uns stärker werden zu lassen, dass sie tragfähig wird. Wir fasten für die Gruppe, für die Menschen, die mit uns in dieser Arbeit engagiert sind. Und wir fasten für den Gegner, für die, die in einer Unrechtssituation einen stärkeren Anteil tragen.

Wichtig ist es auch, um unsere Gütekraft zu stärken, dass wir Personen einladen, die ein Charisma, also die besondere Fähigkeit haben, die Gütekraft in uns zu neuem Leben zu wecken. Ich erinnere mich: In der Arbeit im Larzac, wo gegen die Militärbase gütekräftig Widerstand geleistet wurde, haben wir immer wieder Menschen eingeladen, die gerade diese Fähigkeit hatten, in einem Widerstand, der viele Jahre gedauert hat, die Durchhaltekraft zu gewinnen, Menschen, die so spirituelle Hilfe geleistet haben. Oder auf den Philippinen habe ich erlebt, dass man sogenannte »love days« eingelegt hat. Das waren Tage, an denen man sagte: »Heute stellen wir alle Aktionen ein. Wir sind müde. Wir brauchen eine Atempause.« Man traf sich, um Freundschaft zu leben; um mit den Familien, mit den Kindern zusammenzusein; um sich untereinander und miteinander zu freuen, dass man auf dem Weg war, um größere Gerechtigkeit aufzurichten. Und man dankte auch an diesem Tage miteinander für alles, was schon möglich geworden war. Man schöpfte neuen Atem für die Weiterarbeit.

Auf kollektiver, also gemeinschaftlicher Ebene ist das *interreligiöse Gebet* wichtig. Ich habe ein sehr schönes Beispiel erlebt in Lubumbashi, Kongo: Bergarbeiter waren aus den umliegenden Provinzen gekommen. Sie arbeiteten in den Minen. Einmal gab es eine politisch-wirtschaftliche Krise, und der Gouverneur wollte daraufhin alle fremden Arbeiter aus den anderen Provinzen vertreiben. Daraufhin haben die Arbeiter zusammen mit Studenten und der kleinen Gütekraft-Bewegung in Lubumbashi zunächst ein interreligiöses Gebet von Muslimen und Christen durchgeführt. Sie haben gezeigt: Wir beten gemeinsam zu Gott, zu Allah, dass wir in dieser dramatischen Situation, wo Tausende Menschen ihre Arbeit verlieren und vertrieben werden sollen, zueinander stehen. Gott will Leben für alle Menschen und nicht den Tod und das Verhungern. Zugleich haben sie eine praktische Arbeit begonnen: Sie haben brachliegenden Boden gemeinsam bebaut. So zeigten sie, dass Menschen aus den verschiedenen Provinzen, die der Gouverneur gegeneinander aufgebracht hatte, bereit waren, gemeinsam zu arbeiten, damit die Familien überleben konnten. Es war eine Verbindung von spirituellem und politischem Engagement.

Dasselbe finden wir auch auf den Philippinen, bei Gandhi, bei King, bei César Chávez: Handeln aus dem Geist der Gewaltfreiheit ist getragen von einer immer wieder zu erneuernden humanistischen oder spirituellen Kraft, die wir nähren müssen. Wir dürfen nicht vergessen, sie zu nähren. Sonst siegt die Passivität, die Unterwürfigkeit oder die Gegengewalt.

l) Noch eine Frage: Wenn wir Misserfolge haben, so ist das nicht schlimm, weil wir an den Misserfolgen lernen. Wir lernen, dass unsere Einsicht und unser Leben aus der Gütekraft noch nicht tief genug gehen, dass wir Elemente übersehen haben, dass zum Beispiel unsere Analyse, die Wirklichkeit, also die Wahrheit einer Situation zu erfassen, noch unvollständig ist; dass wir sie vertiefen müssen.

Wenn ein Projekt nicht gelingt, ist das oft ein Anstoß für einen Schritt zum Wachstum in der Fähigkeit, Gütekraft zu leben wie auch in ihrer Umsetzung. Wir hinterfragen dann unsere eigene Haltung und jene unserer Gruppe. Wir werden die Strategien neu bewerten, neu erarbeiten. Vielleicht werden wir die Vernetzung verstärken müssen. Zum Beispiel, wenn wir an einem ökologischen Problem arbeiten, müssen wir sehr viele Aspekte beachten und sehr viel Vernetzung erreichen, um wirksam sein zu können. Wir brauchen vor allem auch eine Erziehung zur Beharrlichkeit. Im Larzac, wo die Bauern zehn Jahre Widerstand leisteten, sagten sie: »Wenn wir das am Anfang gewusst hätten, hätten wir wahrscheinlich nicht den Mut gehabt, anzufangen.« Aber dadurch, dass sie in der Fähigkeit, gewaltfrei zu arbeiten, ständig gewachsen sind, ist auch ihre Durchhaltefähigkeit gewachsen.

m) Eine weitere Schwierigkeit ist wohl die *Freiheit des Menschen*. Das ist eine Grenze. Gott zwingt nicht und in der gewaltfreien Arbeit dürfen wir auch nicht andere zwingen. Denn wenn wir andere zwingen wollen, fallen wir zurück in die Haltung der Gegengewalt, die im Widerspruch zu Gewaltfreiheit und Gütekraft steht. Und wir können nicht über den anderen, die andere Gruppe verfügen. Da stehen wir oft vor großen Schwierigkeiten.

Im persönlichen Bereich: Ich glaube, dass hier ein beharrliches Angebot zum Dialog aus Achtung und Liebe wichtig ist: Gesten setzen, einen Vermittlerdienst in Anspruch nehmen, gute Gedanken der Vergebung und der Befreiung senden, den anderen nicht fallen lassen, auch wenn kein Erfolg sichtbar ist. Es gibt gerade im persönlichen Bereich Situationen, wo wir lange kein greifbares Resultat erkennen und sagen müssen, im Augenblick habe ich nur eine Möglichkeit, diesen Menschen oder diese Gruppe im Gebet in mir zu tragen und sie nicht fallen zu lassen. Hier geht es wesentlich darum, dass wir im Geist der Gewaltfreiheit und der Zuneigung zum anderen verharren und ihn in unser Denken und Beten hineinnehmen. Da sind Geduld, Umkehr, Beharrlichkeit, Vertrauen, vor allem auch immer wieder die Hinterfragung unserer eigenen Position gefordert: »Inwieweit sind wir selbst in diesen Prozess mit hineingezogen? Wie weit leben wir selbst noch nicht diese Situation aus dem Geist der Gütekraft?«

In solchen Situationen ist die Zeit vor dem Tod sehr wichtig. Es ist eine Zeit, in der alte Konflikte gelöst werden können. Wir können Sensibilität entwickeln für den Zeitpunkt, an dem alte Konflikte aufgearbeitet und bewältigt werden können. Hierher gehören Beharrlichkeit und Vertrauen, gleichgültig, was passiert. Das fällt uns oft schwer. Es zeigt sich jedoch immer wieder, manchmal überraschend: Nichts ist verloren, was aus Gütekraft heraus getan, gedacht, gehandelt oder gebetet wird.

Im gesellschaftlichen Bereich ist es sehr wichtig zu sehen, dass da immer zwei Ebenen miteinander verbunden sind: Die eine Ebene ist die, durch moralischen Druck, Gebete, Dialog, Fasten, Meinungsbildung ein Umdenken zu bewirken. Ich denke an das Beispiel der Philippinen. Wir haben dort während der Arbeit sehr viele Gruppen angesprochen und versucht, ein Umdenken, eine Einsicht in die Kraft der Gewaltfreiheit zu bewirken und auf spiritueller und humanistischer Ebene die Kraft der Gewaltfreiheit zu entfalten. Aber wir können über die anderen nicht verfügen. Wir können über Politiker nicht verfügen, wir konnten weder über Marcos verfügen noch über seine Mitarbeiter. Wir können nur ein Angebot machen. Die andere Ebene, die gleichzeitig betreten wird, ist eine politische Arbeit, die dem ungerechten System oder Regime die Stützen entzieht, also ungerechtes Handeln unmöglich macht. Auf den Philippinen wurden verschiedenste Möglichkeiten von Streik und Boykott, Verweigerung der Zusammenarbeit, von Massendemonstrationen usw. wahrgenommen, um dem ungerechten Regime die Aktionsfähigkeit zu entziehen, also die Pfeiler, die dieses System stützten, abzubauen.

Diese beiden Prozesse gehen miteinander einher. Wenn man einem diktatorischen Regime die Stützen, die Mitarbeit entzieht, dann wird es letztlich funktionsunfähig, wie es auf den Philippinen der Fall war. Wie weit nun der Prozess des Umdenkens in der Bevölkerung, vor allem in der Gruppe, die an der Macht ist, zustande kommt, bleibt eine offene Frage. Wir wissen nicht, wie weit Marcos wirklich umgedacht hat. Aber die Möglichkeit, Macht auszuüben, ungerechte politische Macht auszuüben, wurde ihm entzogen, so dass er diese Macht nicht mehr wahrnehmen konnte. Bei der Überwindung einer Diktatur wird die neue Situation umso positiver, werden Wahrung der Menschenrechte und Demokratie umso wirkungsvoller, je mehr es gelungen ist, in dem Prozess der Veränderung das Umdenken, das heißt die Hinwendung zur Haltung der Gütekraft, zu erreichen. Ich weiß, dass das auf den Philippinen nur zum Teil gelungen ist, und dass diejenigen, die nicht umgedacht haben, versuchen, ihre Macht wieder aufzurichten. Das heißt also, wir müssen unentwegt dieses aktive Angebot zum Umdenken einbringen, aber zugleich auch einem ungerechten System die Stützen entziehen, indem wir uns weigern, mit ihm zusammenzuarbeiten.

n) Bauen an der Alternative: Ein letzter Punkt wäre der, der meiner Meinung nach im gewaltfreien Arbeiten bisher ein Schwachpunkt geblieben ist. Ich glaube, dass es in vielen Fällen gelungen ist, Unrecht auf politischer Ebene zu bewältigen, ja auf verschiedenen Ebenen zu bewältigen. Aber wir sind immer noch sehr schwach im *Bauen an der Alternative*. Wenn ich mich mit Gütekraft gegen ein Unrecht einsetze, dann muss ich parallel auch Alternativen schaffen, Möglichkeiten aufbauen, in denen die Menschenrechte und die Menschenwürde in größerem Maße bewahrt werden als in der Vergangenheit. Es gibt sicher viele alternative Ansätze: in der Pädagogik, im Sozialbereich, bei außergerichtlichen Strafverfahren, der gewaltfreien Konfliktbearbeitung, in der Ökologie und so weiter. Doch da haben wir noch eine ganz große Aufgabe vor uns.

Gandhi hat uns gezeigt, dass wir im Blick haben sollen, wie wir die gesamte Gesellschaft aus dieser Kraft der Wahrheit, Gerechtigkeit und Liebe aufbauen: die persönliche Umwandlung, die ein permanenter Prozess ist; die politische Befreiung; Shanti Sena, die Friedensbrigaden – anstelle der Armee die Friedenskämpfer; Soziale Verteidigung statt Krieg; ein neues Erziehungsmodell; dezentralisierte Wirtschaft und Industrie, die den Bedürfnissen des Volkes entsprechen; natürliche Medizin.

Aus unserer Perspektive können wir viele andere Aufgaben in den Blick nehmen: die Stellung der Frau, Medien im Dienste der alternativen Gesellschaft, gerechte Nord-Süd-Beziehungen, sanfte Energie, Projekte zur Rettung der Umwelt und viele andere. Wenn wir Gütekraft und ihre Anwendung im Blick haben, dann sollten wir immer ein *umfassendes Konzept vor Augen* haben und uns fragen: »Wo und an welchem Punkt können wir mithelfen, dass das persönliche und gesellschaftliche Leben unserer Nation und die Gemeinschaft der Nationen aus dieser Perspektive von gütekräftigem Handeln und Denken besser entfaltet werden können?« Wir müssen den großen Zusammenhang sehen und uns fragen: »Wo ist mein Platz, wo meine Aufgabe?« So werden wir unseren unerlässlichen Beitrag im weltweiten Netz der Friedensarbeit leisten.

Es ist wichtig, bei dieser Arbeit sowohl die eigene Situation als auch die Situation anderer bewusst einzubeziehen und auch nach Möglichkeiten zu fragen, Bedürfnisse der anderen zu berücksichtigen und selbst Verantwortung zu übernehmen.

GEWALTFREIE AKTION
IN INNERGESELLSCHAFTLICHEN KONFLIKTEN

EGBERT JAHN

Gewaltfreier Widerstand in parlamentarischen Demokratien. Die Erfahrungen Martin Luther Kings und der amerikanischen Bürgerrechtsbewegung

*E**gbert Jahn, Friedensforscher und Politikwissenschaftler mit dem For-schungsschwerpunkt Osteuropa, hat sich immer wieder mit Gandhi und den Möglichkeiten der Gewaltfreiheit beschäftigt. 1973 veröffentlichte er ei-nen Aufruf zu einem »Tag des internationalen Zivilisten«: Am Gründungstag der Vereinten Nationen, dem 24. Oktober, sollten Kränze für die in Kriegen und Genoziden ermordeten Zivilisten im eigenen Land und in der ganzen Welt nie-dergelegt werden.[1] In seinem Buch »Kommunismus und was dann?« von 1974 entwickelte er das Konzept des »Zivilismus« als Gegenbild zum Militarismus und auch zum traditionellen Pazifismus. Als Dekan der Universität Frankfurt am Main setzte er sich 1977 für eine öffentliche Diskussion des Mescalero-Aufrufs und der Sympathiebekundungen für Gewalt mit dem Ziel ein, gewalt-freie Alternativen zu stärken. Als es zum massenhaften Widerstand gegen die Startbahn 18 West des Frankfurter Flughafens kam, unterstützte er diesen mit der Gründung einer »Walduniversität« in Mörfelden-Walldorf (»Freie Volksuniversität Startbahn West«). Am 6. März 1982 hielt er dort eine Rede,*

---

[1] Egbert Jahn: Aktionsvorschlag Tag des internationalen Zivilisten. In: Gewaltfreie Aktion 5 (1/1973), 38-40

in der er unter Rückgriff auf Einsichten von Martin Luther King Grundzüge der Gewaltfreien Aktion darlegte und diese zu den Problemen des gewaltlosen Widerstands gegen die Startbahn in Beziehung setzte.[2]

Liebe Mitbürgerinnen und Mitbürger,
Sie sind heute Abend in das Bürgerhaus Mörfelden gekommen zu einem Zeitpunkt, an dem der gewaltfreie Widerstand zur Verhinderung des Baus der Startbahn 18 West des Frankfurter Flughafens endgültig gescheitert scheint.

Die Landesregierung ist nach wie vor hart entschlossen, die Startbahn rasch zu bauen. Sie scheint unbeugsam, härter als selbst der Beton, der in den nächsten Monaten in die Schneise durch den Wald gegossen wird.

Der Landtag Hessens hat sein letztes Wort gesprochen. Mit hundert Prozent seiner Stimmen – ohne einen einzigen Dissidenten – sprach er sich für den Startbahnbau aus.

Der Rechtsweg ist fast bis zu seinem Ende, dem Urteil des Bundesverfassungsgerichts, beschritten. Dort, am Ende dieses Rechtsweges, glimmt kein Fünkchen Hoffnung mehr, nachdem der Hessische Staatsgerichtshof mit dem Verlangen nach einem Volksbegehren einen kurzen, allzu kurzen Prozess gemacht hat, um irgendjemanden überzeugen zu können.

Die liberale Presse meint, uns in einer Art Abschlusskommentar gönnerhaft auf die Schultern klopfend, das Spiel sei nun endgültig aus und die Verlierer sollten nun entsprechend den parlamentarischen Spielregeln brav nach Hause gehen. So, als hätten hier einige Leute ihr überflüssiges Bargeld im Pokerspiel verloren.

Unübersehbar macht sich Resignation breit. Und die kleine Schwester der großen Apathie, die Aggressivität, äußert sich in Gewaltanschlägen gegen die Baufirmen, in Bombendrohungen gegen die Regierenden. Verzweifelter Spott prangt an den Wänden: »Gewaltfrei war sein letztes Wort, dann trugen ihn die Sanis fort«, oder »Gewaltlos werden wir den Wald los«.

Doch während die Bäume auf dem Startbahngelände fallen, fallen auch die Zahlen des Fracht- und Passagierverkehrs auf dem Frankfurter Flughafen, sinkt die Überzeugung in der Bevölkerung von der Sinnhaftigkeit des Startbahnbaus. Nur eine Minderheit befragter Bürger Hessens, 39 Prozent, sprach sich jüngst in einer Meinungsumfrage für den Startbahnbau aus; 32 Prozent waren dagegen, 29 hatten keine feste Meinung.[3] Mit anderen Worten: Wir Startbahngegner besäßen im Falle eines Volksentscheids eine reale Erfolgschance.

---

[2] Die Rede erschien in: Psychosozial 5 (2/1982),124-137
[3] Günter Hollenstein: 32 Prozent der Befragten Startbahngegner. Blitzumfrage von Ifa. In:

53

Trotz resignativer und aggressiver Tendenzen ist der Widerstandswille bei vielen Bürgerinnen und Bürgern offenbar nicht gebrochen.

1. Das gewachsene Interesse in der Bundesrepublik an den Methoden des gewaltfreien Widerstands

Was interessiert in einer solchen Situation, mitten in der Bundesrepublik Deutschland, mitten in Europa, der gewaltfreie Widerstand der amerikanischen Bürgerrechtsbewegung oder der Negerrevolution[4], wie Martin Luther King sie nannte? Was haben die gewaltfreien Aktionen der Schwarzen in den mehrere tausend Kilometer entfernten USA gegen die Rassendiskriminierung in den 1950er und 1960er Jahren mit den Aktivitäten der Flughafenanwohner und zahlreicher anderer Bürger hier bei uns Anfang der 1980er Jahre gemeinsam, die nicht an den Folgen jahrhundertelanger Sklaverei und ihrer Nachwirkungen in den sozialen und rechtlichen Beziehungen zu leiden haben? Weshalb werden in den vergangenen Monaten in der Bundesrepublik Deutschland immer häufiger die Namen Mohandas Karamchand Gandhi (1869-1948) und Martin Luther King (1929-1968) genannt? Weshalb erhielt die Witwe des letzteren, Coretta Scott King, am 10. Oktober 1981 auf der Friedensdemonstration in Bonn besonders herzlichen Beifall für ihre aufmunternden Worte?

Das Unvergleichbare zwischen indischer nationaler Befreiungsbewegung, amerikanischer Bürgerrechtsbewegung und der Bewegung der Gegner des Flughafenausbaus springt jedem sofort ins Auge. Deshalb wollen wir uns auch nicht mit der völlig ungerechtfertigten Empfindlichkeit jener Politiker befassen, die sich mit amerikanischen Rassisten und britischen Kolonialisten in eine Reihe gesetzt wähnen, bzw. sich selbst für einen Augenblick in die Nachbarschaft britischer Vizekönige oder amerikanischer Südstaaten-Gouverneure setzen, bloß um zu demonstrieren, dass die deutsche Demokratie unvergleichlich freiheitlicher sei als die angelsächsische, weshalb in Deutschland also gewaltfreier Widerstand nichts zu suchen habe. Gewaltfreier Widerstand, das gilt hierzulande offiziell als eine edle Sache im unterentwickelten britischen Königreich oder in rückständigen US-amerikanischen Südstaaten und natürlich im undemokratischen Rest der Welt. Hingegen im demokratischen Rechtsstaat Bundesrepublik Deutschland soll gewaltfreier Widerstand nur dann erlaubt

---

Frankfurter Rundschau, Nr. 30, Frankfurt am Main, 5.2.1982, 13

[4] Der Begriff »Neger« wurde erst in den späten 1960er Jahren allgemein durch »Schwarze«, »Afroamerikaner« o.ä. ersetzt.

sein, wenn die Demokratie wieder einmal vor dem Abgrund steht. Die Methode des gewaltfreien Widerstands soll – so empfehlen auch einige meiner Kollegen – gewissermaßen für schlimmere Situationen aufgehoben werden als für den Startbahnbau, vor allem für den Fall, wenn gewaltfreier Widerstand voraussichtlich vorerst keine große Chance mehr hat: für den Fall des Notstandes der parlamentarischen Demokratie.[5]

Schaut man sich die Literatur über den gewaltfreien Widerstand näher an, so sind sich die meisten Autoren darin einig, dass die britische und amerikanische parlamentarische bzw. repräsentative Demokratie und die Traditionen eines jahrhundertelangen bürgerlichen Liberalismus trotz der barbarischen Züge des Kolonialismus und Rassismus entscheidende Voraussetzungen dafür waren, dass der gewaltfreie Widerstand seine bisher größten Triumphe gerade im angelsächsischen, demokratisch geprägten Rechtsraum entfalten konnte: Südafrika, Indien, USA, in gewisser Hinsicht auch noch Ghana und Bangladesch (vgl. Mühlmann 1950, Ebert 1978). Die parlamentarische Demokratie macht den gewaltfreien Widerstand nicht überflüssig, sondern im Gegenteil: Rechtsstaatlichkeit, Liberalität und prinzipielle Wertschätzung von Menschenrechten und Mehrheitsentscheidungen in den jahrhundertealten parlamentarischen Demokratien geben dem gewaltfreien Widerstand überhaupt erst eine historisch gefestigte politisch-kulturelle Grundlage. In Diktaturen, in denen niemand nach einem umgebrachten Menschen oder nach einem im Kerker lebendig begrabenen Menschen zu fragen wagt, ist gewaltfreier Widerstand unvergleichlich schwieriger erfolgreich zu leisten, sind gewaltlose Unterwerfung bzw. gewaltsamer Umsturz viel wahrscheinlicher.

So seltsam es in vielen Ohren klingen mag: Das steigende Interesse in der Bundesrepublik Deutschland an gewaltfreiem Widerstand ist Ausdruck einer gewachsenen Stabilität und Stärke der deutschen Demokratie. In der Weimarer Republik marschierten noch Hunderttausende im Gleichschritt in paramilitärischen braunen und roten Kolonnen durch die Straßen; selbst die Sozialdemokratie versuchte ihren Gegnern mit dem Reichsbanner Schwarz-Rot-Gold wenigstens äußerlich ähnlich zu sein, wenn sie auch innerlich kaum zur Bürgerkriegsgewalt bereit war.

Die sozialistische Studentenbewegung Ende der 1960er bis in die 1970er Jahre hinein verstand sich in großen Teilen noch als Vorläufer einer Erneuerung der notfalls auch bewaffnet vorgehenden sozialistischen Revolution. Erst der politisch-moralische Zusammenbruch oder die politisch-militärische Niederlage der ausländischen Vorbilder eines vermeintlich antibürokratischen

---

[5] Frankfurter Rundschau, 8.1.1982, 15

55

Sozialismus (Jugoslawien, China, Vietnam, Kambodscha, Chile, Portugal) und die Krise des Marxismus weckten wieder ein Interesse an einer Politik des gewaltfreien Widerstands. Die tiefgreifende Wirtschaftskrise ließ die sozialliberalen Reformprogramme großenteils scheitern, die Krise der Entspannungspolitik und die Enttäuschung der Abrüstungshoffnungen, das offene Aufbrechen der ökologischen Krisen riefen ein neues breiteres Protestpotential hervor, das in den herkömmlichen institutionellen Kanälen der Konfliktverarbeitung nicht mehr aufgefangen werden konnte.

Im Unterschied zur Weimarer Republik marschieren heute keine Bürgerkriegsparteien mehr durch Deutschland. Mögen die Krisen der Gegenwart und noch mehr die zu erwartenden der Zukunft auch kommunistischen und faschistischen politischen Sekten einen gewissen Auftrieb verleihen, so können wir doch zuversichtlich sein, dass die Sehnsucht nach einer braunen oder auch roten Einparteiendiktatur nicht wirklich stark werden wird. Wenn sich vor kurzem nach 35 Jahren kommunistischer Parteiherrschaft 80 Prozent der polnischen Arbeiter, Angestellten und Bauern in einer Gewerkschaft vereinigten, die unter anderem Demokratie, Pluralismus, bürgerliche politische Freiheiten und Parteienkonkurrenz im Parlament forderte und durch monatelange gewaltfreie Aktivitäten ihren Forderungen Nachdruck verlieh, dann sind auch alle tatsächlichen wie eingebildeten kommunistischen Unterwanderungsversuche in der Bundesrepublik zum Scheitern verurteilt. Die Unterwanderer werden von den Massen demokratisch überwandert, ebenso wie diejenigen, die ständig in Furcht vor den Unterwanderern leben oder mit dieser Furcht ihre Geschäfte betreiben.

2. Der Widerstand von Minderheiten gegen Mehrheiten in parlamentarischen Demokratien

Doch lassen wir die falschen Ängste vor der roten und braunen Diktatur und wenden wir uns der wirklichen Angst vor der Demokratisierung zu! Was gab es in einem Land wie den USA zu demokratisieren, wo doch die Demokratie schon seit fast zwei Jahrhunderten ununterbrochen existierte, wo Wählermehrheiten für Regierungen auf lokaler, bundesstaatlicher und Bundesebene stimmten, wo Gerichte unabhängig Recht unter Bezug auf die demokratische Verfassung und die Menschenrechte sprachen? Wieso konnten in den USA schwarze protestantische Pastoren die Negerrevolution verkünden und gleichzeitig die Unterstützung des Präsidenten der Vereinigten Staaten erhalten, wenn sie im

Gefängnis saßen? Wieso konnte der mehrmals verhaftete und vorbestrafte Negerrevolutionär Martin L. King direkt aus dem Gefängnis zur Verleihung einer Ehrendoktorwürde an die Yale-Universität reisen, um anschließend wieder den gewaltfreien Kampf in den amerikanischen Südstaaten aufzunehmen? Die Antwort lautet: Weil die USA trotz aller rassistischen Vorurteile, trotz aller Rechtsbeugungen durch staatliche Behörden, trotz aller manipulativen Wahlrechtsbeschränkungen, trotz einer massiveren Polizeibrutalität als sie bisher an der Startbahn West wirkte, trotz sozialer Diskriminierung und privaten Terrors gegen die Bürgerrechtsbewegung, der mehrere Dutzend Menschenleben kostete, eine repräsentative Demokratie waren und sind.

Wenn wir von gewaltfreiem Widerstand reden, dann nicht vom Widerstand gegen die parlamentarische Demokratie, sondern in ihr. Die repräsentative Demokratie wird durch gewaltfreien Widerstand nicht vernichtet oder geschwächt, sondern im Gegenteil gestärkt und dynamisch stabilisiert. Indem in die lokalen, regionalen und zentralen Parlamente der Bürgerwille nicht nur alle Schaltjahre in Form eines Kreuzchens auf einem politischen Generalblankoscheck eingebracht wird, sondern sich in vielfältigen außerparlamentarischen Bürgerinitiativen, Mitbestimmungsgremien, Selbstverwaltungsorganen äußert, wird überhaupt erst eine demokratische Infrastruktur der Gesellschaft geschaffen. Demokratie ist nicht etwas, was man besitzt oder nicht besitzt, sondern Demokratisierung ist ein niemals abschließbarer Prozess, eine stets unvollendete Aufgabe.

In unserem Grundgesetz heißt es in Artikel 21, dass die politischen Parteien bei der politischen Willensbildung mitwirken. Mit anderen Worten, es gibt auch andere Arten der politischen Willensbildung als die inner- und zwischenparteilichen. Gewaltfreier Widerstand ist eine Form der politischen Willensbildung neben vielen anderen. Die amerikanische Bürgerrechtsbewegung hat unzweifelhaft die politische Willensbildung und auch die Veränderung des Rechtsbewusstseins in der Bevölkerung und in den Gerichten in den Vereinigten Staaten erheblich beeinflusst. Sie hat keine Regierung, kein Parlament, kein Gericht abgeschafft, keinen Willen der repräsentativen Organe der Volksmehrheit und der Staatsorgane gebrochen, sondern hat ihn verändert.

Dies war nur möglich, weil es neben den spektakulären gewaltfreien Widerstandsaktionen in den Straßen und auf den Plätzen, in den öffentlichen Gebäuden und Geschäftsräumen immer auch den stilleren Weg durch die Institutionen, die Gerichte, die Parlamente, die Regierungsvorzimmer, die Medien und die Universitäten und Schulen gab. Der gewaltfreie Kampf auf der Straße und auf den Plätzen bereitete jeweils den Sieg vor, war unabdingbar zu seiner

Erringung. Aber jeder einzelne Etappensieg der Bürgerrechtsbewegung war letztlich immer ein Sieg vor Gericht, im Parlament oder im Regierungsapparat. Der Sieg in den parlamentarisch-rechtsstaatlichen Institutionen war sowohl Folge, aber auch häufig Voraussetzung von langwierigen Lernprozessen in der Bevölkerungsmehrheit.

Die amerikanische Bürgerrechtsbewegung war im Wesentlichen eine außerparlamentarische und außerparteiliche Bewegung, aber keine antiparlamentarische und keine Antiparteibewegung. Gleicht der Antiparlamentarismus nicht häufig der stolzen Verachtung des Fuchses, der die Trauben für zu sauer erklärt, weil ihm die Erringung der Zustimmung der Bevölkerungsmehrheit für seine Ziele eine unerreichbare Aufgabe erscheint? Sind nicht antiparlamentarische Demokratievorstellungen Ausdruck von politischen Gedanken, die Demokratie ohne das wirklich vorhandene Volk veranstalten zu wollen? Wenn der Volkswille – zum Beispiel in der Startbahnfrage – im Parlament nicht zum Ausdruck kommt, dann stellt sich nicht die Aufgabe, die Volkssouveränität gegen das Parlament, die Regierung und die Gerichte durchzusetzen, sondern sie in die Parlamente, Regierungen und Gerichte einzubringen. Gewaltfreier Widerstand ist eine neben anderen Formen, wie sich in parlamentarischen oder sonstigen repräsentativen Demokratien der Wille von Bürgern nicht nur durchsetzen, sondern überhaupt erst bilden kann. Denn politische Lernprozesse finden nicht nur in Lehrveranstaltungen aller Art statt, sondern auch durch eigene politische Aktivitäten, in denen nicht nur vorgegebene Ziele angestrebt, sondern selbst verändert werden.

Hier ist nicht der Ort, um die Besonderheiten der amerikanischen Gesellschaft und Geschichte, der Sozialstruktur und des Rechtssystems darzustellen. Für uns soll heute nur wichtig sein, mit welchen Methoden eine strukturelle Minderheit in einer parlamentarischen Demokratie – die zwanzig Millionen Schwarzen, die rund zehn Prozent der US-Bevölkerung ausmachen – gegen die Vorurteile, Diskriminierungen und Gesetze einer Mehrheit gewaltfreien Widerstand leistete und manche dauerhaften Erfolge trotz ungezählter Niederlagen errang. Eine strukturelle Minderheit ist im Unterschied zu einer bloßen Meinungsminderheit, die durch Aufklärung zur Mehrheit werden kann, eine Minderheit, die aufgrund ihrer besonderen Eigenschaften und gesellschaftlichen Interessenlagen nicht mehrheitsfähig ist. Die Schwarzen waren und bleiben auf unabsehbare Zeit eine strukturelle Minderheit in den USA, so wie die Bürger, die unmittelbar unter dem Lärm einer neuen Flughafenstartbahn und unter dem Verlust eines Naherholungsgebietes leiden, eine Minderheit in Hessen und in der Bundesrepublik darstellen.

Martin L. King gab folgende Gründe für die Entwicklung des gewaltfreien Widerstandes in der amerikanischen Bürgerrechtsbewegung an:

a) Die Enttäuschung über die Vergeblichkeit von Petitionen, Resolutionen, Aufrufen, Bemühungen innerhalb der vorhandenen gesellschaftlichen Institutionen ließ nach neuen Wegen der Durchsetzung der schwarzen Interessen suchen.

b) Die Aussichtslosigkeit eines gewaltsamen oder gar bewaffneten Widerstandes der schwarzen Minderheit gegen die Übermacht der weißen Bevölkerungsmehrheit und des staatlichen Gewaltapparates führte zur Suche nach einer alternativen Kampfform.

c) Die Verankerung eines tiefen religiösen Gefühls für die Würde des Menschen und sein Recht auf Leben bewirkte in der schwarzen Bevölkerung, dass vor allem die in den Kirchengemeinden gewählten protestantischen Geistlichen eine führende Rolle in der Bürgerrechtsbewegung spielten und Gewaltlosigkeit vor allem aus der biblischen Tradition gerechtfertigt wurde, gewaltsamer Widerstand also nicht nur aus pragmatischen Überlegungen, sondern auch aus grundsätzlichen ethischen Gesichtspunkten immer wieder zurückgewiesen wurde, wenn es auch in den 1960er Jahren häufig zu blutigen Tumulten mit vielen Dutzend Toten kam, nicht wegen des gewaltfreien Widerstandes, sondern trotz desselben.

d) Die begründete Hoffnung auf eine Chance, die Bürgerrechte und allgemeinen Verfassungsgrundsätze der USA gegen die Gesetzgebung und die Verordnungen der lokalen und bundesstaatlichen Behörden durchzusetzen, machte das Oberste Bundesgericht und die Bundesregierung in einigen wichtigen Fragen zu einem potentiellen Bundesgenossen der Bürgerrechtsbewegung in den Südstaaten. 1954 hatte das Oberste Bundesgericht die Verfassungswidrigkeit der Rassensegregation im Bildungswesen festgestellt, was Hoffnungen auf weitere gerichtliche Fortschritte weckte, die später zum Teil eingelöst wurden.

e) Die Erwartung, dass große Teile der weißen Mehrheit lernfähig seien, wenn die gleichzeitige Demonstration von Widerstand in Form der Non-Kooperation und des Zivilen Ungehorsams und des geduldigen Ertragens von ungerechter Gewaltausübung durch weiße Rassisten, ohne dass zum Mittel der Vergeltungsgewalt gegriffen wird, allgemein den Widerspruch zwischen den amerikanischen ethischen Normen und Verfassungsgrundsätzen und der Verfassungswirklichkeit bewusst machen würden.

Zusätzlich führte M. L. King in seinen Schriften immer wieder einen äußeren Impuls für die Negerrevolution in den USA an, wobei er unter Revolution eine grundlegende Reform der Gesellschaft, ihrer Gesetzgebung wie ihrer alltäglichen Gewohnheiten verstand: die Unabhängigkeitsbewegungen der Afrikaner, die sich im Verlaufe der 1950er und 1960er Jahre von der europäischen Kolonialherrschaft befreiten (vgl. King 1965, 20). Es wären noch zahlreiche andere historische Umstände anzuführen, die es erklärlich machen, dass die amerikanische Bürgerrechtsbewegung nicht früher breitenwirksam wurde und dass sie seit Ende der 1960er Jahre wieder weitgehend stagniert.

3. Grundzüge des gewaltfreien Widerstands

In jeder Bewegung, die gewaltfreien Widerstand leistet, werden neue Erfahrungen gemacht, neue Kampfformen eingeübt und ausgeübt, fordern spezifische nationale und kulturelle Traditionen, soziale Verhältnisse und politische Konstellationen die Fantasie zu unvorhersehbaren Aktivitäten heraus. Dennoch kehren einige Grundzüge des gewaltfreien Widerstands in den unterschiedlichsten Erfahrungsbereichen immer wieder.

Martin L. King hat einmal sechs grundlegende Gesichtspunkte des gewaltfreien Widerstands genannt, die er bei der Einübung und Vorbereitung des gewaltfreien Widerstands immer wieder ausführte. Alle großen gewaltfreien »Feldzüge« wurden durch ein intensives Training des aktiven Kerns der Demonstrationen vorbereitet, vor allem wenn mit massiver Polizeigewalt, mit dem Einsatz von Polizeihunden und mit Massenverhaftungen zu rechnen war. Nach Möglichkeit wurden nur die erfahrenen und disziplinierten Aktiven an die Front geschickt, da sie am besten die Gewalt des Gegners ertrugen, ohne Vergeltungsgewalt auszuüben. Die Reaktionen auf die vorhersehbaren Verhaftungen infolge genau geplanter, eng begrenzter Übertretungen von Polizeianordnungen, im Extremfall auch von Gerichtsbeschlüssen, wurden im Detail vorbereitet: Rechtsanwälte informiert, Geld für die Kautionen zur Freilassung der Verhafteten gesammelt, Personen bestimmt, die sich um die Angehörigen der Verhafteten und um die Führung der anschließenden Massen- und Protestversammlungen zu kümmern hatten.

Erster Grundsatz des gewaltfreien Widerstands ist, dass er nichts mit der Gewaltlosigkeit des Nichtstuns, der Passivität, des unterwürfigen Erleidens von Unrecht und Gewalt zu tun hat. Gewaltfreier Widerstand ist aktiv oder dummes Geschwätz, denn jedes Widerstehen – in welcher Form auch immer – ist eine Kraftäußerung, erfordert Stehvermögen. Wenn in hiesigen Bürgerinitiativen immer noch vom »gewaltfreien, *aber* aktiven Widerstand« die Rede ist, so zeugt das davon, dass bisher wenig Wissen über gewaltfreien Widerstand besteht, sofern mit dieser Formel nicht gesagt werden soll: »gewaltfreier, aber doch ein bisschen gewaltsamer Widerstand«. Ein Widerstand, der nicht aktiv ist, der keine Äußerung von Kraft und Stärke darstellt, ist hohles Gerede. Im Unterschied zum gewaltsamen Widerstand ist gewaltfreier Widerstand die Äußerung von geistiger, psychischer, moralischer Kraft. Diese Stärke erweist sich vor allem im sehr bewussten, spezifischen Nichttun dessen, was als Teilhabe am Unrecht genannt werden könnte (im Unterschied zum allgemeinen Nichtstun). Das kann die Nichtausführung von ungerechtfertigten Befehlen sein, die Verweigerung von unterwürfigen Handlungen, vor allem aber auch die Überwindung des Schweigens und der Nichteinmischung in Situationen, in denen anderen Unrecht getan wird. Nichtzusammenarbeit und Ziviler Ungehorsam (vgl. Thoreau 1967) sind die wesentlichen Kampfformen des gewaltfreien Widerstands. Martin L. King wurde wie Mohandas K. Gandhi niemals müde zu betonen, dass gewaltfreier Widerstand »keine Methode für Feiglinge ist. […] Wenn jemand diese Methode anwendet, weil er Angst hat oder nur weil ihm die Werkzeuge zur Gewaltanwendung fehlen, so handelt er in Wirklichkeit gar nicht gewaltlos.« (King 1968a, 78)

Das Anknüpfen an die geistigen und moralischen Traditionen von Befreiungskriegen ist deshalb in der Geschichte des gewaltfreien Widerstands kein Zufall. King rief immer wieder die Tapferkeit der amerikanischen Revolutionäre gegen die britischen Kolonialtruppen oder der schwarzen Bürgerkriegskämpfer auf Seiten der Nordstaaten gegen die Verteidiger der Sklaverei 1861-1865 ins Gedächtnis. Er scheute sich auch nicht, militärische Ausdrücke wie Feldzug, Kreuzzug, Schlacht, Armee, General auf die gewaltfreie Bewegung zu übertragen. In Indien waren es nicht selten Angehörige von traditionsreichen Kriegerstämmen, die sich im gewaltfreien Kampf besonders auszeichneten. Kein Zufall also auch, dass man den Verfechtern des gewaltfreien Widerstands gelegentlich vorwirft, sie forderten »unmenschliche«, weil kämpferische Qualitäten. Bei aller Betonung der Notwendigkeit von gewaltfreier Militanz war sich King stets bewusst, dass es auch eine Überforderung gewaltfreier Widerstandsmoral geben kann, die in Resignation und Kapitulationsneigung mündet. Dieser Gefahr begegneten die schwarzen Bürgerrechtskämpfer stets durch eine gründliche und realistische Vorbereitung auf die zu erwartenden Belastungen. Kennzeichnend für die noch junge gewaltfreie

Widerstandserfahrung in Deutschland ist es, dass das Wort »Militanz« meist noch mit der Bereitschaft zum gewaltsamen Widerstand assoziiert wird – so auch in den Kelsterbacher Thesen [von Startbahngegnern eines Ortes in der Nähe des Flughafens] vor wenigen Wochen, die sehr realistisch den Sinn einer Bauplatzbesetzung am 30./31. Januar in Frage stellten. In dieser Redeweise äußert sich das übliche Vorurteil, dass gewaltfreier Widerstand nicht militant, nicht Ausdruck kämpferischer Kraftanstrengung, sondern passiv und letztlich unmännlich, weich sei.

Ein *zweiter Grundzug* des gewaltfreien Widerstands ist die Fähigkeit, die Gewalt des Gegners zu ertragen, ohne sich gewaltsam zu wehren. Die Gewalt des Gegners, das können Beschimpfungen und Beleidigungen, Verhaftungen und Verurteilungen, Knüppelhiebe, der Strahl von Wasserwerfern, der Biss von Polizeihunden sein, im Extremfall auch tötende Gewaltakte. Dieses bewusste Erleiden von Gewalt erfordert geschulte Stärke und innere Kraft. Es ist das Gegenteil von sklavischer Ergebenheit gegenüber unterwerfender Gewalt. Auf King und andere Bürgerrechtskämpfer in den USA wurden oftmals Bomben- oder andere Attentate verübt. Einige Bürgerrechtskämpfer wurden vom weißen Mob grausam gelyncht.

Eine der ersten Handlungen Kings nach dem ersten Bombenanschlag auf sein Haus in Montgomery war, die Pistole wegzuschaffen, die er bis dahin noch besessen hatte, weil ihm bewusst wurde, dass er noch nicht konsequent gewaltfrei dachte.

Viele junge Leute verbinden mit gewaltfreiem Widerstand die Erwartung, dass sich vor allem auch der Gegner gewaltfrei verhalten werde. Die Ernsthaftigkeit gewaltfreien Widerstands beweist sich jedoch erst, wenn der Gegner wirklich Gewalt anwendet. Um die Demonstranten auf solche Situationen vorzubereiten, wurden Übungsstunden angesetzt. Deren Schwerpunkt lag, wie King (1965, 60) darstellt, »auf den dem Leben nachempfundenen Spielszenen, mit denen wir die Demonstranten auf einige der Prüfungen vorbereiteten, die auf sie warteten. Die rauhe Sprache und die körperlichen Misshandlungen der Polizisten und derer, die sich selbst zu Hütern des Gesetzes ernannt hatten, wurden in aller Offenheit gezeigt, ebenso die praktische Anwendung des gewaltlosen Glaubensbekenntnisses: ohne Bitterkeit auszuharren, beschimpft zu werden, ohne zu antworten, geschlagen zu werden und nicht zurückzuschlagen.«

Bei den weltberühmten gewaltfreien Feldzügen, etwa in der rassistischen Hochburg Birmingham, wurden die Demonstranten zuvor »strengen Prüfungen« unterzogen, die nicht alle Freiwilligen bestanden. Sie mussten eine Selbst-

verpflichtung unterschreiben, die in Birmingham aus »zehn Geboten« bestand.
Sie erklärten, dass sie u.a. einhalten werden:

»(6) Im Umgang mit Freund und Feind die Regeln der Höflichkeit zu
beachten.

(7) Mich der Gewalttätigkeit der Faust, der Zunge und des Herzens zu
enthalten. [...]

(9) Mich zu bemühen, in geistiger und körperlicher Gesundheit zu leben.

(10) Den Anweisungen der Bewegung und des Leiters einer Demonstration zu folgen.« (King 1965, 62f.)

Die Fähigkeit, Polizeigewalt nicht durch Demonstrantengewalt zu vergelten,
wurde also nicht durch allgemeine Appelle erreicht, sondern durch eine systematische Schulung zur Disziplin und zur Selbstbeherrschung der Bedürfnisse
nach Hass und gewaltsamer Vergeltung. Nur auf diese Weise gelang es der
schwarzen Minderheit in den USA, Lernprozesse in der weißen Mehrheit her-
vorzurufen und sie nicht durch die Strategie Auge um Auge abzuschrecken, die
nach Kings Aussage nur Blinde hinterlässt.

Zum dritten meint King:

»Ein anderer charakteristischer Zug des gewaltlosen Widerstands ist
der, dass er den Gegner nicht vernichten oder demütigen, sondern seine
Freundschaft und sein Verständnis gewinnen will. Wer gewaltlosen Widerstand leistet, muss oft durch Boykotte oder dadurch, dass er seine Mitarbeit versagt, protestieren. Aber er weiß, dass diese Mittel nicht Selbstzweck sind. Sie sollen beim Gegner nur ein Gefühl der Scham wecken.«
(King 1968a, 78f.)

Ziel des gewaltfreien Widerstands ist also nicht die totale Verweigerung, sondern die beschränkte Verweigerung zur Herstellung einer gleichberechtigten
Gemeinsamkeit mit dem Gegner nach dem erfolgreichen Widerstand.

Hat nicht Minister Gries am 8. November 1981 einen Augenblick lang die
Überzeugungskraft des gewaltfreien Widerstands gespürt, ehe er wieder in sei-
ne Durchhaltegesinnung zurückfiel, vielleicht auch aufgrund von Fehlern der
Bürgerinitiativen zurückgedrängt wurde?[6]

Als ein *viertes Charakteristikum* erwähnt King, dass gewaltfreier Widerstand
sich nicht gegen Personen wendet, sondern gegen den Unrechtszustand. In seiner religiösen Sprache lautet das:

---

[6] Vgl. den eingehenden Bericht in der Frankfurter Rundschau, 9.11.1981, 3

»Die Spannung in dieser Stadt besteht nicht zwischen Weißen und Negern. Sie besteht im Grunde genommen zwischen Gerechtigkeit und Ungerechtigkeit, zwischen den Mächten des Lichts und den Mächten der Finsternis. Wir wollen die Ungerechtigkeit vernichten und nicht weiße Menschen, die ungerecht sind.« (King 1968a, 79)

Als *fünften Grundzug* nennt King:

»(D)er Anhänger des gewaltlosen Widerstands (lässt sich) weder äußerlich noch innerlich zur Gewalttätigkeit hinreißen. Er weigert sich nicht nur, seinen Gegner niederzuschießen, sondern auch, ihn zu hassen. Im Mittelpunkt der Lehre vom gewaltlosen Widerstand steht die Liebe. [...] Wenn wir an dieser Stelle von der Liebe sprechen, meinen wir damit nicht irgendein sentimentales oder zärtliches Gefühl. Es wäre Unsinn, wenn wir die Menschen auffordern wollten, ihre Unterdrücker zärtlich zu lieben. Mit Liebe meinen wir in unserem Falle Verstehen, guten Willen, der erlösende Kraft hat.« (King 1968a, 79f.)

King erläutert anschließend an Hand der griechischen Ausdrücke »eros«, »philia« und »agape«, was in der christlichen Lehre unter Feindes- und Nächstenliebe verstanden wird.

Als *sechste Grundüberzeugung* hält King (1968a, 82) für wichtig, dass gewaltfreier Widerstand auf einem tiefen Glauben an die Zukunft beruhe und darauf, dass »das Universum auf der Seite der Gerechtigkeit« stehe.

»Es ist wahr, dass es eifrige Anhänger der Gewaltlosigkeit gibt, denen es schwerfällt, an einen persönlichen Gott zu glauben. Aber selbst diese glauben an die Existenz irgendeiner schöpferischen Kraft, die für das universale Ganze wirkt« (King 1968a, 82)

Liebe Mitbürgerinnen und Mitbürger, ich habe bewusst auf die eingangs gestellten Fragen nach einem Ausweg aus der derzeitigen Sackgasse des gewaltfreien Widerstands gegen die Startbahn West keine konkrete Antwort gegeben. Diese Antwort muss von Ihnen selbst, von den Bürgerinitiativen gegeben werden. Kein von außen kommender Wissenschaftler hat das Recht, den hiesigen Bürgerinitiativen Vorschriften zu machen oder Wegweiser spielen zu wollen. Aber die Aufgabe des Wissenschaftlers ist es, das vorhandene Wissen über bisherige Erfahrungen zusammenfassend weiterzugeben. Ich habe versucht zu verdeutlichen, dass gewaltfreier Widerstand eine wichtige Funktion für die Entwicklung der amerikanischen repräsentativen Demokratie hatte. Ich bin gewiss, dass gewaltfreier Widerstand eine wichtige Funktion für die Entwicklung der deutschen parlamentarischen Demokratie haben wird, denn wir stehen ja erst am Beginn der Geschichte der deutschen Republik.

Literatur

Ebert, Theodor (1978): Gewaltfreier Aufstand. Alternative zum Bürgerkrieg. Waldkirch: Waldkircher Verlagsgesellschaft

Erikson, Erik H. (1978): Gandhis Wahrheit. Über die Ursprünge der militanten Gewaltlosigkeit. Frankfurt am Main: Suhrkamp

Fischer, Louis (1962): Mahatma Gandhi, Berlin: Ullstein

Gandhi, Mohandas K. (1961): Non-Violent Resistance (Satyagraha). New York: Schocken

King, Martin L. (1965): Warum wir nicht warten können. Frankfurt am Main: Fischer

Ders. (1968a): Freiheit! Der Aufbruch der Neger Nordamerikas. München: Heyne

Ders. (1968b): Wohin führt unser Weg? Frankfurt am Main: Fischer

Lewis, David L. (1970): King. A Critical Biography. Baltimore: Penguin

Mühlmann, Wilhelm. E. (1950): Mahatma Gandhi. Der Mann, sein Werk und seine Wirkung. Eine Untersuchung zur Religionssoziologie und politischen Ethik. Tübingen: J. C. B. Mohr

Scott King, Coretta (1979): Mein Leben mit Martin Luther King. Gütersloh: Mohn

CHRISTIAN FÜHRER

Das Wunder der Gewaltlosigkeit.
Über das Ende der DDR

*C*hristian Führer, von 1980 bis 2008 Pfarrer der Leipziger Nikolaikirche, hat an vielen Orten[1] darüber berichtet, wie sich 1989 die großen
Leipziger Demonstrationen entwickelten, die zeigten, dass die Sozialistische
Einheitspartei kaum noch Rückhalt in der DDR hatte. Dass es dabei nicht zu
gewalttätigen Zusammenstößen mit den bewaffneten Einheiten der DDR, zu
einem Blutbad wie kurz zuvor in Peking kam, war nicht selbstverständlich:
Egon Krenz, seit dem 18. Oktober 1989 Generalsekretär des Zentralkomitees
der SED, hatte der Pekinger Führung im Juni zu ihrem Vorgehen gratuliert.
  Wir dokumentieren im Folgenden, geringfügig gekürzt und überarbeitet, ein
Interview, in dem Christian Führer insbesondere auf die Vorgänge v o r der
entscheidenden Konfrontation eingeht. Es wurde von Brigitte Krautgartner
geführt und am 8. November 2009 unter dem Titel »Das Wunder der Gewaltlosigkeit – Pfarrer Christian Führer über das Ende der DDR« in der Sendung
»Motive – Aus dem evangelischen Leben« des Österreichischen Rundfunks
ausgestrahlt.

Krautgartner: Am 9. November 1989 wurde die Berliner Mauer durchlässig.
Erreicht wurde das von der regimekritischen Bürgerrechtsbewegung in der
DDR. Einer ihrer bekanntesten Vertreter ist der evangelische Theologe Christian Führer, damals Pfarrer der Leipziger Nikolaikirche. Schon vor den be-
rühmten Montagsdemonstrationen war sie ein Hort des Andersdenkens. Auch
aufmüpfige Jugendliche mit auffälligen Irokesenhaarschnitten kamen dort
zu Wort. »Wutanfall«, so hieß die Musikgruppe, die im Frühjahr 1982 in der
Nikolaikirche ein Konzert gab. Freilich, Plakate oder Flugblätter, die auf das
Ereignis aufmerksam machen sollten, waren damals verboten. Pfarrer Führer
fand jedoch eigene Mittel und Wege, um die Botschaft zu verbreiten.

---

[1] Vgl. u.a. Christian Führer: Wir sind dabei gewesen. Die Revolution, die aus der Kirche
kam. Berlin: Ullstein 2008

66

Führer: Ich habe 14 Tage vorher gesagt: »An dem und dem Donnerstag spielt ›Wutanfall‹ in der Kirche, sagt es niemandem weiter«, und die Sache war total gelaufen – kostensparend und höchst effektiv. Die Jugendkapelle war überfüllt, und nach wenigen Minuten, als die loslegten mit ihrer Musik, haben im Raum alle gewusst, was die wollten. Die wollten einen Kreis um sich ziehen: Ich bin ich. Ich bin kein Herdenvieh. Ich lasse mir nicht euer blaues Halstuch umbinden, euer FDJ-Hemd überziehen. Ich bin ich.

Ich dachte: »Mensch, das ist gut, dass es euch gibt, Leute. Dass ihr den Mut habt, selber zu denken, selber Texte zu machen, eigene Musik zu machen, und ebenso gut ist es, dass es die Kirche gibt, denn sonst könntet ihr euch eure Texte nachts im Bett ins Ohr flüstern. Nur in der Kirche habt ihr eine Öffentlichkeit für eure Worte, Gedanken und Töne!« Das war also ein ganz toller Abend, der alle beeindruckte, die dabei waren.

Die kamen dann noch ein paar Mal in die Junge Gemeinde, und da habe ich sie gefragt: »Sagt mal, wenn ihr mit eurem Iro früh in der Straßenbahn sitzt und zur Arbeit fahrt, wie ist denn das da so?« »Na ja«, sagten sie, »da sagen die Leute: ›Ihr faulen Hunde, ihr müsstet mal in die Braunkohle, dass ihr mal arbeiten lernt!‹« – ohne irgendwelche Diskussionen oder irgendeine Art Dialog vorher, und dann kam das schlimmste Wort unserer deutschen Geschichte: »Früher, bei Adolf, hätte man so was wie euch vergast.« Da habe ich gemerkt, mit unserem vielbeschworenen Antifaschismus war es nicht weit her, dünner roter Firnis, und drunter war die braune Soße in den Seelen der Leute genauso da wie im Westen, nichts wirklich aufgearbeitet, sondern Deckel drauf und Schluss.

Krautgartner*: Mit Jugendlichen hat Christian Führer immer gern gearbeitet. Als lockerer Typ, der auch heute noch immer in Jeans zu sehen ist, hatte er zu dieser Bevölkerungsgruppe einfach einen guten Draht.

Führer: Wir hatten damals so ungefähr 40, 50 Leute in der Jungen Gemeinde, und eines Mittwochs kamen die zwei Lehrlinge nicht, die fürs Essen sorgen sollten. Nach einer dreiviertel Stunde Verspätung habe ich gesagt: »Wo bleibt ihr denn? Wir warten hier schon die ganze Zeit! Was ist denn los?« Da sagten sie: »Was uns passiert ist? Wir sind losgefahren, zu Zweit auf einem Fahrrad in die Innenstadt – na ja gut, das ist nicht gerade optimal, also Polizei: ›Bürger, runter vom Rad, Ausweiskontrolle!‹« Sie mussten den Ausweis zeigen. Das waren so zwei richtige schöne Jeans-Typen. Da fragten die Polizisten: »Wo wollen Sie hin?« »In die Nikolaikirche.« »Was, Sie in die Nikolaikirche, das glauben Sie doch selber nicht!«

Die Polizisten fühlten sich also veräppelt, wie man in Sachsen sagt, wurden schon wütend und fragten:»Und in dem Beutel, was haben Sie in dem Beutel drinnen?« Da sagte einer:»Das Abendmahl.« Da war es bei den Polizisten total aus. Die fuhren mit dem Lada bis an die Nikolaikirche ran, weil sie nicht glaubten, dass die in die Kirche wollten. Die beiden verschwanden fröhlich darin, wir haben uns mächtig amüsiert, als sie das erzählten.

So schöne Erlebnisse hatten wir häufig in der DDR, da wir immer die volle Aufmerksamkeit des Staates auf unserer Seite hatten.

Krautgartner: Wie politisch brisant die Botschaft der Bibel ist, das konnte Christian Führer im Arbeiter- und Bauernstaat immer wieder erleben. Mitunter konnte das geradezu skurrile Blüten treiben, wie das folgende Beispiel deutlich macht.

Führer: Die wichtigste Sache war die wunderbare Vision von Jesaja und Micha, 700 Jahre vor Jesus: Schwerter zu Pflugscharen. Die Zukunft der Menschheit, Shalom, wird hergestellt durch Schwerter zu Pflugscharen und die Speerspitzen zu Winzermessern. Und in den Schulen wird nicht mehr gelehrt, wie ehrenvoll es ist, fürs Vaterland zu sterben, und dass natürlich jeder Krieg für den Frieden ist. Nein, es wird der richtige Friede gelehrt, Shalom. Diese wunderbare Vision wurde 1982 zum Motto der Friedensdekade, und unser Landesjugendpfarrer hat etwas Schlaues gemacht.

Wir durften ja nichts drucken ohne Genehmigung, aber es gab die berühmte Kittelschürze in der DDR, bunt bedruckt mit Blümchen und so weiter, und das hieß Textildruck. Der brauchte keine Druckgenehmigung, weil da in der Regel nichts draufstand, sondern nur die Blümchen. Die fand der Staat nicht staatsgefährdend. Unser Landesjugendpfarrer hat gesagt:»Wir lassen dieses ›Schwerter zu Pflugscharen‹ auf Textildruck machen. Da brauchen wir keine Genehmigung. Das wurde gemacht. Jetzt gibt es ordentliche Aufkleber – die gab es damals nicht; deswegen haben sich die Jugendlichen das ausgeschnitten, auf die Jacke geklebt, auf den Koffer, auf den Ranzen, und jetzt begann ein beispielloser Vorgang.

Überall in der Öffentlichkeit, wo dieses Zeichen auftauchte, wurde es abgerissen. Die Polizisten machten Jagd darauf, aber die wussten offenbar gar nicht, was das ist. Dabei – das muss ich jetzt nachschieben – hat die Sowjetunion dieses Prophetenwort auch sehr beeindruckt, und die sowjetische Führung hat bezüglich dieses Worts ihrem berühmtesten Bildhauer Jewgeni Wutschetitsch den Auftrag gegeben, darzustellen, wie ein richtiger Schmied ein Schwert zu einem Pflug macht. Das haben sie der UNO geschenkt. Die Polizisten wussten offenbar gar nichts, die hatten nur den Befehl, das abzureißen. Da sagten die Jugendlichen: »Das ist ein sowjetisches Denkmal!« Die Polizisten waren wieder total entnervt. Da ist es hier in Leipzig zu einer Entgleisung gekommen, die man gar nicht für möglich hält als DDR-Bürger. Die Polizisten sagten voller Wut: »Was gehen uns die Russen an?« Das muss man sich mal vorstellen. Das größte war noch: Zur Ersatzhandlung für die Konfirmation, dieser Jugendweihe, wurde ein dickes Buch überreicht: »Der Sozialismus, deine Welt«. Darin befand sich, auf Hochglanzbroschur, genau dieses Bildnis, darunter »Schwerter zu Pflugscharen«. Dass dieser Satz aus der Bibel stammt, haben sie nicht darunter geschrieben. Das wäre auch zu schwierig gewesen für die Genossen. Draußen rissen es die Polizisten ab. Drinnen wurde es zur Jugendweihe feierlich überreicht: Da ging schon etwas mächtig durcheinander.

Krautgartner: Und hier kommt eine Art subversive Heiterkeit zum Tragen, denn eine, wenn auch unerwünschte, Wirkung des Ganzen liegt für Christian Führer klar auf der Hand.

Führer: Vom letzten Streifenpolizisten bis zum obersten General der deutschen Volkspolizei hatten alle schlagartig, flächendeckend ein Bibelwort gelernt: »Schwerter zu Pflugscharen«. Ich weiß nicht, ob in deren Köpfen auch was losgegangen ist, wenn sie dieses Zeichen abrissen. »Schwerter zu Pflugscharen«. Ist das ein staatsfeindliches Symbol? Ich glaube, in deren Köpfen ist da auch schon irgendwie ein gewisser Nachhall erfolgt durch dieses Zeichen, und ich habe daran erkannt: Gott hat Humor. Der Polizei auf diese Weise ein Bibelwort nahezubringen, das ist doch wirklich was Schönes.

Krautgartner: »Hoffnung für Ausreisewillige«, so lautete der Titel eines Gesprächskreises, den Pfarrer Führer im Jahr 1986 gründete; ein Angebot, das weniger den religiös interessierten Mitgliedern der Basisgruppe galt, sondern denen, die vor Monaten, wenn nicht Jahren, einen Ausreiseantrag gestellt hatten und seither in quälender Ungewissheit lebten, was nicht selten psychosomatische Beschwerden zur Folge hatte.

Führer: Der Kreis wuchs natürlich, die hatten Zeit, die haben ihre Depressionen so langsam wieder abgelegt, bekamen wieder Mut und Hoffnung, und im Januar 1988 gab es die typische Auseinandersetzung zwischen Ausreisewilligen und Basisgruppenleuten. Die Basisgruppenleute waren diejenigen, die die

Friedensgebete gestalteten. Klug, risikobereit, haben sie ihren Rücken hinge-
halten. Sie hatten nur einen Nachteil: Es waren ganz wenige. Das war viel zu
gefährlich, was die machten, man mochte sich nicht mit denen identifizieren,
die bewunderte man lieber aus der Entfernung.

Die Ausreisewilligen, die wollten nichts mehr verändern, die hatten aber
einen Vorteil. Sie waren Hunderttausende.

Bei einem Friedensgebet kam es zu einer offenen Auseinandersetzung. Ich
habe die Gruppen dann auseinander genommen. Die Basisgruppenleute haben
die Fürbittenandacht zu Ende gebracht, und ich bin mit den ca. 50 Ausreisewilligen in die Nordkapelle gegangen und habe gesagt:»Wollen Sie noch mal
über Ihre Entscheidung nachdenken? Dann biete ich Ihnen einen Vortrag an:
›Leben und Bleiben in der DDR‹.« Die nahmen alles dankbar an, was man für
sie machte.

Also 19. Februar 1988: »Leben und Bleiben in der DDR.« Ich war mit
Konfirmanden unterwegs. Als ich zurückkam, sagte mir der Superintendent:
»Sie müssen sofort ins Rathaus, die spielen verrückt wegen Ihres Gesprächs-
abends.« Ich bin hin, da sagten die, ich solle den Abend absetzen. Ich habe es
erst mal mit Ironie versucht und gesagt: »Sie haben wahrscheinlich das The-
ma akustisch nicht richtig gehört, das heißt nicht ›Leben und Leiden in der
DDR‹ – das ist auch ein wichtiges Thema – sondern ›Leben und Bleiben in der
DDR‹. Ich kann mir gar nicht vorstellen, dass Sie was dagegen haben.« »Die
Kirche wird missbraucht!« Dann kam der ganze Stumpfsinn von Speerspitze
der NATO und dieser ganze Quark. Ich habe mir das nicht lange angehört und
gesagt: »Wissen Sie, die Ausreise ist ja eigentlich nicht unser Problem. Die
Leute wollen fort, weil sie mit Ihnen und Ihrer Politik nicht einverstanden sind.
Wie kommen wir dazu, jetzt Ihre Probleme zu lösen? Machen Sie das Rathaus
auf, Oberbürgermeister zum Gespräch, Polizeidienststelle, dass die Leute nach
dem Westen können. Wenn wir für Sie die Drecksarbeit machen, ist es nicht
gut, wenn Sie uns dafür noch einen Tritt verpassen.«

Also kurzum, der Abend kam, und ich habe dann gemerkt natürlich, warum die so wild waren. Es kamen nämlich nicht die 50, die eingeladen waren,
sondern 600.

Krautgartner: Es war also eine stattliche Anzahl von Bürgerinnen und Bürgern, die dem aus Behördensicht gefährlichen Einfluss des evangelischen Pfar-
rers ausgesetzt waren, wobei es damals im Hinblick auf Wesen und Motivation
des unbequemen Theologen durchaus unterschiedliche Theorien gab.

Führer: Es hat mir später mal aus dem Rathaus jemand gesagt, wie sie mich eingeschätzt haben. Die haben immer zwischen zwei Extremen geschwankt. Entweder war Führer politisch so naiv, dass der nicht weiß, was er hier lostritt, oder der ist politisch so raffiniert, dass wir hinter dessen Konzept noch nicht gekommen sind. Mein Entscheidungskriterium war immer dieses Wort von Niemöller: »Was würde Jesus dazu sagen?« Wenn klar war: Das müssen wir von Jesus her machen, dann wurde es gemacht, egal, was das für Folgen hatte. Für die Genossen war das: »Jesus – das klebt der schlaue Hund als Etikett vorne dran und macht dann ganz böse politische Hetze dahinter.« Die haben das einfach nicht geglaubt. Die haben immer nach einem Strategiepapier gesucht. Revolution oder Konterrevolution, da muss es revolutionäre Zellen geben, ein Strategiepapier, die revolutionäre Partei. Das haben die immer gesucht. Da ist es ihnen gegangen wie Bush im Irak mit den Massenvernichtungswaffen, der sucht heute noch, und die Genossen haben auch kein Strategiepapier gefunden, weil es das nicht gab. Es ist so gegangen, wie Jesus sagte: »Sie sehen es, aber sie verstehen es nicht. Sie hören es, aber sie begreifen es einfach nicht.« Da waren wir richtig geschützt gewissermaßen. Die haben uns einfach nicht verstanden.

Krautgartner: Es waren nicht zuletzt die montäglichen Friedensgebete, die die DDR-Behörden nicht so richtig einschätzen konnten. An die Kraft des Betens glaubte man zwar nicht, sehr wohl aber an die Manipulierbarkeit der Unzufriedenen.

Führer: Das Ende der DDR begann hier in Leipzig Montag, 8. Mai. Da sind die auf den Einfall gekommen, alle Zufahrtsstraßen zur Nikolaikirche mit Polizei abzusperren; ohne Hunde, Knüppel, Waffen, nur quer über die Straße. Die dachten, der DDR-Bürger ist so eingeschüchtert, wenn der die Polizei sieht – so massiv –, da bleibt er vor Schreck gleich stehen. Das passierte nicht. Die Leute gingen durch, durch die Polizistenreihen durch, als würden die gar nicht dastehen. Das war neu. Außerdem bildeten sich immer wieder Diskussionsgruppen. Ich hörte im Vorbeigehen, wie eine Gruppe von Rentnern auf die Polizisten einredete und jemand sagte: »Hier fällt der Putz von der Wand, und ihr lasst die Leute nicht in die Kirche!« Es besteht zwar kein stringenter logischer Zusammenhang, aber jeder weiß, was die sagen wollten: »Hier fällt das Land zusammen, und ihr habt nichts Besseres zu tun, als die Leute nicht in die Kirche zu lassen. Seid ihr noch dicht?«
  Die Polizisten waren ja auch in einer sehr unangenehmen Situation. Es

71

konnte ja sein, dass ihr sechzehnjähriger Sohn oder ihre siebzehnjährige Tochter bei denen waren, die in die Kirche wollten, oder, was das Schlimmste war, ihre eigene Frau – das ist alles passiert. Also die waren nicht zu beneiden. Wir haben in der Kirche für sie gebetet, damit sie uns nicht zum Feind werden. Denn wenn jemand zum Feind wird, dann ballt sich schon mal die Faust in der Tasche, und dann ist es zum Gewaltausbruch nicht mehr weit.

Die Polizei hat immer mehr gemacht. Draußen haben sie das Schkeuditzer Kreuz abgesperrt, das Autobahnkreuz nach Berlin. Niemand, der kein Leipziger Kennzeichen hatte, wurde während des Friedensgebets in die Stadt gelassen; Hauptbahnhofkontrollen: Wer keinen Leipziger Wohnort nachweisen konnte, wurde wieder zurückgeschickt.

Je mehr die machten, umso mehr Leute kamen. Sie erreichten genau das Gegenteil von dem, was sie eigentlich wollten.

Diese Massen passten dann gar nicht mehr in die Kirche im Herbst. Die Menschen standen auch auf dem Platz. Am Ende waren alle Straßen rund um die Nikolaikirche von drei Polizeiketten abgesperrt. Auf den reichlich vorhandenen Trümmergrundstücken standen schon die Lastwagen, mit denen die Verhafteten – die Polizei nannte das »Zuführung« – abtransportiert wurden, also ein schreckliches Szenario, und immer nahe der Nikolaikirche.

Krautgartner: In dieser Phase war die große Mehrzahl der Montag für Montag Anwesenden nicht religiös motiviert, man verfolgte vielmehr ein eindeutig politisches Ziel. Dennoch habe großer Respekt vor dem Christentum geherrscht, erinnert sich Christian Führer.

Führer: Das war so, wenn ich gesagt habe: »Leute, wen Jesus in der Bergpredigt glücklich gepriesen hat, den hat auf dieser Erde noch nie jemand glücklich gepriesen. Jesus sagt: ›Selig die Armen‹ – und nicht, wer Geld hat, ist glücklich; ›Liebe deine Feinde‹ – und nicht: Nieder mit dem Gegner; ›Wer sein Leben einsetzt und verliert es um meinetwillen, der wird es gewinnen‹ – und nicht: Seid schön vorsichtig. Er sagte: ›Letzte werden Erste sein‹, und nicht: Es bleibt alles beim Alten. Er sagte nicht: Ihr seid die Crème, sondern: ›Ihr seid das Salz‹, das lebenswichtige Mineral für die Gesellschaft. Ihr müsst euch einmischen, einbringen.« Das hatte die totale Aufmerksamkeit der Leute.

Ein besonderes Datum war noch der 4. September. Das war der Montag nach den Sommerferien, an dem die Friedensgebete wieder losgingen. Der Staat hat den Kirchenvorstand am 1. September ins Rathaus bestellt und zwei

Stunden bearbeitet, wir sollten diesmal eine Woche später anfangen. Ich habe gesagt:»Wir fangen immer am 1. Montag im September nach der Sommerpause wieder an. Außerdem hat sich die Gruppe AG Friedensdienst schon im Blick auf den 1. September vorbereitet. Da spielt sich nichts ab.« Wir haben natürlich so getan, als wüssten wir nicht, warum die so wild sind, aber wir wussten es natürlich, denn der Montag war Messemontag. Die westlichen Journalisten mussten in normalen Zeiten für alles eine Drehgenehmigung einholen, und für Kirchen haben sie keine gekriegt. Zur Messe hatten sie die pauschale Drehgenehmigung für die ganze Stadt. Da konnten sie auftauchen, wo sie wollten, ohne Genehmigung. Sie mussten sich nur akkreditieren lassen. Als wir aus der Kirche rauskamen nach dem Friedensgebet am 4. September, stand draußen in einem großen Halbrund eine westliche Kamera neben der anderen. Einige Basisgruppenleute holten unter der Jacke ein Spruchband hervor und entfalteten es:»Für ein offenes Land mit freien Menschen!« Das hing zehn bis zwölf Sekunden in der Luft, dann haben es die Stasileute runter- und die Leute zu Boden gerissen – aber alles vor laufenden westlichen Kameras. Abends, 20.00 Uhr, sagte Friedrichs in den Nachrichten der ARD:»Nach dem montäglichen Friedensgebet in der Nikolaikirche Leipzig… « – und dann kamen diese Bilder. Da haben die Westdeutschen zum ersten Mal erfahren, was da passiert mitten in Europa.

Aber die Nebenwirkung war eigentlich das Wichtigste: Da fast alle DDR-Bürger Westfernsehen sahen, hatte flächendeckend die ganze DDR erfahren, was montags um 17.00 Uhr an der Nikolaikirche in Leipzig los war. Nach diesem 4. September kamen zunehmend Leute aus der ganzen Republik in die Nikolaikirche. Das bitte ich auch mit zu beachten, nicht nur Leipziger und nicht nur Sachsen, sondern Leute aus der ganzen Republik saßen schließlich unter dem Dach der Nikolaikirche vereint. Das müssen wir gerechterweise mit dazu sagen. Es wurden immer mehr, die passten gar nicht mehr rein.

Am 2. Oktober hat der Kirchenvorstand mich als Vorsitzenden gebeten, die anderen Innenstadtkirchen für den 9. Oktober mit einzuladen, dass sie gleichzeitig mit uns Friedensgebete halten, dass so viele Menschen wie möglich in die Kirchen kommen, in den Schutz der Kirchen, und so viele Menschen wie möglich Jesu Botschaft der Gewaltlosigkeit hören.

Krautgartner: Eine Botschaft, die freilich von der Bedrohung durch die sogenannte Staatsgewalt konterkariert wurde. In den Tagen vor dem legendären 9. Oktober standen in Leipzig die Zeichen eindeutig auf Sturm.

Führer: Dem war am 7. Oktober ein schreckliches Gewaltszenario vorausgegangen, am letzten DDR-Feiertag, der nun mit aller Gewalt gefeiert wurde, wirklich wörtlich mit aller Gewalt. Hunderte von Leuten haben sie hier verhaftet auf dem Nikolaikirchhof und in die zementierten Pferdeboxen der AGRA-Ausstellung gebracht. Am Sonntag waren auffällig viele Ärzte in der Kirche, die gesagt haben, sie haben Bettenabteilungen für Schussverletzungen freimachen müssen, und am Freitag war in der Leipziger Volkszeitung ein Artikel erschienen: »Am Montag wird Schluss gemacht mit der Konterrevolution!«, wie die das nannten. Wenn es nicht anders geht, dann mit der Waffe in der Hand.

Krautgartner: Erinnerungen wurden wach an den Juni 1989. Damals war die Protestbewegung in Peking durch das Massaker auf dem Platz des Himmlischen Friedens niedergeschlagen worden.

Führer: Wir hatten Tag und Nacht Angst. Das muss man immer dazu sagen, Aber, Gott sei Dank, war der Glaube immer ein Stück größer als die Angst. Wir haben in die Kirchen etwa 6.000 Leute reingebracht, aber wie wir dann später aus den Westmedien erfuhren, waren insgesamt 70.000 gekommen, die größte Demonstration, die es am Anfang einer Bewegung je in der DDR gegeben hat. Kinder waren nicht dabei, denn das war lebensgefährlich. Einer blieb bei den Kindern zu Hause, der andere ging zum Friedensgebet und zur Demo.

Als wir nach dem Friedensgebet aus der Nikolaikirche heraus wollten, habe ich nur hilflos gesagt, Leute, geht noch ein bisschen zur Seite, hier wollen noch über 2.000 Menschen auf die Straße. Das dauerte diesmal auch wieder eine halbe Stunde, ehe wir alle auf dem Platz waren, und man sah: Die draußen standen, hatten Kerzen in der Hand.

Wenn sie draußen die Kerze haben, brauchen sie zwei Hände, sonst geht die Kerze aus. Die Option Kerze war die Option Gewaltlosigkeit. Da kannst du nicht noch einen Knüppel oder einen Stein in der Hand halten. Also war schon optisch zu sehen, dass die keine gewaltbereite Masse sind. Später hat einer aus dem Politbüro einmal im Blick auf dieses Ereignis gesagt: »Wir hatten alles geplant, wir waren auf alles vorbereitet, nur nicht auf Kerzen und Gebete.« Da hatten die Offiziere keinen Einsatzbefehl.

Am 18. Oktober ist Honecker, Anfang November das Politbüro zurückgetreten, und dann ist am 9. November die Mauer vom Osten her überwunden und nicht durch Panzer eingeschossen worden, friedlich, wie es der 9. Oktober vorgegeben hatte.

ROLAND VOGT

Wie mit gewaltfreiem Widerstand in 17 Jahren ein Luft-Boden-Schießplatz der Bundeswehr in der Kyritz-Ruppiner Heide verhindert wurde

Roland Vogt, Mitgründer der deutschen GRÜNEN und Mitglied ihrer ers-ten Bundestagsfraktion, war von 1991 bis 2006 im Land Brandenburg zuständig für die Umwandlung von militärischer in zivile Nutzung. Von 1996 bis 2006 war er in verantwortlicher Position als Konversionsbeauftragter im Wirtschaftsministerium tätig. Als Mitinitiator der Bürgerinitiative FREIeHEI-De schildert er im Folgenden den Kampf David gegen Goliath, wie er ihn erlebt hat.[1]

Schweinrich, Kreis Ostprignitz-Ruppin (Land Brandenburg), 23. August 2009: »Ist das nicht ein Wunder?«, ruft Reinhard Lampe immer wieder in die Men-ge. Er zählt alle Elemente des erfolgreichen Widerstands gegen das »Bom-bodrom« auf und antwortet jedes Mal: »Ja, das ist ein Wunder!« Ein kleiner Gospelchor auf der Bühne der Festwiese am Dranser See gibt mit einem lang-gezogenen »Ay-meen!« das Echo. Nach einigem Zögern stimmen mehr und mehr der über tausend Bombodrom-Gegner und -Gegnerinnen swingend und singend ein: »Amen«, wahrlich so sei es...

Offensichtlich steht die Bürgerrechtsbewegung Martin Luther Kings hier Pate. Und das passt. Eine durchdachte, gewaltfreie Strategie hat den Menschen dieser Region, einfachen Bürgerinnen und Bürgern »mit Erde an den Füßen«, einen wohlverdienten, hart erarbeiteten Erfolg geschenkt. Am 9. Juli 2009 hat-te der Bundesminister der Verteidigung, Franz Josef Jung, auf einer Pressekon-ferenz verkündet, »[...] dass die Bundeswehr auf die Nutzung von Wittstock als Luft-Boden-Schießplatz verzichten wird«.

---

[1] Stark gekürzt aus: Roland Vogt: Nach 17 Jahren gewaltfreiem Widerstand: FREIeHEIDe kippt Bombodrom! Erfahrungen aus dem Kampf gegen die Nutzung der Kyritz-Ruppi-ner Heide als »Luft-Boden-Schießplatz« der Bundeswehr. In: Forum Pazifismus 3/2009, 3-11, zugänglich auch unter http://www.sichelschmiede.org/Downloads/FP-23-0309-VOGT-02.pdf (Stand: 25.2.2011)

In Schweinrich, am Rande der Kyritz-Ruppiner Heide und am Dranser See gelegen, hatten Bombodrom-Gegner und -Gegnerinnen am 15. August 1992 erstmals gegen die Pläne der Bundeswehr für einen Luft-Boden-Schießplatz protestiert. Im »Dorfkrug« dieser Gemeinde wurde die Bürgerinitiative FREIeHEIDe gegründet. In Schweinrich begann auch meine Beziehungsgeschichte zu dieser Region und ihren Menschen.

Im Juni 1992 beauftragte mich der Bevollmächtigte des Brandenburger Ministerpräsidenten für den Abzug der sowjetischen Streitkräfte und Konversion, Helmut Domke, den Bürgermeistern der Anliegergemeinden des ehemaligen Bombodroms zwischen Neuruppin und Wittstock die neue Lage zu erläutern. Ich war damals als Referatsleiter für Konversion in der Staatskanzlei dem Arbeitsstab Dr. Domkes zugeordnet. Im Februar hatte das Bundeswehrkommando Ost noch erklärt, die Bundeswehr strebe grundsätzlich keine Übernahme von sowjetischen Liegenschaften an. Am 30. Juni wurde das Gegenteil amtlich: Das ehemalige sowjetische Bombodrom war als »Truppenübungsplatz Wittstock« Teil des Truppenübungsplatzkonzepts von Verteidigungsminister Volker Rühe (CDU).

Beim Treffen im Schweinricher Dorfkrug waren fast alle Bürgermeister der Anrainergemeinden rund um das ausgedehnte Militärareal entschlossen, sich gemeinsam gegen das Bundeswehr-Projekt aufzulehnen. Offen blieb, mit welcher Strategie. Auf der Rückfahrt entschied ich mich, dienstlich und in meiner Freizeit alles mir Mögliche zu tun, um das deutsche Nachfolgeprojekt des sowjetischen Bombodroms zu Fall zu bringen.

Schweinrich, 5. August 1992: Im brechend vollen Großen Saal des Dorfkrugs winden sich Offiziere der Bundeswehr, um einer aufgebrachten, widerspenstigen Menge die Segnungen des geplanten Luft-Boden-Schießplatzes nahezubringen: Investitionen in Millionenhöhe, um das von den sowjetischen Streitkräften hinterlassene Bombodrom von Munition zu befreien, sowie eine Garnison in Wittstock, die Kaufkraft in die Region bringen würde. Schießübungen am Boden und aus der Luft ja, aber soft und selten, keineswegs so rücksichtslos wie das die Rote Armee gemacht habe…

Martina Rassmann meldet sich energisch zu Wort: »Wir haben darauf vertraut, dass die Bomberei mit dem Abzug der russischen Streitkräfte endgültig vorbei ist. Nur deshalb haben wir, mein Mann und ich, gewagt, ein ehemaliges Betriebsferiengelände zu übernehmen, um damit für unsere Familie eine neue Existenz aufzubauen. Wenn Sie nun mit Ihren Tiefffliegern kommen, Raketen auf das Bombodrom abschießen und Bomben werfen, bleiben unsere Gäste weg. Dann sind wir erledigt. Wir können den Kredit nicht zurückzahlen.«

Betroffenheit und lang anhaltender Applaus. Den Bundeswehrvertretern fällt nichts mehr ein.

Ihr zuhörend denke ich: Wenn es noch mehr Unternehmerinnen und Unternehmern der Region so geht, ist ernsthafter Widerstand gegen das Bundeswehrprojekt möglich. So war es doch 1974 auch im Larzac, im südfranzösischen Okzitanien gewesen, wo ich miterlebte, wie fantasievoll die Einheimischen sich gegen die massive Ausweitung eines Truppenübungsplatzes wehrten, weil das ihre Existenz zerstört hätte; und ebenfalls ab 1974 in Wyhl am Kaiserstuhl, wo sich die Menschen in ihrer hergebrachten Lebensweise und ihrer wirtschaftlichen Existenz durch ein geplantes Atomkraftwerk bedroht fühlten. In beiden Fällen führten Strategien gewaltfreien Widerstands und die Bereitschaft zum Zivilen Ungehorsam zum Erfolg.

Ich suche jemanden aus der Region, der bereit ist, die Initiative zur Gründung einer Bürgerinitiative gegen die Pläne der Bundeswehr zu ergreifen. Frau Rassmann empfiehlt mir den Pfarrer Lampe in Dorf Zechlin. Sie fährt mit mir quer durchs Bombodrom und quartiert mich zum Freundschaftspreis in einer Ferienwohnung ein.

Vom 6. August, dem Hiroshimagedenktag, bis zum 9. August, an dem 1945 über Nagasaki die zweite Atombombe abgeworfen worden ist, faste ich jedes Jahr. 1983 hatte ich an den Gedenkfeiern in beiden Städten teilgenommen und in Krankenhäusern dahinsiechende Spätfolgenopfer der Atombombenabwürfe besucht. Diesmal widme ich das Fasten der Kyritz-Ruppiner Heide und dem Wunsch, sie möge vom Bombenabwurftraining verschont bleiben. Ich erkunde am Vormittag die Seenlandschaft bei Kagar. Der nächstgelegene Große Zermittensee hat einen weiten Sandstrand. Ich bin zunächst der einzige Badegast.

Zum Gespräch mit Pfarrer Lampe am Nachmittag nehme ich Wolfgang Hertles Fallstudie zum Larzac mit. Wenn ich sie überreiche, brauche ich nicht so viel über gewaltfreie Strategie zu erzählen und kann mich auf das Wesentliche konzentrieren. Ich schlage Herrn Lampe vor, eine Bürgerinitiative zu gründen. In dem Buch »FREIeHEIDe« der Bürgerinitiative, das im Jahr 2000 erschien, schildert seine Ehefrau Friederike später, wie meine Botschaft ankam: »Wir ahnten, was das für uns bedeuten würde. Wir waren noch ausgelaugt von Gründungsaktivitäten einer anderen Initiative. Und der ganz normale Alltag forderte uns auch ausreichend. Reinhard ließ sich dennoch überzeugen.«

Ich empfehle, für die schon in Schweinrich beschlossene Protestversammlung am 15. August als Redner Theodor Ebert, den Nestor der gewaltfreien Aktionsbewegung in Deutschland, einzuladen, um zu vermitteln, was alles zu einer erfolgreichen, gewaltfreien Strategie gehört. Ebert kommt und macht den

Menschen Mut zum Widerstand, lässt aber keinen Zweifel daran, dass eine gewaltfreie Strategie einen langen Atem erfordert. Man müsse sich auf mindestens zehn Jahre anstrengenden Widerstands einstellen. Ein Erfolg sei möglich, wenn alle Aktionen strikt gewaltfrei blieben und es gelinge, die Sympathien von Bevölkerung und Entscheidungsträgern zu gewinnen.

Unter den etwa 30 Personen, die sich am 23. August 1992 im Dorfkrug zu Schweinrich an der Gründung der Bürgerinitiative beteiligen, sind mehrere für die Aufgabe geeignete Führungspersönlichkeiten, darunter der ehrenamtliche Bürgermeister von Schweinrich, Helmut Schönberg, Pfarrer Benedikt Schirge, bis heute Sprecher der Bürgerinitiative und in der öffentlichen Wahrnehmung »das Gesicht der FREIenHEIDe«, sowie Annemarie Friedrich, eine ehemalige Oberschullehrerin aus der Region. Sie ging als die »Großmutter der FREIenHEIDe« in die Annalen des Widerstands ein. Die Bürgerinitiative oder etwas Ähnliches wäre wahrscheinlich auch ohne mein Einwirken zustande gekommen. Auch der Wittstocker Landrat Gilde, zugleich Landtagsabgeordneter der SPD, bezieht entschieden Position gegen das Bundeswehrprojekt. Doch als Landrat hätte er leicht in Loyalitätskonflikte geraten können und war daher erleichtert, dass mit der Bürgerinitiative ein neuer Akteur die Bühne betrat.

Ein Drehbuch für Protestwanderungen

Das Ehepaar Lampe ist, wie sich herausstellen sollte, ein Glücksfall in der Gründungsphase der Bürgerinitiative. Friederike Lampe, Psychotherapeutin, schildert den Beginn der Aktivitäten:

»Tagelang haben wir über den Namen nachgegrübelt. Freunde einbezogen, bis Reinhard den Geistesblitz FREIeHEIDe hatte. Und mich hatte es auch gepackt. Das könnte ja eine tolle Sache werden, wenn wir – die potentiell Gleichgesinnten – Spaß miteinander hätten und wir eine Struktur fänden, die dann eine Eigendynamik entwickelte. […] Was ich nicht wollte, war ein bedeutungsschweres, humorloses, fanatisches, kämpferisches ›Nun zeigen wir es denen mal‹. […] Ich stellte mir immer wieder die Frage, wofür anstelle wogegen wir aktiv werden. Und da fiel uns – übrigens während eines Spazierganges! – ein: Wir haben diesen Schatz einer wunderschönen Landschaft, also warum nicht beim miteinander Gehen und Wandern uns dessen erfreuen? Und wir haben Dörfer mit ihrem jeweils eigenen Charakter. […] Also, wie wäre es, wenn wir uns am immer gleichen Sonntag im Monat in der jeweiligen Kirche versammelten und von dort aus zur Schießplatzgrenze wanderten? Ringsherum? Und, wenn nötig, nach einem Jahr wieder beim Ausgangsdorf anfingen? Damit war das Motto klar: ›Auf dem Weg zur FREIenHEIDe‹.«

Das von den Lampes entwickelte Konzept überzeugt und wird fortan zum verbindlichen Muster der Protestwanderungen. Die erste findet am Sonntag, dem 13. September 1992, in Dorf Zechlin statt, und Reinhard Lampe hält die erste Andacht für die FREIeHEIDe in seiner Kirche. Mit seiner mitreißenden Andacht am 23. August 2009 am Dranser See schloss sich für viele von uns nach 113 Protestwanderungen der Kreis.

Grundlagen eines lang andauernden zivilen Widerstands

Wie konnte es gelingen, dass einfache Bürgerinnen und Bürger in einer dünn besiedelten Region 17 Jahre lang ihre Heimat gewaltfrei und schließlich erfolgreich gegen ein Großprojekt des Staates zu verteidigen wussten?

Das lange Durchhaltevermögen der FREIeHEIDe-Bewegung beruhte auf folgenden Komponenten: ein klares Ziel; der unerschütterliche Glaube der Akteure und Akteurinnen des Widerstands, dass dieses Ziel erreichbar sei; eine gekonnte gewaltfreie Strategie; Inspiration, Führung und Integration durch Persönlichkeiten natürlicher Autorität; eine verlässliche Kerngruppe, die für die Protestwanderungen und andere Aktionen verantwortlich zeichnete; spektakuläre Bilder, mit denen die FREIeHEIDe immer wieder in die Medien kam, etwa wenn Tausende gemeinsam das Friedenszeichen bildeten; die Fähigkeit, das Protestwandern an Ostern zum größten Ostermarsch in Deutschland anwachsen zu lassen; das Wecken großer Spendenbereitschaft von Sympathisantinnen und Sympathisanten überall in Deutschland; das Gewinnen von Bündnispartnern in allen Schichten der Bevölkerung und länderübergreifend, wovon Initiativen wie die Unternehmerinitiative »PRO HEIDE« und die Mecklenburger Initiative »FREIER HIMMEL« Zeugnis ablegen.

Und schließlich kann auch die Ankündigung massenhaften zivilen Ungehorsams durch die Kampagne »Bomben nein – wir gehen rein« Eindruck auf Entscheidungsträger gemacht haben: Im Rahmen dieser Kampagne hatten sich 2.000 Menschen durch Unterschrift bereit erklärt, bei Übungsbeginn ins Bombodrom-Gelände einzudringen. Dadurch wurde dokumentiert, dass selbst im Fall einer juristischen Niederlage die Bewegung nicht resignieren würde. Vielmehr hätte der Widerstand mit gewaltfreiem zivilem Ungehorsam eine neue Qualität bekommen.

Das Geheimnis des Erfolgs wird wohl im Zusammenwirken all dieser Faktoren liegen oder, anders gesagt: in der Fähigkeit der Widerstandsbewegung, alle verfügbaren Register gewaltfreien Handelns zu ziehen.

Eine Klasse für sich war der Einsatz exzellenter Anwälte für die Sache des Widerstands. Auf meine Empfehlung hatte Christian Gilde den Berliner Fachanwalt für Verwaltungsrecht, Reiner Geulen, gewinnen können, das Mandat für den Landkreis Ostprignitz-Ruppin zu übernehmen. Geulen war mir in den 1970er Jahren aufgefallen, als er der Bürgerinitiative für die Erhaltung des Spandauer Forsts half, ein Kohlekraftwerk zu verhindern. Am 27. Januar 1994 erhebt er im Namen dieses Landkreises, der Gemeinden Gadow und Schweinrich, der Kirchengemeinde Dorf Zechlin und dreier betroffener Grundstückseigentümer vor dem Verwaltungsgericht Potsdam Klage mit dem Ziel, die Weiternutzung des ehemaligen russischen Bombenabwurfplatzes durch die Bundeswehr zu untersagen. Geulen gewinnt schließlich gemeinsam mit seinem Sozius Remo Klinger im Fall der Kyritz-Ruppiner Heide 27 Verfahren gegen die Bundesrepublik Deutschland. Ein Grund ihrer Erfolge ist, dass sie mit untrüglichem Spürsinn die Fehler und Schwächen in den Planungen der Gegenseite aufdecken. Für vergleichbare Probleme ist daraus die Lehre zu ziehen: Nehmt nicht irgendwelche Anwälte, sondern die besten und sorgt dafür, dass Ihr sie auch bezahlen könnt!

Lernen im Widerstand

Wie und wo lernen Menschen? Gewiss: in der Familie, auf der Straße, in Schule, Universität, und Arbeitswelt. Rasant beschleunigt wird aber das Lernen bisweilen durch die Agenturen der Liebe und des Widerstands. Gemeinsam ist beiden, dass es sich um Ausnahmezustände handelt. Vom Lernen in der Liebe soll hier nicht berichtet werden, wohl aber vom Lernen im Widerstand. Was in der Kyritz-Ruppiner Heide in kurzer Zeit über Demokratie und Rechtsstaat erfahren wurde, hätte in dieser Intensität auf keiner juristischen oder politologischen Fakultät gelernt werden können, auch nicht auf der Ochsentour in einer Partei. Auf dem Gebiet der ehemaligen DDR waren zudem die Gewährleistungen und die Institutionen westlicher Demokratien für viele Neuland.

Das Besondere an der FREIenHEIDe im Vergleich etwa zu Whyl oder zum Larzac war, dass einige Mitstreiterinnen und Mitstreiter Erfahrungen mit dem durch Macht von unten erzwungenen Systemwandel 1989 einbringen konnten. Reinhard Lampe zum Beispiel hatte vor der Wende »Demokratie Jetzt« mit initiiert und tat sich bereits 1986 als junger Vikar durch systemkritische Aktivitäten hervor.

Das nach der Wende zunächst vorhandene Vertrauen der Landeskinder Brandenburgs in die Wahlversprechungen von Kanzlerkandidaten und Verteidigungsministern (Rudolf Scharping und Peter Struck) sowie in das Wort des jeweiligen Landesvaters und einiger Minister wurde bald arg strapaziert. Die SPD führte seit Neugründung des Landes Brandenburg die Regierung an. Eindeutig gegen den Luft-Boden-Schießplatz verhielt sie sich nur in der Ampelkoalition während der ersten Legislaturperiode. Als sie allein regieren konnte, verschanzte sie sich hinter dem Argument, durch Stellungnahmen nicht in laufende Gerichtsverfahren eingreifen zu wollen. In der dann folgenden großen Koalition nahm sie hinter der CDU des ehemaligen Generals und Staatssekretärs beim Bundesminister der Verteidigung, Jörg Schönbohm, Deckung.

Kleines Wunder durch Zivilcourage im Amte

Erst im Landtagswahljahr 2004 kam auf erstaunliche Weise Bewegung ins Spiel. Wahltag war der 19. September. Im April brachte die Unternehmerinitiative PRO HEIDE eine Sensation zustande: Sie überzeugte Ulrich Junghanns, den CDU-Wirtschaftsminister der Brandenburger großen Koalition, dass ein Luft-Boden-Schießplatz inmitten der seen- und waldreichen Erholungsregion die aufstrebende Tourismusbranche beschädigen würde und allein schon die Aussicht darauf ein Investitionshemmnis sei. Junghanns vollzog daraufhin einen Kurswechsel im Wirtschaftsministerium. (Bis dahin waren meine Gegenvorstellungen als seit Jahren mit der Kyritz-Ruppiner Heide befasster Konversionsbeauftragter im Wirtschaftsministerium auf dem hierarchischen Dienstweg niedergebügelt worden.) Damit gab Junghanns auch der Landes-CDU das Signal zum Umdenken. Zugleich befreite er Brandenburgs SPD zu sich selbst. Unter dem Druck des nahen Wahltermins ließ sie sogar die Rücksicht auf die Position ihres Genossen Struck fahren und schlug sich voll auf die andere Seite. Bemerkenswert an dem Kurswechsel war, dass Junghanns damit auch seine politische Karriere riskierte und so ein Beispiel der in Deutschland so seltenen Zivilcourage im Amte gab.

Seitdem gab es einen edlen Wettstreit der wahlkämpfenden Landesparteien um die Gunst der regionalen Bevölkerung, die ihrer Ablehnung des Luft-Boden-

Schießplatzes im April 2004 durch 10.000 Demonstranten und Demonstrantinnen in der Fontane-Stadt Neuruppin Nachdruck verlieh. Diesmal bezog die erneuerte Regierung aus SPD und CDU in ihrer Koalitionsvereinbarung auch nach der Wahl Stellung gegen den »ehemaligen« (!) Truppenübungsplatz in der Kyritz-Ruppiner Heide.

Durchbruch auf Bundesebene

So sehr die Brandenburger Wende den Gegnerinnen und Gegnern des Bombodroms Auftrieb gab – auf der großpolitischen Ebene bedeutete sie noch nicht viel. Der jeweilige Bundesminister der Verteidigung verließ sich auf eine Entscheidung des Bundesverwaltungsgerichts, das im Dezember 2000 der Bundeswehr zwar bis auf weiteres den Übungsbetrieb untersagte, die Übernahme des Übungsplatzes durch die Bundeswehr aber für rechtmäßig erklärt hatte.

Wie ist zu erklären, dass Verteidigungsminister Jung nun so plötzlich auf das Bombodrom verzichtete, nachdem ihn zuvor 27 verlorene Gerichtsprozesse, die zwei meistbetroffenen Landesregierungen von Brandenburg und Mecklenburg-Vorpommern, der Bundesrechnungshof und eine wachsende Bürgerbewegung nicht zur Einsicht hatten bewegen können? Es war wohl vor allem der sich abzeichnende Verlust der Mehrheit für das Bundeswehrprojekt im Bundestag sowie der Versuch, den Schaden für seine Partei und seine eigene Karriere zu begrenzen, die Jung in die Flucht nach vorn trieben. Die Onlinekampagne von Campact, einer Agentur, die basisdemokratische Bewegungen äußerst wirksam unterstützt, wollte in der Woche nach dem 9. Juni 2009 Anzeigen zum Bombodrom in Zeitungen von Jungs Wahlkreis schalten. Darin hätte er nicht sehr vorteilhaft ausgesehen.

Auf der juristischen Ebene wurde der für die FREIHEIDianer entscheidende Erfolg bereits am 27. März jenes Jahres errungen: Das Oberverwaltungsgericht Berlin/Brandenburg bestätigte eine Entscheidung des Verwaltungsgerichts Potsdam. Sie lautete, dass die Bundeswehr in der Kyritz-Ruppiner Heide nicht üben dürfe, weil sie die Beeinträchtigungen für die Anlieger bei ihren Planungen nicht hinreichend berücksichtigt habe. Am 2. Juli 2009 entschied der Bundestag mit großer Mehrheit, die Petitionen gegen die militärischen Nutzungspläne der Kyritz-Ruppiner Heide der Bundesregierung »zur Erwägung« zu überweisen. Und am 21. April 2010 ließ Karl Theodor zu Guttenberg, der Nachfolger Franz-Josef Jungs als Minister der Verteidigung, verlauten, dass die Bundesregierung endgültig auf die Kyritz-Ruppiner Heide als Truppenübungsplatz verzichte. Dafür gebe es nun militärisch keinen Bedarf mehr.

Bausteine für ein konstruktives Programm

Ein wichtiges Element des Widerstands waren von Anfang an konstruktive Überlegungen für die zivile Nachnutzung der Kyritz-Ruppiner Heide. 2010 wurde eine kommunale Arbeitsgemeinschaft gegründet, in der der Kreis Ostprignitz-Ruppin, die Gemeinden Neuruppin, Rheinsberg und Wittstock sowie das Amt Temnitz über künftige Konzepte der Nutzung des ehemaligen Truppenübungsplatzes beraten. Auch Vertreter der Bürgerinitiativen FREIeHEIDe und Pro Heide gehören der Arbeitsgemeinschaft an. Mit der Aufnahme der Friedensinitiative Kyritz-Ruppiner Heide ist zu rechnen.

Im Gespräch sind folgende Ideen: 1. Der Bund soll die Kyritz-Ruppiner Heide ins Nationale Naturerbe aufnehmen. 2. Eine Kombination von Naturschutz, sanftem Tourismus und schonender wirtschaftlicher Nutzung soll gleichwohl ermöglicht werden. 3. Die Kosten der Sanierung des ehemaligen Truppenübungsplatzgeländes sollen teilweise durch Anlagen erneuerbarer Energien erwirtschaftet werden. 4. Mit Mitteln von EU, Bund, Land und Landkreis soll nach Beseitigung der Munition und der Altlasten ein Netz von Wander-, Reit- und Fahrradwegen angelegt werden. 4. Ausstellungen zum »Weg der FREIenHEIDe«, Begegnungsstätten und Werkstätten zum Erlernen gewaltfreier Selbstbehauptung wie die schon bestehende »Sichelschmiede« sollen die Impulse der Widerstandsjahre weitertragen. 5. Damit die Heide Heide bleiben kann, muss das Vordringen von Wald und Büschen gestoppt bzw. rückgängig gemacht werden.

Wirklich frei wird »die Heide« erst sein, wenn Bewohner und Gäste der Region ihre Schönheit gefahrlos erleben können. Der Weg dahin ist lang und beschwerlich. Denn die Bundesrepublik Deutschland stellt zwar bedenkenlos Milliardenbeträge für die Schaffung militärischer Neulasten zur Verfügung, hat aber angeblich kein Geld für die flächendeckende Beseitigung militärischer Altlasten.

JENS MAGERL

Die Farben des Atomwiderstandes.
Eine Reflexion aus dem Wendland

Jens Magerl, der seit 1992 im Wendland lebt, ist einer der Begründer der wendländischen Initiative »WiderSetzen«, die seit zehn Jahren kreative und friedliche Sitzblockaden gegen Castor-Transporte organisiert. Wir haben ihn gebeten, die Geschichte des Widerstandes gegen das Endlager Gorleben zusammenzufassen und zu reflektieren, was die Stärke dieses Widerstandes ausmacht.

Allgemeines zum Gorlebenkonflikt

Wir leben in einer Welt der schwankenden Gleichgewichte. Vieles haben wir selbst ins Wanken gebracht. Kaum ein Bereich des Lebens, den wir Menschen nicht mit großem technischem Aufwand manipulieren. In einer schnellen und komplexen Welt entwickeln sich die Dinge aber oft anders als geplant. Leicht wird die gewünschte Hauptwirkung eines Produktes von den unerwünschten Nebenwirkungen in den Hintergrund gedrängt.

Wer wird in 100 Jahren noch etwas von den beabsichtigten Hauptwirkungen des Atomstroms wissen? Offiziell ging es um »billigen und sauberen« Strom. Inoffiziell wohl eher um viel Macht und um astronomische Gewinne für eine kleine Minderheit. Die Nebenwirkungen allerdings werden die Menschheit unerdenklich lange beschäftigen. Atommüll wirkt über hunderttausende Jahre tödlich.

»Entsorgungspark« Gorleben

1977 wurde Gorleben von der Bundesregierung im Einvernehmen mit der niedersächsischen Landesregierung als Standort eines »nuklearen Entsorgungsparks« für hochradioaktiven Müll benannt. Geologischer Sachverstand sprach schon damals dagegen. Trotzdem blieb Gorleben einzige und alternativlose Wahl. Dafür wurden Akten manipuliert und unliebsame Argumente unter den

Teppich gekehrt, wie vor einem parlamentarischen Untersuchungsausschuss des Bundestags am 16. Dezember 2010 belegt wurde.[1] Was ist aus den hochfliegenden Plänen geworden? Heute gibt es in Gorleben ein Zwischenlager, eine Pilotkonditionierungsanlage (PKA) und ein sogenanntes Erkundungsbergwerk. Das *Zwischenlager* ist eine oberirdische Blechscheune. Dort werden die Castorbehälter, in denen der strahlende Müll steckt, geparkt. 40 Jahre sollen sie dort stehen, bis sie so weit abgekühlt sind, dass man sie weiterbehandeln kann. In der *PKA* soll der Müll zerkleinert und in handlichere und billigere Behälter umgefüllt werden. Die sollen dann ins benachbarte »Erkundungsbergwerk« gebracht werden. Dass dort noch nie ernsthaft »erkundet« wurde, sondern von vornherein ein *Endlager* ausgebaut wurde, ist allgemein bekannt.[2]

Widerstand von Anfang an

Eine der »unerwünschten Nebenwirkungen« ist der entschiedene und kreative Widerstand. 1977 beim legendären »Treck nach Hannover« waren ungefähr 100.000 Menschen auf den Beinen. Am 3. Mai 1980 wurde die Baustelle für Tiefbohrstelle 1004 durch zeitweise rund 5.000 AtomkraftgegnerInnen besetzt, die die »Republik Freies Wendland« ausriefen, einen Piratensender betrieben und ein Hüttendorf errichteten. Es wurde am 4. Juni auf Anordnung der Regierung Schmidt geräumt. Der Widerstand war damit nicht beendet, im Gegenteil. Seine zunehmende Stärke zeigt sich besonders, seit 1995 die fast jährlichen Castortransporte mit hochradioaktivem Atommüll nach Gorleben begonnen haben. Nur mit gewaltiger Polizeipräsenz können die Müllbehälter ins Zwischenlager gebracht werden. Die Kosten der Einsätze sind enorm. Castortransporte nach Gorleben gehen regelmäßig als größte, teuerste und spektakulärste Polizeieinsätze der BRD in die Geschichte ein.

Atomwiderstand 2010

Nach Schätzung der Veranstalter beteiligen sich im März 2010 etwa 120.000 Personen an einer 120 km langen Menschenkette zwischen den Atomkraftwerken Krümmel und Brunsbüttel. Gleichzeitig umringen 20.000 Menschen das Atomkraftwerk Brokdorf. Im September wird der Reichstag von 75.000 Atom-

---

[1] http://www.gruene-bundestag.de/cms/gorleben/dok/365/365549.fiasko_fuer_csucdu_ und_fdp.html (Stand: 28.12.2010)

[2] Ebenda; http://www.greenpeace.de/fileadmin/gpd/user_upload/themen/atomkraft/Green-peace_Dossier_Gorleben_052010.pdf (Stand: 28.12.2010); http://www.gorleben-akten.de/ (Stand 28.12.2010)

kraftgegnerInnen umzingelt. Im Oktober bilden 50.000 Personen in München eine Menschenkette. An der Auftaktdemo der Castorproteste im November beteiligen sich 50.000. Tausende nehmen an Blockadeaktionen der Castorstrecke teil. Die Polizei spricht von bis zu 7.000 Blockierern auf den Gleisen; 4.000 sitzen auf der Straße vor dem Zwischenlager. Mit ungezählten Traktorblockaden gelingt es den Bauern, Nachschub und Logistik der Polizei nahezu zum Erliegen zu bringen. Mit zum Teil großem technischem Aufwand (Anketten, Abseilen, präparierter Biertransporter[3]) gelingt es gut vorbereiteten Gruppen immer wieder, den Castortransport anzuhalten.

Inhalte und Anliegen des Widerstandes

Die Blechhalle und der in mehrfacher Hinsicht gefährdete[4] Salzstock in Gorleben müssen als »Entsorgungsnachweis« herhalten. Ohne »Entsorgungsnachweis« müsste der deutschen Atomwirtschaft sofort die Betriebsgenehmigung entzogen werden. Die grenzenlose Verschiebung von Atommüll macht sichtbar, dass die Betriebe keine Ahnung haben, was mit dem Gift passieren soll. Die sogenannte Erkundung des Salzstockes richtet sich nicht nach objektiven und festgeschriebenen Sicherheitskriterien. Es ist andersherum. Immer wenn sich in Gorleben ein gewünschtes Sicherheitsmerkmal als zu brüchig erweist, wird es von der (unveröffentlichten) Anforderungsliste gestrichen.[5] Man stelle sich vor, der TÜV würde dieses Modell auf unsere Autos anwenden. (Bremse defekt? Kein Problem, wird sofort aus den Sicherheitsanforderungen gestrichen.)

Eine ernst gemeinte Erkundung muss sich nach objektiven fachlichen Kriterien richten. Auf der Suche nach dem bestmöglichen Standort müssen verschiedene Gesteinsformationen untersucht und miteinander verglichen werden. Und was den fachlichen Kriterien nicht genügt, muss selbstverständlich fallen gelassen werden. Denn es geht nicht darum, wie viel Geld schon in die Endlagersuche investiert wurde, sondern um größtmögliche Sicherheit.

Neben einer systematischen vergleichenden Endlagersuche muss die Erforschung lebensfreundlicher Energiequellen erheblich verstärkt werden.

---

[3] In einem Biertransporter steckte ein Betonklotz und darin wiederum steckten zwei Greenpeace-Leute. Diese Aktion hielt den Castortransport mehr als 13 Stunden auf.

[4] http://www.greenpeace.de/fileadmin/gpd/user_upload/themen/atomkraft/Greenpeace_PK_02112010_Gasfunde_in_Gorleben.pdf (Stand: 28.12.2010)

[5] http://www.greenpeace.de/themen/atomkraft/nachrichten/artikel/geheimverhandlungen_zu_gorleben_gefaehrden_oeffentliche_sicherheit/ (Stand: 28.12.2010) http://www.greenpeace.de/themen/atomkraft/nachrichten/artikel/geringere_sicherheitsanforderungen_fuer_atommuell_endlager/ansicht/bild/ (Stand: 28.12.2010)

Die Vielfarbigkeit des Widerstandes

Komplexe Probleme, wie sie die Atomspaltung schafft, gehen alle Teile der Gesellschaft an. Deshalb brauchen wir für eine Lösung auch das gesamte Spektrum der Bevölkerung. Und das schließt Gruppen ein, die anderen Lösungsideen folgen als wir.

Man stelle sich ein Knäuel aus vielen bunten Bändern vor: verschlungen, verknotet, verfilzt, teilweise kunstvoll geflochten und verwoben. Ab und zu flattern lose Enden heraus. An manchen Enden fällt etwas auseinander. Ein Mischprodukt aus Barock und Punk. So etwa sieht für mich der Atomwiderstand im Wendland aus. Er setzt sich aus allen Schichten und Kreisen der Bevölkerung zusammen und aus nahezu allen Altersgruppen. Es gibt Einheimische und Zugezogene, regionale Gruppen und überregionale Organisationen, Bauern und Adelige, KommunistInnen und Kirchenleute, Autonome und Juristen, Nadelstreifen und Arbeitshosen, Schweinezüchter und Veganer, Visionäre und Bodenständige, Großeltern und Enkel. In vielen Familien beteiligen sich inzwischen drei Generationen am Widerstand.

Formen des Widerstands gegen die Castortransporte

Infrastruktur
So vielfarbig wie die Lebensentwürfe sind auch die Formen des Widerstandes. Vieles passiert jenseits von Kameras und öffentlicher Aufmerksamkeit. Fachgruppen, JuristInnen und Koordinationsleute arbeiten das ganze Jahr über. Widerstandsgruppen planen und bereiten sich gründlich vor, oft Monate vor der eigentlichen Aktion. Viele fleißige Hände und Köpfe schaffen eine tragfähige Infrastruktur für die Aktionen. Wer sich nicht an Aktionen beteiligen möchte, die Aug' in Auge mit der Polizei stattfinden, und trotzdem aktiv sein will, kann hier einen wichtigen Platz finden.

Flagge zeigen
»Wenn ihr unser Leben missachtet, missachten wir eure Gesetze!« Die Fragen um Gorleben zerreißen die Bevölkerung. Eine große Gruppe will darauf vertrauen, dass »die da oben« schon alles zum Besten für uns regeln. »Recht und Ordnung« stehen an oberster Stelle.

Gerade im ländlichen Milieu ist es eine nicht zu unterschätzende Leistung, sich außerhalb dieser traditionellen Meinung zu stellen und sich zum Widerstand zu bekennen.

Viele haben ein gelbes X – das Zeichen des Widerstandes – am Haus und hängen Plakate an ihre Türen und Geschäfte. Noch mehr beteiligen sich an Demonstrationen, Menschenketten, Mahnwachen, Solidaritätskonzerten und öffentlichen Gebeten. Zur Not auch dem Versammlungsverbot zum Trotz.

Blockieren

Aber es gibt auch viele, denen diese Art der Meinungsäußerung nicht genügt. Denn Protest an harmlosen Plätzen wird von den Regierenden gern ignoriert. Wird der Protest aber auf die Castorstrecke getragen, dann ist er nicht mehr so leicht zu übersehen. Daran haben die Bauern, die sich regelmäßig mit mehreren hundert Traktoren dem Castortransport in den Weg stellen, einen besonders eindrucksvollen Anteil. Verschiedene Gruppen haben sich auf die Organisation von Sitzblockaden spezialisiert und darin eine hohe Kultur entwickelt. Der Erfolg dieser friedlichen Blockadeform hat die Menschen im Wendland überzeugt – »gewaltfrei« ist zum allgemeinen Standard geworden. Noch Anfang der 1990er Jahre habe ich es erlebt, dass nicht im Wendland Ansässige aus einer Sitzblockade heraus Steine warfen. Das passiert heute nicht mehr. Und wenn tatsächlich einmal Steine fliegen sollten, dann wird man die Akteure für Provokateure der Polizei halten.

Seit die Steine liegen bleiben,[6] hat es die Polizei schwerer, die Atommülltransporte durchzusetzen. Das Feindbild von den »gefährlichen Chaoten« und vom »unappetitlichen Pack« lässt sich nicht mehr aufrechterhalten.

Anketten und Abseilen

Und immer wieder gibt es Menschen, denen diese Art des Zivilen Ungehorsams nicht effektiv genug ist. Gut vorbereitete kleine Gruppen ketten sich an den Schienen oder auf den Castorstraßen an oder seilen sich von Brücken oder Bäumen ab. Der persönliche Einsatz ist bei dieser Aktionsform sehr hoch. Dieser Einsatz macht deutlich, dass es nicht um »Peanuts« geht, sondern ums Leben.

Castorwege unpassierbar machen

An der Frage, ob das Beschädigen von Castorgleisen und das Unterhöhlen von Straßen noch »gewaltfrei« genannt werden kann, scheiden sich manche Geister. Allgemein gilt aber der Konsens, dass bei keiner Aktion Personen zu Schaden kommen dürfen.

---

[6] Steine nicht liegen lassen, sondern aus dem Gleisbett entfernen wollte das Bündnis »Castor? Schottern!«, das beim Castortransport 2010 erstmalig in Aktion trat. Die Schotterer handelten nach Prinzipien des Zivilen Ungehorsams. Die Polizei reagierte schon im Vorfeld mit massiven Einschüchterungs- und Kriminalisierungsversuchen. Während des Transportes griff sie zu heftiger Gewalt. Allein die Bundespolizei hat ca. 2.200 Kartuschen mit Kampfgas verbraucht.

»Strategische Gewaltfreiheit«

Der Atomwiderstand im Wendland ist ein komplexes System, das sich aus unterschiedlichsten Gruppierungen, Interessen und Strömungen zusammensetzt. Der größte Teil versteht sich als friedlich, bürgerlich und gewaltfrei. Bei den Castorprotesten kommen aber auch Gruppen zu uns, die in anderen Zusammenhängen das Mittel der Gewalt nicht ablehnen. Das hat in der Vergangenheit immer wieder zu Problemen geführt – unter anderem lieferte es der Polizei den Vorwand, die gesamte Widerstandsbewegung als gewalttätig abzustempeln. Dementsprechend konnte sie »schwere Geschütze auffahren«, von pauschalen Versammlungsverboten bis hin zu »robusten Einsätzen«.

Inzwischen ist Gewaltfreiheit im Wendland zum Standard geworden. Auch auswärtige Gruppen, die Gewalt nicht grundsätzlich ablehnen, haben erkannt, dass im Wendland Gewaltfreiheit einfach effektiver ist. Deshalb halten sie sich hier an eine »strategische Gewaltfreiheit«.

Konsens und Eigenständigkeit

Einigkeit besteht darüber, dass wir nicht gegen die Polizei kämpfen, sondern für ein wichtiges Anliegen mit weitreichenden politischen Auswirkungen. Die Polizei ist dabei (fast) uninteressant.

Gleichzeitig mit dem Minimalkonsens, auf keinen Fall Menschen zu verletzen, hat sich die Erkenntnis durchgesetzt, dass Vielfalt ein Reichtum ist. Jede Gruppe hat ein besonderes Profil entwickelt. Und die verschiedenen Profile ergänzen einander. Die Vielzahl der möglichen Aktionsformen macht uns unberechenbar und stark.

Seit Mitte der 1990er Jahre gibt es das sogenannte »Streckenkonzept«. Jede Gruppe übernimmt die Verantwortung für einen bestimmten Teil der Castorstrecke. Die verschiedenen Konzepte mischen sich nicht, sondern leben in Nachbarschaft. Es wird darauf geachtet, die Nachbarn nicht durch die eigene Aktion zu gefährden. Zu manchen gibt es engere Beziehungen als zu anderen. Hier spiegelt sich das ganz normale Leben.

Die dezentrale Struktur hat manchmal Nachteile, ist aber vor allem eine unserer Stärken. Unberechenbarkeit ist ein Teil unseres Systems. Wenn bestimmte Teile des Systems ausfallen, ist dadurch nicht die gesamte Aktion gefährdet. Vielfalt ist Reichtum.

Motive und Lebensentwürfe

Was bewegt die Leute, sich zur ungemütlichsten Zeit des Jahres nach draußen zu begeben, sich nasskaltem Wetter auszuliefern und durch dämmrige Wälder zu streifen? Sich auf Schienen und feuchtem Asphalt herum zu drücken? Ganz zu schweigen von der unschönen Aussicht, tausenden von Polizisten gegenüberzustehen...

Natürlich geht es um mehr als um eine Müllkippe für die Atomwirtschaft. Für die *Energiebewegten* geht es um den Ausstieg aus einer lebensfeindlichen Technologie. Atomkraftwerke müssen abgeschafft werden. Und Gorleben ist geologisch bestens geeignet als Salzbad und Kurort. Als Endlager für Atommüll ist es längst durchgefallen.

Für *Umweltbewegte* gilt Ähnliches. Es geht um einen behutsamen und verantwortlichen Umgang mit der uns anvertrauten Welt. Und da hat Atomkraft keinen Platz.

Auch *Friedensbewegte* finden sich in unseren Reihen. Atomkraft schafft den Zugang zu Atomwaffen. Wer den Frieden und das Ende von Abschreckungsstrategien will, kommt am Ausstieg aus der Atomkraft nicht vorbei.

Viele machen sich Sorgen um den *Gesundheitszustand unserer Demokratie*. Wenn sich Regierungen mehr den Privatinteressen der Atomkonzerne verpflichtet fühlen als dem Wohl des Volkes, dann scheint die Demokratie sehr krank zu sein. Tagelange Aufenthalte an der frischen Luft, wie sie regelmäßig zu Zeiten der Castortransporte stattfinden, können der Patientin neue Kraft geben.

Überhaupt: Die Frage nach einer lebenswerten Gesellschaft spielt eine große Rolle. In welchen Strukturen möchte ich gern leben? Wo kann ich Unterstützung geben und bekommen? Wo gilt meine Stimme etwas?

Die Auseinandersetzung mit den Bedrohungen während eines Castortransportes bringt viele Menschen mit tiefen Schichten des eigenen Wesens in Berührung. Wir kommen an innere Orte, an denen wir sehr lebendig sind. Und von dort bringen manche Träume und Utopien mit.

Kein Wunder, dass das Wendland ein Kristallisationsort für alternative Lebensentwürfe geworden ist. Nirgendwo auf dem flachen Land gibt es so viel Kunst, so viel »Bio«, so viel »Regeneratives« und so wenig Obrigkeitshörigkeit wie im Wendland.

Komplexität und Gewaltfreiheit

Ein zusammenfassender Blick auf den Atomwiderstand zeigt, dass es sich um ein komplexes System mit gut ausdifferenzierten Stärken und Zuständigkeiten handelt. Gewaltfreiheit ist zwar nicht für alle Gruppen eine Herzensangelegenheit, trotzdem ist sie zum Standard geworden. Das Streckenkonzept bietet die Möglichkeit, verschiedenste Pläne zu entfalten. Unterschiedliche Auffassungen stehen nicht gegeneinander, sondern können sich ergänzen. Die Vielfarbigkeit des Widerstandes ist eine große Stärke.

Immer wieder gibt es Versuche, den Widerstand zu spalten. Spaltung ist die Stärke der Atomwirtschaft. Unsere Stärke sollte der Zusammenhalt sein.

Daher plädiere ich dafür, das Wörtchen »gewaltfrei« nur mit größter Behutsamkeit und Zurückhaltung zu verwenden. Denn ehe man sich's versieht, kann sich das kleine Wort in eine Spaltaxt verwandeln. Wer nachdrücklich die eigene Gewaltfreiheit betont, bringt möglicherweise andere Gruppen in Zugzwang. Und wer dann nicht mitzieht, steht leicht als jemand da, der Gewalt duldet, unterstützt oder ausübt.

Das Gleichgewicht im bunten Knäuel des Widerstandes ist sensibel. Respekt vor den Nachbarn und achtsamer Umgang mit Worten tut uns allen gut. Gemeinsam sind wir stark!

KATJA TEMPEL

Eine Aktion gegen den Anbau
von Gen-Mais im Wendland

*D*er folgende Beitrag beruht auf einem Interview, das die seit Jahrzehnten
im gewaltfreien Widerstand gegen die Atommüll-Endlagerung in Gorleben engagierte Autorin 2008 Trojan TV gegeben hat. Die Genehmigung zum
Anbau von Gen-Mais wurde, wie zuvor schon in Frankreich, 2010 auch in
Deutschland zurückgezogen.

Ich engagiere mich gegen den Anbau von gentechnisch verändertem Mais,
weil die Folgen des Anbaus unabschätzbar sind. Gutachten besagen, dass nicht
klar ist, welche Auswirkungen der Anbau von Gen-Mais auf die Nahrungskette
und damit auch auf uns Menschen hat. Die Gen-Technologie ist ähnlich wie
die Atomenergie mit gewaltigen Risiken behaftet. Ich kann die Folgewirkun-
gen nicht einschätzen, und ich traue es auch keinem anderen Menschen zu,
das derzeit beurteilen zu können. Es ist ein Eingriff in die Genomreihe jeder
einzelnen Pflanze, jedes Lebewesens. Richtig wütend macht mich in diesem
Zusammenhang das Patentrecht, die Vorstellung, dass ein weltweit agierender
Konzern wie Monsanto ein Besitzrecht an Organismen erwirbt, die er gar nicht
entwickelt hat, nur weil bestimmte Anteile der von ihm erzeugten Gen-Mais-
Sorte in ihnen gefunden werden. Das hat enorme Konsequenzen für die Bauern, insbesondere in der »Dritten Welt« – ein Horrorszenario.

Ich hatte mich daher schon vor unserer eigenen Aktion bei »*Gendreck
weg!* – Freiwillige Feldbefreiung« engagiert und wusste deshalb, dass Anfang
des Jahres immer die neu geplanten Gen-Mais-Standorte im Standortregister
veröffentlicht werden. Dort entdeckten wir, dass es bei uns im Wendland in
Langendorf einen Gen-Mais-Acker geben sollte und zumindest noch in einem
weiteren Ort hier im Landkreis. Beide Orte liegen in der Nähe von Gorleben,
so dass wir das hier zusammen haben: den Atommüll und die Gen-Äcker.

Wir haben uns daraufhin in einer losen Gruppe zunächst etwa alle zwei
Wochen getroffen und begonnen, Sonntagsspaziergänge zu diesen Äckern zu
machen. Das hat hier Tradition auch bei den Atomanlagen. Sonntag um 15.00
Uhr gehen wir dahin, wo wir etwas verhindern wollen, wo wir Widerstand

leisten wollen. Am ersten Sonntagsspaziergang haben sich etwa hundert Leute beteiligt, und nach drei Monaten haben wir beschlossen, eine Mahnwache einzurichten. Sie war nicht nur zum Mahnen gedacht, sondern insbesondere zum Beobachten der Äcker, um einen Aussaatversuch stoppen zu können.

Der Bauer lebt hier im Nachbardorf. Auch der Monsanto-Vertreter wohnt im gleichen Dorf. Es gibt also eine Beziehung zwischen den beiden, und wir sind mit unseren Widerstandsaktionen in diese Dorfbeziehungsdynamik eingebunden. Das macht die Sache spannend. Diese Äcker liegen im Biosphärenreservat. Sie befinden sich in dem Überschwemmungsgebiet der Elbtalaue, dort steht das Wasser zeitweise bis zum Deich und würde die Gen-Äcker schon bei normalem Sommerhochwasser überfluten. Eine Weiterverbreitung der Gen-Saat wäre dann nicht zu verhindern.

Unsere Mahnwache fand in Sichtweite der beiden Ackerflächen statt. Wir haben sie rund um die Uhr in Schichten besetzt, mehr als sieben Wochen lang. Dabei hatten wir immer schon die Vorstellung: Eine Feldbesetzung, wie sie schon an vielen Orten der Bundesrepublik stattgefunden hat, wäre auch hier ganz schön. Aber dafür haben uns die Kräfte gefehlt. Nach zwei Wochen sind von irgendwoher Menschen dazugekommen, die gesagt haben: »Wir haben gehört, ihr braucht Leute, die eine Feldbesetzung machen.« Die haben mit unserer Zustimmung erstmal einen kleineren Turm gebaut. Und als noch mehr Menschen kamen, haben sie einen größeren, elf Meter hohen Turm (Tripod) errichtet. Seitdem liefen gleichzeitig mehr als fünf Wochen lang die Mahnwache und die Feldbesetzung. Die Feldbesetzung hätte geräumt werden können, wenn jemand daran Interesse gehabt hätte. Aber das hätte eine negative Publicity im Landkreis für die Gen-Mais-Anbauer zur Folge gehabt, vielleicht sogar deutschlandweit. Die Firma hat von dem Moment an, als die geplanten Anbauflächen im Standortregister veröffentlicht wurden, Verträge mit traditionellen Bauern verloren, die vorher normales Saatgut dort bestellt hatten. Und sie ist durch unsere Besetzung, durch unsere Öffentlichkeitsarbeit und Veranstaltungen, natürlich immer wieder in die Kritik geraten. Wenn so ein kleiner Landkreis sich querstellt, dann sagen sich die Verantwortlichen eines solchen Konzerns: »Das möchten wir möglichst niedrig kochen.« Deshalb gab es keinen Räumungsantrag.

Der Bauer hat selbst keine Drillmaschine für die Aussaat. Es ist hier üblich, dass ein Lohnunternehmen mit dem Ausbringen der Saat beauftragt wird. Lange Zeit gab es im Landkreis kein Lohnunternehmen, das unter diesen Umständen bereit gewesen wäre, den Auftrag auszuführen. Da hätte jemand von ganz weit her kommen müssen, was natürlich um einiges teurer gewesen wäre. Die

Landwirte und die Lohnunternehmer haben dem Bauern gesagt:»Nein, das machen wir nicht für dich!« Viele sind noch weiter gegangen und haben ihm gesagt:»Wenn du das machst, kriegst du nie wieder eine Hand von uns.« In der Landwirtschaft lebt vieles durch gegenseitige Unterstützung und insofern ist dies eine empfindliche Drohung. Auch die Betreiber der Biogasanlage im Dorf des Bauern haben gesagt:»Wir nehmen den Gen-Mais nicht an.« Wahrscheinlich hätte es trotzdem in der weiteren Umgebung genug Biogasanlagen gegeben, die es genommen hätten. Aber hier vor Ort nicht.

Die Stimmung im Dorf hat sich sehr verändert im Verlauf der Aktion. Am Anfang wollte sich keiner richtig positionieren, weil man die Nachbarschaft nicht gefährden wollte. In der ersten und zweiten Woche haben wir daher aus dem Dorf wenig Unterstützung für unsere Mahnwache bekommen. Mit der Zeit, nach vielen Diskussionen, Veröffentlichungen und Veranstaltungen, hat sich das sehr gewandelt. Es wurde eine Unterschrifteninitiative für eine Anzeige aus dem Dorf in der regionalen Zeitung initiiert, bei der die Leute sich dann doch positioniert haben. Der Bauer und sein Verwandter wurden als die greifbaren »Täter« angeredet:»Warum macht ihr das, warum tut ihr uns das an, hier in unserer Nachbarschaft? Warum bringt ihr so eine Unruhe herein? Warum müsst ihr das weiter verfolgen? Lasst das sein!« Das hat in den Dörfern noch einmal einiges in Bewegung gebracht. Man musste sich entscheiden: Unterschreibe ich das, stelle ich mich damit gegen so einen Nachbarn oder nicht?

Der Bauer hat mit Hilfe eines Verwandten den Gen-Mais trotzdem eingesät, mit einer Drillmaschine, die wir erst gar nicht als solche erkannt haben, weil sie so uralt ist und eine ganz andere Technik hat. Wir haben sie aber zum Glück doch identifizieren können. Bei dem kleinen Acker war er zunächst erfolgreich. Denn unsere Alarmkette umfasst etwa 200 Leute und es dauert eine gewisse Zeit, bis die Benachrichtigten vor Ort sein können. Der Acker ist mit 1,2 Hektar so klein, dass er ganz schnell einzusäen ist. Anschließend haben wir uns ihm auf dem großen Acker entgegengestellt und die Drillmaschine gestoppt. Da ist er wieder abgezogen. Wir konnten so schnell sein, weil wir die Mahnwache hatten, und weil die FeldbesetzerInnen vor Ort waren. Das war unser Glück.

Auf dem kleinen Feld stand der Gen-Mais ungefähr zwei Wochen lang. Wir haben versucht zu verhindern, dass er wachsen konnte, indem wir die Maiskörner aus dem Acker wieder rausgeholt haben. Diese Aktion ist tagsüber gelaufen. Dazu sind ganz unterschiedliche Menschen gekommen, ganze Familien mit Kindern – mit Handschuhen, denn der Gen-Mais war massiv gebeizt. (Diese

Beize wird sehr kritisiert als eine Ursache des Bienensterbens.) Weil es ziemlich mühselig ist, die kleinen Körnchen aus der Erde zu klauben, haben wir nicht alles rausbekommen. Das ist dann halt gewachsen. Wenn die Pflänzchen etwa zehn Zentimeter groß sind und vier Blätter haben, kann man sie mitsamt der Wurzel rausziehen. Das haben wir auf dem kleinen Acker gemacht, und der ist daher seitdem frei von Gen-Mais. Darauf sind wir stolz.

Anschließend haben wir mit zwei Landwirten aus der Region konventionellen Mais eingedrillt für den Bauern, damit er keinen Ernteverlust hat. Wir wollten ihm damit sagen: »Den Gen-Mais haben wir dir rausgeholt, aber eigentlich wolltest du Mais anpflanzen, das kannst du auch gerne. Wir haben das jetzt für dich gemacht, denn du hast durch unsere Aktion eine Verzögerung erlitten.«

Auf unserem Gen-Mais-befreiten Acker hinterließen wir ein Schild: »Gentechnikfrei! Dieser Acker wurde in mühevoller Handarbeit vom Gen-Mais befreit«, und seitdem gab es keinen neuen Versuch, Gen-Mais im Wendland anzubauen.

WOLFGANG STERNSTEIN

»Bei Abriss Aufstand« –
die Schwaben proben die Revolution.
Stuttgart 21: Gewaltfreie Aktionen
und Ziviler Ungehorsam

Wolfgang Sternstein, dessen fünfbändige Ausgabe ausgewählter Werke Gandhis im Wallstein-Verlag zeitgleich mit dem vorliegenden Band erscheint, ist einer der ältesten deutschen Theoretiker und engagiertesten Aktivisten der Gewaltfreien Aktion: beim erfolgreichen Kampf gegen das in den 1970er Jahren geplante Atomkraftwerk im badischen Wyhl, im Widerstand gegen die Stationierung von Atomraketen im schwäbischen Mutlangen und an vielen anderen Orten. Er hat für seinen Zivilen Ungehorsam mehrfach Gefängnisstrafen auf sich genommen. In seiner Autobiografie[1] schildert er eindrucksvoll seine Erfahrungen. Als sich 2010 der Widerstand gegen das Stuttgarter Bahnhofsprojekt formiert, ist er wieder handelnd und analysierend dabei.

»Wie kann die Umgestaltung des Bahnhofs der Landeshauptstadt Stuttgart einen derartigen Aufstand auslösen?«, mag sich mancher Zeitgenosse fragen. Sind das noch die fleißigen, strebsamen und kreuzbraven Schwaben, die Baden-Württemberg zum »Musterländle« der Republik gemacht haben? Gibt es denn keine wichtigeren Themen?

Es geht nur vordergründig um den Bahnhof und die 60 Kilometer lange Neubaustrecke Wendlingen-Ulm. Es geht vielmehr um Demokratie und gute Regierungsweise (»good governance«), denn je länger der Konflikt andauert, desto mehr »Vetterleswirtschaft«, Kungelei und Filz kommen ans Licht. Es ist eine zornige Bürgerschaft, die sich da lautstark mit Trillerpfeifen, Vuvuzelas, Sirenen und Kochtöpfen Gehör verschafft und in langen Demonstrationszügen durch die Stuttgarter Innenstadt zieht. Ungewöhnlich an diesem Protest ist die Mischung aus Zorn und Heiterkeit, Erbitterung und Volksfeststimmung. Sie äußert sich in einer Vielzahl von einfallsreichen, witzigen Transparenten,

---

[1] Wolfgang Sternstein: Mein Weg zwischen Gewalt und Gewaltfreiheit. Autobiografie. Vorwort: Horst-Eberhard Richter. Norderstedt: Books on Demand 2005

Plakaten, Luftballons und Verkleidungen. Bemerkenswert ist die breite Verankerung des Widerstands in der Bevölkerung. Alle Gesellschaftsschichten und
Altersgruppen sind vertreten, von den Dreijährigen bis zu Rollator schieben-
den Urgroßvätern und -müttern.

Bevor ich jedoch auf die Protestformen im Einzelnen eingehe, ein Blick auf
den Anlass dieses »gewaltfreien Aufstands« in der baden-württembergischen
Metropole, der allmählich auch die benachbarten Landesteile erfasst. Er beschäftigt mittlerweile nicht nur das Land, sondern auch die Republik und wird
sogar im Ausland wahrgenommen. Die Materie ist so komplex und der Streit
der Experten so heftig, dass ein Laie sich nur schwer ein Bild vom Sinn oder
Unsinn des Projekts machen kann. Darum seien hier einige strittige Punkte
erwähnt.

Das Projekt

Von Anbeginn war »Stuttgart 21«, wie das Bauvorhaben eines Tiefbahnhofs
in Verbindung mit der Neubaustrecke Wendlingen-Ulm genannt wird, ein Projekt der Superlative. Hier sollte die größte Baustelle Europas entstehen, um
»Das neue Herz Europas« (Reklamespruch der Betreiber) zu schaffen. An die
Stelle des 16-gleisigen Kopfbahnhofs wird, wenn es nach ihrem Willen geht,
ein 8-gleisiger unterirdischer Durchgangsbahnhof treten, der über insgesamt 2
x 33 Kilometer Tunnelröhren im problematischen Stuttgarter Untergrund erreicht werden soll. Dadurch, so sieht es die Planung vor, werden der Flughafen
und das Messegelände an den Fernverkehr angeschlossen. Rekordverdächtig
sind vor allem die Kosten des Projekts. Von anfangs 2,5 Milliarden für den
Tiefbahnhof sind sie bereits auf 4,1 Milliarden hochgeschnellt, die Kosten für
die Neubaustrecke wegen extrem schwieriger Tunnelbauten durch die Schwäbische Alb von 2,1 auf 2,9 Milliarden Euro. Fachleute rechnen längst mit
mindestens 10 Milliarden Euro für das gesamte Projekt. Da die öffentlichen
Kassen leer sind und auch die Bahn kein Geld hat, muss das Vorhaben schul-
denfinanziert werden, was die Summe, die der Steuerzahler letztlich schultern
muss, auf lange Sicht noch einmal verdoppelt. Die Bauzeit soll 10 Jahre betra-
gen. Doch auch hier sagen die Fachleute, aufgrund der Erfahrungen mit derartigen Projekten müsse eher mit 15 bis 20 Jahren gerechnet werden.

Die Betreiber behaupten, die Anbindung Stuttgarts an das Fernverkehrsnetz
mit der Magistrale Paris-Bratislava sei lebenswichtig für die aufstrebende In-
dustrieregion rund um Stuttgart. Die freiwerdenden Gleisflächen stünden für

die Bebauung zur Verfügung. Ein neuer Stadtteil werde entstehen. Das sei ein unschätzbarer Vorteil für die durch ihre Lage im Talkessel beengte Stadt. Die Kritiker halten dagegen, der Tiefbahnhof und die Neubaustrecke auf der gegenwärtig geplanten Trasse hätten mehr Nachteile als Vorteile. Er schaffe ein Nadelöhr im Bahnverkehr, statt eines zu beseitigen. Darin werden sie von der großen Mehrheit der Fachleute unterstützt. Diese plädieren für die Ertüchtigung des Bahnhofs und der Gleisanlagen und präsentieren ihren Alternativentwurf zu S 21 (Stuttgart 21) unter dem Kürzel K 21 (Kopfbahnhof 21). Sie argumentieren, der ehemalige Güterbahnhof und Teile des Gleisvorfelds stünden heute bereits als Bauland zur Verfügung. Aufgrund der horrenden Grundstückspreise könnten dort aber nur Großbauten realisiert werden, die innerstädtische Wüsten schüfen und die Stadtökologie nachhaltig beeinträchtigten, ganz zu schweigen vom Baulärm sowie der Feinstaub- und Verkehrsbelastung während der Bauzeit. Last but not least verschlinge S 21 die Milliarden, die anderswo weit dringender für die Renovierung des Gleisnetzes gebraucht würden.

Die emotionalen Werte

Das alles erklärt freilich nicht den Aufruhr in der Stadt, denn Großprojekte von fragwürdigem Nutzen, die Milliarden Euro verschlingen, gibt es viele. Was die Bürgerinnen und Bürger der Stadt auf die Barrikaden treibt, sind die gegenwärtigen und bevorstehenden massiven Eingriffe in ihre Lebensqualität. Sie haben bereits den Zentralen Omnibusbahnhof (ZOB) verloren, der bisher direkt neben dem Bahnhof lag. Er wurde vom Zentrum an die Peripherie der Stadt verlegt. Des weiteren verlieren sie den Parkplatz an der Nordseite des Bahnhofs, der für Auto- und Taxifahrer wichtig ist. Für den Neubau müssen beide Seitenflügel des Bahnhofs, ein Baudenkmal von hohem Rang, abgerissen werden. Das tut den Stuttgartern weh, denn der Krieg hat nur wenige Baudenkmäler übrig gelassen, und der Hauptbahnhof ist ein Wahrzeichen der Stadt, mit dem sie sich identifizieren. Der Abriss des Nordflügels hinterließ eine Wunde im Stadtbild, die so rasch nicht heilen wird. Der Abriss des doppelt so langen Südflügels steht bevor, ebenso die Abholzung von 280 zweihundertjährigen mächtigen Parkbäumen im Zentrum der Stadt. Sie sollen einer 12 Meter tiefen Baugrube weichen. Hinzu kommt die Gefährdung der Mineralquellen in Bad Cannstatt infolge der Grundwasserabsenkung, die durch ein kompliziertes und technisch noch nicht erprobtes »Grundwassermanagement« vermieden werden soll.

Zur Geschichte des Projekts

Ursprünglich handelte es sich bei Stuttgart 21 nicht um ein Bahnprojekt, sondern um ein Immobilienprojekt. Zu Beginn der 1990er Jahre berauschten sich Politiker und Manager an Großprojekten. In Frankfurt, Stuttgart und München sollten die Bahnhöfe unter die Erde verlegt werden, um Raum für die Bebauung der frei werdenden Gleisanlagen zu schaffen. Frankfurt und München gaben die Idee schon bald als unwirtschaftlich auf. Lediglich Stuttgart blieb dabei, angeführt von einer Koalition aus vier Schwaben – auch Spätzles-Connection genannt –, dem Bahnchef Heinz Dürr, dem Bundesverkehrsminister Matthias Wissmann, Ministerpräsident Erwin Teufel und Oberbürgermeister Manfred Rommel. Sie erhofften sich durch das Projekt einen kräftigen Impuls für die Stadtentwicklung. Den sparsamen Schwaben wurde versichert: »Es koschtet nix«, da sich das Projekt durch den Verkauf der Gleisgrundstücke finanzieren lasse. Der politische Wille, das Projekt gegen alle Widerstände durchzusetzen, stand am Anfang und bestimmt das Geschehen bis heute. Es wird durchregiert, von oben nach unten, statt, wie es in der Demokratie eigentlich sein sollte, von unten nach oben. Nach 15 Jahren verzweifelten Kampfes einer Minderheit gegen die große Mehrheit in den Regierungen und Parlamenten von Stadt, Land und Bund haben wir heute eine Situation, die ein Journalist plastisch mit den Worten beschrieb: In Stuttgart rasen zwei Züge aufeinander zu, deren Zusammenprall kaum noch zu vermeiden ist. Der eine »Zug« wird von den Betreibern mit dem Segen der Politiker von CDU, FDP und SPD und mit Unterstützung der Medien gebildet, der andere »Zug« aus der Mehrheit der BürgerInnen in Stadt und Region, organisiert in einem Aktionsbündnis aus Naturschutzverbänden, Bündnisgrünen und Linkspartei, unterstützt von namhaften Bahnexperten sowie zahlreichen Kulturschaffenden.

Gewaltfreiheit

Beeindruckend ist die klare Festlegung der Bewegung auf die gewaltfreie Aktion, einschließlich diverser Formen des zivilen Ungehorsams. Sie hat ihren Niederschlag im »Aktionskonsens« der Parkschützer gefunden, der lautet:

> »Stuttgart 21 steht dem Willen und dem Interesse der Bevölkerung entgegen. Deshalb sehen wir uns in der Pflicht, alle gewaltfreien Mittel zu nutzen, um dieses Projekt zu stoppen. Gesetze und Vorschriften, die nur den reibungslosen Projektablauf schützen, werden wir nicht beachten.

Durch Einschüchterungsversuche, mögliche Demonstrationsverbote und juristische Verfolgungen lassen wir uns nicht abschrecken. Bei unseren Aktionen des zivilen Ungehorsams sind wir gewaltfrei und achten auf die Verhältnismäßigkeit der Mittel. Unabhängig von Meinung und Funktion respektieren wir unser Gegenüber. Insbesondere ist die Polizei nicht unser Gegner. Bei polizeilichen Maßnahmen werden wir besonnen und ohne Gewalt handeln. Bei Einstellung des Bauvorhabens Stuttgart 21 werden wir unsere Blockade- und Behinderungsaktionen sofort beenden.«

Beeindruckend ist auch die Fülle, Vielfalt und Kreativität des Widerstands. Hier eine Auswahl: Zentral sind die bislang 62 Montagsdemonstrationen in Folge (Stand 14. Februar 2011) am Nordflügel des Bahnhofs, der mittlerweile bis auf die Grundmauern abgerissen ist, was der Erbitterung und dem Zorn immer wieder neue Nahrung gibt. Da das Gelände inzwischen der Deutschen Bahn gehört, finden die Versammlungen vor der Frontseite des Bahnhofs statt. An die Montagsdemonstrationen schließen sich häufig Umzüge an, nicht selten verbunden mit Straßenblockaden, die den innerstädtischen Verkehr fast völlig lahmlegen. Die meist äußerst lauten und bunten Demonstrationen wurden nach dem Beginn der Abrissarbeiten durch einen Schweigemarsch aus schwarz gekleideten DemonstrantInnen abgelöst, die ein Transparent mit der Aufschrift: »Es ist alles gesagt – wir schweigen« und ein großes Portrait des Erbauers des Bahnhofs, Paul Bonatz, vor sich her trugen.

Eine tragende Säule des Widerstands sind die »Parkschützer«, die vornehmlich für den Erhalt des Parks kämpfen. Es gibt vier Kategorien von ParkschützerInnen, von einfachen DemonstrantInnen bis zu BaumbesetzerInnen und AktivistInnen, die sich an Bäume ketten, die gefällt werden sollen.

Mit der heißen Phase des Kampfes begannen die »Aktionswochen«, mittlerweile 27 an der Zahl, die nahezu täglich Informationsveranstaltungen, Aktionstrainings, Rechtsberatung, Kulturevents und jeweils am Freitag oder Samstag zusätzlich zur Montagsdemonstration eine Massenkundgebung anbieten.

Nicht vergessen werden darf in diesem Zusammenhang die »Stuttgarter Klagemauer«, etwa 50 Meter Bauzaun, der über und über mit Bildern, Karikaturen, Fotos und allerhand Stofftieren geschmückt ist, und vor dem PolizistInnen ständig eine Kette bildeten, um die Besetzung des Geländes zu verhindern. Der Zaun befindet sich inzwischen als »historisches Dokument« im »Haus der Geschichte«.

Der »Schwabenstreich«, eine Erfindung des Schauspielers Walter Sittler, einer Hauptfigur des Widerstands, wird täglich um 19 Uhr in der Stadt und an zahlreichen Orten im Land durchgeführt: Menschen sammeln sich und veranstalten mit allem, was laut ist, eine Minute lang einen ohrenbetäubenden Lärm, der in weiten Teilen der Stadt zu hören ist.

Ziviler Ungehorsam ist ein wichtiger Bestandteil der Widerstandsbewegung. Es wurden Bezugsgruppen gebildet, Trainings durchgeführt, ein Ermittlungsausschuss und ein Rechtshilfefonds eingerichtet. Es gab zahlreiche Blockaden der Toreinfahrt für die LKW, die den Bauschutt des Nordflügels abtransportierten. Die Polizei musste so viele BlockiererInnen wegtragen, dass sie oft auf eine Personalienfeststellung verzichtete. Hinzu kamen einige spektakuläre Aktionen, wie die Besetzung des Bahnhofsdaches durch sechs Personen, die den Abriss einen vollen Tag verzögern konnten, und die Besetzung des Abrissbaggers durch vier Aktivisten. Am 6. September dröhnten frühmorgens drei Trecker, einer mit Anhänger, durch die Innenstadt und blockierten für mehrere Stunden den Zugang zum Baugelände. Die Fahrer waren erst durch Androhung der Beschlagnahme der Fahrzeuge dazu zu bewegen, das Feld zu räumen.

Schließlich verdient die konstruktive Seite der Widerstandsbewegung eine ausführliche Würdigung. Ich kann sie hier nur streifen. Erwähnt werden sollte in erster Linie das von Fachleuten erarbeitete Alternativkonzept zu Stuttgart 21, des weiteren zahlreiche Kulturveranstaltungen, z.B. ein Konzert unter freiem Himmel des eigens zu diesem Anlass gegründeten Bonatz-Quartetts, der »Bürgerchor« (Sprechchor) des Regisseurs Volker Lösch und ein Open-Air-Konzert im Schlossgarten mit Dvořáks Sinfonie »Aus der Neuen Welt«. Erwähnung verdient auch die Initiative einer Künstlerin, die drei Dutzend Plakate in die Bäume hängte, auf denen die Portraits bedeutender Personen zu sehen waren, die vor zweihundert Jahren gelebt hatten, mit dem Text: »Dieser Baum stand schon, als [z.B.] Eduard Mörike in Stuttgart Gedichte schrieb.«

Wie geht es weiter?

Noch scheinen Bahnchef Rüdiger Grube, Ministerpräsident Stefan Mappus und Oberbürgermeister Wolfgang Schuster entschlossen, das Projekt durchzusetzen. Die Front bröckelt indes, seit die SPD, die der CDU/FDP-Landesregierung nicht angehört, aber bisher zu den Befürwortern des Projekts gehörte, vorsichtig auf Distanz geht. Sie plädiert nun aufgrund einer Initiative Erhard Epplers, des großen alten Mannes der Partei, für einen Volksentscheid, zumindest aber für eine Volksbefragung, selbst wenn diese nicht rechtsverbindlich wäre. Die Bundeskanzlerin Angela Merkel hat in der Haushaltsdebatte im Bundestag zu Stuttgart 21 Stellung genommen und mit ungewohnter Entschlossenheit die Landtagswahl in Baden-Württemberg zu einem Plebiszit über die Zukunft des Landes erklärt.

Bewertung

Stuttgart 21 ist ein Musterbeispiel dafür, was geschieht, wenn der Souverän, das Volk, praktisch von jeder direkten Mitsprache bei politischen Entscheidungen ausgeschlossen wird. Wohl gab es 2007 eine Initiative für ein Bürgerbegehren und einen Bürgerentscheid auf kommunaler Ebene. Beides wurde jedoch durch Oberbürgermeister Wolfgang Schuster ausgehebelt, als er, noch während die Unterschriftensammlung im Gange war, einen rechtsverbindlichen Vertrag für das Projekt unterschrieb. Auf Landesebene gibt es zwar theoretisch eine Regelung für den Volksentscheid, das Unterschriftenquorum ist jedoch so hoch (16,6 Prozent aller Wahlberechtigten, ca. 1,22 Millionen, die innerhalb von vierzehn Tagen im Amt sein müssen), dass sie praktisch auf eine Regelung zur Verhinderung von Volksentscheiden hinausläuft. In dieser Situation hat sich der zivile Ungehorsam m.E. zu einem funktionalen Ersatz für das fehlende Plebiszit entwickelt. Er wirkt als Notbremse, um Beschlüsse der repräsentativen Organe, die den Willen des Volkes – des verfassungsmäßigen Souveräns – grob missachten, zu annullieren.

Ziviler Ungehorsam

Zunächst jedoch ein Blick in die Vergangenheit. Die Landesregierung von Baden-Württemberg hatte nach den blutigen Auseinandersetzungen um das Atomkraftwerk Wyhl im Jahre 1975 ein neues Konzept für den Umgang mit widerständigen BürgerInnen entwickelt: die »Stuttgarter Linie«. Sie suchte das Gespräch mit den VertreterInnen der badisch-elsässischen Bürgerinitiativen und schloss mit ihnen nach langen, zähen Verhandlungen einen Vertrag, die »Offenburger Vereinbarung«, die den Bürgerinitiativen erhebliche Zugeständnisse machte und wesentlich zur Befriedung der Region beitrug. Sensationell war nicht nur der Inhalt der Vereinbarung, sondern auch die Tatsache, dass sich Landesregierung und Betreiber mit den VertreterInnen der Bürgerinitiativen, die den Bauplatz des Kraftwerks widerrechtlich besetzt hatten und ein halbes Jahr besetzt hielten, an den Verhandlungstisch setzten.

Im Zuge der Massenproteste gegen die Raketenstationierung in Mutlangen, Heilbronn und Neu-Ulm kam es 1983 zu einer Fortsetzung des Dialogs in

Gestalt der »Stuttgarter Gespräche«, an denen der Landespolizeipräsident Dr. Alfred Stümper und weitere BeamtInnen des Innenministeriums auf der einen Seite und VertreterInnen von Bürgerinitiativen und Umweltschutzverbänden auf der anderen Seite sowie VertreterInnen der Energieversorgungsunternehmen und der Kirchen teilnahmen. Diese Gespräche fanden in der Broschüre »Überlegungen zur Austragung von Umweltkonflikten« der Arbeitsgemeinschaft für Umweltfragen (AGU) aus dem Jahre 1984 ihren Niederschlag.

Ich war an diesen Gesprächen als Vertreter des Bundesverbandes Bürgerinitiativen Umweltschutz (BBU), einer Dachorganisation von Bürgerinitiativen, die in jener Zeit eine große Rolle in der Öffentlichkeit spielte, an diesen Gesprächen und der Ausarbeitung der »Überlegungen« beteiligt. Kernpunkt dieses Konzepts war der Gewaltverzicht, zu dem sich beide Seiten verpflichteten. Das galt sowohl für das Werfen von Steinen, Brandflaschen und Feuerwerkskörpern, das Verschießen von Stahlkugeln mit Zwillen und dergleichen von Seiten der DemonstrantInnen, als auch für den Einsatz von Wasserwerfern, Tränengas bzw. Pfefferspray und Schlagstöcken von Seiten der Polizei. Die Gespräche und deren Ergebnis waren in der Friedensbewegung höchst umstritten. Ich fand sie sinnvoll, räume aber ein, dass sie von Anfang an öffentlich hätten geführt werden müssen.

Ich habe damals versucht, bei der Polizei und beim politischen Gegner Verständnis für die Aktionsform des zivilen Ungehorsams als eines letzten Mittels des gewaltfreien Widerstands zu wecken. Das war nicht leicht, da viele PolizistInnen und PolitikerInnen jeden Rechtsbruch als kriminelle Handlung werteten. Heute ist der zivile Ungehorsam dagegen verbreitet und als gewaltfreie Aktionsmethode weitgehend anerkannt. Einer aktuellen Umfrage des Wissenschaftszentrums Berlin unter Stuttgart-21-GegnerInnen zufolge sind 90 Prozent der Befragten bereit, ihre Ziele »auch mit den Mitteln des zivilen Ungehorsams, zum Beispiel mit Besetzungen und Blockade, zu erreichen« (Pressemitteilung des WZB, 27. Oktober 2010).

Bei näherer Betrachtung zeigt sich indes, dass die Vorstellungen von dem, was Ziviler Ungehorsam ist, weit auseinandergehen. Deshalb sei hier der Versuch einer Definition gewagt. Ziviler Ungehorsam in der Tradition von Henry David Thoreau, Mahatma Gandhi und Martin Luther King besteht in der bewussten Übertretung von Gesetzen oder gesetzesähnlichen Vorschriften sowie in der Gehorsamsverweigerung gegenüber polizeilichen Anweisungen mit dem Ziel, staatliches Unrecht oder staatliche Korruption zu beseitigen. Ziviler Ungehorsam in diesem Sinne sollte »zivil«, das heißt offen, dialogbereit und gewaltfrei sein. Dazu gehört auch die Bereitschaft, die für die Gesetzesübertretung oder die Gehorsamsverweigerung verhängte Sanktion klaglos hinzunehmen. Das gilt selbstverständlich nicht für die Fälle, in denen das Prinzip der Verhältnismäßigkeit von Seiten der Polizei grob missachtet wird. Auch ist es den Ungehorsamen unbenommen, ihr Handeln vor Gericht zu begründen und zu rechtfertigen. Wer zivilen Ungehorsam leistet, stellt weder den Rechtsstaat noch die Demokratie als Staatsform in Frage. Im Gegenteil, den Ungehorsamen geht es darum, sie zu verbessern, nicht zu zerstören. Durch ihre Bereitschaft, Nachteile und Strafen hinzunehmen, bekunden die Ungehorsamen vielmehr ihren Respekt vor dem Recht als solchem und appellieren an die Regierung und die Parlamente, die angefochtene Entscheidung noch einmal zu überdenken. Massenhafter ziviler Ungehorsam kann die Rücknahme der Entscheidung sogar erzwingen. Nach Meinung Gandhis ist er sogar ein geeignetes Mittel, eine Diktatur, ja selbst ein totalitäres Regime zu stürzen (vgl. dazu Arnold im vorliegenden Band).

Allerdings haben nach meiner Beobachtung viele GegnerInnen und BefürworterInnen von Stuttgart 21 keine klare Vorstellung davon, was Ziviler Ungehorsam in dem von mir beschriebenen Sinn bedeutet. Viele GegnerInnen des Projekts meinen, Straßen- oder Sitzblockaden seien durch die Grundrechte auf freie Meinungsäußerung und auf freie Versammlung, die zusammen das Demonstrationsrecht bilden, gedeckt. Das ist jedoch nicht der Fall. Akte des Zivilen Ungehorsams stellen strafbare Handlungen dar, die als Ordnungswidrigkeit oder als Straftat geahndet werden können. Bei den BefürworterInnen von Stuttgart 21 ist dagegen die Auffassung verbreitet, jede rechtswidrige Handlung sei an sich bereits kriminell und moralisch verwerflich. Wer Zivilen Ungehorsam leiste, »terrorisiere die Bürger und wolle Politik und Presse einschüchtern«, schreibt beispielsweise Heinz Walde in einem Leserbrief (Sonntag Aktuell, 31.10.2010, 6).

Der schwarze Donnerstag

Bis zum 30. September 2010, dem »schwarzen Donnerstag« in der Geschichte des Landes Baden-Württemberg, hatte sich der verantwortliche Polizeipräsident Siegfried Stumpf wie seine Vorgänger Ratgeb und Schairer an die »Stuttgarter Linie« gehalten. Er schritt selbst dann nicht ein, als DemonstrantInnen wiederholt den Verkehr auf den dem Bahnhof benachbarten Hauptverkehrsstraßen blockierten. Bei der Räumung von Sitzblockaden, mit denen der Abriss des Nordflügels behindert, wenn möglich sogar verhindert werden sollte, gingen die PolizeibeamtInnen meist betont höflich vor, wie ich aus eigener Erfahrung weiß.

Am 30. September vollzog der Polizeipräsident indes eine Wendung um 180 Grad. Vermutlich hoffte Stumpf, mit einem Überraschungscoup den Parkschützern zuvorzukommen, die für den Fall eines Rodungsbeginns eine Alarmkette eingerichtet hatten. Ursprünglich war der Einsatz wohl für den Nachmittag des 30. September geplant, wurde aber, nachdem die Parkschützer den Alarm ausgelöst hatten, auf den Vormittag vorgezogen. So rückten um 10 Uhr morgens 700 PolizistInnen, meist bürgerkriegsmäßig ausgerüstete Sondereinheiten aus Hessen, Nordrhein-Westfalen, Bayern, Rheinland-Pfalz und Baden-Württemberg, mit zwei Wasserwerfern und mehreren, mit Hamburger Gittern beladenen LKW in den Schlossgarten vor, um ein Geviert von etwa 50 x 50 Metern einzuzäunen. Auf diesem Gelände sollten die Bäume gefällt und ein dreistöckiges Gebäude für das »Wassermanagement« errichtet werden.

Zufällig fand zur gleichen Zeit in der Nähe eine angemeldete Demonstration einer Schüler-Organisation, die sich »Jugendoffensive gegen Stuttgart 21« nannte, mit etwa tausend TeilnehmerInnen statt. Als sie die Alarmmeldung der Parkschützer erreichte, eilten sie unverzüglich in den Schlossgarten, stellten sich dem Konvoi in den Weg und besetzten einen LKW mit Gittern. Da sie der polizeilichen Aufforderung, das Fahrzeug zu verlassen, nicht nachkamen, wurden sie unter dem Protest der Umstehenden von Polizisten heruntergeholt. Mittlerweile waren mehrere hundert Parkschützer am Schauplatz eingetroffen. Sie quittierten die Aufforderung über Lautsprecher, den Schlossgarten zu verlassen, mit ohrenbetäubendem Lärm. Aus Hilflosigkeit, so scheint es mir, wurde daraufhin der Einsatz der Wasserwerfer befohlen. Auch wurde vereinzelt vom Schlagstock Gebrauch gemacht. Vor allem aber wurde reichlich Pfefferspray verspritzt.

Auch mir blieb es nicht erspart, damit Bekanntschaft zu machen. Ich war, nachdem mich der Parkschützer-Alarm erreicht hatte, in den Schlossgarten geeilt und hatte mich an einer Sitzblockade beteiligt. Doch statt wie gewöhnlich von PolizistInnen hinter eine Sperrkette getragen zu werden, machten die in ihren schwarzen Uniformen roboterhaft wirkenden vermummten PolizistInnen unverzüglich von ihren Machtmitteln Gebrauch. Ich erhielt eine geballte Ladung Pfefferspray aus nächster Nähe in die Augen. Zum Glück waren auf unserer Seite Sanitäter im Einsatz, die mich mit wiederholten Spülungen von dem höllischen Schmerz befreiten. Vorsorglich ließ ich mir von einer Augenärztin ein Attest ausstellen, um im Fall von Spätschäden nicht ohne Beweismittel dazustehen. Im Unterschied zu den DemonstrantInnen, die schwere Augenverletzungen erlitten, bin ich ohne ernsthafte Blessuren davongekommen. Ein gewaltfreier Aktivist sollte, so meine ich, von einer Attacke, wie sie mir widerfuhr, kein Aufhebens machen. Sie gehört zu seinem Einsatzrisiko, so wie es zum Einsatzrisiko von PolizistInnen gehört, gelegentlich mit kriminellen GewalttäterInnen zu tun zu haben. Das gilt selbstverständlich nicht für die vier Demonstranten, die bei diesem Einsatz schwere Augenverletzungen erlitten. Das Bild des Rentners, der sich schützend vor die Jugendlichen stellte und dem der Hochdruck-Wasserstrahl beide Augen zerstörte, so dass ihm das Blut aus den Augenhöhlen rann, schockierte die ganze Republik. Mit Recht haben die Schwerverletzten Anzeige gegen die Verantwortlichen für diesen brutalen Polizeieinsatz gestellt.

Polizeipräsident Stumpf nahm als Einsatzleiter die ganze Verantwortung auf seine Schultern. Der Ministerpräsident von Baden-Württemberg, Stefan Mappus, stritt jede Einflussnahme ab. Das glauben ihm vermutlich nur blind ergebene Anhänger, zumal der SPIEGEL (44/2010, 32) berichtet, am Tag vor dem unglücklichen Großeinsatz habe es in der Villa Reitzenstein, dem Sitz der Landesregierung, eine Einsatzbesprechung gegeben, an der der Ministerpräsident, nicht aber der eigentlich zuständige Innenminister teilgenommen habe. Ein von den Grünen und der SPD beantragter Untersuchungsausschuss des Landtags wird sich um Aufklärung bemühen. Seine Ergebnisse könnten das Ansehen der regierenden CDU/FDP-Koalition, das ohnehin durch Stuttgart 21 gelitten hat, weiter beschädigen und ihren Sieg bei den Landtagwahlen am 27. März 2011 gefährden.

Bemerkenswert ist, dass sich die GegnerInnen des Projekts bisher nicht zu Gewalttaten haben provozieren lassen. Selbst die am Tag darauf im Schlossgarten abgehaltene Kundgebung mit mehreren zehntausend TeilnehmerInnen blieb friedlich, obwohl sie in unmittelbarer Nähe zum Ort des Geschehens stattfand. Die Versuche, den DemonstrantInnen gewalttätige Provokationen zu unterstellen, waren unhaltbar. Die Pflastersteine, die angeblich geworfen wurden, erwiesen sich als Kastanien. Selbst wenn vereinzelt Feuerwerkskörper geflogen sein sollten, war das kein ausreichender Grund für den brutalen Einsatz, zumal nicht ausgeschlossen werden kann, dass es sich dabei um eingeschleuste ProvokateurInnen handelte.

Der Schock, den der Polizeieinsatz am schwarzen Donnerstag in der Öffentlichkeit auslöste, veranlasste die Landesregierung, Schlichtungsgesprächen unter Leitung des erfahrenen Schlichters Heiner Geißler zuzustimmen. Das Ergebnis dieses sich über mehrere Wochen erstreckenden »Faktenchecks« (Geißler) war, dass das angeblich bestgeplante Projekt der Bahn eine Vielzahl gravierender Mängel und Risiken aufweist. Die Sitzungen, an denen zahlreiche ExpertInnen teilnahmen, erstreckten sich jeweils über einen ganzen Tag.

Sie wurden vom Sender Phönix übertragen und stießen in der Bevölkerung auf reges Interesse. Die Lösung des Konflikts durch einen Schlichterspruch, dem beide Seiten zustimmen, war jedoch von Anfang an äußerst unwahrscheinlich, da der Konflikt im Unterschied zum Arbeitskampf nicht kompromissfähig ist: Entweder geht der Bahnhof unter die Erde, oder er bleibt oben, wie die GegnerInnen des Projekts nicht müde werden, in Sprechchören zu fordern. Auch ein Volksentscheid, wie von der SPD bevorzugt, wird vermutlich keine Lösung bringen, da die gesetzlichen Voraussetzungen dafür erst geschaffen werden müssten.

Wie zu erwarten, stieß der Schlichterspruch Geißlers, der das Alternativprojekt verwarf und den Tiefbahnhof mit Auflagen für realisierbar erklärte, bei den Betroffenen auf ein geteiltes Echo. Die BefürworterInnen nahmen ihn an, die GegnerInnen lehnten ihn ab. So richteten sich denn die Hoffnungen der GegnerInnen des Projekts auf die Landtagswahl am 27. März 2011 und wurden durch das Wahlergebnis auch nicht enttäuscht. Die seit 57 Jahren regierende CDU wurde durch ein grün-rotes Bündnis abgewählt (CDU 39,0%; Grüne 24,2%; SPD 23,1%; FDP 5,3%). Zwei Themen bewirkten den Erdrutschsieg von Grün-Rot: Die Ereignisse in Japan (Erdbeben, Tsunami und Havarie von vier Blöcken des Atomkraftwerks Fukushima) und der Konflikt um Stuttgart 21. Nach der Wahl erklärte die Bahn einen Bau- und Vergabestopp bis zur Konstituierung der neuen Landesregierung. Dessen ungeachtet ist der Ausgang des Konflikts weiterhin offen, denn die neuen Koalitionspartner Grüne und SPD sind sich bei Stuttgart 21 nicht einig. Deshalb soll eine Volksabstimmung über die Zukunft des Bauvorhabens entscheiden.

So bleibt der weitere Verlauf des Konflikts spannend. Bahn, Stadt und Bund scheinen noch immer entschlossen, das Projekt durchzusetzen. Die Gegner sind nicht weniger entschlossen, es zu verhindern. Eines kann man aber schon jetzt mit Gewissheit sagen: Selbst wenn Staat und Wirtschaft ein Projekt mit aller Macht durchsetzen wollen, werden sie am gewaltfreien Widerstand der betroffenen Bevölkerung scheitern, vorausgesetzt – und das ist entscheidend – diese ist bereit, den Preis zu bezahlen, den gewaltfreier Widerstand nun mal kostet.

REINER STEINWEG

Gewaltfreiheit beim Umbruch
in den arabischen Ländern

*R*einer Steinweg ist seit 1972 Friedens- und Konfliktforscher mit Schwerpunkt auf Fragen der innergesellschaftlichen Gewalt und Entfaltung gewaltfreier Handlungspotentiale. Er redigierte als Mitarbeiter der Hessischen
Stiftung Friedens- und Konfliktforschung die »Friedensanalysen« und leitete
später die Außenstelle Linz des Österreichischen Studienzentrums für Frieden und Konfliktlösung, sowie 2001/2002 das Berghof Forschungszentrum für
konstruktive Konfliktbearbeitung in Berlin.

Die Revolutionen und Revolutionsversuche in den arabischen Ländern seit
Ende 2010 bestätigen einmal mehr die Beobachtung aus der Friedensforschung, dass eine Demokratisierung zu erwarten ist, wenn soziale Mobilität
und Bildung gegeben sind (Senghaas 2004, Kap. 2). Aber diese Veränderungen
können – wie die Vorgänge in Tunesien und Ägypten einerseits, in Libyen
andererseits in den ersten Monaten des Jahres 2011 erneut gezeigt haben – auf
sehr verschiedene Weise vor sich gehen.

In Tunesien und Ägypten gab es einige Faktoren, die das weitgehend gewaltfreie Vorgehen begünstigt haben, ohne dass man indessen sagen könnte, sie
seien dafür unabdingbar. Denn der wichtigste Faktor ist der *subjektive*: Die von
Unrecht, Ungerechtigkeit und Unterdrückung Betroffenen haben erkannt, dass
gewaltfreies Handeln am zielführendsten ist, dass es mit den geringsten Verlus-
ten an Menschenleben, Moral, Ressourcen usw. verbunden ist und die relativ
besten Aussichten auf eine friedliche postrevolutionäre Entwicklung bietet; und
sie wissen, worauf es dabei ankommt (dazu am Schluss dieses Beitrags).

In allen arabischen Ländern war Anfang 2011 ein großer Teil besonders der
jungen, akademisch gebildeten Frauen und Männer (in Ägypten 29% der unter
30-Jährigen) von einer dramatisch zunehmenden Perspektivlosigkeit (z.B. der
Unmöglichkeit zu heiraten) derart frustriert, dass sie die *Angst* vor den Gewalt-
instrumenten der Machthaber ablegten – und zugleich, angesichts der immer
ungehemmteren »kleptokratischen« Eliten, den *Respekt* vor ihnen verloren. Es
gab angesichts des auch den Mittelstand ergreifenden Elends und der hohen

Arbeitslosigkeit (in Ägypten 43%, fast ohne Arbeitslosenunterstützung), angesichts von Hungerlöhnen, Folter und staatlicher Willkür keine weniger lebensbedrohenden Alternativen des Handelns mehr – und keine andere Möglichkeit, die Selbstachtung aufrecht zu erhalten, als sich »aus der Deckung« zu wagen.

In Ägypten, dem größten und politisch wichtigsten arabischen Land, und in Tunesien, das die älteste Verfassungstradition und seit langem den höchsten Stand der Allgemeinbildung unter den arabischen Ländern hat (Ruf 2011), waren ferner folgende, die Gewaltfreiheit des Aufstandes begünstigende Faktoren erkennbar:

- eine hinreichende Anzahl zivilgesellschaftlicher Nicht-Regierungsorganisationen und Einrichtungen, nicht zuletzt Menschenrechtsorganisationen;
- eine halblegale Opposition (Asseburg/Roll 2011) sowie Ein-Punkt-Bewegungen, in Ägypten z.B. der Verein Jemiat al-tagyir (»Verein für Wandel«) des Nobelpreisträgers Mohammed El Baradei, der 2010 eine Million Unterschriften für eine Wahlrechtsreform gesammelt hatte;
- gewerkschaftliche Substrukturen, die sich den Weisungen der von den Unterdrückern eingesetzten Gewerkschaftsspitzen widersetzten (El Masry 2011, Ruf 2011);
- ein relativ hoher Grad der Emanzipation: Es war der voiceblog einer jungen Frau, der am 18. Januar 2011 in Ägypten zum Fanal der Revolution wurde (Wortlaut bei Lübben 2011, 51), obwohl noch immer 40% aller Frauen weder lesen noch schreiben können (Bernstein 2011);
- die Verfügbarkeit von Massenkommunikationsmitteln, mit denen die Desinformation der staatlich gelenkten Medien unterlaufen wurde: Internet, Facebook, Twitter und Handys (Ruf 2011, Shafik 2011);
- die dadurch möglich gewordene horizontale Vernetzung insbesondere von Jugendlichen und von Bewegungen, die wegen ihrer nichthierarchischen Struktur staatlicherseits kaum angreifbar waren: in Ägypten seit 2004 *Kifaya*/»Es ist genug«, seit den ArbeiterInnenstreiks in Mahalla 2008 die wesentlich stärkere *»Bewegung des 6. April«* und seit der Ermordung des jungen polizeikritischen Bloggers Khaled Said durch zwei Polizisten 2010 die Facebook-Gruppe *»Kullna Khaled Said«*/»Wir sind alle Khaled Said« (Asseburg/Roll 2011, Lübben 2011);
- und nicht zuletzt eine rechtsstaatlichen Kriterien verpflichtete, kraftvoll nach Unabhängigkeit strebende Richterschaft und die Anwältekammern. Sie haben in Tunesien und in Ägypten eine erhebliche Rolle gespielt (Lübben 2011, Ruf 2011).

In Ägypten war ferner die kluge Zurückhaltung der Muslimbruderschaft mit ihrem konservativen und ihrem reformorientierten Flügel, die bei den Wahlen 2005 trotz Behinderung 88 Parlamentssitze gewonnen hatte, ausschlaggebend. So stand den Herrschenden ein sonst seit 2001 wohlfeiles Instrument der propagandistischen Aufstandsbekämpfung (auch und nicht zuletzt gegenüber den USA) nicht zur Verfügung: die Behauptung, der Aufstand sei von Islamisten ferngesteuert (Rogler 2011).

Viele dieser die Gewaltfreiheit begünstigenden Faktoren scheinen in Libyen infolge der stark ausgeprägten Stammesstruktur und der darauf gestützten Diktatur der Qaddafi-Familie, die älter und härter ist als in den Nachbarländern (Lacher 2011), nicht oder geringfügig gegeben zu sein. Auch im Jemen und in Syrien sind sie offensichtlich weniger ausgeprägt. Dort, in Algerien und in Bahrain überformen überdies ethnische und/oder religiöse Spannungen teilweise die sozialen Konfliktlinien, während Jordanien und Marokko als Monarchien flexibler auf die Krise reagieren können (Asseburg/Werenfels 2011).

Für Ägypten sind die folgenden *Elemente der Gewaltfreien Aktion* belegt: Menschenketten; DemonstrantInnen selbst überprüften sorgfältig die Personen, die auf den zentralen Tahrir-Platz in Kairo wollten, auf Waffen; konstruktive Aktionen wie der Schutz des Ägyptischen Museums durch die DemonstrantInnen, der Schutz der Wohnhäuser vor den vom Regime gezielt eingesetzten Kriminellen und Plünderern, das Sauberhalten des zentralen Demonstrationsplatzes sowie nach dem Rücktritt Mubaraks der Putz der ganzen Stadt; Rollenusurpationen (die DemonstrantInnen regelten z.B. den Verkehr auf stark befahrenen Kreuzungen und sorgten dafür, dass Hamsterkäufe einzelner zu Lasten der Allgemeinheit unterblieben); Sitzblockaden um Panzer zu stoppen, und zugleich die Haltung, den Soldaten der ägyptischen Armee als Brüdern und Verbündeten zu begegnen statt als potenziellen Unterdrückern, und ihnen zu vertrauen; offener Ziviler Ungehorsam z.B. der JournalistInnen und MitarbeiterInnen der Fernsehanstalten; und nicht zuletzt die ausdrückliche Solidarisierung von Muslimen mit koptischen ChristInnen, die bis dahin eher als UnterstützerInnen des Regimes galten bzw. sich von ihm beschützt wähnten (Shafik 2011).

Es scheint, dass die gewaltfreie Disziplin sowohl in Tunesien als auch in Ägypten teilweise einer frühen Beschäftigung der jungen Leute mit den Erkenntnissen der strategischen Gewaltfreiheitsforschung zu verdanken ist, insbesondere mit dem Werk des US-amerikanischen Friedensforschers Gene Sharp.[1] Er hat seit über einem halben Jahrhundert Formen, Methoden und Be-

---

[1] Vgl. u.a. Rainer Hermann: Revolution nach Plan. In: FAZ, Nr. 38, 15. Februar 2011, 6;

dingungen gewaltfreien Widerstands insbesondere gegen Diktaturen erforscht und 1992 in einem kleinen Büchlein zusammengefasst, das mittlerweile angeblich in 41 Sprachen übersetzt wurde.[2]

Literatur

Asseburg, Muriel/Stephan Roll (2011): Ägyptens Stunde null? Akteure, Interessen, Szenarien. SWP-Aktuell 10, Februar 2011

Asseburg, Muriel/Isabelle Werenfels: Tunesien: Einzelfall oder erster Dominostein? Vergleichbare Probleme – unterschiedliche Rahmenbedingungen. SWP-Aktuell 4, Januar 2011

Bernstein, Reiner (2011): Umbrüche, Aufbrüche und Hebel in Nahost. http://www.reiner-bernstein.de/pdf/veroeffentlichung/B-NO-Umbrueche.pdf (Stand: 15.4.2011)

El Masry, Ingrid (Februar 2011): Gewerkschaften und Arbeiterbewegung in der Revolution. In: Inamo spezial: Game Over, Sonderheft 4, 56f.

Lacher, Wolfram (März 2011): Libyen nach Qaddafi. Staatszerfall oder Staatsbildung? SWP-Aktuell A 13

Lübben, Ivesa (Februar 2011): Die Rolle der sozialen Bewegungen. In: Inamo spezial: Game Over, Sonderheft 4, 51-55

Rogler, Lutz (Februar 2011): Die Ägyptische Revolution: neue Wege für die Muslimbrüder. In: Inamo spezial: Game Over, Sonderheft 4, 60f.

Ruf, Werner (Februar 2011): Die tunesische Revolution. In: Inamo Spezial: Game Over, Sonderheft 4, 12-15

Senghaas, Dieter: Zum irdischen Frieden. Erkenntnisse und Vermutungen, Frankfurt am Main: Suhrkamp 2004

Shafik, Viola (Februar 2011): Mediale Strategie-Spiele und die Mobilisierung des politischen Widerstands in Ägypten. In: Inamo spezial: Game Over, Sonderheft 4, 46-50

Johannes Thumfart: Der Demokrator. Ein Mann wird überall gelesen, wo friedliche Revolutionen entstehen. Der 83-jährige Gene Sharp. In: Die Zeit, Nr. 10, 3. März 2011, 50

[2] Gene Sharp: Von der Diktatur zur Demokratie. Ein Leitfaden für die Befreiung. München: C.H. Beck 2008; siehe ferner die Liste von Sharps Publikationen in der zu diesem Band gehörenden online-Bibliografie (Ort siehe S. 283).

JOACHIM HEILMANN / MATTHIAS HOLLERBACH /
JÖRG ROHWEDDER

SprecherInnenrat:
Am Misthaufen bei der roten Fahne

*D*ie Beachtung der Grundprinzipien der Gewaltfreien Aktion und die Einnahme der entsprechenden Haltungen allein genügen nicht, um eine Aktion zum Erfolg zu führen. Es bedarf auch einer sensiblen Abstimmung untereinander. »Gewaltfreiheit nach innen«, also die Entscheidungsfindung unter
Berücksichtigung der Bedürfnisse und Gefühle aller Beteiligten, ist eine wesentliche Voraussetzung der Gewaltfreiheit – gerade auch von größeren Menschenmengen – nach außen. Die drei Autoren stellen das bei Aktionen von »X-
tausendmal quer« bei der gewaltfreien Blockade des dritten Castor-Transports
nach Gorleben 1997 gewählte Verfahren dar und zeigen seine Grenzen.[1]*

Das Rätesystem war ein zentraler Bestandteil der Aktion »X-tausendmal quer«.
Sowohl im Camp als auch auf der Straße wurde Basisdemokratie als Alternative zur derzeit praktizierten parlamentarischen Demokratie zu leben versucht.

Alle für die Gesamtgruppe bedeutsamen Fragen und Entscheidungen sollten in den einzelnen Bezugsgruppen von ca. sechs bis sechzehn Personen nach
dem Konsensprinzip anstelle des Mehrheitsprinzips getroffen werden. Aus jeder Bezugsgruppe wurde einE SprecherIn in den SprecherInnenrat entsandt.
Dieser Rat hatte die Aufgabe, die notwendigen Fragen für die Diskussion in
den Bezugsgruppen zu formulieren, sowie zu klären, ob und wie ein Konsens
zwischen den Meinungen der einzelnen Bezugsgruppen hergestellt werden
kann. Des Weiteren diente der Rat dem schnellen Informationsfluss zwischen
verschiedensten Aufgabenbereichen (Küche, Gesamtkoordination, Polizei-
kontaktgruppe usw.) und den Bezugsgruppen.

---

[1] Der Beitrag wurde unter dem gleichen Titel erstmals veröffentlicht in: X-tausendmal quer
(Hrsg.): Gewaltfreie Blockade des dritten Castor-Transportes nach Gorleben im März
1997, Jeetzel 1997, 21-24. Wir geben unverändert den ersten Teil wieder.

Konsensprinzip statt Mehrheitsdemokratie

Durch diese basisdemokratische Organisations- und Entscheidungsstruktur waren viele Menschen in für die Gesamtgruppe relevante Fragen, Probleme und Entscheidungen eingebunden. Sie konnten ihre Meinungen in überschaubarem und vertrautem Kreis äußern, hatten die reale Möglichkeit, auf die Aktion Einfluss zu nehmen, und identifizierten sich entsprechend stark mit »ihrer« Aktion. Allein die zahlenmäßige Auswertung der SprecherInnenräte überrascht. Vom Samstag vor dem Transport bis Mittwoch hat es 26 Räte gegeben. Am Tag vor dem Transport waren es allein zehn, und gerade an diesem Tag dauerten sie bis zu einer Stunde. Waren es am Samstag noch zwanzig Sprecherinnen und Sprecher, so wuchs die Zahl kontinuierlich auf zum Schluss ca. 120 an. Aufgrund wechselnder Beteiligung an den Räten und unterschiedlich großen Bezugsgruppen waren schätzungsweise 3.000 bis 4.000 Personen über die Räte organisiert. In der Schlussphase, Dienstagnacht, wurde der Gesamtrat eingeführt. Innerhalb von nur zwei Stunden konstituierten sich vor allem auf den ersten 250 Metern bis zur Kreuzung sogenannte Abschnittsräte, die nach dem oben beschriebenen Modell tagten und nur jeweils eine Sprecherin und einen Sprecher in den Gesamtrat entsandten.

Es entstand die bisher größte, politische Aktion in der bundesdeutschen Geschichte, die sich mittels Räten organisierte. Weltweit sind nur wenige derartige größere Aktionen beschrieben. Gerade der basisdemokratischen Struktur und dem damit verbundenen Engagement vieler ist es zu verdanken, dass die Menschen in der Aktion trotz widriger Umstände (zwei Tage und Nächte Leben auf der Straße, Frost, Polizeiüberwachung aus Hubschraubern u.a.) und trotz zunehmender Gewalt seitens der Polizei bei der Räumung gewaltfrei blieben. Dieser Erfolg basisdemokratischer Struktur war mit einigen Schwierigkeiten und Kritik verbunden.

Bereits am Anfang der Kampagne war schnell klar, dass möglichst viele der angesprochenen Gruppen von Beginn an in die Planung einbezogen werden sollten. Noch vor dem ersten Aufruf wurde ein SprecherInnenrat in Norddeutschland organisiert. Es kamen kaum mehr Gruppen als die, die auch den Aufruf initiiert hatten. Mit zunehmender Verbreitung des Aufrufes kamen jedoch weitere Gruppen hinzu. Trotzdem blieb der Kreis mit im Schnitt acht vertretenen Gruppen klein. In der Vorphase von »X-tausendmal quer« trafen die SprecherInnen etwa acht Mal in Lüneburg, Uelzen und Hannover zusammen. Sie diskutierten unter anderem folgende Frage: An welchem Streckenabschnitt innerhalb des Streckenkonzeptes soll sich »X-tausendmal quer« platzieren?

Dass »X-tausendmal quer« sich am Streckenkonzept unter dem Dach der Bürgerinitiative Lüchow-Dannenberg beteiligen würde, war unzweifelhaft. Es kristallisierten sich zwei bevorzugte Abschnitte rasch heraus: entweder am Anfang der Strecke, also am Kran, oder an ihrem Ende, vor dem Zwischenlager. Für das Zwischenlager sprach vor allem, dass dort traditionell Sitzblockaden stattgefunden hatten. Für den Kran sprach, dass sich dort viele von den spontan Angereisten, evtl. noch unentschlossenen Leuten aufhalten würden. Und die wollte »X-tausendmal quer« ansprechen. Der Rat, d.h. die ihm angehörenden Bezugsgruppen, entschieden sich mehrfach um. Mal Kran, mal Zwischenlager, auch Splietau, Grippel und Gorleben wurden zwischenzeitlich diskutiert. Nach außen wirkte »X-tausendmal quer« in dieser Phase unentschlossen, was die Bezugsgruppen auch waren. Schließlich entschied der Rat, dass »X-tausendmal quer« sich am Camp in Splietau beteiligen solle, den Platz am Kran bevorzuge und außerdem versuchen werde, nach Möglichkeit auch am Zwischenlager präsent zu sein.

Wie soll die Aktion überhaupt aussehen?

Die grundlegenden Prinzipien Gewaltfreier Aktion waren nie umstritten. Aber sollten auch Blockaden mit Frühstückstischen, Betonfässern, Anketten und Untertunnelungen möglich sein? Entschieden wurde, dass alles möglich ist, was den grundlegenden Prinzipien nicht widerspricht. Also öffentlich, gewaltfrei, nicht-Angst-machend und direkt gegen den Transport gerichtet ist. [...]

Wie kann sich die Aktion nach außen kenntlich machen, ohne zu spalten?

»X-tausendmal quer« wollte einen relativ »sicheren« Rahmen für die Teilnehmenden bieten. Alle sollten sich an ein gemeinsam beschlossenes Konzept halten. Dabei sollte die Gruppe aber nicht so geschlossen und uniform wirken, dass Unentschlossene sich ausgeschlossen fühlten. Es wurde viel diskutiert. Über Absperrbänder, Straßenbemalung, Schilder, rote Bindfäden für die Blockierenden und Transparente. Alles wurde verworfen. Die Aktion und die Leute sollten für sich sprechen.

Mit Beginn des Camps und der Aktion waren einige Entscheidungen getroffen und konnten auch durch den Rat nicht mehr neu entschieden werden. Die lange strittige Frage, wo »X-tausendmal quer« auf die Strecke gehen sollte, wurde endgültig erst am Wochenende vor dem Transport geklärt. Erst jetzt konnten die anwesenden Gruppen ihre Entscheidungen mitteilen, und sie waren eindeutig für das erste Stück vor dem Kran.

Entscheidungsfindung und Umgang mit dem Veto bei »X-tausendmal quer«

In der Bezugsgruppenbildung wurde den Leuten das SprecherInnenrats- und das Konsensprinzip erklärt. Nach der »reinen Lehre« darf der Rat nicht entscheiden, er vermittelt lediglich die Entscheidungen der Gruppe und ermöglicht so ein gemeinsames Handeln. Ebenfalls blockiert nach der »reinen Lehre« ein Veto den Konsens und damit des Handeln der Gruppe. Während der Aktion gab es Situationen, in denen der Rat entschied, ohne dass eine Diskussion mit den Bezugsgruppen stattgefunden hatte. Auch die Minderheitenmeinungen oder abweichende Ideen hatten nicht immer die Chance, gehört zu werden. Zum Teil begründet sich dies in der stark wachsenden Größe der Räte und zum Teil in der Moderation. So wurde die Entscheidungsfindung nach dem Konsensprinzip selten konsequent vollzogen. Teilnehmende, denen dieses basisdemokratische Prinzip fremd war, forderten in strittigen Situationen immer wieder die Mehrheitsentscheidung durch Abstimmung. In einer schwierigen Situation wurde die Entscheidung des Rates (nicht der Gruppen!) durch spontanes Klatschen im Stile der staatssozialistischen Akklamation hergestellt. Dabei blieb kein Raum für die Bedenken einzelner, weil sofort mit anderen Punkten fortgesetzt wurde.

In einer Situation am Montagmorgen sprachen drei Gruppen ihr Veto gegen eine Teilung der Aktionsgruppe aus. Das Veto wurde in den Bezugsgruppen diskutiert. Etwa zehn Bezugsgruppen akzeptierten das Veto für ihr Handeln nicht und trennten sich vom Rest der Gruppe. Das Veto hat nicht erreicht, dass die Bedenken dieser drei Gruppen handlungsleitend für alle Gruppen wurden. Aber es hat bewirkt, dass ihre Überlegungen sorgfältig abgewogen wurden. Zu späteren Zeitpunkten wurde das Veto als Instrument nicht mehr verwendet.

In der Chronologie der Räte lässt sich nachlesen, dass mittels der Räte in der Aktion eine Vielzahl von Entscheidungen getroffen wurden. Umstritten war dabei die Entscheidung, ein Alkohol- und Drogenverbot für das Camp und die Aktion zu erlassen. Hier zeigte sich, dass eine basisdemokratisch organisierte Gruppe sich nichts gegenseitig verbieten kann. Wer sollte schon die Macht (Gewalt anwenden?) haben, ein solches Verbot durchzusetzen. So wurde aus dem Verbot ein Appell und die Verantwortung aller, an alle zu appellieren, die Drogen konsumierten.

Größe und Struktur der Räte

Der SprecherInnenrat wuchs personell so stark an, dass allein aufgrund akustischer Probleme Nachfragen und Wiederholungen notwendig wurden, die die Diskussionen in die Länge zogen. Eine gleichberechtigte Teilnahme war durch die Größe nicht mehr gegeben. Vielmehr waren die Chancen, sich einzubringen und Gehör zu finden, je nach Platz in der Runde, Geschick und Stimmenvolumen sehr unterschiedlich. Einzelne Teilnehmende wandten sich mit ihren Argumenten daher an die Moderationsgruppe, die diese dann einbrachte. Eine zeitweise angestrebte Teilung des Rates in zwei Räte wurde abgelehnt. Erst gegen Ende der Aktion konnte eine Unterteilung in verschiedene Abschnittsräte erreicht werden.

Die Redeanteile von Männern und Frauen waren nach Berichten und schriftlichen Auswertungen gleich verteilt. Der Rat wurde überwiegend von Frauen moderiert. Erst der Gesamtrat bestand zu zwei Dritteln aus Männern.

Da immer wieder neue Gruppen und SprecherInnen zur Aktion kamen, mussten bereits bestehende Beschlüsse auf Nachfrage referiert werden. Das verzögerte den Ablauf der Räte. Es gelang nur einmal, parallel zum Rat ein Informationsplenum für Neuankömmlinge auszurichten.

Rotation der SprecherInnen

Viel spricht für eine Rotation der SprecherInnen. Die ModeratorInnen schlugen zunächst vor, aus jeder Gruppe jeweils zwei Personen zu entsenden: EinE SprecherIn und einE BeobachterIn. Rotiert diese Funktion in der Bezugsgruppe, sind alle am Prozess beteiligt. Die Rotation behindert, dass sich innerhalb der Gruppe Machtstrukturen durch mehr Wissen, mehr Machen, entwickeln. Gegen die Rotation innerhalb einer relativ kurzen Zeit spricht, dass sich Menschen auch in einer recht großen Gruppe kennenlernen. Jemanden, den/die ich im Rat mehrfach habe sprechen hören, kann ich auch nachher wieder entdecken und ansprechen. Zudem war für die recht kurze Aktionsphase von »X-tausendmal quer« das Rätesystem nicht eingeübt. Personen, die regelmäßig zum Rat kommen, kennen die Abläufe, entscheiden schneller, welche Frage in den Rat gehört und welche in die Gruppe. Das war der Grund für die ModeratorInnen, relativ früh bei »X-tausendmal quer« den Gruppen vorzuschlagen, auf die Rotation zu verzichten. Aus den schriftlichen Rückmeldungen ist zu ersehen, dass dies eine umstrittene Entscheidung war. Einige Gruppen entschieden die Frage unabhängig von der Empfehlung.

Welche Informationen werden weitergegeben?

Bei einer Aktion wie »X-tausendmal quer« fällt eine Menge Information an, und es ist oft zu entscheiden, wer welche Information benötigt. Die ModeratorInnen des SprecherInnenrates standen in der Vorbereitung vor dem Problem, diese Entscheidung zu fällen. Grundsätzlich sollten alle Personen in der Aktion über die gleichen Informationen verfügen. So ist in der Moderationsgruppe zu entscheiden gewesen, in welcher Reihenfolge Informationen im Rat vorgetragen werden. Außerdem muss unterschieden werden, ob eine Information vorliegt oder ob es sich um ein Gerücht handelt. So gab es Gerüchte, von denen wir jetzt sagen können, dass sie bewusst gestreut worden sein müssen.

Mit einer Information wird immer auch eine Stimmung weitergegeben. Eine wichtige Informationsquelle für den SprecherInnenrat waren neben dem Infobauwagen die PolizeisprecherInnen. Sie hatten direkten Zugang zur jeweiligen Einsatzleitung. Der Draht war also kurz und damit auch gefährlich. Geübte Polizeitaktiker, wie sie in der Einsatzleitung zu finden sind, wissen, wie sie Information und Desinformation streuen. So kündigte die Einsatzleitung in der Nacht zum Mittwoch an, sie würde mit der Räumung von der Ostseite der B 191 beginnen. Die Räumung solle um 23.00 Uhr erfolgen. Die Aussage erhielten die PolizeisprecherInnen um ca. 22.30 Uhr und teilten sie über den Rat den Leuten auf der B 191 mit. Die bereiteten sich auf die Räumung vor und saßen die ganze Nacht auf gepackten Sachen. Die PolizeisprecherInnen hatten die Information weder bestätigt noch widerrufen. Durch jede Informationsweitergabe erliegt der Rat der Gefahr, für Zeitdruck und Taktik der Polizei anfällig zu werden.

Wer legitimierte die Moderation und wer moderierte?

Der »AK Halt Mittwoch« hatte sich einige Monate vor der Aktion bereit erklärt, den SprecherInnenrat zu moderieren. Das wurde von der Orga-Gruppe so akzeptiert und auch auf einem der SprecherInnenräte bekannt gegeben. In der Vorphase war bereits klar, dass der »AK Halt Mittwoch« nur die Räte der Aktion moderieren würde. Eine Kontinuität der Moderation war von vornherein nicht gegeben. Wenn allerdings die SprecherInnen rotieren, warum dann nicht auch die ModeratorInnen? Im Camp wurde am ersten Tag die Moderation als zu straff kritisiert. SprecherInnen einer Bezugsgruppe übernahmen die Moderation. Nach diesem Versuch wurde dem »AK Halt Mittwoch« über Zurufe das Vertrauen einiger ausgesprochen, weiter zu moderieren.

Im Laufe der Tage wurden aus dem Rat Leute gewonnen, die in der Moderation mithalfen. So übernahmen verschiedene SprecherInnen die Moderation. Zu kritisieren bleibt, dass die ModeratorInnen oft auch InformationsträgerInnen waren, also Moderation und Informationsweitergabe zusammenfielen.

Wer entschied darüber, ob ein Rat einberufen wurde?

Diese Frage war während »X-tausendmal quer« wenig aktuell. Es fanden nahezu zweistündlich Räte statt. In der Regel wurde gegen Ende einer Ratssitzung der nächste Termin vereinbart. Grundsätzlich hätte der Rat von jeder Bezugsgruppe einberufen werden können. Dazu wären ihr die erforderlichen Megaphone zur Verfügung gestellt worden. Geschehen ist es allerdings nicht.

GEWALTFREIE AKTION
IN INTERNATIONALEN KONFLIKTEN

SRUTI BALA

»Unsere Waffe ist die Beharrlichkeit«
Auftreten, Konzept und Aktivitäten
der gewaltfreien paschtunischen Armee
der Khudai Khidmatgar
(1929-1948)

Sruti Bala stammt aus dem südindischen Bundesstaat Tamil Nadu. Sie hat eine bemerkenswerte, auf Englisch vorliegende Dissertation über den gewaltfreien Protest in Südasien von 1918 bis 1948 geschrieben (Bala 2009), in der sie sich intensiv mit Fragen auseinandersetzt, die in der Debatte über Gewaltfreie Aktion und Zivilen Ungehorsam in der Regel ausgeblendet werden: mit den Grenzgebieten zwischen Handeln (Aktion) und Nichthandeln, Sprechen und Tun, zwischen körperlicher Verinnerlichung und Veräußerlichung im Konflikt, »play« (spielen) und »display« (darstellen); ferner mit der Bedeutung von Gewaltfreien Aktionen für die Ausbildung politischer Identität und Handlungskraft, zusammenfassend: mit den »performativen« Aspekten des gewaltfreien Protests. Unter diesem besonderen Blickwinkel betrachtet Bala die Konzepte von Gandhi und Khan Abdul Ghaffar Khan und seinen »Dienern Gottes«. Der folgende Beitrag beschränkt sich auf letztere, da sie bislang kaum Beachtung gefunden haben – und weil ihr Wirken so gar nicht zu den gängigen Bildern vom Islam und der afghanisch-pakistanischen Grenzregion passt.

119

In der Ideen- und Rezeptionsgeschichte der Gewaltfreiheit in Südasien ist zweifellos die Figur von Mohandas K. Gandhi und seine mit den Begriffen *ahimsā* (wörtl. »das Nichtverletzen«) und *satjāgrah* (»Festhalten an der Wahrheit«) geprägte Konzeption der politischen Aktion vorherrschend. Weniger bekannt, beinahe in Vergessenheit geraten, ist hingegen die anti-imperialistische Bewegung der *Khudai Khidmatgar* (paschtu für »Diener Gottes«) in der paschtunischen Nordwestfrontierprovinz (NWFP) des heutigen Pakistan. Die Organisation der *Khudai Khidmatgar* wurde 1929 gegründet und durch offizielles Dekret der pakistanischen Regierung im Jahre 1948 aufgelöst, kurz nach der Unabhängigkeit und Teilung Indiens.

Diese unbewaffnete soziale Widerstandsbewegung ist einmalig in der Geschichte der Gewaltfreiheit, denn sie übernahm die Organisations- und Rekrutierungsform einer Armee. Die »SoldatInnen« – es waren mehrheitlich Männer, doch immerhin auch einige hundert Frauen – waren allerdings nur zur Befolgung legitimer Befehle verpflichtet. Die »Armee« bestand in der ersten Hälfte der 1930er Jahre aus etwa 25.000 Personen. Ihre Aktivitäten variierten zwischen Protestaktionen gegen die britische Herrschaft und Bildungs- und Wohlfahrtstätigkeiten innerhalb der paschtunischen Bevölkerung wie der Bau von Schulen, Straßenreinigung, Kampagnen gegen den Drogenmissbrauch und außerschulische Bildungsaktivitäten für Jugendliche. Die Khudai Khidmatgar waren formal mit der indischen Kongress-Partei verbunden, in ihrer Praxis und im Verständnis von Gewaltfreiheit waren sie jedoch von einer ganz anderen Tradition inspiriert als Gandhi, nämlich vom Islam und von der paschtunischen Kultur.

Im Folgenden beschäftige ich mich weniger mit der politischen Wirksamkeit und mit den Erfolgen oder Misserfolgen der Khudai Khidmatgar.[1] Vielmehr geht es um die »performativen« Aspekte ihrer Praxis, also die Art und Weise, wie sie auftraten und sich öffentlich darstellten, sowie um ihr Verständnis von Gewaltfreiheit. Hier nur soviel: Die Bewegung erreichte einen ersten Höhepunkt, als 1930 ein paschtunisches Regiment der Briten in Peschawar seine Waffen niederlegte, nachdem Mitglieder der Khudai Khidmatgar sich zuvor nach Streiks ohne Gegenwehr hatten niederschießen lassen. In Folge mehrerer Aufstände auf dem Kontinent wurde auch in der NWFP ein begrenztes Wahlrecht eingeführt. Dies führte dazu, dass die Bewegung der Khudai Khidmatgar ab 1937 an der Regierung der NWFP indirekt beteiligt wurde (mit

---

[1] Für eine ausgezeichnet kontextualisierte historische Analyse der Khudai Khidmatgar siehe Shah (1999). Aufschlussreich sind auch die Khan-Biographien von Tendulkar (1967) und Rajmohan Gandhi (2004).

Abdul Ghaffar Khans Bruder als Premierminister), bis sie nach der von den Khudai Khidmatgar missbilligten Teilung des Subkontinents und der Gründung des Staates Pakistan gegen die Kräfte der Muslimischen Liga unterlag. Die Allianz zwischen den Khudai Khidmatgar und dem indischen Nationalkongress war bedeutend für ihren politischen Erfolg in den 1930er Jahren, aber auch ein tragender Grund für ihre Auflösung Ende der 1940er Jahre. Die Organisation forderte nach der Teilung von Indien und Pakistan paschtunische Selbstverwaltungsrechte und wurde dabei weder von dem indischen Nationalkongress noch von der neuen Zentralregierung in Pakistan unterstützt.

Die Geschichtsschreibung über die Khudai Khidmatgar ist in mehrerlei Hinsicht äußerst problematisch. *Erstens* wurde wichtiges Archivmaterial nach der Teilung des Subkontinents zunächst von den Briten und dann von der pakistanischen Regierung konfisziert und zerstört. Die Briten betrachteten die Khudai Khidmatgar als paschtunische Variante der Bolschewiken und die pakistanische Regierung wertete sie als Sezessionsbewegung. Im Vergleich zu der ausführlichen Dokumentation der gandhianischen gewaltfreien Aktionen und den zahlreichen Berichten von ZeitzeugInnen fehlen hier grundlegende Informationen zu den Aktionen und zur Organisation der Bewegung. Eine einzige Studie (Banerjee 2000) bezieht Interviews mit überlebenden Khudai Khidmatgar ein, doch auch diese bezeugt, dass es für die ehemaligen Mitglieder einer bis 1935 als Untergrundbewegung eingestuften und mit hoher Repression belegten Organisation sehr schwierig war, ein einheitliches Narrativ für ihre Geschichte zu finden. *Zweitens* überwiegt in der Geschichtsschreibung die Tendenz, die Khudai Khidmatgar als Manifestation der gandhianischen Unabhängigkeitsbewegung in der NWFP zu betrachten, ähnlich wie die *Shanti Sena,* Gandhis Friedensarmee (Tendulkar 1967, Gandhi 2004). Diese Betrachtungsweise übersieht jedoch das komplexe soziopolitische und kulturelle Umfeld, aus dem die Bewegung entstanden ist, das von ganz anderen Vorstellungen geprägt war als das Umfeld von Gandhi. *Drittens* wird die Geschichte der Khudai Khidmatgar auf das Leben ihrer charismatischen Gründungsfigur, Khan Abdul Ghaffar Khan (1890-1988), reduziert. Es fehlt also eine Auseinandersetzung mit der breiten Basis dieser ländlich geprägten sozialen Bewegung.

Khan Abdul Ghaffar Khan, auch bekannt als *Badshah* oder *Baacha Khan,* gehörte einer wohlhabenden großgrundbesitzenden Familie an, die an zahlreichen karitativen und bildungsreformerischen Aktivitäten innerhalb der paschtunischen Gesellschaft beteiligt war. Khan selbst wurde zu einer äußerst populären Autoritätsfigur. Seine Biografen heben seinen asketischen Lebensstil hervor, ferner seine Bereitschaft, in die unzugänglichsten Dörfer zu gehen und mit den landlosen Bauern zu sprechen sowie seine furchtlose Kritik an religiösen wie politischen Führungsfiguren. Er stellte sich nicht nur gegen die britische Besatzungspolitik, sondern auch gegen die Teilung des Subkontinents und gegen die Bildung eines islamischen Staates. Gleichzeitig stützten er und seine »SoldatInnen« sich auf eine Neuinterpretation der Prinzipien des Islam. Für seine riskanten politischen Taten und Äußerungen, die nicht anders als mutig genannt werden können, verbrachte er mehr als 30 Jahre seines Lebens in Haft.

Die NWFP war Anfang des 20. Jahrhunderts durch zunehmende politische Unruhen, Großfamilienfehden und Kriminaltaten gekennzeichnet. Die Unruhen waren Folge der kolonialen Einmischung in das paschtunische Landverteilungssystem *wesh*, die den Zusammenbruch der dazugehörigen sozialen Regelungen zur Ressourcen- und Autoritätsverteilung nach sich zog. Mit der Annektierung der NWFP in der zweiten Hälfte des 19. Jahrhunderts bildete sich eine von den Briten bevorzugte Elite heraus, deren Angehörige sich untereinander um das Land stritten und dabei die Loyalität der Clans ausnutzten, ohne sich jedoch in der Streitschlichtung an traditionelle ethnische Autoritäten und Kommunikationsplattformen zu wenden. Um die Ausschreitungen unter Kontrolle zu halten, führten die Briten eine Reihe von Maßnahmen ein, von Steuerabgaben und Bußgeldregelungen bis zu den berüchtigten Sondergesetzen zur Kriminalität von 1872, welche Massenverhaftungen und schwere Einschränkungen in der Bewegungs- und Versammlungsfreiheit mit sich brachten, die bis in die 1940er Jahre anhielten.

Die Bewegung der Khudai Khidmatgar entstand als Antwort auf diese Situation. Ihr Ziel war aber nicht nur die Unabhängigkeit von britischer Herrschaft, sondern auch die Reform der paschtunischen Gesellschaft von innen heraus. Dies bezog sich in erster Linie auf die Abschaffung von Stammesfehden, die Zugänglichkeit von schulischer und außerschulischer Bildung in den ländlichen Provinzen, sowie die Förderung der Künste und Kultur in der paschtunischen Sprache. Im Gegensatz zu vorausgehenden politischen Formationen, die sich nur auf die Elite stützten, warb die neue Bewegung um aktive Beteiligung von landlosen ArbeiterInnen und der ländlichen Bevölkerung.

Die Khudai Khidmatgar gliederten sich in einen sozialen und einen »militanten« Flügel. Neue Mitglieder wurden für Aktivitäten in beiden Flügeln ausgebildet, spezialisierten sich dann aber auf Einsätze in einem von beiden. Der militante Flügel gestaltete und führte die öffentlich sichtbaren, für die persönliche Sicherheit als riskant eingestuften Protestaktionen aus, z.B. Märsche oder Blockaden. Der »soziale Flügel« organisierte Aktivitäten im Bereich der Bildung oder gemeinnützige Tätigkeiten wie die Instandhaltung von öffentlichen Gebäuden und Versammlungsorten, das Angebot von außerschulischen Bildungsmöglichkeiten in Orten, wo keine Schulen existierten, sowie islamisch-karitative Tätigkeiten wie das Almosenverteilen.

Die Khudai Khidmatgar waren hierarchisch organisiert. Sie bedienten sich einerseits des traditionellen Modells der *jirga* mit älteren Autoritätsfiguren auf Dorfebene als Entscheidungsträger, andererseits der Militärhierarchie, mit Dienstgraden wie Leutnant, Oberst oder General und mit Abdul Ghaffar Khan in der Position des Obersten Befehlshabers. Es wurden Unterkomitees in jedem Dorf gegründet, die trotz der durch die Kolonialmacht eingeschränkten Bewegungsfreiheit ein breites und geheimes Kommunikationsnetzwerk ermöglichten. Alle Aktivitäten wurden durch Spenden der wohlhabenden Mitglieder finanziert.

Die Hauptstoßrichtungen der Aktivitäten bestanden in der Organisation von sichtbarem Zivilem Ungehorsam und in der freiwilligen Arbeit. Fußsoldaten reisten von Dorf zu Dorf, um mit einflussreichen Landbesitzern zu sprechen und sie zu überreden, die Zusammenarbeit mit britischen Offizieren zu verweigern, Kolonialwaren, z.B. aus England importierte Textilien oder für den Export bereitgestellten Zucker, zu boykottieren sowie keine Anreizprämien in Form von Land oder Ehrenpositionen in der Kolonialverwaltung anzunehmen. Wurde ein Khudai Khidmatgar verhaftet, boten sich auch alle anderen Mitglieder seiner Gruppe zur Verhaftung an und provozierten in »Gefängnisfüllungskampagnen« Massenverhaftungen. Wo eine britische Truppe durch eine Region marschierte, führten die Khudai Khidmatgar unmittelbar dahinter einen Parallelmarsch durch, bei dem sie Gedichte und Lieder auf Paschtu vortrugen. Wegen ihrer in einer lokalen Lederfabrik rotbraun gefärbten Uniformen aus handgesponnenem Leinen wurden sie in der englischen Presse als »Rothemden« verspottet. Sichtbarkeit und nicht Heimlichkeit oder Täuschung war kennzeichnend für sie.

Die Organisation veranstaltete regelmäßig Ausbildungslager mit bis zu 1.000 Mitgliedern, die mehrere Tage dauerten. In diesen Lagern wurden körperliches Training, Paraden und Proben für gewaltfreie Gruppenaktionen wie Straßenblockaden mit freiwilliger Arbeit kombiniert (z.B. Reparieren von Häusern, Schulgebäuden und Straßen). Das Arbeitsprofil der »Diener Gottes« bestand ferner aus der Erfüllung religiöser Pflichten (*islahi*), z.B. Essensspenden und Kochaktionen für die Armen, sowie aus gandhianischen Praktiken wie Handweben, Fasten und Gruppengebeten.

Der soziale Dienst (*khidmat*) bzw. die Selbstbezeichnung als »Diener« war wesentlicher Bestandteil ihrer vom Islam inspirierten Idee der Gewaltfreiheit. Es ging nicht um einen individuell gerichteten Seelenreinigungsprozess wie im Gandhianismus, sondern um ein Ziel, das nur mit gemeinsamer Anstrengung und Beteiligung aller in der Gesellschaft erreicht werden könne. Zugleich spielte der Begriff des »Dieners« (*khidmatgar*) auf eine neue Akzentuierung dessen an, was die britische Verwaltung als »Staatsdiener« (*civil servant*) bezeichnete.

Kulturelle Veranstaltungen machten die Ausbildungslager zu einem sehr beliebten Ereignis, auch für neugierige BesucherInnen. Die Poesie spielt eine ausgeprägte Rolle in der Kultur der Paschtunen, ein Aspekt, den die Khudai Khidmatgar bewusst hervorhoben und nutzten, um junge paschtunische Männer zu überreden, die Waffen niederzulegen und anders zu kämpfen. Um zu begreifen, wie intelligent, sensibel und tiefgreifend diese Herangehensweise bei der Mitgliederwerbung war, muss in Betracht gezogen werden, dass der Militärdienst bei den Paschtunen hohes Prestige genoss. Die britische Armee, die sich traditionellerweise aus bestimmten Kasten und ethnischen Gruppen rekrutierte, nahm in ihr namhaftes Regiment *Corps of Guides* ausschließlich Paschtunen auf. Die Khudai Khidmatgar versuchten, genau diese Kombattanten zu gewinnen. Anstatt ihre Mitwirkung in der Kolonialarmee zu missbilligen, wurden sie als Ausbildungsexperten zu den Lagern eingeladen und bei Aktivitäten zur Stärkung des Gruppenzusammenhalts sowie in der Supervision der Sozialarbeit auf Dorfebene eingesetzt.

Sabr (Beharrlichkeit, Geduld, Zurückhaltung) war ein weiterer wesentlicher Bestandteil von Gewaltfreiheit, wie die Khudai Khidmatgar sie verstanden. Die religiösen und kulturellen Anklänge des Begriffs verweisen auf Standhaftigkeit und Unerschütterlichkeit im Glauben. Khan benutzte den Begriff oft in seinen Reden, um auf Werte der paschtunischen Kultur zu verweisen, die nach seiner Meinung zugleich Merkmale der Gewaltfreiheit waren. Der Begriff *sabr* beschränkt sich nicht auf das Gebot des Nicht-Verletzens (*ahimsā*), sondern schließt aktive Selbstbeherrschung und ein Nicht-Aufgeben im Anblick der Gefahr mit ein. *Sabr* wurde als »Waffe« gedeutet, die im Kampf gegen Unterdrückung verwendet werden kann, also das Gegenteil eines bloßen Ertragens von Ungerechtigkeit.[2] Der Begriff legte ein anderes Verständnis von Heldenmut und Männlichkeit nahe, das im Kampf gegen die Kolonialherrschaft und in der Vorstellung einer langdauernden Reform der eigenen Gesellschaft große kulturelle Akzeptanz fand. Die Ausübung von *sabr* bezog sich direkt auf die Zurückhaltung in Stammesfehden – als Gegenbegriff zu *badal*

---

[2] Rede von Khan am 14.12.1931 in der Shah Nazir Khel Moschee, Swabi, zitiert in Ramu 1992, 139

(Rache, Austausch von Gewalt), das in der paschtunischen Kultur als Zeichen von Männlichkeit häufig hoch gepriesen wurde.

Ideengeschichtlich betrachtet, liefern die Khudai Khidmatgar ein Beispiel für eine erstaunlich komplexe Praxis der Gewaltfreiheit. Nicht nur Widerstandsstrategie, sondern auch eine starke lokale Verankerung sowie ein konstruktives Engagement für innergesellschaftliche Veränderungen waren ihre Kennzeichen. Mit Hilfe einer Neudeutung kultureller Normen von Männlichkeit, Ehre, Gemeinschaftsdienst und Beharrlichkeit prägten die Khudai Khidmatgar ein Verständnis von Gewaltfreiheit vor allem als Handlungsform und nicht als Ideologie.

Literatur

Bala, Sruti (2009): The Performativity of Nonviolent Protest. Dissertation, Universität Mainz, veröffentlicht unter: http://ubm.opus.hbz-nrw.de/volltexte/2009/1994/ (Stand: 05.11.2010)

Banerjee, Mukulika (2000): The Pathan Unarmed: Opposition and Memory in the North West Frontier. Oxford: Oxford University Press

Gandhi, Rajmohan (2004): Ghaffar Khan. Nonviolent Badshah of the Pakhtuns. New Delhi: Viking/Penguin

Khan, Abdul Ghaffar (1969): My Life and Struggle: Autobiography as narrated to K. B. Narang. New Delhi: Hind Pocket Books

Ramu, P. S. (Hrsg.) (1992): Momentous Speeches of Badshah Khan: Khudai Khidmatgar and National Movement. New Delhi: S. S. Publishers

Shah, Sayed Wiqar Ali (1999): Ethnicity, Islam and Nationalism: Muslim Politics in the North-West Frontier Province, 1937-47. Karachi: Oxford University Press

Tendulkar, D.G. (1967): Abdul Ghaffar Khan. Faith is a Battle. Bombay: Popular Prakashan

ULRIKE LAUBENTHAL

Gewaltfreie Aktionen gegen den Golfkrieg 1991

U lrike Laubenthal hat ihre ersten Erfahrungen mit gewaltfreier Aktion in Mutlangen bei den Protesten gegen die Stationierung von Kurzstrecken-Atomraketen in Westeuropa gemacht (siehe dazu im vorliegenden Band S. 29f.). Für ihren Zivilen Ungehorsam ging sie damals ins Gefängnis. Kaum war die Strafe 1990 vom Bundesverfassungsgericht aufgehoben, sah sie sich mit dem drohenden, bis heute andauernden Unheil des zweiten Golfkriegs konfrontiert. Im Folgenden reflektiert sie ihre Erfahrung mit der internationalen gewaltfreien Aktion gegen diesen Krieg im Jahre 1991.

In den Jahren von 1979 bis 1989 gab es in Westeuropa eine starke Friedensbewegung. Hunderttausende demonstrierten in der damaligen Bundeshauptstadt Bonn und nahmen an Menschenketten teil. Tausende versperrten mit gewaltfreien Blockaden die Zufahrtswege zu den Atomraketen-Standorten in Mutlangen, Kettershausen, Neu-Ulm und Hasselbach. Doch als im Verlauf des Jahres 1990 die USA von deutschem Boden aus, mit deutscher Unterstützung und russischer Zustimmung den Irak anzugreifen drohten, war von dieser großen, mächtigen Friedensbewegung herzlich wenig zu sehen.

Viele hatten tatsächlich damit gerechnet, dass nach der Unterzeichnung des Vertrages über die Abrüstung der atomaren Mittelstreckenraketen, nach dem Fall des Eisernen Vorhangs und dem Beitritt der ostdeutschen Länder zur Bundesrepublik der Frieden ausbrechen würde. Sie waren vom Golfkrieg völlig überrascht und konnten so schnell nicht einordnen, was da geschah. Andere waren zwar überzeugt, dass die atomare Aufrüstung höchst gefährlich und außerdem überflüssig war. Die angebliche Bedrohung durch die Sowjetunion machte ihnen keine Angst, denn sie sahen, dass die Sowjetunion genug eigene Probleme hatte und überhaupt keine Anstalten machte, Westeuropa zu überfallen. Aber als nun plötzlich die Medien mit Saddam Hussein einen besonders skrupellosen Diktator mit kriegerischen Absichten als neuen Hitler servierten, da zeigte sich, dass die grundlegende Ablehnung des Krieges gar nicht so weit verbreitet war, wie es in den 1980er Jahren den Anschein hatte. Viele Menschen, die vormals in der Friedensbewegung aktiv gewesen waren, schlossen sich jetzt der Meinung an, gegen einen Diktator wie Saddam Hussein könne man nur mit Gewalt vorgehen. Da der Irak völkerrechtlich mit dem Angriff auf Kuwait eindeutig als Aggressor dastand und der UN-Sicherheitsrat »alle notwendigen Mittel« gebilligt hatte, um den Abzug der irakischen Truppen aus Kuwait durchzusetzen, waren viele verunsichert, wenn nicht gar überzeugt, dass in diesem Fall ein Krieg notwendig und gerechtfertigt war.

Meine Ablehnung des Krieges saß tiefer. Schon als Kind hatte ich von meinen Eltern, die beide als Kinder bzw. Jugendliche den Zweiten Weltkrieg erlebt hatten, gelernt, dass Krieg etwas Grauenhaftes ist. Mir war klar, dass nicht ein bestimmtes Volk – »die Deutschen«, »die Russen«, »die Iraker« – aus gewissenlosen Unmenschen besteht, sondern dass der Krieg Menschen in Situationen bringt, in denen sie Unmenschliches tun. Ich sah es als meine selbstverständliche Pflicht an, dazu beizutragen, dass von meinem Land kein Krieg ausgeht. Ich war seit meiner Jugend in der Friedensbewegung aktiv, hatte in Mutlangen das Atomwaffendepot blockiert und war dafür ins Gefängnis gegangen. Als die irakische Armee am 2. August 1990 Kuwait überfiel, war ich 24 Jahre alt. Ich war mit den Grundlagen und Methoden gewaltfreier Aktion vertraut. Ich fühlte mich verantwortlich, den drohenden Krieg gegen den Irak verhindern zu helfen.

Der Golfkrieg kam für mich nicht überraschend. In der Friedensinitiative Osthessen, in der ich damals aktiv war, hatten wir schon früh analysiert, dass die Überwindung der Spannung zwischen Ost und West eine Voraussetzung war, um nun die Kriege des Nordens gegen den Süden führen zu können, ohne dabei die Gefahr der eigenen Vernichtung durch einen Atomkrieg einzugehen. Schon die in den 1980er Jahren bekannt gewordene Militärdoktrin »Air Land Battle 2000« machte deutlich, wohin es ging: Es würde Kriege um Rohstoffe geben, und die NATO bereitete sich darauf vor, diese Kriege mit allen ihr zur Verfügung stehenden Mitteln zu führen. Besonders deutlich war der Satz: »Drittens schaffen die aufstrebenden Länder der Dritten Welt ein größeres Ungleichgewicht der Kräfte. Diese Nationen könnten sich mit feindlichen Staaten zusammenschließen und auf Terror, Erpressung oder begrenzten Krieg zurückgreifen, um einen gleichberechtigten (*sic!*) Anteil an den Ressourcen zu erhalten.«[1] Überrascht hat mich damals nur, dass es so schnell losging.

In Osthessen inmitten von Militärdepots der US-Armee aufgewachsen und Mitglied einer Friedensinitiative, die sich intensiv mit Militärstrategien ausein-

---

[1] Air Land Battle 2000 – Die gemeinsame Fassung von US-Army und Heer der Bundeswehr (Auszüge), zitiert nach: Blätter für deutsche und internationale Politik, Sonderdruck Nr. 300, Pahl Rugenstein Verlag: Köln 1984, 40

andersetzte, hatte ich ein gewisses Bild davon, wie Militärs denken und wie Kriege funktionieren. Als die Nachrichten über die Truppenbewegungen der USA über den Fernsehschirm flimmerten, war für mich klar, dass ein Krieg unmittelbar bevorstand. Eher zufällig hatte ich in jenen Tagen die Bekanntschaft einer irakischen Flüchtlingsfamilie gemacht, die mir die politischen, geografischen und kulturellen Hintergründe des Geschehens erläutern konnte. Ich war mir daher schon damals sicher, dass ein Krieg gegen den Irak keine kurze Angelegenheit werden, sondern sich über Jahrzehnte hinziehen würde. Ich begann, darüber nachzudenken, wie dieser drohende Krieg gestoppt werden könnte.

In den Medien war damals – im August 1990 – sehr viel von den Ausländer_innen die Rede, die den Irak nicht verlassen durften. Der Irak bezeichnete sie als Gäste, die westlichen Regierungen sprachen von Geiseln. Die irakische Regierung war in einer Zwickmühle: Behielt sie die Ausländer_innen im Land, so setzte sie sich damit dem Vorwurf der Geiselnahme aus; ließ sie sie gehen, so machte sie damit das Schussfeld frei, denn die irakische Bevölkerung wurde von den US-Militärs beim Schießen nicht als störend empfunden.

In dieser Zeit geschah etwas Einzigartiges. Bei friedensbewegten Menschen an vielen verschiedenen Orten der Welt entstand beinahe zeitgleich Mitte August 1990 der Gedanke, in den Irak zu reisen, um freiwillig einen menschlichen Schutzschild zu errichten. Einige dachten dabei an einen direkten Geiselaustausch, andere an eine kürzere oder dauerhafte, aber freiwillig bleibende Friedenspräsenz.

Das war neu. Das war verrückt. Zwar hatte es schon früher Versuche gegeben, als »Friedensarmee« oder als internationale Zeug_innen in Kriegsgebiete zu reisen – aber wohl nicht in ein Land, das in dem Moment gerade zum unmittelbaren Feindesland des eigenen wurde. In solchen Situationen pflegen sich Menschen zu sortieren, nicht zu vermischen.

Eine solche Aktion konnte ein doppelter Appell sein: Ein Appell an Saddam Hussein, die Geiseln gehen zu lassen, (»Wir geben uns freiwillig in deine Hand, damit du die anderen gehen lassen kannst, denn es ist nicht recht, dass du sie gegen ihren Willen festhältst.«) und zugleich ein Appell an die Bevölkerung unserer Heimatländer, den Krieg zu verhindern (»Wenn ihr den Krieg zulasst, dann wird auch auf uns geschossen.«). Von einigen, die wie ich von diesem Gedanken bewegt waren, weiß ich, dass sie ihn zunächst kaum auszusprechen wagten.

Die Medienpropaganda tat ein Übriges, um unsere Idee als völlig verrückt erscheinen zu lassen. Wollte man den Fernsehbildern glauben, so bestand die

Bevölkerung des Irak ausschließlich aus schnauzbärtigen Männern, die Saddam-Hussein-Bilder schwenkten und fäusteballend in die Kameras schrien. Sie würden zweifellos Friedensaktivist_innen ohne zu zögern in der Luft zerreißen – wenn man uns denn überhaupt hineinlassen würde. Oder man würde uns für die irakische Propaganda missbrauchen. Solcherart waren die Befürchtungen, die uns entgegen schlugen, als wir – vereinzelt – anfingen, über unsere Idee zu sprechen. Aber dann trafen wir doch hier und da auf positive Resonanz, hörten von anderen, die eine ähnliche Idee hatten, und begannen, uns zu organisieren. In Deutschland gründete sich im September 1990 die »Initiative Frieden am Golf« mit Menschen aus Deutschland, Frankreich und den Niederlanden, in England das »Gulf Peace Team«. In Italien bereiteten die »Beati i costruttori di pace« eine Friedenspräsenz vor, in den USA tat sich ebenfalls etwas.

In der »Initiative Frieden am Golf« war schnell klar, dass eine größere Gruppe bereit war, in den Irak zu gehen und es andere gab, um sie von hier aus zu unterstützen. Aber was sollten wir im Irak genau machen?

Eine nahe liegende, starke Idee war ein Friedenscamp in der Wüste, zwischen den Fronten. Wir waren von der Symbolkraft einer solchen Aktion überzeugt, aber wir kamen in der Diskussion schnell zu dem Ergebnis, dass es das falsche Symbol war. Wir wussten genug über moderne Kriegsführung, um uns vorstellen zu können, dass da nicht wie bei einer mittelalterlichen Schlacht feindliche Heere irgendwo in der Wüste gegeneinander antreten würden. Wenn es zum Krieg käme, würde er mit der Bombardierung Bagdads beginnen. Wenn wir im Schussfeld sein wollten, dann war dort unser Platz, bei der Bevölkerung der Hauptstadt.

Aber was sollten wir in Bagdad machen? Es gab dazu zahlreiche Ideen. Wir konnten als Freiwillige in sozialen Projekten und Krankenhäusern arbeiten, wir konnten Bäume pflanzen oder vielleicht als Bürgerdiplomaten mit irakischen Politikern verhandeln. Aber wozu das? Wir mussten schließlich nicht die irakische Regierung überzeugen. Die wollte den Krieg nicht und war die ganze Zeit zu Verhandlungen bereit. Wir hatten auch nicht die Absicht zu überprüfen, ob die Iraker_innen freundlich oder demokratisch genug waren, um den Frieden zu »verdienen«. Wir wollten unsere eigenen Regierungen überzeugen, keinen Krieg gegen den Irak zu führen, den Krieg nicht zu unterstützen, keine Truppenverlegungen, keine Überflugrechte, keine Infrastruktur dafür zur Verfügung zu stellen. Wir mussten Teil dessen werden, was Johan Galtung als die »Große Kette der Gewaltfreiheit« bezeichnet: Die irakische Bevölkerung als voraussichtliches Opfer dieses Krieges musste über eine Kette persönlicher Beziehungen in Verbindung gebracht werden mit den Regierungen, die über den Krieg zu entscheiden hatten. Ein direkter Appell der Iraker_innen hätte keinerlei Wirkung gezeigt, da sie in dieser Phase dämonisiert wurden und deshalb ohne Einfluss auf westliche Regierungen waren. Wir konnten zu ihnen reisen, sie kennen lernen, an ihrer Seite leben und den Menschen bei uns zu Hause sagen: »Wenn ihr auf die Iraker_innen schießt, dann schießt ihr auch auf uns.« Auch das würde freilich nicht ausreichen, denn was kümmert es eine Regierung, auf ein paar rebellische Friedensaktivist_innen zu schießen? Wir mussten als Katalysator wirken, mussten direkt in die Friedensbewegungen in unseren Ländern hinein wirken, mit Demonstrationen und Aktionen Zivilen Ungehorsams den notwendigen politischen Druck aufbauen, der den Krieg vielleicht verhindern könnte. Dieser Krieg, so das Ergebnis unserer Analyse, würde entweder in den Straßen Europas und der USA verhindert werden, oder er würde nicht verhindert werden.

Aber was bedeutete das nun konkret? Was würden wir tun, wenn wir in Bagdad waren? Wir mussten offensichtlich Kontakt halten mit der Friedensbewegung in unseren Heimatländern, das heißt wir brauchten Zugang zu Telefon und Faxgerät. (E-Mails gab es damals noch nicht.) Wir mussten auf aktuelle Ereignisse reagieren können, also sowohl die Entwicklung des Konflikts selbst als auch die Aktionen und Kampagnen der Friedensbewegung in unseren Heimatländern aktiv verfolgen. Wir würden also viel Zeit mit dem Verfolgen von Nachrichten aus verschiedensten Quellen verbringen müssen. Das hieß im Klartext: Wir würden uns unmittelbar an den Ort begeben, dessen Zielkoordinaten gerade in sämtlichen Raketen und Jagdbombern der USA und ihrer Verbündeten einprogrammiert worden waren, und wir würden es schaffen müssen, jeden Tag mit klarem Kopf in vollem Bewusstsein dieser Gefahr politische Arbeit zu leisten. Uns wurde klar, dass wir damit voll und ganz ausgelastet sein würden. Um das überhaupt aushalten zu können, so überlegten wir, würden wir regelmäßige Zeiten von Meditation und/oder Gebet brauchen. Wir beschlossen, täglich zu den fünf Gebetszeiten der Moslems eine Andacht zu halten und zu Beginn unseres Aufenthalts zu fasten.

Parallel zu unseren strategischen Überlegungen und Entscheidungen informierten wir uns über die Geschichte und aktuelle Situation im Irak, bereiteten uns vor, nahmen Kontakt mit der irakischen und jordanischen Botschaft in Bonn auf, schrieben Rundbriefe und bauten eine Unterstützungsstruktur in Deutschland auf. Wir bekamen ohne Schwierigkeiten Visa und wurden herzlich eingeladen, als Gäste des Irak ins Land zu kommen. Auch die Flugkosten wollte die irakische Regierung übernehmen. Wir entschieden, unsere Flugkosten selbst zu zahlen. Die Gastfreundschaft des Irak dagegen nahmen wir an;

obwohl wir damit ein Stück Unabhängigkeit aufgaben, schien es uns kulturell unangemessen, in einem arabischen Land, in dem Gastfreundschaft ein hoher Wert ist, diese Einladung auszuschlagen.

Nur wenige Wochen nach dem ersten Treffen wurde die verrückte Idee Wirklichkeit: Am 18. November 1990 brachen die ersten sechs nach Bagdad auf, weitere kleine Gruppen folgten im Laufe des Dezember und Januar. Im Irak wurden wir freundlich empfangen und als Gäste der halbstaatlichen »Organisation für Freundschaft, Frieden und Solidarität« in einer Art Feriendorf untergebracht. Wir trafen dort auf Friedensgruppen aus Belgien, Italien, Spanien, England, Griechenland, Norwegen, Schweden, den USA, Kanada, Israel, Australien, Ghana und Indien. Die internationale Friedenspräsenz im Irak war in die Tat umgesetzt! Wie viele Menschen daran insgesamt teilgenommen haben, lässt sich schwer sagen – es war ein großes Kommen und Gehen. Von der deutschen »Initiative Frieden am Golf« waren zwischen dem 18. November 1990 und dem 1. Februar 1991 insgesamt 25 Personen über kürzere oder längere Zeit im Irak. Bei Kriegsbeginn bestand die internationale Friedenspräsenz wohl aus ca. 125 Menschen.[2]

Gleich zu Beginn musste sich die erste Gruppe unserer Initiative mit dem Thema »Vereinnahmung« auseinander setzen. Im Friedensdorf hingen Transparente mit Aufschriften wie »Botschafter des Friedens grüßen Saddam Hussein, Mann der Stunde«. Die Gruppe verlangte ein Gespräch mit dem zuständigen Minister und konnte deutlich machen, dass wir an Glaubwürdigkeit enorm verlieren würden, wenn der Eindruck entstünde, dass wir uns für die irakische Position vereinnahmen ließen. Daraufhin wurden die Transparente sofort entfernt; schon die offizielle Eröffnung des Friedensdorfes fand ohne sie statt.

Ich selbst war zunächst noch in Deutschland geblieben, um Öffentlichkeitsarbeit zu machen. Ich sprach auf einer Demonstration in Bonn mit wenigen Tausend Teilnehmer_innen – erst später, als der Krieg schon begonnen hatte, wurden die Demonstrationen größer. Vor allem Schüler_innen und Jugendliche waren nun auf den Straßen zu sehen. Am 8. Dezember reiste ich mit drei anderen Gruppenmitgliedern nach Bagdad. Ich glaubte zu wissen, was wir dort tun würden – aber als wir dann im Irak ankamen, war alles ganz anders. Ich war fassungslos, als am Morgen nach unserer Ankunft in Bagdad jemand aus unserer Gruppe vorschlug, wir sollten uns jetzt mal zusammensetzen und besprechen, was wir hier machen. Meiner Meinung nach hatten wir das ausgiebig im Vorfeld besprochen, aber ich hatte wohl die Verbindlichkeit der Ergebnisse

---

[2] Zahlen rekonstruiert aus: Die Vision einer gewaltfreien Friedensarmee: Bürgerdiplomaten in Bagdad 1990/91, Schriften zur Friedenskunde 6, Angela-Hackbarth-Verlag, 1991

überschätzt. Offensichtlich hatten einige aus der Gruppe unter sehr großem inneren Druck gestanden, so schnell wie möglich aufzubrechen; sie hatten die Diskussionen als notwendiges Übel über sich ergehen lassen und ihren Dissens zurückgehalten, um die Sache nicht aufzuhalten. Nun stellte sich heraus, dass ganz verschiedene Vorstellungen über unsere Aktivitäten im Raum standen.

Dazu kam, dass sich unsere Gastgeber inzwischen auf die üblichen Wünsche der internationalen Delegationen eingestellt hatten und eine Art Standardprogramm anboten: einen Besuch in einem Kinderkrankenhaus, in einer Schule, in einem Kindergarten; eine Reise nach Babylon und Kerbela; auf Wunsch Gespräche mit einigen Politikern, eine Diskussion mit Student_innen, eine Stadtführung zu den Sehenswürdigkeiten Bagdads. Dieses Programm war durchaus attraktiv und wichtig für diejenigen in unserer Gruppe, die nur für ein bis zwei Wochen im Land waren und dann wieder nach Hause fahren und von der Reise berichten wollten. Sie brauchten solche Begegnungen, brauchten Fotos, die sie mit nach Hause bringen konnten, brauchten etwas, wovon sie berichten konnten, um eben jene emotionale Verbindung herzustellen, um die es uns ging. Das hatten wir vorab nicht wirklich so besprochen, jetzt wurde es wichtig – und hielt uns doch davon ab, das zu tun, was wir uns vorgenommen hatten. Die Woche des Fastens war vorüber, zum Beten fanden wir nur unregelmäßig Zeit, und die Kommunikation mit unseren Unterstützer_innen fand eher am Rande statt.

Ein weiteres Thema, das uns beschäftigte, waren Demonstrationen. Wir Aktivist_innen sind es wohl irgendwie gewohnt zu demonstrieren, und so kam nun auch hier die Idee auf, wir müssten eine Demonstration organisieren. Dazu muss man sagen, dass im Irak damals häufig Friedensdemonstrationen stattfanden, bei denen Bilder Saddam Husseins getragen wurden. In der Stadt waren Friedenstransparente aufgehängt. Die Forderung nach Frieden war offizielle Regierungslinie. Eine Demonstration, die die irakische Regierung irgendwie in Frage gestellt hätte, wäre niemals möglich gewesen – auch für uns nicht. Wir befanden uns in einer Diktatur, wo jeder offene Dissens für Iraker_innen tödlich und für uns mit der Ausweisung enden konnte. In dieser Situation fand ich es einfach unangemessen, eine Friedensdemonstration zu organisieren. Wir hatten hierüber lange Diskussionen mit Mitgliedern verschiedener Friedensdelegationen. Soweit ich mich erinnere, einigten wir uns schließlich, dass einige von uns vor der amerikanischen Botschaft für den Frieden demonstrierten, während einige andere zum Gespräch in der Botschaft waren.

Was unser ursprüngliches Konzept dann endgültig durcheinander brachte, war das »Gulf Peace Camp«. Das in England gegründete, dann in vielen Ländern aktive »Gulf Peace Team« hatte sich für die Idee entschieden, die wir nach gründlicher Diskussion verworfen hatte: ein Friedenscamp in der Wüste. Nach langen Verhandlungen stellte die irakische Regierung ein Lager für Mekka-Pilger an der saudisch-irakischen Grenze zur Verfügung. Das Lager war eingezäunt, unmittelbar neben einem Militärstützpunkt gelegen und für die Versorgung mit Wasser von diesem abhängig – trotzdem war es ein unglaublich starkes Symbol. Weihnachten wurde das Camp mit 25 Personen aus allen Teilen der Welt eröffnet. Es war ein mutiges, ein einzigartiges Zeichen des Friedens und der Gewaltfreiheit. Die Organisator_innen hatten die Vision, dass Tausende von Menschen dorthin kommen würden, und planten entsprechend groß. Immer mehr Mitglieder unserer Initiative verließen Bagdad und schlossen sich dem Camp an. Sie waren von einer großen Hoffnung getragen. Manche von ihnen hatten die Vorstellung, dass allein schon die Präsenz all dieser friedfertigen Menschen in der Wüste eine solche Kraft entwickeln würde, dass der Krieg nicht möglich sein würde.

Damit begann aus meiner Sicht das Scheitern unserer Initiative. Wir taten nicht das, wozu wir in den Irak gekommen waren. Wir wirkten nicht als Glied in der Kette der Gewaltfreiheit, sondern versuchten, einen direkten Appell an die Herrschenden zu senden. Auch bei den Unterstützer_innen in den verschiedenen Ländern wurde jetzt mehr und mehr Energie darauf verwendet, möglichst viele Menschen in das Wüstencamp zu bringen bzw. Geld für ihre Flüge zu besorgen – und immer weniger Energie darauf, den Protest und Widerstand zu Hause zu organisieren, Massen auf die Straßen zu bringen. Sicher, es gab sie, die Menschen, die sich durch unsere Präsenz im Irak bewegen ließen, Demonstrationen, Mahnwachen und Blockaden von US-Militäreinrichtungen in Deutschland zu organisieren. Aber es waren zu wenige.

Am 31. Dezember 1990 war ich die einzige aus unserer Gruppe, die noch in Bagdad war. Alle anderen waren im »Gulf Peace Camp«, von wo sie keinerlei Möglichkeit zur Kommunikation mit der Außenwelt hatten. Ich schrieb in dieser Nacht einen Appell zum Widerstand gegen den Krieg und faxte ihn nach Deutschland. Aber weil wir bisher so nicht gearbeitet hatten, waren unsere Unterstützungsstrukturen jetzt nicht darauf eingerichtet, diesen Appell zügig zu verbreiten. Als ich erfuhr, dass erst vier Tage später auf einem Treffen besprochen werden sollte, wie er verbreitet werden konnte, gab ich auf. Wir rechneten aufgrund des UN-Ultimatums für den 17. Januar mit dem Kriegsbeginn; ich war überzeugt, dass die eigentliche Entscheidung für den Einsatz deutlich vorher fallen würde. Es war zu spät, noch etwas zu bewegen. Ich war entschlossen gewesen, im Irak zu bleiben, bis die Krise vorbei war, und notfalls bereit, mein Leben zu verlieren bei dem Versuch, diesen Krieg aufzuhalten. Als ich nun jede Hoffnung verlor, dass unsere Präsenz noch zur Kriegsverhinderung beitragen könnte, erfasste mich Panik. Ich wollte hier nicht sterben für nichts und wieder nichts. Ich verließ das Land mit dem nächstmöglichen Flug.

Wie kam es, dass so viele von uns umgeschwenkt waren auf eine andere Strategie? Dass da auf einmal so viel Hoffnung war statt einer klaren Analyse der Situation? Ich hatte damals den Eindruck und denke noch heute, dass viele von uns die Situation einfach nicht aushalten konnten. Sich im Fadenkreuz der Bomber zu befinden und täglich, stündlich genau dies im Bewusstsein zu haben, die Presse zu verfolgen, die Situation wahrzunehmen und zu beschreiben, all das wäre psychisch unglaublich anstrengend gewesen. Wir waren als Einzelne nicht stark genug und haben uns als Gruppe nicht ausreichend gegenseitig getragen, um das aushalten zu können. Ich denke, dass deshalb nach und nach ein Realitätsverlust einsetze, eine Flucht vor der Wirklichkeit. Eine Freiwillige hatte damals einen persönlichen Gegenstand von mir ausgeliehen mit dem festen Versprechen, darauf aufzupassen und ihn später mit nach Deutschland zu bringen. Sie hat ihn am 15. Januar, als ich bereits wieder in Deutschland war, in Bagdad zurückgelassen, als sie ins Friedenscamp fuhr, und war felsenfest überzeugt, dass sie einige Tage später in das Haus in Bagdad zurückkehren und alles unverändert vorfinden würde. Die Möglichkeit, dass es Krieg geben könnte, kam ihr gar nicht mehr in den Sinn.

Am 4. Januar kehrte ich traurig und verzweifelt nach Deutschland zurück. Zur gleichen Zeit reisten zwei weitere Freiwillige unserer Initiative in den Irak und taten endlich das, was wir ursprünglich vorgehabt hatten. Sie blieben in Bagdad, standen dort täglich vor der geschlossenen deutschen Botschaft und verlangten in einem Offenen Brief, die Bundesregierung möge ihnen Zugang zur Botschaft verschaffen und sie dort akzeptieren als die Vertreter der großen Bevölkerungsmehrheit in Deutschland, die keinen Krieg wollte. »Das Schussfeld ist nicht frei«, schrieben sie. Ihre Mitteilungen wurden wichtige Botschaften in der Presse- und Öffentlichkeitsarbeit jener Tage. Aber es war zu spät. Am 17. Januar begann der Krieg. Es kam wie wir es erwartet hatten: Die Menschen im Friedenscamp mussten hilflos mit ansehen, wie die Flugzeuge über ihre Köpfe hinweg nach Bagdad flogen. Sie selbst waren weit ab vom Geschehen. Schließlich wurden sie von der irakischen Armee evakuiert und in ein Hotel nach Bagdad gebracht. Am 1. Februar wurden alle Friedensaktivist_innen nach Jordanien ausgeflogen. Die Friedenspräsenz am Golf war vorläufig beendet.

Viele von uns sind später mit Hilfsgütern in den Irak zurückgekehrt, um die schlimmsten Leiden, die der Krieg gebracht hatte, zu lindern. Aber das ist eine andere Geschichte.

Was bleibt von dieser Erfahrung, diesem Versuch, den Kriegstreibern gewaltfrei entgegenzutreten?

Erstaunlicherweise war das, was im Golfkrieg noch als völlig neu und verrückt galt, von da an ganz normal. Als in Europa der Jugoslawienkrieg ausbrach, wurde die Friedensbewegung kritisch angefragt: Warum geht ihr da nicht hin? Und sie ging hin (vgl. u.a. Rohwedder 1994b). Wenn auf den Straßen damals wenig von der Friedensbewegung zu sehen war, dann unter anderem, weil sie tatsächlich vor Ort war. Die Aktivitäten reichten von internationalen Friedensmärschen über die Unterstützung lokaler Friedensorganisationen bis hin zu zahlreichen Freiwilligeneinsätzen in den Flüchtlingslagern. 1991 und 1992 gab es internationale Friedensmärsche in Israel/Palästina, die wesentlich von Leuten aus dem »Gulf Peace Team« organisiert wurden; seitdem sind immer mehr Menschen als Freiwillige für verschiedene Friedensorganisationen nach Israel und Palästina gereist, um dort Friedensarbeit zu leisten. Inzwischen gibt es wesentlich bessere Möglichkeiten, sich mit Hilfe von Kursen (z.B. Fortbildung zur Friedensfachkraft) auf solche Einsätze vorzubereiten. Obwohl die Wichtigkeit einer solchen Vorbereitung und einer unterstützenden Infrastruktur im Heimatland auf der Hand liegen, ist es bei vielen dieser Aktivitäten nach wie vor üblich, dass man sich einfach anmelden und ohne besondere Vorbedingungen mitfahren kann.

Das, was wir damals im Irak versuchen wollten – einen in Vorbereitung befindlichen Krieg durch den Einsatz der Großen Kette der Gewaltfreiheit zu stoppen –, ist meines Wissens danach nicht wieder probiert worden. Nach Afghanistan reisen zwar immer wieder Mitglieder der Friedensbewegung, um Gespräche zu führen und sich ein Bild von der Lage zu machen – aber die Bundeswehrsoldat_innen, die dort im Einsatz sind, müssen nicht befürchten, bei ihren Einsätzen auf deutsche Friedensaktivist_innen zu treffen. Es gibt vor ihren Stützpunkten keine Mahnwachen, auf den Dörfern keine Friedensteams. Der Krieg findet statt, die Friedensbewegung analysiert, macht Vorschläge, kritisiert – aber sie entwickelt keine politische Wirkungsmacht.

Dabei hätten wir heute vielleicht bessere Möglichkeiten, eine solche Initiative zum Erfolg zu führen. Ich habe damals, nachdem wir mit unserem Versuch gescheitert waren, oft gedacht, dass es einfach nicht besser ging. Hätten wir zunächst in der Gruppe darauf bestanden, dass sich alle in die Diskussion ein-

135

bringen; hätten wir darauf geachtet, dass alle die strategischen Überlegungen verstehen und mittragen; hätten wir uns gegenseitig und jeweils selbst gründlich darauf geprüft, ob wir die nötige innere Reife und emotionale Stabilität hatten, um eine solche Situation durchzustehen – dann wären wir zum einen viel zu spät gekommen, zum anderen wäre von den vielen Freiwilligen wohl kaum jemand übrig geblieben. Wir konnten es wohl zu der Zeit nicht besser machen.

Heute gibt es von verschiedenen Anbietern (siehe im vorliegenden Band S. 229-232 und 244f.) Fortbildungen zur Friedensfachkraft. In diesen Kursen werden Grundlagen gelegt, die in solchen Einsätzen wichtig werden – politische Analyse und Strategieplanung, Interkulturalität, Gewaltfreie Kommunikation, Spiritualität der Gewaltfreiheit, Konsensfindung, Konfliktbearbeitung, Gruppendynamik, Umgang mit Angst und Stress, Presse- und Öffentlichkeitsarbeit und vieles mehr. Vor allem findet in diesen Kursen auch Persönlichkeitsentwicklung statt; die Teilnehmer_innen erkennen und erweitern ihre Möglichkeiten und werden sich ihrer Stärken wie auch ihrer Grenzen bewusst. Was passiert, wenn solcherart vorbereitete Aktivist_innen zu einer Friedenspräsenz in ein von Krieg bedrohtes Land aufbrechen, das wäre noch auszuprobieren.

SARI NUSSEIBEH

Wie die Al Quds-Universität in Ost-Jerusalem vor der Zerstückelung bewahrt wurde

*D**er aus einer alteingesessenen Jerusalemer Familie stammende palästi-nensische Philosoph mit britischer Ausbildung, Sari Nusseibeh, der seit 1995 die arabische Al Quds-Universität in Ost-Jerusalem leitet, beschreibt in seiner außerordentlich informativen und zugleich unterhaltsamen Autobiogra-fie, wie er sich während der ersten Intifada mit aller Kraft dafür engagierte, diesen Aufstand gegen die israelische Besetzung gewaltfrei zu halten, und wie er konsequent die gewaltsame zweite Intifada öffentlich kritisierte und Alter-nativen dazu aufzubauen versuchte.[1] In der folgenden Passage aus dem Kapi-tel »Das perfekte Verbrechen« stellt er dar, wie es nach der zweiten Intifada gelang zu verhindern, dass der Campus seiner Universität durch die Mauer geteilt wurde.[2]*

Die Mauer wurde quasi in Lichtgeschwindigkeit errichtet und ragt jetzt in Abu Dis einen halben Meter entfernt von unserem ehemaligen Haus drohend in die Höhe. Vom Balkon blickt man nicht mehr auf den prächtigen Felsendom, sondern auf eine Betonfläche. Es war genau so, wie wir nach unserer Rückkehr aus Washington im Jahre 1995 befürchtet hatten: Wären wir dort wohnen ge-blieben, hätten wir höchstwahrscheinlich unser Aufenthaltsrecht für Jerusalem verloren, und ein Besuch bei meiner Mutter wäre nur mit einer waghalsigen Mauerkletterei möglich gewesen oder mit einer Sondergenehmigung von einer Behörde, die dem generell abgeneigt war.

Schon bald bekam ich die Folgen der Zwei-Staaten-Lösung à la Scharon zu spüren. An der Universität verstellte die Mauer nicht nur den Blick. Der Hauptcampus der Universität sitzt genau auf der imaginären Linie, die die Stadt

---

[1]   Sari Nusseibeh mit Anthony David: Es war einmal ein Land. Ein Leben in Palästina. Aus dem Englischen von Gabriele Gockel, Katharina Förs und Thomas Wollermann, Kollektiv Druck-Reif. München: Verlag Antje Kunstmann 2008 (New York 2007), für die deutsche Fassung vom Autor bearbeitet.

[2]   Abgedruckt mit freundlicher Genehmigung von Autor und Verlag; Überschrift von den Hrsg.

Jerusalem verwaltungstechnisch vom Westjordanland trennt. Eines Morgens tauchten Leute von der Zonengrenzgebietsverwaltung mit Planrollen unter dem Arm und Baumaschinen der israelischen Armee im Schlepptau auf. Laut Plan sollte sich die Mauer mitten durch die Universität ziehen, so dass ein Drittel des Campus der israelischen Seite zufiel, während alle Gebäude von Jerusalem abgetrennt würden.

Die Planer der Zonengrenzgebietsverwaltung hatten wohl Proteste erwartet, wie sie sie überall im Westjordanland ausgelöst hatten. Meist warfen Araber Steine, um ihre Felder gegen die Enteignung zu verteidigen, sobald die Israelis einen neuen Mauerabschnitt in Angriff nahmen. Die Steinewerfer waren nicht nur eine ideale Zielscheibe für Gummigeschosse – ihre Gewalttätigkeit bestätigte, wie bereits erwähnt, die Daseinsberechtigung der Mauer.

Wir aber überraschten sie. Oder vielleicht wäre es fairer zu sagen, dass die Planer einen groben Fehler begingen, den wir uns zunutze machten. Ursprünglich sollte die Mauer nicht über einen Parkplatz oder Brachland – also Areale ohne emotionalen Wert – verlaufen, sondern über das Fußballfeld der Universität, die Basketballplätze sowie über Flächen, die für ein neues Sportzentrum und einen botanischen Garten vorgesehen waren. Sehr werbewirksam.

Ich suchte mit Beratern der Universität und der HASHD[3] – es waren letztlich dieselben Leute – nach Möglichkeiten, die Mauer zu verhindern. Der Plan, den wir schließlich entwickelten, schien geradezu wie geschaffen, um den Dialog in Gang zu setzen, dem Scharon unbedingt ausweichen wollte. Sein Vorhaben, das, wie er glaubte, den Gesprächen zwischen Israelis und Palästinensern ein Ende bereiten würde, führte letztendlich zu einem intensiven Austausch, wie man ihn nicht mehr erlebt hatte, seit sich Scharon zum Tempelberg aufgemacht hatte. Wir verwandelten das Fußballfeld in ein Laboratorium des gewaltlosen Protests, wo Studenten lernten, wie man die Israelis mit Ideen und Überzeugungskraft statt mit Steinen oder Molotowcocktails besiegen konnte. Die Proteste dauerten vierunddreißig Tage, und am Ende standen wir als Sieger da.

Die Voraussetzung für den Erfolg war Klarheit. Wir hatten eindeutig definierte Ziele und enthielten uns jeglicher allgemeinen Kritik an der Mauer. Die von der Regierung ins Feld geführte Notwendigkeit, ihre Bürger gegen Selbstmordattentäter zu schützen, leugneten wir nicht, ganz im Gegenteil. »Gut, wenn ihr Trennung wollt, bis es Frieden gibt, sehr gern. Macht eure Mauer ein paar Hundert Meter hoch, wenn ihr wollt«, war unsere Devise. »Aber baut sie

---

[3] Anm. der Hrsg.: »Volkskampagne für Frieden und Demokratie«, eine von Nusseibeh 2003 ins Leben gerufene, strikt für Gewaltfreiheit eintretende Organisation.

entlang der Grenzen von 1967, nicht mitten durch Jerusalem und nicht quer über unser Fußballfeld.«

Die sechs Meter hohe Sperranlage hatte etwas so Groteskes, dass es eine Herkulesaufgabe war, Gewaltausbrüche zu verhindern. Doch nur wenn das gelang, konnten wir etwas gegen die Mauer unternehmen. Die Lage war so angespannt, dass ich befürchtete, jede Form organisierten Protests – so sorgfältig er auch geplant sein mochte – würde zwangsläufig in Chaos ausarten. Schlimmer noch, viele Studenten sahen die Mauer als Beweis dafür, dass ein Dialog mit den Israelis nicht möglich war. »Du erzählst uns was von Brücken, die zwischen uns errichtet werden sollen, und sie antworten mit Mauern«, riefen die Kritiker und hielten ihre Wasserpistolen aus Plastik in die Höhe, um anzudeuten, was sie für die beste Lösung hielten.

Die Studenten zu beruhigen gelang mir nur, indem ich ihnen erklärte, dass Scharon von der Gewalt profitieren werde. Wenn Steine flögen, würden auch Studenten sterben. Dann könnten wir zwar unserer immer länger werdenden Liste ein paar weitere Märtyrer hinzufügen, aber die Universität würde wahrscheinlich geschlossen werden, und dann wäre niemand mehr da, um die Bulldozer aufzuhalten.

Unterstützt wurden meine Argumente durch die handfeste »Überzeugungsarbeit« von Naser al-Afandi, dem Leiter des Sicherheits- und Wartungsdienstes auf dem Campus. Der Fatah-Führer, ehemaliger Gefangener und HASHD-Aktivist, hatte bis zur Invasion für Dschibril gearbeitet, als die Israelis ihm verboten, Abu Dis zu verlassen. Angesichts der israelischen Mordkommandos war er klug genug, sich daran zu halten. Naser sorgte dafür, dass die Proteste friedlich blieben, indem er dreihundert Fatah-Leute, allesamt HASHD-»Tiger«, hinzuholte. Jeden Tag von sieben Uhr morgens bis Mitternacht sangen sie auf dem Protestgelände ihre Lieder und tanzten traditionelle Tänze.

Um die Situation etwas zu entspannen, ließen wir außerdem jeden Tag die Fußballer in voller Montur auf dem Feld zum Training antreten. Schon beim ersten Mal verwandelten sich die am Rande stehenden Soldaten von nervösen Rekruten mit dem Finger am Abzug in leidenschaftliche Fans der einen oder anderen Mannschaft. Die Anspannung verflog, und die Soldaten zogen lächelnd ab. Mehr als einen Monat lang lieferten die Fußballer ein Spiel nach dem anderen. Jeden Abend ließen wir eine Party steigen, und junge Leute aus Abu Dis und nahe gelegenen Dörfern kamen zum geselligen Beisammensein auf das Gelände. In mir ließen die Konzerte, das gemeinsame Essen, die Lagerfeuer und die Partystimmung den Geist von 1968 wieder lebendig werden.

Die Journalisten, die in Scharen nach Abu Dis kamen, berichteten überwältigend positiv über unseren Protest. In einem Artikel des *Guardian* kam ein Fußballspieler namens Samir zu Wort:»Es gibt in diesem Teil unseres Landes keine Fußballplätze mehr, nirgendwo kann man mehr trainieren«, sagt Samir, fünfundzwanzig, der an der Al-Quds Sportwissenschaft studiert.»Außerdem ist das hier auch für die Leute ein Treffpunkt. Darum hoffen wir jeden Tag, dass das Spiel nicht unser letztes auf diesem Platz ist.«[4]

Ich gab eine Presseerklärung mit dem Titel»Muss die Mauer unbedingt auch unseren Campus zerschneiden?« auf Arabisch, Hebräisch und Englisch heraus. Noch am selben Tag – dem 3. September [2003] – luden wir Generalkonsuln und Diplomaten in unser Protestlager ein. Unter anderem kam der amerikanische Konsul in Begleitung von Vertretern des Botschafters John Wolf, der auch Koordinator für die Umsetzung von Bushs Road Map war. Der italienische Generalkonsul Gianni Ghisi, dessen Land gerade den EU-Vorsitz innehatte, sprach stellvertretend für die anwesenden Diplomaten:»Die Al-Quds-Universität ist für uns ein Partner; für uns ist jeder Schaden, der ihr zugefügt wird, auch ein Akt gegen uns.« Der Generalkonsul rief israelische Universitäten dazu auf, uns zu unterstützen, und fügte hinzu:»Die Al-Quds-Universität ist nicht nur eine Geistesschmiede, sondern auch eine Schmiede der Gewaltlosigkeit und des passiven Widerstands.«

Vierunddreißig Tage dauerte unser Protest, bis mir schließlich vom Büro des israelischen Generalstabschefs mitgeteilt wurde, dass die Mauer nicht auf unserem Gelände gebaut werde. Hintergrund dieser Planänderung war, dass die damalige Nationale Sicherheitsberaterin der USA, Condoleezza Rice, von unseren Protesten erfahren und mit israelischen Regierungsvertretern in Washington darüber gesprochen hatte.

Die Rettung des Fußballplatzes war für die Al-Quds-Universität von großer Bedeutung, konnte aber keineswegs den unbarmherzig fortschreitenden Mauerbau aufhalten. Scharons Betonlasso schloss nicht nur die größten Siedlungen ein, sondern ebenso die wichtigsten Wasserquellen und einen Großteil der besten Anbauflächen unseres Landes. Im Westjordanland wurden insgesamt Zehntausende Hektar Boden enteignet, Dorfbewohner von den Feldern abgeschnitten, die ihre Existenzgrundlage waren. Hunderte von Gebäuden und Zehntausende von Obst- und Olivenbäumen mussten der im Zickzack verlaufenden Sperranlage weichen. Mancherorts reichte die Mauer bis tief ins Westjordanland hinein, schnitt Dörfer voneinander ab, schuf isolierte Enklaven und zerstörte jede Hoffnung auf einen zusammenhängenden Palästinenserstaat.

---

[4] The Guardian, 30.9.2003

WILTRUD RÖSCH-METZLER

Ein Schiff für Gaza –
Eine internationale gewaltlose Aktion
für ein Ende der Blockade

*Wir haben den Vorstand von pax christi, eine der deutschen Organisatio-
nen, die die FreeGaza Flottille im Mai 2010 vorbereitet und unterstützt
haben, gebeten, seine Sicht der Dinge darzustellen. Wiltrud Rösch-Metzler ist
Vizepräsidentin von pax christi und war als solche »zuständig« für die Aktion.*

International bekannt ist der völkerrechtswidrige Mörser- und Raketenbeschuss aus Gaza auf Israel. Weniger bekannt ist, dass es eine Zeit kurz vor dem
israelischen Krieg gegen Gaza gab, in der der Raketenbeschuss gegen Null
ging. Nach einer Statistik des israelischen Verteidigungsministeriums wurden
im Juli 2008 aus dem Gazastreifen eine Rakete abgefeuert, im August acht, im
September und Oktober je eine. Im Gegenzug dazu verpflichtete sich Israel,
die Blockade des Gazastreifens weitgehend zu lockern. Diesen Waffenstillstand zwischen der Hamas und Israel hatte Ägypten vermittelt. Er hielt nicht.
Die Blockade blieb, und als die israelische Armee am 5. November Tunnel in
Gaza bombardierte und ein Hamas-Mitglied gezielt tötete, feuerten die Mili-
zen im Gazastreifen wieder Raketen ab: 126 im November, 98 im Dezember
2008. Diese oft verschwiegene Waffenruhe zeigt mindestens zweierlei: dass
es sehr wohl möglich ist, durch Verhandlungen eine Einstellung des Raketenbeschusses zu erreichen. Sie zeigt auch, dass die Hamas-Regierung im Gaza-
Streifen in der Lage ist, einen Waffenstillstand zu kontrollieren.
    Als Reaktion auf die Machtübernahme der Hamas hatte die israelische Re-
gierung 2007 die Isolierung des Gazastreifens verstärkt. Was Radikale treffen
soll, schädigt die Zivilbevölkerung. Die Menschen in Gaza erleben die Blockade als Kollektivstrafe und als zutiefst ungerecht. Im Juni 2008 konnte ich
mir selbst ein Bild machen: Was passiert, wenn nur noch halb soviel Benzin,
Diesel und Heizöl in den Gazastreifen darf? Dann ist Kochgas knapp, Busfah-
ren teuer und der Strom fällt täglich vier bis fünf Stunden aus.
    Zement gehört zu den verbotenen Gütern und kann nur über die Tunnel

nach Gaza gelangen. »Wie sollten wir denn die Israelis mit Zement und Ziegeln bedrohen?«, fragt der Direktor der »Schule zur Heiligen Familie«, Manuel Mussallam, nach dem Sinn der Zement-Blockade.[1] Nicht einmal ein würdiges Begräbnis sei möglich. Denn es sei üblich, das Grab mit Ziegeln und ein wenig Zement zu stabilisieren.

Gemeindepfarrer Mussallam hat Einblick in den Alltag und die Nöte der Familien, die unter dem Eingesperrtsein, unter Wasser- und Lebensmittel-Knappheit und unter der Preisexplosion leiden. Eine Familie mit vier bis fünf Schulkindern zahlt nun 15 Schekel (drei Euro) pro Tag für Transport und weitere 20 bis 30 Schekel (vier bis sechs Euro) für das Essen der Kinder. Das sei zu viel. Mussallam sah Kinder, die sich zusammentaten, um ein kleines Brot mit Käse oder Fleisch, das sechs Schekel kostet, kaufen zu können.

Am 27. Dezember 2008 begann die israelische Armee ihre Operation »Gegossenes Blei« gegen den Gazastreifen. Bis zum Ende des Angriffs am 18. Januar 2009 wurden nach Angaben der israelischen Menschenrechtsorganisation Betselem 1.385 Palästinenserinnen und Palästinenser getötet. 318 der Opfer waren unter 18 Jahre alt. Über 5.300 wurden verwundet. Der israelische Angriff zerstörte Wohnhäuser, Elektrizitätsversorgung, Wasserleitungen und

---

[1] Im Juli 2010 hat die israelische Regierung auf internationalen Druck hin eine sogenannte »Positivliste« veröffentlicht, eine Liste mit Gütern, die nicht in den Gaza-Streifen eingeführt werden dürfen. Auf dieser »Positivliste« findet man weiterhin auch Zement und andere Baumaterialien, die Israel als »dual-use« Produkte ansieht, die aber dringend gebraucht werden, um die im israelischen Krieg gegen Gaza zerstörten Häuser und Schulen wieder aufzubauen. Im internationalen Abkommen über »dual-use« Produkte, dem Wassenaar Abkommen, haben Staaten definiert, welche Waren sowohl eine zivile als auch eine militärische Funktion haben können. Zement gehört nicht dazu. Israel verlangt nun von der internationalen Staatengemeinschaft, wenn es denn überhaupt die Einfuhr von Zement erlaubt, eine Endkontrolle, ohne Verfahrensweisen bekannt zu geben, nach denen dies dokumentiert werden könnte. »Die Last, die Endkontrolle zu dokumentieren, hat dazu geführt, dass internationale Organisationen Wachen anstellen und per Foto und Video dokumentieren müssen, dass der (wenige) gelieferte Zement zu zivilen Zwecken verwendet wird.« Die Vereinten Nationen schätzen, dass dieser Endkontroll-Prozess die internationale Gemeinschaft Millionen Dollar kostet, die sonst in Projekte für die Bevölkerung in Gaza gesteckt werden könnten. Vom 6. Juli bis 6. Dezember 2010 sind nur 744 LKW-Ladungen mit Zement und Baumaterial in den Gazastreifen gelangt (im Vergleich zu 2.500 pro Halbjahr vor dem Jahr 2007). Ende Juni 2010 hatte Israel der UNWRA in Gaza erlaubt, acht Schulen von den 100 benötigten bauen zu dürfen. Vier Monate dauerte es, bis Israel tatsächlich die Einfuhr der Materialien in den Gazastreifen erlaubte – und dann wurde diese Genehmigung für vier dieser Schulen wieder aufgehoben. Schließlich musste die UNWRA beim Start des Schuljahrs im Herbst 2010 40.000 Kinder zurückweisen, weil es keine Klassenzimmer gab. Siehe Reconstructing the closure http://www.gisha.org/index.php?intLanguage=2&intItemId=1940&intSiteSN=113 (Stand: 22.2.2011)

Abwasseranlagen. Durch palästinensische Raketen sind in diesem Zeitraum drei israelische Zivilisten ums Leben gekommen, sowie sechs Soldaten. Über 100 Soldaten wurden verletzt.

Als absehbar wird, dass auch nach dem Krieg gegen Gaza die Blockade nicht aufgehoben wird, starten pax christi, Palästinensische Gemeinde Deutschland, Internationale Ärzte für die Verhütung des Atomkrieges (IPPNW), Deutsch-Palästinensische Gesellschaft und die Deutsch-Palästinensische Medizinische Gesellschaft den Appell »Die Blockade beenden. Ein Schiff mit medizinischen Hilfsgütern für Gaza«.[2] Dieser Appell, der beides beinhaltet: politischen Protest gegen die Blockade und humanitäre Hilfe für Gaza, findet hunderte Unterstützer/innen, Einzelpersonen wie pax christi-Bischof Heinz Josef Algermissen und Bundestagsvizepräsident Wolfgang Thierse sowie Organisationen wie die Jüdische Stimme für gerechten Frieden. Ein Jahr und vier Monate benötigt das Bündnis, bis es den Appell umsetzen kann.

Intensive Versuche, ein Schiff zu chartern, schlagen fehl. Der Kauf eines Schiffes ist zu teuer. Andere Optionen, die geprüft werden (Landweg), erweisen sich ebenfalls als unmöglich. Viele Hilfsgüter schaffen es nur bis nach Ägypten und lagern an der Grenze nach Rafah. Es wird deutlich, dass das Hoffnungszeichen »Schiff« die politische Botschaft »Ende der Blockade« am besten zum Ausdruck bringt. Andere Einschätzungen von außen, die eingeholt werden, etwa von Cap Anamur-Gründer Rupert Neudeck, bestätigen dies.

Die Trägerorganisationen entscheiden, sich zur Realisierung der Aktion »Ein Schiff für Gaza« dem internationalen FreeGaza Movement anzuschließen, das bereits erfolgreich Schiffe durch die Blockade nach Gaza geschickt hatte. Die Ziele von FreeGaza (points of unity) sind auch die Ziele des deutschen Bündnisses, insbesondere was den gewaltlosen Charakter dieser Aktion (nonviolent action) betrifft.[3] Am 30. Juni 2009 nimmt die »Spirit of Humanity« des FreeGaza Movement Kurs auf Gaza, erst einmal noch ohne deutsche Beteiligung. Das Schiff wird vom israelischen Militär gestoppt, Passagiere und Ladung nach Ashdod verbracht.

Das FreeGaza Movement entscheidet nach dieser Erfahrung, weitere Schiffe nicht mehr einzeln, sondern nur noch im Flottenverband zu schicken. Das bedeutet hohen internationalen Koordinierungsbedarf. FreeGaza schickt ein Vorstandsmitglied in die Türkei und prüft den Kontakt zur islamischen IHH

---

[2] Aufruf vom Januar 2009: Die Blockade beenden! Ein Schiff mit medizinischen Hilfsgütern für Gaza. http://www.kopi-online.de/joomla/index.php?option=com_content&view=article&id=138&Itemid=69 (Stand: 22.2.2011)

[3] We agree to adhere to the principles of nonviolence and nonviolent resistance in word and deed at all times. http://www.freegaza.org/de/unser-ziel-/mission (Stand 22.2.2011)

(International Foundation for Human Rights, Liberties, and Humanitarian Relief). Mit der beim UN-Wirtschafts- und Sozialrat registrierten IHH und weiteren internationalen NGOs geht FreeGaza eine Koalition ein. Die IHH ist eine türkische islamische Hilfsorganisation, die in vielen Ländern der Erde tätig ist, z.B. beim Erdbeben in Haiti, und die auch ein Büro in Gaza hat. Überprüft man Behauptungen, die der IHH islamistische und terroristische Umtriebe zuschreiben, so findet man als Quellen ein israelisches Institut sowie eine dänische Studie, die sich auf den französischen Geheimdienst beziehen, der seinerseits auf Quellen vom Hörensagen verweist.

Das deutsche Bündnis kann eine fünfköpfige Delegation auf der geplanten »Freedom Flotilla« mit acht Schiffen mitschicken. Kontakt zu denjenigen, die sich bereits als Passagiere gemeldet haben und zu Bundestagsabgeordneten verschiedener Fraktionen wird aufgenommen. Die Entscheidung zur Mitfahrt fällt schließlich auf der Basis der individuellen terminlichen Verpflichtungen. Die Passagiere sind: MdB Annette Groth, MdB Inge Höger, Prof. Dr. Norman Paech, Matthias Jochheim (stellvertretender Vorsitzender der IPPNW) und Nader El Sakka (Palästinensische Gemeinde Deutschland).

Die für die Aktion gesammelten Spendengelder werden für das Frachtschiff »Rachel Corrie«, das von Irland aus Richtung Gaza startet, verwendet. Die Rachel Corrie lädt auch fünf Tonnen deutsche medizinische Hilfsgüter. Ab 20. Mai 2010 laufen die Vorbereitungen für den Start der Freedom Flotilla von verschiedenen Mittelmeerhäfen aus. Die deutsche Delegation besteigt die Jacht Challenger I des FreeGaza Movement auf Kreta. Nach technischen Problemen der Challenger I muss die deutsche Delegation auf die Mavi Marmara umsteigen, für die die IHH verantwortlich ist.

Im Morgengrauen des 31. Mai 2010 wird die Freedom Flotilla von der israelischen Marine in internationalen Gewässern gestoppt. Die Mavi Marmara mit rund 600 Passagier/Innen an Bord wird von Armee-Helikoptern aus geentert. Neun Friedensaktivisten werden dabei von der israelischen Armee erschossen.[4]

Die israelische Regierung sucht dafür die Verantwortung bei den Friedensaktivisten, weil diese sich zum Teil mit Stöcken, Eisenstangen und Steinschleudern verteidigt hätten. Eine Untersuchungskommission des UN-Menschenrechtsrates gelangt im Herbst 2010 zu dem Ergebnis, dass die israelische Armee bereits scharf geschossen hatte, noch bevor der erste Soldat auf dem

---

[4] Report on the Israeli Attack Turkish National Commission of Inquiry, February 2011
http://www.turkishweekly.net/files/other/hXsK2HnNPL1EiB41QfuRaYAaT8fUCm.pdf
(Stand: 22.2.2011)

Deck der Mavi Marmara landete. Sie konstatiert auch, dass von mindestens sechs der neun Getöteten keine Gefahr ausgegangen war.[5]

pax christi erkennt in dem Bericht einen Meilenstein in der Beurteilung von zivilgesellschaftlichen Aktionen gegenüber lang anhaltendem Unrecht, das von der internationalen Gemeinschaft nicht beseitigt wird.[6]

Unsere Aktion »Ein Schiff nach Gaza« wird immer mit dem Gedenken an die neun toten Friedensaktivisten verbunden sein. Der Erfolg, dass die Aktion die internationale Aufmerksamkeit einschließlich des UN-Sicherheitsrates auf das Unrecht der Blockade lenkte, ist daher bitter. Neun Monate später ist die Blockade des Gazastreifens immer noch nicht aufgehoben.

Welche Optionen hat die Zivilgesellschaft, wenn sie Unrecht erkennt, es über eine lange Zeit brandmarkt, dagegen protestiert, politische Unterstützung sucht – und dabei keinen Schritt weiter kommt? Wenn sich im Gegenteil, wie im Fall von Gaza, die Lage für die Bevölkerung weiter verschlimmert? Wie können, dürfen, müssen Aktionen aussehen, die einem solchen Unrecht entgegentreten? Uns geht es auch darum, was für eine spätere Aktion gelernt werden kann, wie zivilgesellschaftliche Organisationen aus unterschiedlichen Kulturen gemeinsam auf das Versagen der Staatengemeinschaft reagieren können. Deshalb haben wir z.B. im Dezember 2010 in Fulda einen Studientag zu dieser Frage veranstaltet, zu dem wir u.a. auch die Friedensforscher Christine Schweitzer, Egbert Jahn und Reiner Steinweg eingeladen hatten. Letzterer hat

---

[5] Bericht der Untersuchungskommission der Vereinten Nationen. Neu-Isenburg: Melzer-Verlag 2010

[6] Der UN-Bericht »stellt ausdrücklich fest, dass keine Waffen durch die Passagiere an Bord der Schiffe gelangt waren«. Mit diesem Befund wird nun klargestellt, dass die Selbstverpflichtung der Passagiere, keine Waffen an Bord zu nehmen und die diesbezüglich durchgeführten Kontrollen des Organisationsstabes der Gaza-Freiheits-Flotte eingehalten wurden. Der Untersuchungsbericht bescheinigt allen Zeugen darüber hinaus »einen Geist der Menschlichkeit, erfüllt mit großer Sorge um das Wohlergehen der Menschen in Gaza«. Dort, so die Einschätzung der Kommission, sei eine humanitäre Krise existent. Das Abfangen der Schiffe durch die israelische Armee auf Hoher See sei eindeutig ungesetzlich gewesen, heißt es in dem Bericht weiter. Auch unter Artikel 51 der UN-Charta, dem Recht auf Selbstverteidigung, könne die Aktion auf keinen Fall gerechtfertigt werden. Das Verhalten israelischer Militärs gegenüber den Passagieren sei »nicht nur unverhältnismäßig gewesen, sondern zeigte Stufen von völlig unnötiger und unglaublicher Gewalt. Es verriet einen unakzeptablen Grad an Brutalität. Strafverfolgung der Täter wird nur möglich sein, wenn die israelische Regierung bereit ist, zu kooperieren«, heißt es in dem Bericht, »was diese aber bislang abgelehnt hat.« Zit. nach: Aus dem Geist der Menschlichkeit. UN-Menschenrechtsrat legt Untersuchungsbericht zur Gaza-Freiheits-Flotte vor. http://www.paxchristi.de/news/kurzmeldungen/one.news.km/index.html?entry=page. news.km.691 (Stand: 22.2.2011)

dabei einen Teil der Überlegungen vorgetragen, die er im anschließenden Beitrag ausführt.[7]

Die Beteiligung an der Gaza-Flotte hat kontroverse Reaktionen hervorgerufen. Zur Aufarbeitung der Aktion gehört die Auseinandersetzung mit Vorwürfen, wie sie z.B. in der FAZ vom 11. Juni 2010 erhoben wurden, mit der Aktion werde die Hamas unterstützt. »We stand in solidarity with the Palestinian people, but support no particular political party or organization, without exception«, heißt es demgegenüber in den points of unity von FreeGaza. In der Isolierung der Hamas sieht pax christi jedoch keine politische Zukunft. Deshalb fordert die deutsche Sektion von pax christi in ihrer Erklärung vom Juni 2010:

»Um Sicherheit für Israel zu gewährleisten, muss die Aufhebung der Blockade mit der Einstellung des Raketenbeschusses aus dem Gazastreifen verbunden werden. Dies kann vor allem dadurch erreicht werden, dass die im Gazastreifen de facto regierende Hamas in Gespräche einbezogen wird. Wiederholt hat die Hamas Israel einen Waffenstillstand angeboten. 2008 hat die Hamas bewiesen, dass sie eine Feuerpause durchsetzen kann. Gespräche mit der Hamas sind auch notwendig, um die Freilassung des israelischen Soldaten Gilat Schalit zu erreichen und um die im UN-Goldstone-Bericht benannten Kriegsverbrechen während des Gazakriegs aufarbeiten zu können. Nicht mit der Hamas zu reden, hat in eine Sackgasse geführt. Die Anerkennung Israels, der Gewaltverzicht, sowie die Anerkennung aller bisherigen Friedensvereinbarungen müssen das Ziel von Gesprächen sein. Sie dürfen nicht, wie vom Nahostquartett verlangt, zur Vorbedingung für Gespräche mit der Hamas gemacht werden.«

Die Aufhebung der Blockade ist seit Sommer 2010 eine gemeinsame Forderung aller Parteien im Bundestag. Als Teil der internationalen Zivilgesellschaft wird auch pax christi sich weiterhin für ein Ende der Blockade und eine politische Lösung des Nahostkonflikts einsetzen.

---

7 Vgl. dazu den Bericht von Odilo Metzler: Auf Stockhiebe gefasst, nicht auf Schüsse. Diskussion um Gewaltfreiheit nach der Gaza-Flotille. In: paxzeit 1, März 2011, 12f.

REINER STEINWEG

Internationale gewaltfreie Aktionen: Erfordernisse in hochkomplexen Konflikten. Was aus der Katastrophe auf der »Mavi Marmara« im Mai 2010 zu lernen ist

*R*einer Steinweg hat 1961 am »San Francisco-Moscow March for Peace« *teilgenommen, war Mitbegründer der »Kurve Wustrow« und ist seit 1972 als Friedensforscher tätig. 2008 war er auf Einladung der Friedrich-Ebert-Stiftung in Israel und den besetzten Gebieten (s. Steinweg 2010).*

Ende Mai 2010 wurde in einer als gewaltfrei angekündigten Aktion versucht, mit mehreren Schiffen die israelische See-Blockade des Gazastreifens gleichzeitig zu durchbrechen (vgl. Rösch-Metzler, Nagler und Jahn im vorliegenden Band). Es gab neun Tote, sechs von ihnen waren Familienväter, die insgesamt 28 Halbwaisen hinterließen, und das Ansehen internationaler gewaltfreier Aktionen wurde beschädigt.[1] Danach wurde die Blockade etwas gelockert, vor allem für Medikamente[2], und international wurde der Ruf, sie zu beenden, stärker. Sogar der Deutschen Bundestag verabschiedete eine entsprechende Resolution.[3] Das kann man, wenn man will, als politischen Erfolg werten, aber um welchen Preis und mit welchen längerfristigen Auswirkungen?

Nun kann bei keiner politischen Aktion, auch bei keiner gewaltfreien, ausgeschlossen werden, dass der Gegner oder einzelne AktivistInnen die Nerven verlieren und mit Gewalt reagieren, und dass AktionsteilnehmerInnen, Polizis-

---

[1] Nicht nur auf vom israelischen Militär freigegebenen Videoausschnitten ist zu sehen, wie einige der rund 500 AktionsteilnehmerInnen, durchwegs Männer, auf dem türkischen Schiff »Mavi Marmara« sich mit Holz- und Eisenstangen bewaffnen sowie mit Zwillen schießen, sondern auch auf einem ins Netz gestellten Video, das der israelischen Durchsuchung und Beschlagnahmung entgangen ist: http://blogs.aljazeera.net/middleeast/2010/06/11/filmmakers-unedited-video-gaza-convoy-raid (Stand: 12.2.2011)

[2] Laut medico international vom Oktober 2010 http://www.medico.de/themen/vernetztes-handeln/blogs/paradoxe-hoffnung/2010/10/22/118/ (Stand: 15.11.2010)

[3] Deutscher Bundestag Drucksache 17/2328 17. Wahlperiode 30.06.2010 Antrag der Fraktionen CDU/CSU, SPD, FDP und BÜNDNIS 90/DIE GRÜNEN http://dipbt.bundestag.de/dip21/btd/17/023/1702328.pdf (Stand: 2.2.2011)

ten oder Soldaten verletzt werden oder sogar sterben. Das war auch zu Gandhis Zeiten und nach bester Vorbereitung nicht anders. Doch muss alles getan werden, was mit den Prinzipien einer gewaltfreien Aktion vereinbar ist, um solche – sicher von niemandem vorab beabsichtigte – Opfer zu vermeiden. Die folgenden Überlegungen versuchen festzuhalten, was aus der Aktion im Mai 2010 für zukünftige internationale Anstrengungen gelernt werden kann.

Wie also können internationale gewaltfreie Aktionen in hochkomplexen Konflikten im Lichte der Ereignisse vom Mai 2010 vorbereitet werden? Ich werde meine Schlüsse – auf der Basis dessen, was ich aus der Debatte über das von mir mitverfasste »Manifest der 25« und damit zusammenhängend aus einer Israelreise im Jahre 2008 gelernt habe (s. Steinweg 2007 und 2010) – jeweils am Beispiel des Nahost-Konflikts illustrieren, der aufgrund seiner Geschichte und Vorgeschichte besonders komplex ist. Ziel der Überlegungen, die auch für internationale gewaltfreie Aktionen in anderen hochkomplexen Konflikten gelten, ist es, modellhaft Schritte einer Aktionsentwicklung zu skizzieren.

Ausgangspunkt und erste Zielformulierung

Aufgrund bestimmter Ereignisse oder Entwicklungen entsteht in Aktionsgruppen mehrerer Länder die Idee, in einer (weiteren) gemeinsamen, internationalen Aktion einer besonders betroffenen Zivilbevölkerung zu Hilfe zu kommen. Im Konflikt um den Gazastreifen könnte das z.B. eine weitere Verschlechterung der Trinkwasserversorgung, der Müll- und Abwasserentsorgung, die mangels Baumaterialien mit jeder Geburt wachsende extrem große Wohnungsnot nach den Zerstörungen im Januar 2009 und die noch immer unzulängliche medizinische Versorgung sein. Was ist nun zu tun?

In welchem Kräftefeld findet die Aktion statt und wer sind ihre Adressaten?

In nationalen gewaltfreien Aktionen hat man es mit *einer* Regierung (oder mit *einem* Konzern) und *einer* Bevölkerung, *einer* Nation zu tun, auch wenn diese politisch stark zerklüftet ist. Darin unterscheiden sie sich grundsätzlich von Aktionen im internationalen Feld, in denen in der Regel jede Nation, wie politisch zerstritten sie nach innen auch sein mag, Einmischungen von »außen« von vornherein argwöhnisch beäugt. Hier gibt es nicht nur zwei oder drei Adressaten der Aktion (z.B. Regierung, Medien, Bevölkerung), sondern viele: nationale (also Regierung, Medien, Bevölkerung) auf *beiden* Seiten des Hauptkonflikts und internationale, Akteure, die mehr oder weniger stark auf den Konflikt einwirken, mit unterschiedlichen Interessen am Wandel oder an der Erhaltung des Status quo.

Vor Beginn der Aktion ist es daher geboten, darüber nachzudenken, welche der involvierten Akteure mittel- bis langfristig den größten Einfluss auf die Situation und die Zustände haben, die durch die Aktion verändert werden sollen. In Bezug auf den Nahost-Konflikt könnte die Analyse z.B. ergeben, dass die *Haupt*-Adressaten nicht die gerade im Amt befindliche israelische Regierung, sondern die israelische Öffentlichkeit (sowie, davon durchaus unterschieden, der israelische »mainstream«) und die politische Öffentlichkeit der USA sind, dem wichtigsten politischen Akteur des Nahost-Konflikts neben den Konfliktparteien, und dort nicht zuletzt die jüdische Wählerschaft. Denn diese Öffentlichkeiten bestimmen den Spielraum für das Handeln der Regierenden, die ja wiedergewählt werden wollen. Wünschen die Öffentlichkeiten eine Veränderung der betreffenden Politik, werden sich die Regierungen dem mittelfristig nicht verschließen können.

Bedrohungswahrnehmungen und Eskalationsgrad des Konflikts

In jedem internationalen Konflikt spielen Bedrohungswahrnehmungen eine große Rolle. Welcher Akteur fühlt sich durch wen und durch was bedroht? Von den Bedrohungswahrnehmungen hängt es zu einem erheblichen Teil ab, wie die identifizierten Haupt-Adressaten der geplanten Aktion auf sie reagieren werden. In stark asymmetrischen Konflikten, in denen also die Macht sehr ungleich verteilt ist, können die Haupt-Adressaten anders angesprochen werden als bei tendenzieller Machtbalance oder gar in *doppelt* asymmetrischen Konflikten. In diesen fühlen sich *beide* Seiten existenziell bedroht und fürchten die vorhandene oder potentielle Übermacht der Gegenseite. Die Bevölkerung des Gazastreifens und die regierende Hamas führen die anhaltende – seit Anfang 2009 noch erheblich verschärfte – Mangelsituation und die Abschnürung von der Außenwelt durch die Blockade der Handelsverbindungen (an der im übrigen auch die ägyptische Regierung unter Mubarak beteiligt war) auf eine generelle Unterdrückungspolitik Israels zurück; die israelische Bevölkerung fühlt sich zum einen durch den fortlaufenden Raketenbeschuss und die ständige Angst bedroht, die Hamas und die militanten Splittergruppen könnten präzisere und noch weiter reichende Raketen in die Hände bekommen,[4] zum anderen und noch mehr durch die mit starken antisemitischen Akzenten versehene[5] gültige Hamas-Charta und das dort formulierte Ziel, den Staat Israel auszulöschen. (Im Nordirland-Konflikt, der in mancher Hinsicht ähnlich gelagert ist, sprach man von einer »Double-minority psychosis«, Baumann 2003.) Diese Angst ist eingebettet in das Bewusstsein vom wachsenden internationalen Gewicht der (mehrheitlich) islamischen Gesellschaften und Staaten. Es sind Gesellschaften, in denen viele die Existenz Israels ablehnen und andere zumindest in der Art, wie es seine Existenz in den besetzten Gebieten langfristig abzusichern sucht, sowie in den Lebensbedingungen der palästinensischen Flüchtlinge und Vertriebenen nach wie vor ein großes und täglich erneuertes Unrecht sehen. Auch die Forderung nach einer individuellen Rückkehrmöglichkeit der palästinensischen Flüchtlinge und Vertriebenen nach Israel wird von der großen Mehrheit der jüdischen Israelis als Bedrohung des Staates Israel erlebt, die die Fortführung des zionistischen Experiments eines jüdisch dominierten Staates unmöglich machen würde.

Bei den Bedrohungswahrnehmungen sind die *Zeithorizonte* und der *Eskalationsgrad* des Konflikts zu berücksichtigen. Im Nahen Osten liegen kurz- und mittelfristig die politischen und militärischen Vorteile eindeutig auf israelischer Seite, aber langfristig wird das kaum so bleiben. Die Demokratisierung der Nahost-Region und Nordafrikas wird den israelfeindlichen politischen Kräften aus den genannten Gründen vermutlich erst einmal Auftrieb geben. Gesellschaften, die sich im permanenten Ausnahmezustand erleben, in denen Gewaltakte kleineren und größeren Ausmaßes der jeweils anderen Seite jederzeit zu erwarten sind, neigen – wie im Mai 2010 – besonders stark zu Fehlwahrnehmungen, Überzeichnungen und Überreaktionen. Bedrohungswahrnehmung und Eskalationsgrad (Glasl 1997, 215-286) verstärken sich gegenseitig.

Empathie ist bei gewaltfreien Aktionen im internationalen Feld nach *beiden* Seiten unerlässlich,[6] um die Gefährdung des Aktionsziels durch solche Überreaktionen zu verringern. Dazu gehört auch, sich zu fragen, in welchem Licht

---

[4] Wie man hört, war dies der Grund für die »operation cast lead«, den israelischen Angriff auf den Gazastreifen vom 27. Dezember 2008 bis zum 18. Januar 2009.

[5] Zum Beispiel heißt es im Artikel 32: »Zionistische Machenschaften setzen sich nämlich endlos fort und werden sich nach Palästina gierig vom Nil bis zum Euphrat ausdehnen. […] Ihr Komplott wurde in den Protokollen der Weisen von Zion niedergelegt.«

[6] Dazu noch immer sehr lesenswert der Beitrag von Kelman 1990, der nach intensiven Gesprächen und einer Reihe von sog. Problemlösungsseminaren mit israelischen und palästinensischen TeilnehmerInnen geschrieben wurde.

die identifizierten Haupt-Adressaten der Aktion diese wahrscheinlich zunächst einmal sehen werden. In Bezug auf eine weitere internationale Aktion, den Gazastreifen betreffend, ist es naheliegend, dass der israelische mainstream und die politische Öffentlichkeit in Israel sie zunächst als feindseligen, parteilichen, im besten Falle naiven Akt, die Hamas aber als Unterstützung ihrer Politik begreifen wird, aus dem möglichst viel politisches Kapital zu schlagen ist.

Überprüfung des Ziels

Nach abgeschlossener politischer Analyse ist das Ziel und die bis dahin geplante Form der Aktion zu überprüfen und ggf. zu verändern oder zu erweitern. Soll im Falle des Nahost-Konflikts das Ziel der Aktion auf praktische und punktuelle Solidarität mit der notleidenden Bevölkerung des Gazastreifens (humanitäre Hilfe) beschränkt bleiben, soll sie eine politische Aktion gegen die Blockademächte darstellen oder soll sie zugleich ein, wenn auch kleiner Beitrag zum *Frieden* im Nahen Osten sein, zu einem Frieden, der die Situation der Bevölkerungen sowohl im Gazastreifen und auf der Westbank als auch im Staat Israel nachhaltig verbessern würde? Für die anschließenden Überlegungen wird probeweise letzteres angenommen.

Verständigung über die Grundprinzipien der geplanten gewaltfreien Aktionen mit den PartnerInnen in anderen Ländern

Zentral ist die gemeinsame Erarbeitung von *handlungsleitenden Prinzipien und Haltungen* – über die Sprachgrenzen hinweg. Die Überlegungen etwa von Martin Arnold im vorliegenden Band oder das, was Johan Galtung und Arne Næss etwas irreführend als »Normen« der politischen Ethik Gandhis bezeichnet haben (tatsächlich beschreiben sie Haltungen, s. den Beitrag von Andreas Buro), können dabei als Orientierungspunkte dienen. Dabei müssen Maximen wie

Schenke dem Gegner Vertrauen, lebe dich in seine Gesichtspunkte ein, zwinge ihn nicht und nutze seine Schwäche nicht aus, provoziere ihn nicht! Verberge Deine Pläne nicht und mache dich nicht abhängig von einer Hilfe von außen! Sei, wo immer möglich, loyal![7]

---

[7] Satyagraha-Normen Nr. 5-9, 11 und 14, siehe S. 178ff. im vorliegenden Band

sehr genau auf das konkrete Feld der geplanten Aktion »heruntergebrochen« bzw. »übersetzt« werden. Das erfordert eine intensive Beschäftigung mit der Geschichte des Konflikts, den Erfahrungen, Werten, Widersprüchen, politischen Rahmenbedingungen und Spielräumen der Akteure in diesem Feld. Wenn man z.B. weiß, dass die Forderung nach Rückkehr der politischen Flüchtlinge und Vertriebenen von 1948 und 1967 für die jüdischen Israelis eine absolute Provokation darstellt, wird man vielleicht darauf verzichten, sie zu erheben und nach einer anderen Lösung ihrer Probleme (z.b. finanzielle Kompensation für die Eigentumsverluste, Eingliederungshilfen in ihrem Zufluchtsland) suchen.[8]

Es ist unbedingt notwendig, während der ganzen Vorbereitungszeit intensiv an den eigenen Haltungen zu arbeiten, um sie soweit wie möglich in Übereinstimmung mit den gemeinsam festgelegten Grundprinzipien zu bringen. Dabei kann eine intensive Beschäftigung mit den Vorbildern der gewaltfreien Aktion nützlich sein, wenn eine lebendige gemeinschaftliche Auseinandersetzung mit eigenen Erfahrungen und Reaktionsweisen hinzukommt (siehe dazu Uwe Painke und Ulrike Laubenthal im vorliegenden Band S. 209ff. und 230ff.).

Festlegung der Form und der Mittel der Aktion

Nun erst, nach der Zielüberprüfung im Lichte der Analyse und einer Verständigung über die Grundprinzipien der Aktion, sind die Mittel und Formen der Aktion festzulegen, die dem endgültigen Ziel entsprechen. Bezogen auf internationale gewaltfreie Aktionen im Nahost-Konflikt könnte aus der Analyse folgen, dass alles getan werden muss, und zwar schon weit im Vorfeld, damit die Aktion möglichst nicht eskalierend wirkt bzw. als den Lebensinteressen der Bevölkerungen zuwiderlaufend begriffen wird. Man könnte z.B. Vertreter der israelischen Regierung lange im Voraus in offenen Briefen und in persönlichen Gesprächen über die Absichten, Einschätzungen und das Denken der an der Aktion Beteiligten unterrichten (oder, wenn dies abgelehnt wird, es zumindest immer wieder anbieten[9]) und sie öffentlich einladen, die Boote und ihre La-

---

[8] Die Forderung nach einem individuellen Rückkehrrecht für die Flüchtlinge war Bestandteil der FreeGaza-»mission« 2010: http://www.freegaza.org/de/unser-ziel-/mission (Stand: 22.2.2011). Die israelisch-palästinensische »Genfer Initiative« hat detaillierte und einleuchtende Vorschläge für eine Lösung des Flüchtlingsproblems vorgelegt, vgl. die Dokumentation bei Bernstein 2006, 144-146; siehe auch www.genfer-initiative.de

[9] In einer anderen internationalen gewaltfreien Aktion unter schwierigen politischen Bedingungen, dem San Francisco Moscow-March for Peace 1960/61, hat A.J. Muste, einer

dung noch vor dem Start auf Waffen und waffenfähiges Material von eigenen Leuten durchsuchen zu lassen und diesen mit Respekt und freundlich begegnen. Zugleich könnte man der im Gazastreifen regierenden Hamas in offenen Briefen und dann auch in Gesprächen deutlich machen, dass die Aktion einerseits keine Anerkennung der in der Hamas-Charta genannten Ziele darstellt und man sich dafür nicht benutzen lassen wird, andererseits aber Verständnis für die vorangegangenen Leidenserfahrungen, das Unrecht der andauernden Besatzung[10] und die gegenwärtige Not der Bevölkerung des Gazastreifens zum Ausdruck bringen. Vielleicht käme man sogar zu dem Schluss, dass gleichzeitig mit der Antiblockadefahrt eine internationale Demonstration in oder bei Sderot gegen den Raketenbeschuss sinnvoll wäre.

Wahl der internationalen Verbündeten und konkrete Vorbereitung der Aktion

Die Wahl der internationalen Verbündeten bzw. die Frage, mit welchen Aktionsgruppen anderer Länder man sich zusammentun will, sollte erst nach der Überprüfung der Ziele und Mittel entschieden werden. Denn eine gemeinsame Aktion ist nur durchführbar, wenn alle Partner sich in Bezug auf das Ziel und die Mittel einig sind. Dabei wird man den einen oder anderen Kompromiss eingehen müssen, aber solche Kompromisse dürfen die Grundprinzipien einer gewaltfreien Aktion nicht verletzen und das selbst gewählte Ziel nicht unterlaufen.

Wie aber kann man über nationale und Sprachgrenzen hinweg feststellen, ob man sich wirklich einig ist? Es reicht offensichtlich nicht aus, das haben die Ereignisse auf der Mavi Marmara (»Blaues Mittelmeer«) gelehrt, wenn die TeilnehmerInnen nach Gandhis Vorbild einzeln unterschreiben, sich während

der Inspiratoren des verantwortlich zeichnenden US-amerikanischen Committee for Nonviolent Action (CNVA), vorab Gespräche in Moskau, Warschau und Ost-Berlin geführt (s. Steinweg 1962, Lyttle 1966)

[10] Völkerrechtlich gesehen ist Israel auch nach dem Abzug der Truppen und Siedler aus dem Gazastreifen für diesen noch immer verantwortlich, und die rigide Kontrolle der Grenzen, des Luftraums und der Küste des Gazastreifens gelten als Formen der Besatzungsherrschaft. Der israelische Souveränitätsvorbehalt bezieht sich nicht mehr nur auf den 1980 annektierten arabischen Teil Jerusalems, sondern auch auf die Westbank und den Gazastreifen (Reiner Bernstein in: »Verflogene Illusionen und produktive Substanz«, http://www.genfer-initiative.de/pdf/veroeffentlichung/B-Illusionen.pdf; Stand: 9.2.2011). Gaza ist kein Staat. Daher können übrigens auch die völkerrechtlichen Regeln, die für einen zwischenstaatlichen Krieg und das Seerecht gelten, auf diesen Konflikt nicht angewendet werden.

der Aktion »in Wort und Tat« der Gewalt zu enthalten und am Vorabend der
Aktion ein Training absolvieren, wie man *technisch* einer bewaffneten Reaktion eines der in den Konflikt verwickelten Akteure begegnen will. Entscheidend ist letztlich nicht die Technik, sondern die innere Haltung der TeilnehmerInnen.

In *internationalen* Aktionen sollten Delegierte der nationalen Gruppen mit
entsprechenden Sprachkenntnissen gegenseitig an vorbereitenden mehrtägigen
Trainings teilnehmen. Das würde erstens eine Bereicherung der Trainings darstellen und Gelegenheit bieten, praktische Lösungen für den Umgang mit dem
Sprachproblem zu entwickeln (s. unten). Es würde zweitens erlauben, besser
einzuschätzen, ob über verbale Gewaltverzichtserklärungen hinaus auch der
Geist der Gewaltfreiheit hinter den Absichtserklärungen von PartnerInnen in
anderen Ländern zu spüren ist, und ob auch alle unter »Gewalt« das gleiche
verstehen. Erst danach kann die endgültige Entscheidung über Kooperationen
und Beteiligungen getroffen werden.

Zur Vorbereitung gehört ferner das gemeinsame Nachdenken über mögliche Reaktionen der Gegner der Aktion und die Entwicklung entsprechender
Handlungsalternativen. In einer Blockadebrecher-Aktion mit Schiffen müsste
man sich z.B. überlegen, wie man jeweils reagieren will, wenn das Schiff geentert, abgeschleppt, abgedrängt oder lahmgelegt wird, oder wenn eine trotz
aller Vorverständigung an Bord gekommene gewaltgeneigte Gruppe versucht,
das Kommando zu übernehmen und die getroffenen Verabredungen zu unterlaufen.

Umgang mit dem Sprachproblem während der Aktion

Die sprachliche Verständigung während der Aktion gehört zu ihren größten
Herausforderungen. Es muss gewährleistet sein, dass zu jedem Zeitpunkt der
Aktion eine verlässliche Verständigung über die Sprachgrenzen hinweg möglich ist.[11] Englisch allein ist schon aufgrund der national sehr unterschiedlichen
Aussprachen des Englischen in heiklen Situationen nicht ausreichend. Es muss
gewährleistet sein, dass während der Aktion Sprecher- und DolmetscherInnen
aller beteiligten nationalen Gruppen an allen Entscheidungen beteiligt sind.

---

[11] An dem in Fußn. 10 erwähnten San Francisco-Moskau-Marsch waren eigene Dolmetscher
für die Sprachen beteiligt, mit denen man es zu tun haben würde, insbesondere polnisch und
russisch, um sicher sein zu können, dass auch wirklich das Gemeinte und Gesagte sprachlich transportiert und wesentliche Aussagen nicht verzerrt oder ausgeblendet wurden.

In Bezug auf den Nahost-Konflikt würde das bedeuten: Es sollten zumindest DolmetscherInnen für Hebräisch, Arabisch und Türkisch an der Aktion teilnehmen – jeweils ins Englische, wenn alle europäischen, amerikanischen und asiatischen TeilnehmerInnen hinreichend englisch sprechen.

Selbst Lieder, die von TeilnehmerInnen gesungen werden, sollten übersetzt werden. Es wird kolportiert, dass beim Ablegen der Mavi Marmara in der Türkei antisemitische Lieder gesungen worden seien. Ohne überprüfen zu können, ob dem wirklich so war, ist klar, dass ein solcher Vorgang mit einer gewaltfreien Aktion, die das oben umrissene revidierte Ziel verfolgt, nicht vereinbar ist. Eine unmittelbare Reaktion des SprecherInnenrates ist in solchen Fällen erforderlich.

Einbeziehung der relevanten Öffentlichkeiten

Eine der schwierigsten Aufgaben gewaltfreier Aktionen ist es, bereits im Vorfeld diejenigen Öffentlichkeiten über Geist, Ziel und geplante Mittel einer Aktion zu informieren, die ihre primären Adressaten sind. Längerer persönlicher Kontakt mit JournalistInnen einflussreicher Medien ist eine unabdingbare Voraussetzung. In Bezug auf den Nahost-Konflikt wären solche Kontakte z.B. mit MitarbeiterInnen von Haaretz, *al*-Dschazīra und palästinensischen Medien aufzubauen. Selbst dann ist nicht gewährleistet, dass angemessen informiert wird. Journalisten brauchen Anlässe oder/und Stories. Witzige Vorfeldaktionen (wie sie sich z.B. die Bauern vom französischen Larzac ausgedacht haben, siehe im vorliegenden Band S. 28f.) könnten sie liefern.

Vorbereitende Maßnahmen wie die hier vorgeschlagenen brauchen einen besonders langen Atem und (noch) mehr Ressourcen. Sie mögen deshalb auf den ersten Blick unrealistisch erscheinen. Aber hat nicht auch Gandhi manche seiner – gegen Entscheidungen der britischen Kolonialherren, also in gewisser Hinsicht ebenfalls im internationalen Feld angelegten – Aktionen über viele Jahre hin vorbereitet? Solche Vorbereitungen haben ihren Wert in sich, und sie müssen nicht bedeuten, dass man während der Vorbereitungszeit in Bezug auf das akute Problem, dem die Aktion gewidmet sein soll, gänzlich untätig bleibt.

Literatur

Baumann, Marcel (2003): Die Angst ins Meer getrieben zu werden: Der zerbrechliche Frieden in Nordirland. In: Jörg Calließ (Hrsg.): Zivile Konfliktbearbeitung im Schatten des Terrors. Loccumer Protokolle Nr. 58/02, Rehburg-Loccum, 169-185

Bernstein, Reiner (2006): Von Gaza nach Genf. Die Genfer Friedensinitiative von Israelis und Palästinensern, Schwalbach/Ts.: Wochenschau Verlag

Glasl, Friedrich (1997): Konfliktmanagement, Bern: Verlag Paul Haupt und Stuttgart: Verlag Freies Geistesleben, 5. erw. Aufl.

Kelman, Herbert C. (1990): Wie Verhandlungsbereitschaft entstehen kann. Zur politischen Psychologie des israelisch-palästinensischen Konflikts. In: Reiner Steinweg/Christian Wellmann (Red.): Die vergessene Dimension internationaler Konflikte. Frankfurt am Main: Suhrkamp, 189-211

Lyttle, Bradford (1966): You come with naked hands. The San Francisco to Moscow March for Peace. Raymond, New Hampshire: Greenleaf Books

Steinweg, Reiner (1962): Der große Marsch San Francisco – Moskau. Hohenhausen bei Lemgo: Selbstverlag (zugänglich in der Friedensbibliothek der Stadt Linz)

ders. (2007): Dokumentation: Das »Manifest der 25: Freundschaft und Kritik« und die darauf folgende Debatte, Band I, hrsg. im Auftrag des »Forum Crisis Prevention«, http://www.crisis-prevention.info/2007 (Doku) (Stand: 6.12.2009)

ders. (2010): Als Friedensforscher in Israel (und Palästina). Ein politischer Reisebericht. Gewaltfreie Aktion 158/159, 28-54

II

Auf den Punkt gebracht

THEODOR EBERT

Lexikalisches Stichwort »Gewaltfreie Aktion«

Theodor Ebert, der sich unter den Forschern im deutschen Sprachraum besonders intensiv und ausdauernd mit der gewaltfreien Aktion beschäftigt und mit »Gewaltfreier Aufstand – Alternative zum Bürgerkrieg« das Standardwerk zu dieser Thematik beigesteuert hat (Ebert 1968, ²1970, ³1978), hatte 1971 für das »dtv-Lexikon zur Geschichte und Politik im 20. Jahrhundert« den Artikel über die Gewaltfreie Aktion verfasst. Auf unsere Bitte, diesen Artikel im vorliegenden Band abdrucken zu dürfen, hat der Autor mit einer Neufassung reagiert, wobei er sich auf unsere Bitte weiterhin den besonderen Anforderungen an einen Lexikonartikel unterworfen hat.

1. Definition

Die gewaltfreie (direkte) Aktion ist eine traditionsreiche Methode der Konfliktbearbeitung. Zu ihr greifen Kontrahenten in Situationen, in denen es schwierig oder fast aussichtslos scheint, durch demokratische Verfahren einen Konsens über Gerechtigkeit und die dafür erforderlichen Wandlungen herzustellen. Die gewaltfreie Aktion hat das Ziel, einen Konflikt so zu dramatisieren, dass sein Vorhandensein und die Unzulänglichkeit der herrschenden Konfliktregelungsmechanismen nicht länger ignoriert werden können. Das Ziel der gewaltfreien Aktion ist es, in Diktaturen oder Formaldemokratien die psychischen und die sozialen Bedingungen zu schaffen, unter denen erneut oder erstmals über Verhandlungen und demokratische Abstimmungen die Konflikte dauerhaft oder vorläufig geregelt werden können.

Die gewaltfreien Aktionen unterscheiden sich von gewaltsamen dadurch, dass ihre Protagonisten bei ihren dramatisierenden Maßnahmen die politischen Gegner und Unbeteiligte nicht verletzen, weder physisch noch psychisch. Lassen sich Sachbeschädigungen im Zuge der Aktionen nicht vermeiden, so wird – neben der Begrenzung dieser Sachbeschädigungen – darauf geachtet, dass die Akteure persönlich die Verantwortung für ihre Aktionen übernehmen. Die anonyme Sabotage ist keine Form der gewaltfreien Aktion. Auch die Ausübung lebensnotwendiger Dienstleistungen und die Verteilung lebenswichtiger Güter darf im Zuge gewaltfreier Aktionen nicht verhindert werden.

In ihrer Grundhaltung unterscheidet sich die gewaltfreie Aktion von den Methoden gewaltsamer Konfliktaustragung dadurch, dass in ihrem Verlauf die Protagonisten ihre Kontrahenten von der Sozialverträglichkeit, ja Unschädlichkeit der eigenen Vorstellungen zu überzeugen suchen, ihnen dabei aber auch klar machen, dass sie ihrerseits nur überzeugenden Argumenten, nicht aber Zwangsmaßnahmen weichen werden.

Diese Haltung gegenüber Einzelpersonen, Gruppen und Staatsorganen hat Gandhi als »Satyagraha« (Festhalten an etwas als wahr Erkanntem) bezeichnet. Satyagraha wurde im englischen und deutschsprachigen Raum mit »nonviolent resistance« bzw. »gewaltfreier Widerstand« übersetzt.

Im deutschen Sprachraum gab es in der ersten Hälfte des 20. Jahrhunderts für das englische nonviolent action und nonviolent resistance noch mehrere Übersetzungen, von denen sich keine allgemein durchsetzen konnte. Gesprochen wurde von »non-violenter Aktion«, von »nicht-verletzender Aktion«, von »gewaltloser Aktion« und immer wieder auch von »passivem Widerstand«. Letzteres konnte sich – trotz der massenhaften Verwendung während des »Ruhrkampfs« bzw. des passiven Widerstands gegen die französischen und belgischen Besatzungsmächte im Jahre 1922 – nicht durchsetzen, weil die Grundhaltung der Widerstand Leistenden offensichtlich keine passive, sondern eine aktive war. Verwirrend war auch, dass im Ruhrkampf zwischen passivem und aktivem Widerstand unterschieden wurde. Unter letzterem wurden Sabotageakte und gewaltsamer Widerstand verstanden. Im Dritten Reich wurde in der Regel nur noch von »Widerstand« gesprochen, aber nicht kategorisch zwischen gewaltlosem und gewaltsamem Widerstand unterschieden. Dies lag auch daran, dass die NS-Diktatur bei ihrer terroristischen Verfolgung jeden Widerstands zwischen gewaltlosen und bewaffneten Widerstandsmaßnahmen nicht unterschieden hat. Die besondere Bedeutung des gewaltlosen Widerstands gegen die nationalsozialistische Diktatur wurde erst nach dem Ende des Dritten Reiches erforscht. Dabei zeigte es sich, dass der gewaltlose Widerstand die NS-Herrschaft vor größere Schwierigkeiten stellte als die bewaffnete Résistance (Semelin 1995).

In der Bundesrepublik Deutschland kam es im Zuge der Rezeption angelsächsischer Konzepte der Konfliktbearbeitung auch zu neuen Versuchen, die Methoden der Konfliktbearbeitung zu kategorisieren. Die Begriffe der Konfliktbearbeitung sollten zur demokratischen Verfassung passen.

Seit 1962 hat sich durch Schriften von Kriegsdienstverweigerern und Atomwaffengegnern mehr und mehr die Bezeichnung »gewaltfreie Aktion« durchgesetzt, wobei aber »gewaltlos« und »gewaltfrei« noch einige Zeit nebeneinander gebraucht wurden. Auch heute werden »gewaltlos« und »gewaltfrei« häufig noch synonym verwendet.

Hinter der Verwendung des neuen Wortes »gewaltfrei« bzw. »Gewaltfreiheit« stand bei den so genannten »gewaltfreien Aktionsgruppen«, welche von 1962 bis 1964 den Rundbrief »konsequent. Nachrichten der Aktionsgruppen für gewaltfreien Widerstand« herausgaben, die Absicht, eine adäquate Übersetzung für Gandhis »Satyagraha« zu finden, ohne dessen Unterscheidung zwischen »Gewaltlosigkeit der Schwachen« und »Gewaltlosigkeit der Starken« zu übernehmen.

Unter der »Gewaltlosigkeit der Schwachen« verstand Gandhi eine pragmatische, nur taktische Verwendung gewaltloser Methoden ohne eine zuverlässige und dauerhafte Festlegung auf diese. Da es sich aber bei diesem Personenkreis häufig um tapfere, opferbereite Personen handelte, suchten die deutschen Akteure nach einem Wort, das diejenigen, die nur aus pragmatischen, eher taktischen Gründen zu gewaltlosen Methoden griffen, nicht abwertete. Es sollte nur in einem behavioristischen Sinne festgestellt werden, dass gewaltlose und keine gewaltsamen Methoden gebraucht wurden. Mit der Verwendung des emphatischen Begriffes der gewalt*freien* Aktion sollte darauf hingewiesen werden, dass man sich im Bewusstsein der konterproduktiven Folgen der Gewaltanwendung ganz bewusst von der Gewalt freigemacht habe. Zur Durchsetzung des Begriffes »gewaltfrei« und seiner mittlerweile allgemeinen Verwendung hat beigetragen, dass »gewaltlos« im Deutschen ein Moment der Schwäche und des Verzichts suggeriert, wohingegen der Hinweis »mit Gewalt« ein starkes Engagement zum Ausdruck bringt. Das gilt sogar in so harmlosen Fällen, wie zum Beispiel in einem Kirchenlied Paul Gerhardts, in dem es heißt: »der Weizen sprießet mit Gewalt«. Auch das Grundgesetz spricht davon, dass »alle Gewalt vom Volke ausgeht« und meint damit keine violenten Aktionen, sondern die Legitimierung der Regierungen durch freie Entscheidungen des souveränen Volkes.

Mit dem sprachlichen Erfolg der Begriffsbildung »gewaltfreie Aktion« und den damit verbundenen positiven Assoziationen ging einher, dass zwischen der taktischen Verwendung von gewaltlosen Aktionen und der grundsätzlichen Festlegung auf gewaltfreie Aktionen in der politischen Werbung für die Teilnahme an solchen Aktionen nicht mehr unterschieden wurde. Dennoch ist davon auszugehen, dass heute bei der Verwendung des Begriffes »gewaltfreie Aktion« zumindest in der Tendenz eine Grundsatzentscheidung für eine nachhaltige Ablehnung von Gewaltmitteln angedeutet wird.

2. Methoden

Die Methoden der gewaltfreien, direkten Aktion sind von unendlicher Vielfalt. Fast jeder größere, lang anhaltende Konflikt zeugt ihm angepasste Formen der Aktion. Gewaltlose Aktionen lassen sich schon in frühen schriftlichen Überlieferungen nachweisen. In den letzten hundert Jahren ist es jedoch zu einer Explosion sozialer Erfindungen dieser Art gekommen. Ein berühmtes Beispiel ist die Menschenkette der Atomwaffengegner zwischen Ulm und Stuttgart am 22. Oktober 1983, die dann in Lettland Schule machte als nunmehr grün aufgemachter Protest gegen die sowjetische Herrschaft. Soziale Bewegungen lernen voneinander und entwickeln mehr oder weniger bewährte Aktionsformen weiter.

Der amerikanische Soziologe Gene Sharp hat einen enzyklopädischen Katalog zusammengestellt, in dem er 198 Methoden definiert und mit historischen Beispielen belegt. Dieser Katalog ist keineswegs vollständig. Von den bekannten Grundformen der gewaltfreien Aktion, also zum Beispiel dem Protestmarsch, dem Streik, dem Boykott, dem Eindringen in gesperrte Gebiete gibt es unzählige Varianten.

Gemeinsam ist diesen Methoden jedoch – und dies unterscheidet sie von den weniger zahlreichen Arten der bewaffneten Aktion –: Bei allen gewaltfreien Aktionen handelt es sich um personale Aktionen, d.h. jeder Akteur steht für sich als identifizierbare, zivile Person und folgt als solche keinen Befehlen, sondern freiwillig den eigenen Überzeugungen. Jede Person entscheidet zu jeder Zeit selbst, ob sie sich an einer Aktion in dieser oder jener Form beteiligen oder von ihr Abstand nehmen will. Trotz des erwünschten Gruppenzusammenhalts und freiwilliger Disziplin gilt die von Gandhi formulierte Regel: Jeder ist sein eigener General. Diese Maxime befindet sich jedoch in ständiger Spannung mit der Erfahrung, dass die Wirkung der einzelnen Aktionen häufig davon abhängt, dass sich eine gewisse Zahl von Personen zu einer Aktion zusammenschließt und gemeinsamen, trainierten Verhaltensmustern folgt.

Protestdemonstrationen – in Form von öffentlichen Versammlungen, Umzügen, Mahnwachen und von den Konflikt darstellenden Happenings – oder auch Hungerstreiks oder religiös unterlegte Fastenaktionen wollen »eine Streitfrage so dramatisieren, dass sie nicht länger ignoriert werden kann« (M. L. King). Mit den Protestaktionen sollen möglichst auch die angestrebten Alternativen aufgezeigt werden.

Die Demonstrationen als solche führen nicht unmittelbar soziale Veränderungen herbei, zeigen aber den politischen Gegnern häufig ihren Verlust an

Massenlegitimation und motivieren sie zu Reaktionen, sei es des Entgegenkommens oder der Unterdrückung.

Die gewaltfreien Aktionen, die nicht nur Protest artikulieren oder konstruktive Alternativen aufzeigen, sondern kämpferisch und direkt ins bestehende soziale System eingreifen, lassen sich (aus soziologischer Sicht) unter Beachtung des jeweiligen Eingriffs ins bestehende soziale System skalieren. Kampfmaßnahmen, die direkt in das soziale System eingreifen, um den Gegner zum Verhandeln über Strukturveränderungen zu motivieren, lassen sich zusammenfassen unter dem Begriff der Nichtzusammenarbeit (Noncooperation) mit den Herrschenden.

Gandhi forderte nach dem Ersten Weltkrieg von seinen indischen Landsleuten die massenhafte Nichtzusammenarbeit mit den englischen Kolonialherren. Er versprach sich davon den raschen Zusammenbruch der englischen Kolonialherrschaft. Auch britische Bildungsangebote sollten gemieden, Ämter und Ehrungen der Kolonialherren abgelehnt und englisches Tuch boykottiert werden.

Die nach wie vor häufigste und wichtigste Methode der Nichtzusammenarbeit ist der Streik in vielen Varianten – von der Arbeit nach Vorschrift bis zum Generalstreik.

Auch die zeitweilige Auswanderung ist eine Form der Nichtzusammenarbeit – unter der Voraussetzung, dass es Aufnahmeländer gibt.

Die Nichtzusammenarbeit wird häufig kombiniert mit der Einrichtung sozialkritischer Parallelinstitutionen zu den etablierten Institutionen. Man spricht von legaler Rolleninnovation, die aber in den zivilen Ungehorsam übergehen kann, wenn die Rolleninnovation verboten wird. Selbst in politischen Systemen, die eine totalitäre Kontrolle der Bevölkerung anstreben, gibt es fast immer noch Einrichtungen, welche sich dieser Kontrolle zu entziehen wissen und eine unabhängige Willensbildung ermöglichen. In kommunistischen Staaten, aber auch im südafrikanischen Apartheidsystem spielten kirchliche Einrichtungen diese konstruktive Rolle.

Von besonderer Bedeutung sind im Rahmen gewaltfreier Kampagnen immer die Medien der kritischen Informationsvermittlung. Es begann mit den Flugschriften der lutherischen Reformation und setzte sich fort bis hin zu Wandzeitungen, Sprayschriften und alternativen Zeitungen in der zweiten Hälfte des 20. Jahrhunderts. Das Internet eröffnete ganz neue Möglichkeiten der Verbreitung von Informationen und der Überwindung von Pressemonopolen und Zensurmaßnahmen. Innerhalb von wenigen Tagen lassen sich über

Internet hunderttausende von Unterschriften gegen eine bestimmte Maßnahme von Regierungen, z.B. ein Todesurteil oder die Aufhebung des Jagdverbots für Wale, sammeln. Diese kurzfristige globale Fokussierung von bestimmten Personen auf ein bestimmtes Thema ist eine wichtige Innovation der jüngsten Zeit.

Als schärfste Kampfmaßnahmen gelten ziviler Ungehorsam und zivile Usurpation. Sie wurden von Gandhi als »vollwertiger Ersatz für den bewaffneten Aufstand« bezeichnet. Man versteht darunter das Übertreten ungerechter Gesetze mit dem Ziel, die Regierung zu deren Revision oder Abschaffung zu bewegen. Häufig besteht die Gesetzesübertretung nicht allein in einer Unterlassungshandlung, also z.B. der Kriegsdienstverweigerung bei allgemeiner Wehrpflicht, sondern in der gesetzwidrigen Intervention in ein soziales System. Beispiele sind Go-in, Sit-in, Massensitzstreik auf Straßen, die Instandbesetzung leer stehender Wohnungen, die Besetzung von Industrieanlagen, das Besetzen und Umfunktionieren von komplexen gesellschaftlichen Institutionen, z.B. von Universitäten, von landwirtschaftlichen Flächen und Betrieben, von Truppenübungsplätzen oder den Transportwegen und Lagerstätten für radioaktiven Abfall.

Wenn dieser intervenierende Ungehorsam in »ziviler« Form erfolgt, kann man von einer zivilen Usurpation sprechen, in der Aufständische soziale Rollen ergreifen, die ihnen im bisherigen sozialen System nicht zustehen. Gelingt es, Massen zur zivilen Usurpation zu bewegen, entsteht neben dem etablierten Regierungssystem oder der herrschenden Form des Wirtschaftens eine zivile, gewaltfreie Gegenmacht bzw. alternative Form des Wirtschaftens. Wenn diese konstruktiven Formen des zivilen Ungehorsams in kurzer Zeit die große Mehrheit der Bevölkerung aktiv für sich zu engagieren und die Regierung zum Verhandeln und zum Rücktritt zu zwingen vermögen, kann man von einer gewaltfreien Revolution sprechen. Ein Beispiel bietet der von »runden Tischen« moderierte Übergang vom SED-Regime in der DDR zu den Freien Wahlen im Jahre 1990.

Auch die Massendemonstrationen in Tunesien und Ägypten zu Beginn des Jahres 2011 können zu einem solchen Systemwechsel führen, wenn es nach dem Sturz der bisherigen Machthaber gelingt, neue demokratische Institutionen zu etablieren und diese gegen Restaurationsversuche gewaltfrei zu verteidigen. Grundsätzlich bedürfen gewaltfreie Revolutionen einer entwickelten Zivilgesellschaft als Träger, um sich behaupten zu können. Darum gehört als »konstruktives Programm« (Gandhi) die unauffällige Entwicklung zivilgesellschaftlicher Institutionen ins Vorfeld gewaltfreier Aufstände. Sonst besteht die

Gefahr, dass im Zuge von Rebellionen autoritäre Führergestalten gegen neue ausgetauscht werden, ohne dass es zu einer wirklichen »Graswurzelrevolution« kommt.

3. Wirkung der gewaltfreien Aktion

Zahl und Umfang gewaltfreier Aktionen sind im 20. Jahrhundert exponentiell gewachsen. Die gewaltfreien Aktionen sind in den Industriegesellschaften den gewaltsamen Methoden überlegen, weil man mit ihnen gezielt und begrenzt in Lebensabläufe eingreifen kann, wohingegen die bewaffneten Mittel diese Möglichkeit beim Großeinsatz nicht bieten. Die Regierungen verfügen in der Regel über das Gewaltmonopol. Oppositionelle Bewegungen haben keine Chance, sich zu bewaffnen, und in hoch industrialisierten Gebieten lassen sich auch keine Guerillakriege führen. Nur die Armee könnte noch auf dem Wege des Staatsstreichs einen Regierungswechsel und eine Änderung des politischen Systems zu erreichen versuchen, steht dann aber häufig vor dem Problem, dass ihr in der Verwaltung und in der Industrie die Zusammenarbeit verweigert werden kann. 1920 scheiterte in Deutschland der Kapp-Putsch an der gewaltlosen Nichtzusammenarbeit.

Der agitatorische Terror spielt zwar im 21. Jahrhundert im öffentlichen Bewusstsein eine wichtige Rolle, scheint aber strategisch in eine Sackgasse zu führen, weil es praktisch unmöglich ist, von verdeckten Einzelaktionen zum Guerillakampf überzugehen. Der Guerillakrieg bedarf unkontrollierbarer Rückzugsgebiete, wie man sie in hoch industrialisierten Ländern kaum mehr findet.

Das der Industriegesellschaft angepasste Äquivalent zum bewaffneten Kampf oppositioneller Kräfte ist der zivile Ungehorsam. Charakteristisch für diesen ist, dass bei der öffentlichen Übertretung von Gesetzen die Akteure sich auf übergeordnetes positives Recht oder auch das Naturrecht oder die Freiheit des Gewissens berufen. »Zivil« ist der Ungehorsam dann, wenn er »höflich, wahrheitsliebend, bescheiden, klug, hartnäckig, doch wohlwollend, nie verbrecherisch und hasserfüllt« ausgeübt wird (Gandhi 1922). Der Hauptunterschied zwischen dem zivilen Ungehorsam und der provokatorischen, potentiell gewaltsamen Regelverletzung – gemeinhin als Randale bezeichnet – ist, dass sich die zivilen Ungehorsam Leistenden den Sanktionen ihrer Gegner, in der Regel der Polizei, nicht gewaltsam widersetzen und sich ihnen in der Regel auch nicht durch Täuschung zu entziehen suchen. Straßenkämpfermanieren, die sogenannte Notwehr und Täuschung, werden abgelehnt, weil sie bei den Trägern der Aktion, ihren Gegnern und den Beobachtern unerwünschte Reaktionen auslösen.

Die von Frantz Fanon behauptete emanzipatorische Wirkung der Gewaltanwendung wird bestritten, da die systematische Gewaltanwendung seitens einer Befreiungsorganisation innerhalb dieser zu hierarchischen Strukturen führt und zur Untergrundarbeit und zur Einübung in ein immer waches Misstrauen zwingt, so dass nach Abschluss der Kampfhandlungen diktatorische und nicht demokratische Strukturen vorhanden sind. Gewaltanwendung wird ferner abgelehnt, weil sie in der Regel zur Eskalation der Gewalt und zur Steigerung der Opferzahlen führt.

In einem gewaltfreien Verhalten wird keine Garantie für einen Repressionsverzicht des Gegners gesehen; man rechnet jedoch damit, dass insgesamt die Opfer eines Befreiungskampfes geringer sind, wenn selbst auf extrem gewaltsame Repression immer gewaltfrei geantwortet und so dem Gegner keine zusätzliche Legitimation für Unterdrückungsmaßnahmen geboten wird. Der indische Unabhängigkeitskampf mit gewaltfreien Methoden kostete, einschließlich der englischen Reaktion auf vereinzelte indische Gewaltakte, etwa 8.000 Menschenleben; der algerische Unabhängigkeitskrieg etwa 150.000 bis 200.000 Tote bei einer dreißigmal kleineren Bevölkerung.

Schließlich werden Gewaltmethoden abgelehnt, weil man in den Gegnern unfreie, sich selbst entfremdete Menschen sieht. Das gewaltfreie Verhalten soll die Solidarität mit dem Gegner als menschlichem Wesen zum Ausdruck bringen. Die Überzeugungskraft einer gewaltfreien Aktion hängt jedoch nicht allein von der Leidens- und Opferbereitschaft ihrer Träger, sondern auch davon ab, dass die von ihnen angebotene Alternative zu dem bestehenden ungerechten System mit hoher Wahrscheinlichkeit den angegebenen Zwecken dient und wirklich funktionsfähig ist.

Zum Experimentieren mit den angebotenen neuen Strukturen können die Herrschenden meist erst dann gebracht werden, wenn durch die gewaltfreien Aktionen das dominierende System am Funktionieren gehindert und das neue System durch Rolleninnovation und Rollenusurpation teilweise schon praktiziert wird.

Das Auftreten von gewaltfreien Akteuren hat auch zur Entwicklung und Auffächerung von Repressionsmaßnahmen und zu einer gewissen Anpassung an die gewaltlosen Methoden geführt. Es gibt Fälle, in denen die Polizei sich mit den gewaltfreien Akteuren auf Spielregeln im Umgang mit zivilem Ungehorsam bzw. mit Ordnungswidrigkeiten einigt, also z.B. gegen Sitzproteste nicht Schlagstöcke, Wasserwerfer und Pfefferspray einsetzt, sondern die Sitzenden wegträgt, eventuell erkennungsdienstlich behandelt und zur Anzeige bringt oder auch nicht.

Der gewaltfreie Widerstand kann auch zum Auftreten faschistoider Gegenbewegung unter Einsatz terroristischer Methoden führen. Das Verhindern und Hemmen eines solchen backlash ist eine wichtige strategische Aufgabe gewaltfreier Kampagnen. In diesen wird – im Unterschied zu Guerillakämpfen – eine Polarisierung der Gesellschaft zu vermeiden gesucht. Das strategische Ziel ist es, eine immer breitere Gruppe von Teilnehmern und Sympathisanten zu gewinnen, aber auch die Gegenseite zu motivieren, sich ohne Gesichtsverlust in das Unvermeidliche zu fügen. Gene Sharp spricht von »bowing gracefully to the inevitable«.

4. Gewaltfreie Sicherheitspolitik (Soziale Verteidigung)

Gandhis übergeordnetes politisches Ziel war nicht allein die Ablösung der englischen Kolonialherrschaft durch einen indischen parlamentarisch-demokratischen Nationalstaat, sondern ein neues gewaltfreies indisches Gemeinwesen, getragen von »Sarvodaya« (Wohlfahrt für alle bzw. Aufhebung des entfremdeten Daseins durch alle). Er hoffte, dass aus den gewaltfreien Aktionen des Unabhängigkeitskampfes und aus dem gewaltfreien inneren Ringen um soziale Gerechtigkeit – und dazu gehörten für ihn die Überwindung der Kastenschranken und der Diskriminierung der Frauen – ein gewaltfreies, rätedemokratisches Gemeinwesen erwachsen könnte, das auch ohne schwer bewaffnete Polizei und Armee bestehen würde, trotz äußerer Bedrohung und anhaltender religiöser und sozialer Konflikte. Er dachte an ein flächendeckendes Netz von gewaltfreien Einsatzgruppen, die bei inneren Unruhen und bei Bedrohungen von außen aktiv werden sollten. Die entsprechende Organisation nannte er Shanti Sena, wörtlich »Friedensarmee«; gemeint war ein Netzwerk von lokal verankerten Friedensbrigaden bzw. task forces aus Männern und Frauen.

Als Antwort auf die Beteiligung der Bundesrepublik Deutschland an der NATO wurde von deutschen Kriegsdienstverweigerern versucht, Gandhis Vorstellungen einer Shanti Sena auf das Europa des Kalten Krieges zu übertragen. In der Friedensbewegung wurden diese Konzepte unter dem Stichwort »Soziale Verteidigung« diskutiert. Die Grundidee war, dass nicht primär Territorien, sondern die Selbstbestimmung in den sozialen Institutionen durch gewaltfreien Widerstand verteidigt werden sollte. Diese staatlich unterstützte und gesellschaftlich getragene »Soziale Verteidigung« sollte sich gegen auswärtige Aggressoren, Konterrevolutionen und Staatsstreiche wenden. Die ersten Vorstellungen dieser Art wurden 1962 von der Stuttgarter Gruppe »Gewaltfreie Zivilarmee« veröffentlicht und später von der Studiengruppe Civilian Defence (Soziale Verteidigung) der Vereinigung Deutscher Wissenschaftler e.V. untersucht. Nach der Beobachtung des gewaltlosen Widerstands gegen die Okkupation der Tschechoslowakei im Jahre 1968 wurde das Konzept der Sozialen Verteidigung in der deutschen Friedensbewegung breit diskutiert. Unter dem Einfluss von Roland Vogt und Petra Kelly machten auch die Grünen es sich zeitweise als ihr spezifisches Sicherheitskonzept zu eigen. Im Jahre 1989 kam es durch das Zusammenwirken mehrerer pazifistischer Verbände in Minden zur Gründung des Bundes für Soziale Verteidigung e.V., dessen erklärtes Ziel es ist, das Militär durch die Einübung des gewaltfreien Widerstands und die Bereitschaft zu zivilen Friedensdiensten vollständig zu ersetzen.

Literatur

Carter, April/Howard Clark/Michael Randle (2006): People Power and Protest since 1945. A Bibliography of Nonviolent Action. London: Housemans Bookshop (Supplement March 2007)

Ebert, Theodor (1981): Gewaltfreier Aufstand – Alternative zum Bürgerkrieg, Freiburg i.Br. 1968, 4. Aufl. Waldkirch: Waldkircher Verlag

ders. (1981): Soziale Verteidigung, 2 Bände, ebenda

ders. (1984): Ziviler Ungehorsam, ebenda

Gandhi. Ausgewählte Werke in 5 Bänden (2011). Hrsg. von Shriman Narayan, bearbeitet von Wolfgang Sternstein. Mit einem Nachwort von Gita Dharampal-Frick. Aus dem Englischen übersetzt von Brigitte Luchesi und Wolfgang Sternstein. Göttingen: Wallstein-Verlag

ders. (1996): Für Pazifisten. Hrsg. von Wolfgang Sternstein, Münster: Lit Verlag

Sharp, Gene (1971): The Politics of Nonviolent Action. Boston: Porter Sargent Publishers

ders. (2008): Von der Diktatur zur Demokratie. Ein Leitfaden für die Befreiung. München: C.H. Beck

Semelin, Jacques (1995): Ohne Waffen gegen Hitler. Eine Studie zum zivilen Widerstand in Europa. Frankfurt am Main: dipa Verlag

CLARA WICHMANN

Antimilitarismus und Gewaltfreiheit

*D*ie von deutschen Eltern abstammende, in Holland aufgewachsene Juris-*tin, Feministin und Revolutionärin Clara Wichmann ist die erste Theo-retikerin der Gewaltfreiheit in Europa. Der folgende Aufsatz wurde als eine Polemik gegen einen Revolutionär X. geschrieben, der die Gewalt als Akti-onsmittel im revolutionären Kampf verteidigt hatte. Er erschien am 1. Oktober 1919 in Holland und wenig später auch in Deutschland.*[1]

Gewiss: Kein einziger Grundsatz in der Welt kann *bis in seine äußersten Kon-sequenzen* durchgeführt werden; weder Vegetarismus, noch freie Erziehung, noch Gewaltlosigkeit. Aber was soll nun die Folgerung daraus für die Praxis unseres Lebens sein? Sollen wir daher nun auch jeden *Versuch* in dieser Rich-tung unterlassen, oder im Gegenteil den neuen Grundsatz anerkennen, um bald zu erkennen, dass mit jedem Versuch in dieser Richtung unsere Kraft dazu wachsen wird?

Die gewöhnliche Redensart ist die: »Ich werde kein Vegetarier, denn dann dürfte ich auch eigentlich keine Pflanze ums Leben bringen; ich strebe nicht nach Gewaltlosigkeit, denn, wenn ich sehe, wie ein Kind ermordet wird, wer-de ich Gewalt anwenden, um dies zu verhindern.« Diese Redensart ist sehr einfach, und hätte man sie immer angewendet, so wäre die Menschheit nicht einen Schritt vorwärts gekommen. Ein Fortschritt ist nur dann möglich, wenn es »Toren« gibt, die glauben, gut daran zu tun, *wenigstens* so weit nach ihren Grundsätzen zu leben, als es ihnen möglich ist. Und die »äußerste Konsequenz« der Auseinandersetzung von X. würde sein, dass die Menschen bis in alle Ewig-keit hätten Kannibalen bleiben sollen, weil sie die Grundsätze vom *Nicht-Töten* und *Nicht-Verschlingen* ja doch nicht konsequent durchführen können.

Mit allen diesen Redensarten über unmögliche, äußerste Konsequenzen verdunkelt man die wesentliche Frage; und das ist sowohl das Bequeme wie das Gefährliche dieser Redensart. Wenn wir heutzutage die Frage der Gewalt-

---

[1] Mit freundlicher Zustimmung des Verlags entnommen aus: Gernot Jochheim (Hrsg.): Cla-ra Wichmann – Der Weg der Befreiung (Texte über aktive Gewaltlosigkeit 1917-1921). Kassel: Weber & Zucht, 1989

losigkeit besprechen, dann handelt es sich nicht darum, ob wir im äußersten Falle – einem Tiger oder einem Kindermörder gegenüber – Gewalt anwenden werden, *sondern darum: ob wir die Gewalt zu einem steten Bestandteil unserer Propaganda und unserer Kampfmethoden machen wollen?* Wenn X. letzteres aufgrund der Tatsache vertritt, dass wir Menschen des 20. Jahrhunderts den Gedanken der Gewaltlosigkeit doch nicht völlig auswirken können, so ist dieser Gedankengang – wie sehr dieser bei ihm auch hervorgeht aus Hingabe an die Menschheit und an den Sozialismus – *in dieser Hinsicht* derselbe wie der eines jeden Konservativen neuen Grundsätzen gegenüber. *Zu jedem* Prinzip müssen die Menschen *heranwachsen,* keines kann sofort völlig ins Leben umgesetzt werden, und wenn wir uns auch wohl manchmal einbilden, Kultur zu besitzen, so stehen wir dennoch mit einem Fuße im Reich der Tiere. Deshalb ist schon dies wichtig und in hohem Maße erfreulich: wenn Menschen – Einzelne, kleine Gruppen sind es *bis jetzt* noch – *eingesehen* haben, dass es eine höhere Kampfmethode als die des Zwanges gibt, nämlich »das Geistesschwert der Freiheitsscharen«. Wenn wir diese Waffe als *die höhere* erkannt haben und als die erstrebenswerteste, dann sind wir ja schon *auf dem besten Weg.*

Dies habe ich in der Auseinandersetzung von X. vermisst: Die Einsicht, dass es etwas anderes gibt als *entweder* das bewusste und wissentliche Annehmen und Anerkennen der Gewalt *oder* die Gewaltlosigkeit eines Buddha, nämlich die *Einsicht,* dass die Gewaltlosigkeit, so gut wie alle anderen Kräfte, sich entwickeln muss und teilweise sich bereits entwickelt hat, denn zumindest die Zeit der primitivsten Reaktionen, als *jeder* Meinungsunterschied durch sofortige Gewalt geschlichtet wurde, wo *jedes* menschliche Verhältnis (auch dasjenige von Mann und Frau, Eltern und Kindern) eines von Macht und Autorität war, ist bereits überwunden.

Auf diesem Wege müssen wir weitergehen, »weil wir bis zur völligen Gewaltlosigkeit noch nicht gekommen sind«, und jeder, der wieder Gewalt predigt, diese Entwicklung hemmt und in dieser Hinsicht – ich kann es nicht anders sagen – *reaktionär* handelt. Wenn wir die Dinge so sehen, dann folgt daraus von selbst, dass wir die Gewalt wohl als einen historischen Faktor anerkennen, dass wir wissen, dass allerlei relativ Gutes in der Geschichte durch die Gewalt zustande gebracht worden und dass sogar allerlei edler Heldenmut mit Gewalt verbunden gewesen ist. Deshalb aber brauchen wir doch nicht ewig bei dieser Methode bleiben! Es kommt auf eine *Weiterentwicklung* an, auf eine Steigerung, somit nicht auf ein Ersetzen dieser alten, rauhen Heldenhaftigkeit durch eine Art universeller Weichherzigkeit und Gelassenheit, sondern durch eine *neue Heldenhaftigkeit,* die im Anfang an Schwierigkeit die alte weit übertreffen wird. Unsere alten Instinkte wollen noch gerne die Sache, der wir dienen, mit Gewalt verteidigen, und man braucht Mut dazu, um der Überzeugung treu zu bleiben, dass wir ihr mit Gewalt schlecht dienen würden. So einfach, wie X. es hinstellt, ist es nicht. Alle Vorkämpfer der Gewalt stellen das Problem so hin, als ob wir zwischen zweierlei die Wahl hätten: entweder einen heiligen Zweck mit *allen* Mitteln zu verwirklichen, oder – auf diesen heiligen Zweck zu verzichten. Gerade diese Gegenüberstellung ist *falsch,* so ist es in der Wirklichkeit nicht.

Wer schonungslose oder unehrliche Mittel anwendet, verspielt damit seinen heiligen Zweck. Alles hat ja seine Folgen: auch die Gewalt. Sie ruft *aufs Neue* Gewalt hervor, wie die ganze Geschichte es beweist.

X. selber wird es erkennen müssen, dass es sich so in der Wirklichkeit nicht verhält, – auf der einen Seite nur die Kräfte des Lichtes und auf der anderen nur die Kräfte der Dunkelheit. »Wenn jetzt ein Volk sich befreit, und es baut sich eine neue Erde, aber eine Erde des Friedens, und es gibt keine Waffen mehr, sondern nur Liebe und Weisheit, – und es kommen reaktionäre Mächte, um dieses Volk zu überfallen, und diese Mächte haben Waffen – was dann, müssen wir dann nicht auch zu den Waffen greifen?« So *ist* es ja gar nicht. Auch *in uns* sind dunkle, reaktionäre Elemente, und wenn man den bewaffneten Kampf predigt, so macht man nur diese Gewaltkräfte in uns frei! Wenn man Jahre hindurch die Menschen für die oder jene Armee erzieht, so hat man in ihnen Instinkte erzogen und verstärkt, die sie für ein kameradschaftliches Zusammenleben *untauglich* machen. Dann weicht das Ideal schon wieder in die Ferne – und es wird nie erreicht, – gerade weil die Menschen dafür nichts übrig haben, um im gegebenen Fall auf das greifbare, gewalttätige Kampfmittel verzichten zu können.

Wenn es anders wäre: Wenn wirklich auf der revolutionären Seite *nur* die Kräfte des Lichts, der Liebe und der Weisheit wären – dann freilich wäre die Sache sehr einfach. Dann würden wir sowieso keine Waffen gebrauchen, *weil wir sie nicht gebrauchen wollten, – und weil wir andere Kampfmethoden zu unserer Verfügung hätten* und sie auch anwenden würden. Denn der Kampf ist ewig auf der Erde – und ohne Kampf kein Wachsen –, aber der Kampf kann veredelt werden. Deshalb ist es immer ein Zeichen von Unvermögen, von Unreife, wenn wir zum Zwang, zur Gewalt und Strafe unsere Zuflucht nehmen müssen. Wenn jemand seine Kinder nicht ohne Gewalt erziehen kann, dann kann das teilweise an den Kindern liegen, aber ganz gewiss auch an dem Erzieher. Es ist immer *unser Fehler* – und dies gilt sogar dem Kindesmörder gegenüber, – wenn wir kein anderes Mittel mehr wissen als die Gewalt. Es

171

bedeutet auch meistenteils, dass uns ein äußerer Erfolg, der eine innerliche Niederlage bedeutet, schließlich doch lieber ist als das Umgekehrte. X. sieht nur noch zwei Möglichkeiten: *Wehrlosigkeit* und *Gewalt.* Haben wir aber nicht schon seit längerer Zeit mit dem Begriff »Wehrlosigkeit« gebrochen und *die geistige Streitbarkeit* über ihn gestellt?

Aber das Falsche ist, dass wir diese Dinge meistens nur im Abstrakten erörtern, während die neue Kampfmethode erfordert, dass wir immer wieder versuchen, die *entsprechende Kampfmethode* ausfindig zu machen, in allen Konflikten, denen wir gegenüberstehen. Beim Einzelnen (wenn einem irgendein Unrecht oder vermeintes Unrecht angetan worden ist) und bei der Gesamtheit (wenn es gilt, die Mittel des revolutionären Kampfes ausfindig zu machen). Vom Dürfen oder Sollen ist also keine Rede. Kein Anhänger der Gewaltlosigkeit, der seinen Grundsatz begriffen hat, wird jemals einem anderen sagen, dass er keine Gewalt gebrauchen *darf.* Wir sind weit davon entfernt, aus der Gewaltlosigkeit wieder ein Dogma zu machen.

Sie kann nur wirklich angewendet werden, insoweit sie *innerlich* erlebt ist, Äußerung einer innerlichen Erregung oder allgemeinen Geistesverfassung ist, sonst wäre sie »tönend Erz und eine klingende Schelle« geworden.

Wenn es sich als wahr erweisen wird, dass die Entwicklung der Menschheit in der Richtung eines Immermehrüberwindens von Gewalt und Zwang geht, so wird man, wenn man nach vielen Jahrhunderten auf die Entstehungsgeschichte der Gewaltlosigkeit zurückschaut, dann wahrscheinlich erkennen müssen, dass auch dieser neue Lebensgrundsatz nur in Leid und Kampf, mit Umfall und Wiederaufrichten gereift ist. Es hat seine tiefe Bedeutung, *dass* die Gewaltlosigkeit heute für uns alle ein *Problem* ist, denn dies ist ein Zeichen, dass wenigstens unter vielen Revolutionären – für die anderen ist es noch kaum eine Frage – das soziale Gewissen in diesem Punkt feinfühliger geworden ist. Dieses gilt sowohl für diejenigen, die für die Gewalt, als für diejenigen, die gegen die Gewalt schreiben und sprechen. Für sie alle ist es ein Problem geworden! Sie alle würden ohne Gewalt kämpfen *wollen* – während für die früheren Menschen – und jetzt noch für die Mehrheit – die Gewalt eine Selbstverständlichkeit war und ist.

Auch X. gehört zu denen, für die die Anwendung der Gewalt *nicht* selbstverständlich ist. Aber zweierlei sieht er, meine ich, nicht deutlich genug:

1. Dass es wohl besser sein kann – obgleich nicht immer ist, – Gewalt gegen Unrecht anzuwenden, als gar nichts dagegen zu tun; aber dass es jedenfalls noch viel besser ist, das Unrecht *auf eine andere Weise* zu überwinden.

2. Dass Gewalt selbst wieder gewalttätige Kräfte weckt.

X. stellt sich die Gewaltlosigkeit *nur passiv* vor, »als ein wehrloses Untergehen in den alten Elementen«. Und er meint, dass die, die versuchen wollen, die Gewalt zu überwinden, leugnen, dass alle Aufwärtsbewegung nur in Kampf, Not und Leid erworben wird. *Aber wie es einen anderen Kampf als den der Waffen gibt, so gibt es auch noch ein anderes Leid als Tod und Wunden.* Übrigens, vorläufig werden die Gewaltlosen – wenigstens für sich selbst – dieses letztere auch noch auf sich nehmen.

X. ist Antimilitarist unter dem Kapitalismus, denn einer schlechten Sache will er nicht mit Gewalt dienen. Wenn wir das unlösliche Band zwischen Mittel und Zweck fühlen, wenn wir wissen, dass wir eine gute Sache unwiderruflich niederziehen, dadurch, dass wir sie mit schlechten Mitteln verteidigen, dann glaube ich, dass wir weitergehen werden als X. und *versuchen werden, endgültig und auf immer* Antimilitaristen, also Gegner jeder Gewalt zu sein!

ANDREAS BURO

Meine Erfahrungen mit den Satyagraha-Normen von Johan Galtung und Arne Næss nach Gandhi

*D*ie deutsche Veröffentlichung der »Satyagraha-Normen« durch Andreas Buro[1] hat für die »neue Friedensbewegung«[2] der 1980er Jahre eine gro-ße Bedeutung gehabt. Allerdings ging man irrtümlich davon aus, dass Gandhi selbst diese ethischen Regeln formuliert habe. Tatsächlich handelt es sich um Untersuchungsergebnisse des norwegischen Philosophen Arne Næss und des damals kaum 25jährigen Johan Galtung.[3] Leider existiert keine englische oder deutsche Übersetzung ihres Buches. Die Übersetzung der im Folgenden wie-dergegebenen insgesamt 26 ethischen Leitsätze (15 Hauptnormen und 11 Sub-normen zu den Sätzen Nr. 5, 8, 9 und 11) für politisches gewaltfreies Handeln wurde anhand des norwegischen Originals von Reiner Steinweg und Horst Nägele überprüft und, wo nötig, korrigiert. Torsten Kragh, Claudia Lenz und Lutz Mez haben dabei geholfen.

Galtung und Næss betonen zu Beginn des Kapitels »Satyagraha-Normen« (das vierte des Buches), dass diese Normen sich Gandhis eigenen Bezeugun-gen zufolge seiner Intuition verdanken, also nicht einer systematischen ethi-schen Reflexion. Die Autoren beginnen die Entfaltung jeder einzelnen Norm – außer bei der vorangestellten Norm N_0 – mit der hier jeweils wiedergegebe-nen zusammenfassenden Überschrift. Darauf folgt, gestützt auf Gandhis Werke und die damals vorliegende Sekundärliteratur, jeweils ein Abschnitt »Situatio-nen und Zitate«, danach ein Abschnitt »Kommentare und Präzisierung«. Erst am Ende dieses Abschnitts wird – als Ergebnis der Untersuchung – die hier jeweils direkt nach der imperativen Überschrift wiedergegebene knappe »Prä-zisierung« der gewonnenen Einsichten vorgenommen. Die in Deutschland als Satyagraha-Normen bekannt gewordenen Handlungs-Imperative für gewalt-

[1] Andreas Buro: Zwischen sozial-liberalem Zerfall und konservativer Herrschaft, Offen-bach: Verlag 2000, 1982

[2] Reiner Steinweg (Red.): Die Neue Friedensbewegung. Analysen aus der Friedensfor-schung (= Friedensanalysen 16), Frankfurt am Main: Suhrkamp 1982

[3] Johan Galtung/Arne Næss: Gandhis politiske etikk. Oslo 1955 ([2]1968, [3]1994), Oslo: Pax Forlag AS [hier zitiert nach der Ausgabe von 1968]

freie politische Aktionen stellen also nicht mehr, aber auch nicht weniger als die Essenz eingehender Erörterungen dar.

Das Verhältnis der einzelnen »Normen« zueinander (es handelt sich eher um wünschenswerte Haltungen) symbolisieren Galtung und Næss in folgendem Schema:

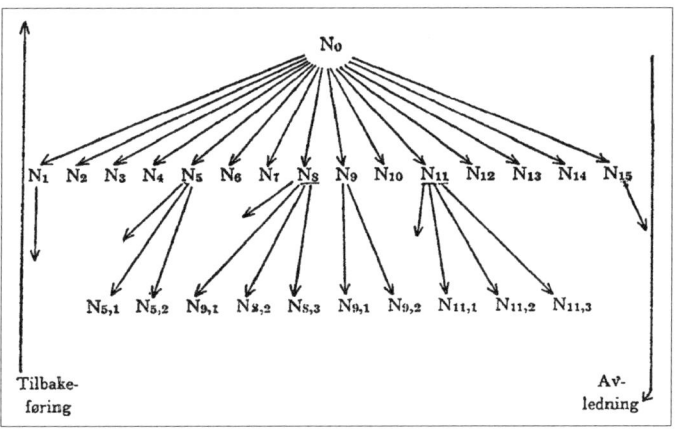

Tilbakeføring = *Zurückführung auf;* Avledning = *Ableitung aus*

Es werden aber auch horizontale Beziehungen zwischen einzelnen Normen erörtert, z.B. zwischen N_2 und N_{10} – eine Kombination, die für Gandhi besonders wichtig gewesen sei (S. 183). Den Abschluss des Kapitels bildet eine Auflistung und Erörterung von 12 Kombinationen, die jeweils einen gemeinsamen bzw. besonderen Sinn ergeben. Und natürlich werden auch Spannungsverhältnisse zwischen einzelnen Normen thematisiert.

Auf das Kapitel »Satyagraha-Normen« folgt im Buch von Galtung und Næss als fünftes ein Kapitel »Satyagraha-Formen«.[4] Das sechste Kapitel befasst

---

[4] Darin gehen die Autoren u.a. folgenden Fragen nach: Wie soll man Satyagraha anwenden? Ist das Konzept defensiv oder offensiv, positiv oder negativ? Gilt es für einzelne oder für Massen? Wird mit Satyagraha Zwang ausgeübt oder handelt es sich um Bekehrung? Welche Rolle spielen Freiwilligkeit und Disziplin? Ferner werden in diesem Kapitel einzelne Handlungsoptionen systematisch diskutiert: Verhandeln, Schiedsverfahren, Agitation, Demonstration, Ultimatum, »Harta« (Trauer- und Protesttag, oft verbunden mit einer Sitzblockade), Streik und Streikwache, Wirtschaftsboykott, Sozialboykott, »Dharma«, »Hizrat« (Massenemigration im Zusammenhang mit Steuerverweigerungskampagnen), Fasten, Steuerverweigerung, Nicht-Zusammenarbeit, defensiver und offensiver Ziviler Ungehorsam, Parallelregierung. Diese Optionen werden nach »sanften«, »starken« und »extremen« Formen unterschieden.

sich ausführlich mit einer Reihe von ethischen und empirischen Einwänden gegen die aufgefundenen Normen (z.B. dass moralischer Zwang nicht besser als physischer sei oder dass Satyagraha gegen Terror nichts ausrichten könne). Dabei wird auf jeden Einwand systematisch eine differenzierende und abwägende Antwort gegeben. Im siebten Kapitel schließlich wird Gandhis Ansatz dem westlichen Pazifismus gegenübergestellt.

Eine Übersetzung dieses für das Gandhi-Verständnis und die Gewaltfreie Aktion fundamentalen Werkes ist u.E. auch ein halbes Jahrhundert nach seinem Erscheinen noch immer wünschenswert. Man könnte auch sagen: Es lohnt sich, dafür Norwegisch zu lernen...

Wir haben Andreas Buro gebeten, einleitend seine Erfahrungen mit den Satyagraha-Normen darzustellen und einige davon, die vielleicht nicht auf Anhieb verständlich sind, mit Beispielen zu erläutern. Er hat über mehr als ein halbes Jahrhundert eine führende und immer wieder inspirierende Rolle in der westdeutschen Friedensbewegung gespielt, ist aktiv für Verständigung und Dialog eingetreten und bekam 2008 dafür den Aachener Friedenspreis.

Die Satyagraha-Normen haben mich fast lebenslang begleitet

Das kam so: Nach dem frühen Tod meiner Frau Eva hatte ich meinen Arbeitsplatz an der Bundesanstalt für Materialprüfung in Berlin gekündigt, ohne zu wissen, was aus mir werden könne. Da bekam ich das Angebot aus dem renommierten Braunschweiger Holzforschungsinstitut, als stellvertretender Institutsdirektor tätig zu werden. Ich nahm an. Meine Forschungsarbeit dort entwickelte sich gut. Jedoch bekam ich andere Schwierigkeiten. Es arbeiteten dort viele sehr qualifizierte ältere Frauen und Männer, die sich durch meine Einstellung als Stellvertreter des Institutsleiters übergangen fühlten. Ich war damals zwar bereits 31 Jahre und hatte schon lange promoviert, sah aber immer noch wie kurz nach dem Abitur aus.

Während meiner Arbeit für die Kriegsdienstverweigerer und die Ostermärsche lernte ich die Satyagraha-Normen kennen, die den Inhalt der Lebensregeln von Mahatma Gandhi wiedergeben. Sie spielten in den Sommerschulen der »War Resisters' International«, die zum Teil im Freundschaftsheim in Bückeburg stattfanden, eine wichtige Rolle. Sie sollten auch das Verhalten der Kriegsdienstverweigerer bestimmen.

Mich beeindruckten die einfachen Forderungen der Normen, die allerdings immer von einem Gegner und dem Kampf mit ihm ausgehen, was auf meine Situation so nicht zutraf. Im Kern geht es in den Normen immer um die eigene Haltung dem anderen gegenüber. Man soll eine vertrauensvolle Beziehung aufbauen und den anderen respektieren. Einige Überschriften: »Gib dem Kampf einen positiven Inhalt! Dehne die Ziele des Kampfes nicht aus! Schenke dem Gegner Vertrauen! Begegne dem Gegner persönlich! Beurteile andere nicht härter als dich selbst! Sei zum Kompromiss bereit! Zwinge den Gegner nicht – wandele seinen Sinn! Richte den Kampf gegen die Sache, nicht gegen die Person! Nütze die Schwäche des Gegners nicht aus! Provoziere den Gegner nicht! Wähle Mittel, die dem Ziel entsprechen! Sei nicht abhängig von einer Hilfe von außen! Sei opferbereit! Lebe dich in die Gesichtspunkte des Gegners ein! Verberge Deine Pläne nicht! Gestehe Deine Fehler ein! Entziehe dem Gegner das Handlungsobjekt! Unterlasse Sabotage! Sei loyal!«

Ich fasste den Beschluss, mich im Umgang mit den Kolleginnen und Kollegen streng nach diesen Maximen zu richten. Der Erfolg stellte sich bald ein. Vertrauen entstand. Man begriff, ich wollte niemandem etwas wegnehmen, sondern suchte Zusammenarbeit. Oft kam man nun zu mir, um Probleme zu besprechen, Anschaffungen zu überlegen oder Verbesserungen anzuregen. Diese Transformation der Beziehung war für mich überraschend und natürlich sehr hilfreich. Sie stärkte mein Vertrauen, auf gewaltfreie Formen des Umgangs mit Konflikten zu setzen und hat seitdem, wie ich hoffe, mein Verhalten bei den vielen Konflikten auch innerhalb der Friedensbewegung maßgeblich bestimmt.

Das Faltblatt mit den Normen steckt seit dieser Zeit in meiner Brieftasche. Weil es mir so wichtig war, und neue Generationen in der Friedensbewegung arbeiteten, habe ich es 1982 in meinem Buch »Zwischen sozial-liberalem Zerfall und konservativer Herrschaft« und 1983 in der Broschüre des »Komitees für Grundrechte und Demokratie«: »Friedensbewegung zwischen Gewalt und Gewaltfreiheit – Argumente und Erfahrungen« abgedruckt. Wie es scheint, haben damals viele die Normen mit großem Interesse – vielleicht auch Emotionen – gelesen und vielleicht auch, wie ich, sich zur Richtschnur genommen.

Hier nun die 15 bzw. 26 Normen im Wortlaut, von denen ich einige, die nicht ohne weiteres auf Anhieb verständlich sein mögen, anschließend mit Beispielen erläutere. Das nicht übersetzte Hindi-Wort Ahimsā bedeutet wörtlich: Nicht-Verletzen.

Die Satyagraha-Normen
zusammengefasst von Johan Galtung und Arne Næss

N_0: Du sollst keine Gewalt an irgendeinem lebenden Wesen ausüben oder beabsichtigen, sondern dein Handeln und deine Absichten sollen zu dessen Bestem sein.

1. Befolge Ahimsā im Gedanken und Sinn!
Lasse deine gewaltlosen Handlungen aus einer gewaltlosen Gesinnung entspringen. Deshalb versuche, so zu leben, dass du lernst, keinen Hass gegen jemanden zu empfinden, sondern deinen Nächsten als Teil von Gottes Schöpfung zu lieben.

2. Identifiziere dich mit denen, für die du kämpfst!
Identifiziere dich mit der Gruppe, für die du kämpfst, damit du gefühlsmäßig und intellektuell die Umstände und Verhältnisse so zu erleben vermagst, wie sie das einfache Mitglied der Gruppe erlebt.

3. Gib dem Kampf einen positiven Inhalt!
Du darfst dich in deinem Kampf nie damit begnügen, die bestehenden Institutionen oder Gesichtspunkte niederzureißen, sondern sollst immer versuchen, diesen Teil der Aktion mit konstruktiven Unternehmungen zu kombinieren.

4. Dehne das Ziel des Kampfes nicht aus!
Du darfst die Zielsetzung der einzelnen Satyagraha-Aktion nicht ausdehnen, unabhängig davon, wie der Kampf und die äußeren Verhältnisse sich entwickeln.

5. Schenke deinem Gegner Vertrauen!
Handle deinem Gegner gegenüber immer so, wie du Mitgliedern deiner eigenen Gruppe gegenüber gehandelt hättest und wie du wünschst, dass andere diesen Mitgliedern gegenüber handeln.

5.1. Begegne dem Gegner persönlich!
Bringe dein Zutrauen zum Gegner dadurch zum Ausdruck, dass du willens bist, ihm persönlich zu begegnen oder eine persönliche Beziehung zu ihm zu Stande zu bringen, ebenso aufrichtig, wie du es mit jemandem aus deiner eigenen Gruppe tun würdest.

5.2. Beurteile andere nicht härter als dich selbst!
Du darfst dem Gegner weder ethisch noch intellektuell einen niedrigeren Rang als dir selbst beimessen; handele ihm gegenüber vielmehr so, als ob er mindestens ebenso hohe ethische Motive und mindestens

ebenso intelligente Analysen der Lage habe wie du selbst. Und beurteile ihn mit Rücksicht auf alle mildernden Umstände, die sich aus den äußeren Ereignissen ergeben können.

6. Sei kompromissbereit!

Sei bereit, durch Verhandlungen mit dem Gegner Kompromisse zu schließen, wenn es zu einem Einvernehmen zwischen euch kommen soll, das einen besseren Ausgangspunkt für dauerhafte Zusammenarbeit ergibt, und solange durch den Kompromiss nicht Normen der Ahimsā-Lehre verletzt werden.

7. Du darfst nicht töten!

Vermeide, körperliche Gewalt gegen irgendein lebendes Wesen auszuüben oder dies auch nur zu beabsichtigen, außer wenn es im Interesse dieses Lebewesens ist, [nämlich dann] wenn nicht vorstellbar ist, dass das Lebewesen sich über seine Lage im Klaren ist, und wenn es [das Ausüben der Gewalt] aus einer gewaltlosen Haltung heraus geschieht.

8. Zwinge den Gegner nicht – überzeuge ihn!

Handle in einer Konfliktsituation so, dass du den Gegner nicht in eine Lage bringst, in der ein persönliches Furchtmotiv seinen Handlungen zugrunde liegen wird, sondern versuche, auf ihn so einzuwirken, dass ein der Satyagraha-Gruppe zuträgliches Verhalten für ihn ein annehmbares Verhalten werden kann.

8.1. Richte den Kampf gegen die Sache, nicht gegen die Person!

Vermeide soweit möglich, den Gegner mit deinem Satyagraha-Kampf persönlich zu treffen; richte stattdessen den Kampf gegen das Übel, das dir deine Gegner zugefügt haben, in einer Weise, dass sie ihn als einen Kampf um einer Sache willen auffassen können und nicht gegen ihre Person gerichtet.

8.2. Nütze nicht die Schwächen des Gegners aus!

Du darfst aus schwierigen Lagen deines Gegners keine Vorteile ziehen, wenn sie Ursachen haben, die außerhalb des Konfliktes und des Kampfes liegen. Gib dem Gegner vielmehr zu verstehen, dass der Druck, dem er ausgesetzt ist, nur die Folge eines Unrechts ist, das er deiner Gruppe zugefügt hat.

8.3. Provoziere den Gegner nicht!

Vermeide Handlungen, die eine Ausdehnung des ursprünglichen Konfliktgegenstands zur Folge haben, wodurch der Gegner in Situationen versetzt wird, in denen er voraussichtlich besonders herabwürdigende Handlungen begehen wird. Handle stattdessen so, dass die Situationen, in die du den Gegner bringst, direkt aus der ursprünglichen Konfliktlage und den Ahimsā-Normen folgen.

9. Wähle Mittel, die dem Ziel entsprechen!

Wähle Mittel, die logisch und sachlich einen Bezug zu der Konfliktsituation haben, in der du dich befindest, Mittel, die dem Gegner so deutlich wie möglich zeigen, was du als Konfliktgegenstand ansiehst.

9.1. Feilsche nicht!

Du darfst nicht dazu bereit sein, für dich ein [bestimmtes] Verhalten des Gegners dadurch auszuhandeln, dass du deinerseits ihm ein [entsprechendes] Verhalten auf einem anderen Gebiet anbietest, sondern versuche zu bewirken, dass ihr beide, du und der Gegner, ein Verhalten um seiner selbst willen vertretet.

9.2. Sei nicht abhängig von einer Hilfe von außen!

Du darfst Satyagraha nur ausüben, um deiner eigenen Gruppe zu helfen, und du darfst von Personen oder Gruppen von außen keine Unterstützung annehmen, die der Gegner mit dem Konflikt, um den sich der Kampf dreht, nicht direkt assoziieren kann und die auch keine direkte Beziehung zu dem Konflikt hat.

10. Sei opferbereit!

Im Kampf sei bereit, alle deine physischen und geistigen Kräfte für die Sache einzusetzen, an die du glaubst, und um deinen Mitmenschen dienen zu können, wenn nötig unter Einsatz deines Lebens. Du sollst es aber im Interesse der Sache und deiner Mitmenschen tun, nicht des Opfers wegen.

11. Befolge Ahimsā in Wort und Schrift!

Sei bestrebt, in Wort und Schrift die Wahrheit zu sagen, die volle Wahrheit, und nichts anderes als die Wahrheit, und du sollst es in einer Weise tun, die deutlich macht, dass du dich zwar gegen die Gesichtspunkte und Handlungen des Gegners wendest, nicht aber gegen ihn selbst. Und dies auf eine Weise, dass der Gegner deine Worte als Ausdruck eines Wunsches nach Zusammenarbeit, nicht nach Kampf auf längere Sicht empfindet.

11.1. Versetze dich in die Gesichtspunkte des Gegners!

Begegne dem Gegner im Meinungsaustausch mit einem Maximum von Einfühlung in seine Lage und die von ihm zum Ausdruck gebrachten Meinungen, seine Prämissen, und wähle – innerhalb der Grenzen der Billigkeit – immer die Interpretation, die der Darlegung des Gegners als Antwort auf deine eigene das größte Gewicht gibt.

11.2. Verbirg deine Pläne nicht!

Handle ehrlich und offen, lege dem Gegner deine Pläne dar, so dass er zu jeder Zeit wissen kann, was du zu tun beabsichtigst, und in der Lage sein wird, sich danach zu richten.

11.3. Gestehe deine Fehler ein!

Sei immer bereit, die Fehler, die du begehst, einzugestehen, deiner Gruppe wie dem Gegner gegenüber, auch wenn ein solches Geständnis eine zeitweilige Schwächung deiner eigenen Position mit sich bringt – aus der Sicht deiner eigenen Gesinnungsgenossen wie aus der des Gegners.

12. Entziehe dem Übeltäter das Handlungsobjekt!

Richte den Kampf gegen eine böse Handlung nicht direkt gegen den Täter, sondern versuche, so zu handeln, dass du ihm durch dein Auftreten die Mittel und Gegenstände entziehst, die er für sein Handeln braucht, wodurch die negativen Wirkungen der Handlungen verschwinden.

13. Unterlasse Sabotage!

Du darfst dem Eigentum anderer keinen direkten, aktiven Schaden zufügen mit der Absicht, dem Gegner Schwierigkeiten zu bereiten oder auf ihn Druck auszuüben, sondern nur den passiven Schaden, der entsteht, wenn du ihm die Zusammenarbeit verweigerst.

14. Sei, wo immer möglich, loyal!

Sei ein loyaler, gesetzestreuer und pflichtbewusster Bürger der Gesellschaft, der du angehörst, solange sie dir nicht auferlegt, gegen dein Gewissen zu handeln. Und Widerstand sollst du erst bei einem ernsten Konflikt leisten und gegen das, was den Konflikt ausmacht, – auch wenn er zu einem Kampf gegen die Mehrheit führen sollte.

15. Wähle Gewalt vor Feigheit!

Sei stets bestrebt, die Norm N_0 in der Bedeutung der Normen 1-14 zu erfüllen; aber in einer Lage, in der du das nicht schaffst, wäre ein gewaltsames Verhalten, das von einer Ahimsā-Grundhaltung durchdrungen ist, einem nicht gewaltsamen Handeln vorzuziehen, das von Feigheit motiviert ist.

Erläuterungen zu den Normen 7-9, 11-12 und 15

Zu 7.: Die Ausführung zu (7) geht über das Tötungsverbot hinaus. Sie fordert, keine körperliche Gewalt gegen andere anzuwenden oder auch nur zu beabsichtigen. In dem »Beabsichtigen« steckt die Ablehnung der Gewaltandrohung, und sei es nur als Möglichkeit im eigenen Denken. Denn Gewaltandrohung schließt bereits einen gleichberechtigten Dialog und Vertrauensbildung aus. Gewalt soll nur dann angewendet werden, »wenn es undenkbar ist, dass das lebende Wesen über seine Lage im Klaren ist«. Wenn z.B. ein Kind sich mit aller Kraft gegen einen notwendigen, lebensrettenden medizinischen Eingriff wehrt, werden die Eltern trotzdem darauf bestehen.

Zu 8.: Der wichtigste Satz in dieser These scheint mir zu sein, dass ich den Gegner nicht in eine Lage bringe, in der ein persönliches Furchtmotiv seine Handlungen bestimmen könnte. Wer sich fürchtet, fühlt sich bedroht. Wer sich bedroht fühlt, will die Bedrohung abwenden, etwa durch Gegendrohungen, durch Suche nach stärkeren Bündnispartnern, durch taktische Winkelzüge oder durch Versprechungen, die er nicht gewillt ist, einzuhalten. Es kann also nicht zu einem vertrauensvollen Dialog über die Lösung der dem Konflikt zugrunde liegenden Probleme kommen.

Zu 9.1: Gib und nimm! Das ist eine geläufige Maxime bei Verhandlungen. Ich bezahle dir etwas mehr, aber dafür werden deine Überstunden nicht berechnet oder der Urlaub gekürzt. Gandhi wendet sich gegen diese Handelsmaxime, denn er will, dass sich die Gegenspieler in einem Konflikt über die Ursache ihrer Auseinandersetzung verständigen und sie im Sinne der Satyagraha-Normen überwinden. Allerdings könnte »gib und nimm« im Vorfeld Vertrauen schaffen und dann das Vordringen zum Kern des Problems erleichtern.

Zu 9.2: Hier geht es um eine Situation, die die Friedensbewegung immer wieder erlebt hat. Ein Beispiel der 1980er Jahre: Wir protestieren gegen die Nachrüstungsabsichten der Bundesregierung, weil die Stationierung von Mittelstreckenwaffen eine nicht zu kontrollierende Vernichtungsgefährdung für ganz Europa darstellt. Dabei wird die Friedensbewegung unterstützt von Kräften, die nur die westliche Rüstung mit Mittelstreckenwaffen für bedrohlich halten, nicht aber die östliche. Diese deklarieren sie als Friedenswaffen. Die Bundesregierung, ohnehin geneigt, die Friedensbewegung zu diffamieren, muss sich nun nicht mehr mit deren Argumenten auseinandersetzen. Stattdessen kann sie die unabhängige deutsche Friedensbewegung als fellow-traveller des Ostens abtun.

Zu 11.1: Im persönlichen Konflikt, wie auch in der internationalen Politik, erleben wir es immer wieder: Man versteht gar nicht, was der Gegner will, was er denkt und welches seine Motive sind. Stattdessen halten wir unsere Vorurteile (»Achse des Bösen« bei Präsident Bush) für die Wahrheit und verkünden sie lauthals. Damit erzeugen wir Feindbilder, die Falsch- und Diffamierungsbilder sein können und sehr häufig vorwiegend der Legitimation unseres eigenen Fehlverhaltens dienen. Gandhi fordert dagegen, wir sollten dem Gegner mit Empathie begegnen, um ihn gut verstehen zu lernen. Um unserer Neigung zu entgehen, von dem Gegner ein Feindbild zu entwerfen, sollen wir seinen Darlegungen so viel Gewicht beimessen wie irgend möglich. Man könnte auch sagen, wir sollen seine Argumente, auch wenn wir sie nicht teilen, sehr ernst nehmen und ernsthaft auf sie eingehen.

Zu 12: Diese Norm enthält zwei Anweisungen. Die erste lautet: Du sollst deinen Kampf nicht direkt gegen den Täter richten. Das betrifft die Personalisierung von Konflikten, bei der sich der Kontrahent an der gegnerischen Person abarbeitet, als wäre mit deren Austausch alles Übel beseitigt. Bush jr. durch Obama auszutauschen, beseitigt nicht alle Probleme der US-Politik. Wer solche Hoffnungen hat, täuscht sich über die Mühsal des historischen Prozesses. Man soll sich auf die jeweiligen Problemfelder konzentrieren.

Die zweite Anweisung lautet: Du sollst dem Gegner durch dein Verhalten die Mittel für seine Übeltaten verweigern. Da stellt uns Gandhi eine schwere Aufgabe. Mir fällt ein Beispiel aus dem türkisch-kurdischen Konflikt ein, für dessen friedliche zivile Lösung ich seit 1993 kämpfe. Die türkische Generalität, die 1980 grausam putschte, ist an der Aufrechterhaltung des Konflikts mit den Kurden interessiert. Sie steigert dadurch ihr Prestige als Verteidiger des Vaterlandes und sichert sich die Mittel für weitere Aufrüstung. Gegen sie kann die kurdische Guerilla weder gewinnen noch die kurdische Bevölkerung gegen Übergriffe schützen. Im Dossier des Monitoring-Projekts schlug ich deshalb der kurdischen Seite vor, ihr müsst den Generälen den Krieg wegnehmen. Das könnt ihr durch die einseitige Beendigung des bewaffneten Konflikts erreichen. Erklärt euren Verzicht auf den bewaffneten Kampf, übergebt eure Waffen den Vereinten Nationen und löst die Guerilla-Verbände auf. Bisher hat die kurdische Seite sich dazu nicht entschließen können. So haben noch immer die Generäle ihren Krieg, unter dem die Kurden leiden. (Monitoring Projekt Zivile Konfliktbearbeitung, Gewalt- und Kriegsprävention, Dossier II: Der türkisch-kurdische Konflikt, hg. von der Kooperation für den Frieden [2006].)

Zu 15 (Ergänzung der Hrsg.): Diese Norm scheint eine Hintertür für die Rechtfertigung von Gewaltanwendung in besonderen Bedrohungssituationen zu öffnen. Galtung und Næss führen in den vier Seiten, die der Präzisierung dieser Norm vorangehen,[5] folgende Gandhi-Zitate an:

> »Ich habe oft bemerkt, dass Menschen, die schwach sind, sich hinter der Lehre [gemeint dürfte die hinduistische Lehre von Ahimsā, dem Nicht-Verletzen sein], hinter der Kongress-Partei oder meinen Ratschlägen versteckt haben, wenn sie einfach aus Feigheit nicht imstande waren, ihre eigene Ehre oder die Menschen, für die sie Verantwortung hatten, zu verteidigen. Ich erinnere mich an die Ereignisse, die in der Nähe von Bettiah stattfanden, als die Nicht-Zusammenarbeit auf ihrem Höhepunkt war. Einige Dorfbewohner wurden ausgeplündert. Sie flüchteten und hinterließen dabei ihre Frauen, Kinder und ihr Eigentum den Plünderern. Damit waren die Frauen und Kinder der Gnade und Ungnade der Plünderer überlassen. Als ich den Männern ihre Feigheit vorwarf, haben sie sich schamlos auf meine Gewaltfreiheit berufen.
>
> Ich habe ihr Verhalten öffentlich verurteilt und gesagt, dass meine Gewaltfreiheit auch Platz hat für Gewalt, die von Menschen ausgeübt wird, die sich die Gewaltfreiheit zu eigen gemacht haben, aber Verantwortung hatten für die Ehre ihrer Frauen und ihrer Kinder. Gewaltfreiheit ist kein Versteck für Feigheit, sie ist aber die erste Tugend der Tapferen.«

> »Ich glaube, dass ich, wo es nur die Wahl zwischen Feigheit und Gewalt gibt, Gewalt empfehlen werde. Als mein ältester Sohn mich fragte, was er hätte tun sollen, wäre er damals dabei gewesen, als ich 1908 überfallen und fast tödlich verletzt wurde – ob er hätte weglaufen und zusehen sollen, dass ich umgebracht wurde oder seine physische Kraft einsetzen –, habe ich zu ihm gesagt, dass es seine Pflicht gewesen wäre, mich zu verteidigen, auch mit Gewalt.«

Für Gandhi war Widerstand gegen Unrecht das zentrale Motiv. Es veranlasste ihn stets auch zu Sympathie für diejenigen, die den Widerstand mit gewaltsamen Mitteln leisteten, statt sich aus Feigheit dem Unrecht zu unterwerfen, obwohl er selbst immer den gewaltlosen Widerstand bevorzugte und niemals zu den Waffen gegriffen oder gerufen hat. Er sagt im ersten der beiden Beispiele auch nicht, die Männer hätten die Plünderer erschlagen sollen, sondern: Sie

---

[5] Galtung/Næss (s. Fußn. 3, S. 202ff.); Torsten Kragh hat diese drei Seiten für die Zwecke dieses Beitrags übersetzt (zugänglich über die Hrsg.).

hätten nicht weglaufen dürfen. Vielleicht hätten sie eine Chance gehabt, sie zur Besinnung zu bringen, wenn sie ihr Gewissen angesprochen hätten. Im zweiten Beispiel hätte Gandhi sich Schutz von seinem Sohn gewünscht, wäre er damals schon erwachsen und zugegen gewesen. Hier wird die Situation nicht genau beschrieben. Gandhi scheint in diesem Beispiel nicht wichtig gewesen zu sein, ob bei einer abwägenden Beurteilung des gegebenen Kräfteverhältnisses von Angreifer und Verteidiger der letztere eine Chance gehabt hätte. Es kam ihm offensichtlich mehr auf die innere Haltung als auf den Erfolg an. Diese aber hätte auch oder erst recht – im Sinne der »ersten Tugend der Tapferen« – auf gewaltfreie Weise zum Ausdruck gebracht werden können.

Galtung und Næss vermuten, dass die Norm N_{15} für Gandhi aus folgendem Grund so wichtig war:

»Der Zweck, den Gandhi mit der ganzen Satyagraha-Kampagne verfolgte, war sowohl, die Inder zusammenzuschweißen und ihre Moral zu erhöhen, als auch gegen die englische Regierung zu kämpfen. So wie Satyagraha formuliert wurde […] gab es viele, die ihre Direktiven ausführen konnten ganz einfach, weil sie nicht wagten, anderes zu tun. Terrorismus gegen die Engländer hätte die strengsten Strafen zur Folge gehabt mit Gefahr für ihr eigenes Leben, und totale Passivität hätte einen starken sozialen Druck seitens ihrer Landsleute aufkommen lassen; Gewaltlosigkeit war ein bequemes Mittelding. Einer solchen Art von Gewaltlosigkeit wollte Gandhi mit dieser Norm beikommen. Er hätte N_0 mit einer Reihe von Spezifikationen versehen können, aber indem er die Norm N_{15} aufstellte, machte er deutlich, dass er ein gewaltloses Verhalten, das von Feigheit motiviert ist, so niedrig beurteilt, dass er ihm sogar die Gewalt vorzieht.«

Galtung und Næss fügen hinzu:

»Wir können vielleicht annehmen, dass Gandhi die folgende ethische Abstufung von Widerstandsformen im Kopf hatte: 1. Non-violence of the strong; 2. Non-violence of the weak; 3. Gewalt mit einem Bewusstsein, das von Ahimsā geprägt ist; 4. Non-violence of the coward; 5. Gewalt kombiniert mit Rache.« (ebenda 204, englisch im Orignial)

Diese Rangliste macht deutlich, dass N_{15} keineswegs eine Relativierung oder Aufhebung der Norm (Grundhaltung) N_0 und der sie ausfächernden Umschreibungen N_{1-14} darstellt.

Martin Arnold

Gütekraft:
Zur Wirkungsweise gewaltfreier Aktionen

Martin Arnold ist in mehrjähriger Forschungsarbeit der Frage nachgegangen, wie drei Konzeptentwickler des gewaltfreien Vorgehens – der Inder Mohandas K. (»Mahatma«) Gandhi (gest. 1948), der Niederländer Bart de Ligt (gest. 1938) und die Österreicherin Hildegard Goss-Mayr (geb. 1930) – sich die Wirkungsweise ihrer Methoden vorstell(t)en, und hat eine umfassende Beschreibung vorgelegt. Wir haben den Autor um eine Kurzversion wichtiger Ergebnisse der Untersuchung gebeten, sozusagen als Vorschau auf seine geplanten Publikationen.

Wie und unter welchen Grundvoraussetzungen entfaltet gewaltfreies Vorgehen nach den Vorstellungen von Mohandas K. Gandhi, Hildegard Goss-Mayr und Bart de Ligt seine Wirkung? Wodurch wird es stark – und wo liegen seine Grenzen? Alle drei haben wesentlich zur Entwicklung der Streitkunst beigetragen und sie erfolgreich angewendet. Ihre Konzepte, Vorstellungen und Erfahrungen wurden für die Untersuchung ausgewählt, weil sie weltanschaulich-religiös sehr unterschiedlich geprägt sind. Sie stehen damit stellvertretend für viele andere. Die Rekonstruktion ihrer *verschiedenen Vorstellungen von der Wirkungsweise des gewaltfreien Vorgehens* war die Basis für die Untersuchung von *Übereinstimmungen zwischen den Konzepten der Christin, des Hindus und des Atheisten.* Die in meiner Arbeit[1] im Einzelnen nachgewiesenen Gleichartigkeiten ermöglichten die Entfaltung einer Synthese, eines Wirkungs-Modells[2] der Gütekraft (bzw. der Gewaltfreiheit). Die Gemeinsamkeiten der verschiedenen Konzepte mögen ein Indiz für breite Gültigkeit und Anwendbarkeit dieses

---

[1] Gütekraft: Zur Wirkungsweise erfolgreicher gewaltfreier Konfliktaustragung bei Hildegard Goss-Mayr, Mohandas K. Gandhi und Bart de Ligt. Vergleich und Synthese der Auffassungen von ProtagonistInnen der Gewaltfreiheit aus unterschiedlichen weltanschaulichen Traditionen. Unter diesem Titel wurde die von der Deutschen Stiftung Friedensforschung ermöglichte, hermeneutisch-historisch-systematisch angelegte Arbeit von der Universität Siegen im Herbst 2010 als Dissertation angenommen. Die Veröffentlichung ist in Vorbereitung.

[2] Es handelt sich um ein idealtypisches Verstehensmuster im Sinne Max Webers.

Modells sein, nachvollziehbar für religiöse wie für nichtreligiöse Menschen. Im Folgenden stelle ich das Modell in Umrissen dar.

De Ligt nannte sein Konzept »geistig-sittliche Streitbarkeit«, Goss-Mayr spricht von der »Kraft der Gewaltfreiheit« oder »*Gütekraft*«; dieser Begriff ist m.E. auch eine passende Übertragung von Gandhis Wortschöpfung »Satjāgrah«.

»Satjāgrah«–»non-violence«–»Gewaltfreiheit«–»Gütekraft«

Gandhi schuf für seine Streitkunst das neue indische Wort Satjāgrah (engl.: satyagraha). Er erklärte es so: »Wahrheit (Satja) bedeutet auch Liebe, und Festigkeit (āgrah) erzeugt und dient als Synonym für Kraft. [...] ›Satjāgrah‹ bezeichnet also die *Kraft, die aus Wahrheit und Liebe geboren wird.*« (Gandhi 1999, Vol. 34, 93)

Obwohl sich im Westen ähnliche Traditionen bildeten, geht unsere Rede von »Gewaltfreiheit« auf Gandhis Gebrauch von »non-violence« zurück. Das ist die Übersetzung des indischen »Ahimsa«, Kernbegriff einer Jahrtausende alten religiös-philosophisch-ethischen Tradition des Nicht-Verletzens, Nicht-Tötens, die in Indien einigermaßen bekannt ist, mit Stärke und Mut assoziiert und hoch geachtet wird. Im Westen hatte sie vor Gandhi keine begriffliche Entsprechung. Im Englischen entwickelte Gandhi für die Streitkunst kein neues Wort, sondern gab beide Begriffe, Satjāgrah und Ahimsa, mit »non-violence« wieder. Durch diese Vermischung wurde es im Westen zusätzlich schwierig zu verstehen, wie sich Gandhi seine Streitkunst vorstellte.

Die Kraftentwicklung war ihm wichtiger als das Nichtanwenden von Gewalt. Gewaltfreiheit war ihm nicht das Höchste. Gandhi: »[Ich] war [...] wohl fähig, die Gewaltlosigkeit um der Wahrheit willen zu opfern.« (Mirabehn 1983, 117) Die Bezeichnung »Apostel der Gewaltlosigkeit« entspricht seinem Selbstverständnis nicht. Er war viel mehr: Experimentator der Gütekraft. Unter Umständen befürwortete er Gewalt (z.B. Gandhi 1999, Vol. 33, 43; vgl. im vorliegenden Band S. 184). Aber Satjāgrah, davon war er – und bin ich – überzeugt, ist eine stärkere Kraft als Gewaltanwendung und wirkt oft schneller.

Es widerspricht völlig Gandhis Vorstellungen, seine Streitkunst mit Schwäche zu assoziieren. Er bildete das neue Wort »Satjāgrah« gerade darum, weil er einen Ausdruck ohne die Schwäche-Assoziation suchte, die bei den Berichten von »passive resistance«-Aktionen mitschwang (Gandhi 1999, Vol. 34, 94). Dazu drei Stimmen:

- »Gewaltlosigkeit oder Gewaltfreiheit [...] – immer schwingt die Abwesenheit von etwas Starkem, also Schwäche mit (selbst wenn diese eine negative Konnotation hat), der Begriff drückt [...] nichts Positives und Kraftvolles aus.« (Hertle 2008)
- »Tatsächlich ist auch das Wort Gewaltfreiheit [...] bereits Teil des Problems!« (Nagler 2008, 16)
- Hans Schwab hat die Assoziationen zu »non-violence« im Französischen ausführlich sprachlich untersucht. Sein Fazit: »Die Schwächen und Mängel der Lexie ›non-violence‹ haben zur Folge, daß die Kommunikation über die non-violence nur schwer auszuräumenden Mißverständnissen ausgesetzt ist und außerdem die Lautform wie ein Köder wirkt, der Kleinmütige, Schwächlinge und utopische Pazifisten anzieht. Deshalb schlagen wir folgende Gebrauchsanweisung vor: Erstens: In Presseveröffentlichungen, Flugblättern, öffentlichen Diskussionen usw. ist auf den Gebrauch von ›non-violence‹ zu verzichten.« (Schwab (1994, 281)

Gandhi-Kenner wissen: Die Bezeichnung nonviolence / Gewaltfreiheit / Gewaltlosigkeit für Gandhis Streitkunst ist im Westen höchst problematisch, ja, irreführend. Seit der »Rosenkranz-Revolution« auf den Philippinen 1986 (vgl. im vorliegenden Band S. 30) wird der Ausdruck »people power« benutzt, so auch in Ägypten 2011. Diese Bezeichnung ist nur halb im Sinne Gandhis, weil darin die Assoziation zu Liebe, Wahrheit, Gerechtigkeit oder Güte fehlt.

Gandhis Meinung über die Stärke von Satjāgrah ist empirisch bestätigt: Gewaltfreie Aufstände waren im 20. Jahrhundert doppelt so oft erfolgreich wie gewaltsame und führten oft schneller zum Ziel (Stephan u.a. 2008, 8; Schock 2003, 705f.). Die Aussage »Gütekraft ist stärker als Gewalt« bedeutet zweierlei. Erstens: Im Einsatz für mehr Gerechtigkeit ist gütekräftiges Vorgehen (der eigenen Seite) effektiver und wirkt schneller als ein Vorgehen, das den Gegner schädigt. Zweitens: Mit Gütekraft kann Gewalt (der anderen Seite) effektiver bzw. eher überwunden werden als mit Gewalt.

Gandhis Geschenk an die Menschheit wird in seiner Akzeptanz zur Zeit durch irreführende Bezeichnungen beeinträchtigt. Seine Vorgehensweise dürfte besser begriffen und stärker aufgegriffen werden, wenn sie zutreffend als *Kraft* bezeichnet wird.

Mehr dazu in: Arnold/Egel-Völp (2011)

Ich verwende vorwiegend den Begriff Gütekraft, kombiniere aber gelegentlich mit »gewaltfrei«, weil Gütekraft noch wenig geläufig ist. (Die ersten größeren Publikationen dazu erschienen 1999 [Arnold/Knittel] und 2001 [Bläsi].) Insgesamt ist das Modell wie eine »Wenn – dann« bzw. »Je – desto«-Aussage zu verstehen: Wenn die im Folgenden skizzenhaft beschriebenen Elemente, die eine Gesamtheit bilden und sich gegenseitig erläutern, hinreichend gegeben sind, kommt Gütekraft zur Wirkung. Je mehr dies der Fall ist, desto wahrscheinlicher werden bestehende Missstände abgebaut. Das ließe sich auch an den im vorliegenden Band vorgestellten historischen und aktuellen Beispielen zeigen. Häufig sind diese Elemente allerdings nur latent vorhanden, besonders das erste.

Handeln aus der Annahme:
Alle Menschen neigen zu Wohlwollen und Gerechtigkeit

Gewaltfrei-gütekräftig Handelnde gehen von der Annahme aus, dass alle Menschen zumindest unbewusst dazu neigen, wohlwollend und gerecht zu handeln – auch brutale Machthaber und andere, denen diese Neigung aufgrund ihrer Taten von vielen nicht zugetraut wird, ebenso wie Zyniker und Menschen, die besonders misstrauisch erscheinen oder sein wollen.

Handeln aus Wohlwollen und Gerechtigkeit kommt im Leben der meisten Familien und unter Freunden häufig vor. Aber diese Neigung zeigt sich, auch wenn sie vielen kaum bewusst ist, ebenso darüber hinaus. Ich habe als Lehrer in unterschiedlichen Berufsschulklassen alle Schüler gebeten aufzuschreiben, was sie einmal *für Fremde* Gutes getan haben – unter ausdrücklicher Zusicherung, die Antworten nicht für die Zensur auszuwerten. Von kleinen oder größeren Taten aus Wohlwollen oder um der Gerechtigkeit willen berichteten alle – was regelmäßig allgemeines Erstaunen auslöste.[3] Auch der Theorie- und Praxisexperte Egon Spiegel (2008, 132) fordert in diesem Sinn mehr Aufmerksamkeit für »Gewaltfreiheit in alltäglichen Beziehungen«.

Neben der Neigung zu Wohlwollen und Gerechtigkeit bestehen andere, möglicherweise entgegenstehende Neigungen, die aktuell durchaus stärker sein können. »Böses« soll hier keineswegs verharmlost werden.

Ich führe die Neigung zu Wohlwollen und Gerechtigkeit an erster Stelle an, weil die Überzeugung davon für alles Weitere grundlegend ist. Zwar ist ihre

---

[3] Wie die verbreitete, m.E. grob verzerrte Vorstellung »heute hilft ja keiner mehr einem anderen« zustande kommt, kann hier nicht erörtert werden.

Allgemeingültigkeit, wie so manches andere in den Humanwissenschaften, weder beweisbar noch widerlegbar; aber ob jemand anderen Menschen mit dieser Überzeugung entgegentritt oder nicht, ist in vielen Fällen ausschlaggebend für den weiteren Verlauf dieser Begegnung oder einer politischen Aktion.

Reframing

Ausgangspunkt für gewaltfrei-gütekräftige Aktivitäten ist der Impuls, eine bestimmte Situation nicht akzeptieren, sondern eine Verbesserung herbeiführen zu wollen, z.B. ein Unrecht zu beseitigen. Das ist mehr als nur dagegen zu protestieren. Protest kann jedoch ein wichtiger Schritt zum Abbau von Missständen sein. Wenn der Abbau erfordert, dass andere Personen mitwirken, ist gewaltfrei-gütekräftiges Vorgehen darauf gerichtet, diese Menschen, auch Gegner, dafür zu gewinnen, mitzuwirken. Die folgenden Absätze zeigen, was dabei geschieht.

Welche Reaktion ist zu erwarten, wenn jemand einen Menschen, der ihn nächtens mit vorgehaltener Pistole zur Herausgabe seines Geldes zwingen will, zum Essen einlädt und dies damit begründet, dass der Räuber offensichtlich hungrig sei? Und wenn er ihm darüber hinaus sogar freiwillig die Hälfte des mitgeführten Geldes anbietet, nachdem er erklärt hat, dass es nicht ihm, sondern einer Armeninitiative gehöre? Zumindest in einem belegten Fall nahm der hungrige Räuber die Einladung zum Essen an und weigerte sich nach dem Essen, auch noch das Geld anzunehmen (vollständiger Bericht in: Riehm-Strammer 1997, 34).[4]

Wie ist zu verstehen, was sich zwischen den beiden Personen ereignete? Der Überfallene ließ sich erstens nicht ins Bockshorn jagen. Er nahm die Rolle eines Überfall-Opfers, das gegen einen Bewaffneten ohne eigene Rüstung keine Chance hat, nicht an. Zweitens verhielt er sich gegenüber dem Räuber nicht feindlich. Mehr noch, er traute ihm durch seine Erklärung zu, mit Rücksicht auf die (anderen) Armen auf seine Beute teilweise zu verzichten. Obwohl der Räuber dazu nicht bereit war und schärfer drohte, ließ der Bedrohte sich nicht einschüchtern, sondern er sah, wie hungrig der Räuber aussah, und fragte ihn, wann er das letzte Mal gegessen habe. Die Wende wurde möglich, weil das hinter dem Überfall liegende Grundbedürfnis erkannt und ausgesprochen wur-

---

[4] Auch zugänglich über: http://www.guetekraft.de/ > Gütekraftberichte > Bewaffneter Raubüberfall (Stand: 17.12.2010)

de und der Überfallene sich als mitfühlender Mensch mit diesem Menschen in Not verbündete und entsprechend handelte. Das Problem war nicht der Überfall, sondern der Hunger.

Psychologen bezeichnen solche Vorgänge als Reframing. Die Situation und der bestehende Konflikt werden in einem neuen Rahmen (frame) gesehen: Neue Aspekte, übergreifende Gemeinsamkeiten (hier der Abbau der Armut, von der der Räuber selbst betroffen ist) rücken in den Vordergrund der Aufmerksamkeit. Schließlich werden die Aktivitäten auf beiden Seiten nicht mehr von der konfrontativen Ausgangslage bestimmt, sondern von dem gemeinsamen Bemühen um den Abbau des eigentlichen Missstands.

Folgende Bedingungen, die zu diesem Reframing gehörten, sind hier zu erkennen: keine Opferhaltung; selbstbewusstes, nicht feindliches, sondern wohlwollendes und zutrauendes Ansprechen; Wahrnehmung der drohenden Person unabhängig von der Drohung; konstruktiver Vorschlag zum Abbau des eigentlichen Missstands; Bereitschaft des Bedrohten, selbst den ersten Schritt zu tun und Kosten dafür zu tragen.

In anderen Fällen zeigen sich ähnliche Gegebenheiten und Wirkungen. Sie finden sich nicht nur in Konflikten zwischen einzelnen Personen, sondern auch auf der Meso- und der Makro-Ebene bis hin zu zwischenstaatlichen Konflikten, wie z.B. die Geschichte der Entkolonialisierung Indiens und Ghanas zeigt. Aktivitäten nach dem Gütekraft-Konzept führten zu Reframing-Prozessen, aufgrund derer Missstände wie Willkürherrschaft, Unterdrückung, ungerechtes Handeln und Ungerechtigkeit in den Lebensverhältnissen überwunden wurden.

Um die Erfolgs-Wahrscheinlichkeit auf Seiten der Engagierten zu erhöhen, d.h. ihre Kraft und Handlungsfähigkeit zu stärken, werden in vielen Ländern heute »Empowerment«-Workshops durchgeführt (Clark 2005).[5]

Empowerment

Dabei geht es besonders um den Aufbau von innerer und gemeinschaftlicher Stärke für den Einsatz auch unter widrigen Bedingungen. Vor allem in Unrechts- und Unterdrückungssituationen drohen oft Ohnmachtsgefühle das Voranschreiten zum Abbau des Missstands zu lähmen.

---

[5] Auch zugänglich über http://www.c-r.org/ccts/ccts27/review27.pdf (Stand: 4.2.2011)

Der erste Schritt

Goss-Mayr betont, dass es zunächst wichtig sei, »die innere Kraft, die Philosophie und geistige Kraft der Gewaltfreiheit zu entdecken«[6] und »die oft verborgene, verschüttete Kraft aufzudecken, zu neuem, bewusstem Leben zu erwecken« (Goss-Mayr 1996, 16). *Gütekraft (der Gewaltfreiheit) im Eigenen entdecken* bedeutet: Im Leben und Erleben des Einzelnen oder der Gruppe eigene Freiheit, innere Neigung und Kraft wahrzunehmen, sich tätig für Gutes einzusetzen, d.h. wohlwollend und gerecht zu handeln – auch wenn ein Preis dafür gezahlt werden muss. Hilfreich ist, sich an derartiges eigenes Handeln in der Vergangenheit zu erinnern, auch an Geschichte und Tradition einer Gruppe oder eines Bevölkerungsteils.[7]

Sich die Kraft im Eigenen bewusst zu machen, kann Einzelnen und Gruppen helfen, für den Abbau des aktuellen Missstands Kosten und, wenn unvermeidbar, Risiken in Kauf zu nehmen und lähmende Angst davor zu überwinden. Das Bewusstsein, damit einen positiven Beitrag zum Abbau des Missstands zu leisten, kann ebenso stärken wie die Gewissheit, bei erlittenen Schädigungen während einer gemeinsamen Aktion nachher nicht im Stich gelassen zu werden.

Gütekraft, die Kraft der Gewaltfreiheit, im Eigenen zu entdecken, ist nicht nur wichtig, um sich für die Überwindung von Ängsten zu stärken, sondern vor allem deshalb, weil sie sich in der Regel auf das Interaktions- und Kommunikations-Verhalten auswirkt, das stets einen hohen Anteil am Zustandekommen eines Erfolges hat. Es ist stark geprägt von dem meist wenig bewussten Bild, das die Engagierten von sich selbst und von ihrer Beziehung zu den anderen Personen oder Personengruppen haben, die auf irgendeine Weise für den betreffenden Missstand mitverantwortlich sind.[8] Wer sich der eigenen Gütekraft (der Gewaltfreiheit) bewusst ist, kann sie auch anderen zutrauen und auf deren Neigung zu Wohlwollen und Gerechtigkeit vertrauen. Die Gütekraft im Eigenen zu entdecken gehört zur Persönlichkeitsentwicklung, zur Entwicklung eines realistischen Selbstbildes.

---

[6] Interview mit dem Verfasser am 2.8.2004 in Wien, unveröffentlicht

[7] Die Anregung dazu ist fester Bestandteil in den Kursen des »Projekts Alternativen zur Gewalt«, einer Art Empowerment für Gewalttäter, vgl. http://www.pag.de/ (Stand: 25.11.2010)

[8] In der Psychologie werden so beeinflusste Vorgänge unter der Überschrift self-fulfilling prophecy untersucht, vgl. Ludwig, Peter H. (1991): Sich selbst erfüllende Prophezeiungen im Alltagsleben. Theorie und empirische Basis von Erwartungseffekten und Konsequenzen für die Pädagogik, insbesondere für die Gerontagogik. Stuttgart: Verlag für Angewandte Psychologie

Beziehungszentrisches Selbstbild entwickeln

Hildegard Goss-Mayr war zusammen mit ihrem Mann Mitte der 1980er Jahre auf die Philippinen eingeladen worden, um zu helfen, die Marcos-Diktatur zu beenden. Sie berichtet, die beiden hätten im Stadium der Situationsanalyse zunächst gefragt: »Was macht das Unrecht aus?« Auf die Antwort: »Die Diktatur!« hätten sie entgegnet, eine Diktatur könne nur so lange bestehen, wie das Volk sie unterstütze, also die Intellektuellen, die Industrie, die Banken, die Arbeiter usw. »Wir alle [gemeint war sicherlich auch: wir anwesenden Europäer] sind mitverantwortlich, dass diese Situation bestehen kann.« Dies einzusehen, sei eine enorme Herausforderung für die Leute gewesen (Goss-Mayr 2004, 9).

Die Einsicht in die eigene Mitverantwortung gehört als wichtiger Schritt zur ganzheitlichen Persönlichkeitsbildung des Empowerment. Diese bezeichne ich als Entwicklung vom egozentrischen zum *beziehungszentrischen Selbstbild*. Sie kann im Folgenden nur angedeutet werden.

Das Eigene (das Ich, das Selbst, als Gruppe: das Wir) wird dabei umfassend bestätigt (Fundierung), seine Bezogenheit auf anderes und andere Menschen wird konkret erkannt (Relationierung) und zugleich die Absolutheit des Eigenen in Frage gestellt (Relativierung).[9] So wird die Selbst-Wahrnehmung realistischer, und es werden Schritte zum Abbau von Missständen möglich, die angemessener sind als bei starker Ich- oder Wir-Befangenheit. Diese Umorientierung fördert die Bereitschaft zu fragen, wo wir (bis dahin meist unbewusst) nicht nur »Teil der Lösung«, sondern auch »Teil des Problems« sind. Diese Einsicht kann schmerzlich sein – und heilsam! Sie kann zum Erkennen konkreter eigener Anteile an einem Missstand führen (z.B. unnötiges Autofahren aus Bequemlichkeit, statt um der Mitwelt und der Zukunft willen Fahrrad, Bus oder Bahn zu benutzen; oder in einer Diktatur die Angst vor Unterdrückungsmaßnahmen und daraus folgende Untätigkeit). Daher gehört die Frage nach den eigenen Anteilen am Unrecht zum festen Bestandteil der weltweit praktizierten Analyse-Methode von Hildegard Goss-Mayr für gewaltfreies Handeln, bei der die »Stützen des Unrechts« benannt werden. Wer eigene Anteile an einem beklagten Missstand erkannt hat, kann daraus mögliche eigene Beiträge zu seiner Beseitigung ableiten. Damit kommt auch eigene Macht in den Blick.

---

[9] Vgl. Antoch (1999, 75): »Sinn für das Selbstsein im Bezogensein«

Macht entfalten

Gütekräftig Handelnde nutzen zuerst die eigenen Möglichkeiten zur Verbesserung der Situation bzw. zum Abbau eines Missstandes. Sie tun unabhängig von anderen, was bereits in ihrer Macht steht. Die beiden fundamentalen Schritte sind erstens selbst tätig werden und zweitens »Selbstverbesserung« (de Ligt), um die Fähigkeiten für dieses Tätigwerden zu steigern. Zu diesen Fähigkeiten gehören Persönlichkeitsentwicklung und Methoden-Lernen. Diese beiden Schritte sind die Grundvoraussetzung für das Wirksamwerden der Gütekraft (der Gewaltfreiheit). Die aktive Verringerung eigener Anteile an einem Missstand oder auch konstruktives Handeln (wie zum Beispiel der von Danilo Dolci eingeführte »umgekehrte Streik«, etwa der Bau einer dringend benötigten Straße aus eigener Kraft, siehe im vorliegenden Band S. 25f.) kann in manchen Fällen zum Abbau eines Missstandes führen. Selbst wenn das nicht oder nicht ganz möglich ist, ist Eigentätigkeit auch gerade in schwierigen Fällen grundlegend. Denn damit »ermächtigen« sich die Engagierten.

»Macht« wird oft als die Fähigkeit angesehen, andere gegen ihren Willen zu etwas zu zwingen. Dieses nenne ich Herrschaft. Sie ist nicht gemeint, wenn von »Empowerment« die Rede ist. Vielmehr geht es darum, die potentielle, verborgene eigene Kraft zur Gestaltung der Lebensverhältnisse bewusst und stark zu machen, die Kraft und die Entschlossenheit, sich persönlich einzusetzen.

Die Beteiligung an der Aufrechterhaltung eines Missstandes zu beenden, bedeutet in bestimmten Fällen, die Zusammenarbeit mit dem Unrecht, an dem auch andere beteiligt sind, aufzukündigen. Taten wirken auf andere, die davon erfahren, und regen zum »Mitschwingen« an. Praktizieren Menschen Nichtzusammenarbeit, so wirkt dieses Vorbild daher auf andere am Unrecht Beteiligte als innerer Druck, ebenfalls ihre Anteile daran abzubauen. Wenn dies Menschen tun, die bis dahin wichtige »Stützen des Unrechts« waren, oder wenn viele Menschen es tun, so entsteht dadurch ein neues Element, nämlich zusätzlich äußerer Druck auf die für das Weiterbestehen des Unrechts Verantwortlichen, z.B. durch eine neue Stimmung in der Gesellschaft oder unter gewissen Umständen durch drohenden Machtverlust, wie ich unten näher ausführe. Der Impuls zum Abbau eines Missstands wird auf diese Weise stärker, die Tat macht die Engagierten schon im Vorgriff auf größere Machtentwicklung mächtig, denn Taten rufen Resonanz hervor. Gandhi (1999, Vol. 28, 47): »Meine Stärke liegt darin, dass ich von den Menschen nichts verlange, was ich nicht selbst immer wieder in meinem Leben ausprobiert hätte.«

Resonanz und Dynamik

Eine Verbesserung der Situation ist in vielen Fällen nur erreichbar, wenn auch noch andere Personen mitwirken. Sie können dazu von sich aus bereit sein oder auch gebeten oder umgestimmt werden. Dies geschieht im Wesentlichen durch Resonanz, durch Anregung zum »Mitschwingen« mit dem Handeln der bereits Engagierten.

Resonanz ist möglich, weil Menschen erkennen, wenn jemand wohlwollend und gerecht (oder übelwollend und ungerecht) handelt oder wenn jemand so behandelt wird. Die Wahrnehmung einer Tat, die aus der Neigung zu Wohlwollen und Gerechtigkeit kommt, bzw. die Wahrnehmung der entsprechenden, glaubwürdig eingenommenen Haltung regt zum »Mitschwingen« an. Die Resonanz auf wohlwollend-gerechtes Handeln kann spontane Mitwirkung, die Bildung einer Gruppe oder auch die Entstehung einer Bewegung zur Folge haben und eine Dynamik in Gang setzen, die sich aufgrund jener in allen Menschen vorhandenen Neigung selbst verstärkt. In welchen Fällen aus dem »Mitschwingen« ein Handeln wird, hängt von vielen Faktoren ab, von äußeren Umständen wie auch von inneren Voraussetzungen. Gewaltfrei-gütekräftiges Handeln ist darauf gerichtet, diese Faktoren so zu beeinflussen, dass ein entsprechendes Handeln wahrscheinlicher wird. Das wichtigste Mittel, das zu erreichen, ist der Dialog.

Dialog

Ist ein Zustand der Ungerechtigkeit nur unter Mitwirkung von Menschen zu verändern, die bisher nicht dazu bereit oder gegen die Änderung eingestellt oder gar bereits dagegen tätig geworden sind, so wird – auch und gerade, wenn sie die Engagierten zu schädigen versuchen und ihnen zu Gegnern geworden sind – der Dialog mit ihnen gesucht: als »*Einladung zur gewaltfreien Lösung des Problems*« (Goss-Mayr und Goss 2004, 1267).

Für den gewaltfrei-gütekräftigen Dialog sind persönliche und methodische Vorbereitungen wichtig. Dabei wird nach Handlungen oder Eigenschaften der anderen Beteiligten, auch der Gegner, gesucht, in denen ihre Neigung zu Wohlwollen und Gerechtigkeit konkret und klar zum Ausdruck gekommen ist (»die Wahrheit des anderen erkennen«, Goss-Mayr und Goss 2004, 1244). Im gütekräftigen Dialog wird – im Unterschied zu anderen Formen der Auseinandersetzung mit einem Gegner, bei denen es z.B. eher ums Rechthaben geht – bei

Beurteilungen immer zwischen der Person und ihrer Handlung unterschieden. Auch wenn die Handlung zu verurteilen ist, wird dabei der handelnden Person gegenüber Respekt und Wertschätzung zum Ausdruck gebracht. Zugleich wird – am besten durch direkt Betroffene – konkret verdeutlicht, worin der Missstand besteht, und es wird über die eigenen tätigen Schritte und konstruktiven Vorschläge zum Abbau des Missstands informiert: Resonanz ist auch im Dialog das fundamentale Wirkungselement.

Der Liebe mehr Raum geben

Martin Luther King jr. bezeichnet die Gütekraft (der Gewaltfreiheit) in Anlehnung an Jesus und Gandhi als die »Kraft zum Lieben« (King 1963). Diese Kraft kann wachsen. Was Gandhi zu einer neuen Art von politischem Führer macht, ist seine Entschlossenheit, die Grundsätze, die er im Zusammenleben der Familie verwirklicht sah, auf die Politik zu übertragen. Er berichtet, er habe an seinen Bruder geschrieben: »[…] die Bedeutung von ›Familie‹ müsse nur etwas *erweitert* werden.« (Gandhi 1977, 227)

Die Entwicklung des beziehungszentrischen Selbstbildes mit neuer Wahrnehmung des Eigenen und der Anderen kann als *Entwicklung der Fähigkeit zu lieben* verstanden werden: Sie wird über den Bereich von Familie und Freundschaft hinaus ausgeweitet. Hildegard Goss-Mayr: »Es kommt darauf an, wie viel Raum man der Liebe in sich gibt und dass man sie in sich wachsen lässt.«[10]

Liebe ist dabei an erster Stelle nicht ein Gefühl, sondern eine *Haltung,* die Haltung des Wohlwollens und der Achtung der anderen Person/en als Mensch/en mit allen Attributen, die wir auch für uns selbst beanspruchen.

Wie ist diese Haltung mit dem Erfordernis zu vereinbaren, ggf. dem Unrecht beherzt entgegenzutreten, dem Gegner die Stirn zu bieten, also mit Auseinandersetzung und Streit?

Wohlwollend-gerecht streiten

Bei gewaltfrei-gütekräftigem Vorgehen werden die anderen Beteiligten, die ggf. den Abbau eines Missstandes bisher verhinderten, nicht als Feinde, sondern als potenzielle Verbündete betrachtet und behandelt. Je konsequenter dies geschieht, desto größer sind die Erfolgschancen des Vorgehens. (In diesem

---

[10] Interview mit dem Autor am 3.8.2004 in Wien, unveröffentlicht

Sinne sind z.B. Soldaten vor allem potenzielle Kriegsdienstverweigerer und nicht potenzielle Mörder.)

Die gewaltfrei-gütekräftige Haltung bedeutet erstens, den anderen Personen – auch den gegnerischen! – zuzutrauen,[11] gütekräftig, d.h. wahrhaftig, gerecht und liebevoll, handeln zu können – und zweitens, ihnen dieses auch zuzumuten, und zwar durch eigenes gütekräftiges Handeln. Dieses Zweite ist eine Art Aggression. Das Besondere dieses aggressiven Zumutens ist jedoch, dass damit keine schädigende Absicht verbunden ist, vielmehr Schädigungen der Gegenseite, auch Demütigungen oder Gesichtsverlust, mit Umsicht und Sorgfalt vermieden werden: »[…] aktiv, dynamisch und aggressiv – gegen das Böse, das Unrecht, aber niemals gegen den Menschen!« (Goss-Mayr 1996, 25) Es handelt sich um eine konstruktive Aggression, darum, auf die anderen Beteiligten wohlwollend-gerecht zuzugehen (lat.: aggredi = herangehen). Der Einsatz ist dennoch aggressiv, weil er das Gesetz des Handelns nicht der Gegenseite überlässt. Dadurch wird gütekräftiges Vorgehen stark. Es ermöglicht im Konflikt wohlwollend-gerechtes Streiten.[12]

Den Angesprochenen in Bezug auf den Missstand Unannehmlichkeiten wie Gewissensbisse oder womöglich schmerzliche innere Auseinandersetzungen zu bescheren, ist in der Regel um der Wahrheit und der Gerechtigkeit willen unvermeidlich und sogar förderlich (etwa dann, wenn versucht wird, jemanden von einem Verbrechen abzuhalten). Zwang wird allerdings in keiner Form ausgeübt.

Wenn die Resonanzdynamik durch den Dialog nicht hinreichend aktiviert und der Missstand infolgedessen nicht behoben werden kann, wird sie durch weitere Aktivitäten (»Gewaltfreie Aktion« oder »Gütekraft-Aktion«) verstärkt, die man als »Fortsetzung des Dialogs in der Öffentlichkeit« bezeichnen kann (Goss-Mayr). *Extensive Aktionen* richten sich zur Verbreiterung der Dynamik in erster Linie an die Öffentlichkeit, *intensive Aktionen,* bei denen die Engagierten den persönlichen Einsatz erhöhen, in erster Linie an die unmittelbar am Missstand Beteiligten, in zweiter Linie ebenfalls häufig an die Öffentlichkeit. Zum direkten Gespräch bleiben die Engagierten jederzeit – auch bei schädigenden Gegenaktionen – bereit.

Was aber, wenn die anderen Beteiligten auf Einschüchterung und Drohungen setzen?

---

[11] Die Forschungen zu »self fulfilling prophecy« (s. Fußn. 8) zeigen, wie wesentlich dieser Punkt ist: Er kann über Erfolg und Misserfolg entscheiden.

[12] Die Einschätzung, Satjāgrah sei von Gandhi »mehr defensiv verstanden« worden (Ebert 1981, 3), trifft m.E. Gandhis Verständnis nicht.

Einsatzbereitschaft

Bereitschaft und Entschlossenheit zum Einsatz können durch Angst vor drohenden Schädigungen durch den oder die Gegner auf dem Spiel stehen. Ich greife den äußersten Fall heraus: wenn es um die Bereitschaft zum Einsatz des Lebens geht. Was sagen Mohandas K. Gandhi, Bart de Ligt und Hildegard Goss-Mayr dazu?

Einsatz des Lebens

Gandhi geht davon aus, dass der selbstlose Einsatz für etwas Gutes die Engagierten dem Göttlichen näher bringt, anders ausgedrückt: Er verbindet mit dem Weltgesetz (Dharma) und führt deshalb in jedem Fall, auch bei kurzfristiger Erfolglosigkeit, irgendwann zur Verbesserung der Situation. Darum erwartete Gandhi von Satjāgrahis unverblümt die Bereitschaft, Leiden und Tod für Gottes Sache zu riskieren und entwickelte ein Lernprogramm, das diese Bereitschaft durch Aufgaben und Selbstverpflichtungen mit steigenden Anforderungen stärkt: durch die Gelübde, deren Einhaltung er von den Bewohnern seines Aschrams erwartete und die er auch anderen empfahl (Gandhi 1999, Vol. 14, 453ff.; Vol. 15, 167-175; Vol. 42, 128f.; Vol. 95, 190). Außerdem setzte er darauf, dass freiwillig erduldetes Leiden das Vorgehen stärker mache, weil es das Herz des Gegners ansprechen und ihn dadurch mehr als Vernunft-Argumente zum Umdenken motivieren könne.

Für de Ligt hat das eigene Sterben dann Sinn, wenn es im Notfall von einer »Persönlichkeit in Kauf genommen und angenommen wird, die weiß, wofür«, als Beispiel selbstlosen Einsatzes für die weitere Verwirklichung von Wahrheit und Menschlichkeit. Es sei »als persönliche zugleich eine stellvertretende Tat, die andere zunehmend aufweckt« (de Ligt 1936; 1925, 200).

Goss-Mayr (1996, 187) berichtet vom Einsatz gegen die Marcos-Diktatur auf den Philippinen: Ein Gouverneur, Freund und Mitarbeiter der Oppositionskandidatin, sei während des Wahlkampfes umgebracht worden. Daraufhin seien hasserfüllte Rufe wie »Marcos – Mörder!« laut geworden. Diejenigen, die den Kampf bewusst gewaltfrei-gütekräftig führten, hätten diesen Rufen die Frage entgegengehalten: Wusste der Ermordete bei seinem Engagement vorher, dass er das Risiko einging, im Einsatz gegen die Diktatur umgebracht zu werden, und engagierte er sich dennoch freiwillig? Da dies bejaht wurde, sei der Tod anders gedeutet worden: Der Mann war bereit, sein Leben einzusetzen und hat es für die gerechte Sache des Volkes hingegeben. Da diese Grundhaltung in jenem Kampf von allen Engagierten gefordert war, habe er zum Vorbild werden und die Trauer um ihn zur Stärkung der Entschlossenheit des Volkes beitragen können, den gewaltfrei-gütekräftigen Weg bis zur Überwindung der Diktatur weiterzugehen. Die Hingabe des Lebens macht Menschen wie ihn zu starken Zeugen für die von ihnen vertretene Wahrheit und Gerechtigkeit.

Die Überlegenheit von Satjāgrah wird sich, davon ist Gandhi überzeugt, erweisen, wenn die Engagierten den Weg der Liebe nicht verlassen und nicht aufgeben. Das Engagement auch unter äußerstem Druck und sogar, wenn das Leben bedroht ist, kreativ und offensiv weiterzuführen, ist für ihn ein zentraler Aspekt des gewaltfrei-gütekräftigen Vorgehens. Seine Zuversicht ist fest: Solange nur ein einziger Satjāgrahi aktiv ist, ist der Erfolg gewiss – weil »Wahrheit-und-Güte« stärker ist als alles andere.

In ähnlichem Sinne wird in Lateinamerika das, was wir Gewaltfreiheit oder Gütekraft nennen, nach diesem zentralen Aspekt benannt: *firmeza permanente*, »dauerhafte Festigkeit«.

Der Unterschied zu terroristischem Märtyrertum:
die Kraft von Wahrheit und Liebe

Die Bereitschaft, als Zeuge (= »Märtyrer«) für die von ihnen vertretene Wahrheit und Gerechtigkeit das eigene Leben hinzugeben, ist auch bei Menschen gegeben, die durch ein Selbstmord-Attentat meinen, etwas Gutes zu tun. Was macht den Unterschied aus?

a) *Der Relativität der eigenen Wahrheit Rechnung tragen (Gandhi):* Der Einsatz für Wahrheit und Gerechtigkeit, für die gerechte Wahrheit, ist immer positiv. Die absolute Wahrheit vollständig erkennen hieße göttlich leben. Dies ist keinem Menschen gegeben. Wir können uns der absoluten Wahrheit immer nur annähern und Teile davon »erkennen«. Diese Annäherung ist nur mit Liebe möglich, dazu gehört zentral das Absehen von Eigeninteresse (weil es den Blick für Wahrheit trübt) und die Berücksichtigung der Sichtweisen anderer, also der Dialog. Der Einsatz für die Wahrheit durch Satjāgrah[13] ist also immer ein Einsatz für die von mir oder uns erkannte Teilwahrheit, d.h. wir müssen für möglich halten, dass wir uns irren. Respekt vor der – uns unbekannten – absoluten Wahrheit bedeutet, dass wir niemandem unsere Teilwahrheit aufzwingen und im Namen der eigenen Teilwahrheit nichts tun, was nicht rückgängig gemacht werden könnte. Es wäre also Verrat an der (uns unbekannten) absoluten Wahrheit, jemanden für die eigene Teilwahrheit leiden zu lassen oder gar zu

---

[13] wörtliche (im Westen missverständliche) Übersetzung: »Festhalten an der Wahrheit«

töten. Denn damit würden wir die Teilwahrheit des anderen, die der absoluten Wahrheit ja näher sein könnte, mit Füßen treten. *Wenn also der Einsatz für die erkannte Wahrheit Leiden erforderlich macht, dann darf es nur das eigene Leiden sein.* Das ist ebenfalls ein Aspekt der Liebe.

b) *Aus der Gewaltspirale aussteigen (Goss-Mayr):* Im Gegensatz zu Selbstmordattentaten, bei denen Menschen absichtlich getötet werden, gilt für Gütekraft-Aktionen: Die aggressive und die nachahmende Gewalt, also Gegengewalt, »gerechte« Gewalt usw., werden »abgefangen und überwunden«, indem der Unschuldige »Böses nicht mit Bösem vergilt, sondern aus Liebe sein Leben hingibt. [...] [A]us der Kraft der Wahrheit, der sich hinschenkenden Liebe und der Vergebung, können Erlösung, Befreiung und Versöhnung Wirklichkeit werden im Leben des einzelnen und in der Geschichte der Menschheit.« (Goss-Mayr 1981, 44)

Gewaltfrei-gütekräftig Handelnde lieben das Leben. Sie wollen keinesfalls Leiden (den Tod eingeschlossen) verursachen, weder eigenes noch das anderer.

Was aber, wenn Schlüsselpersonen sich dem Dialog beharrlich verweigern?

Eskalation durch Massenaktionen

Wenn mächtige Schlüsselpersonen unzugänglich bleiben, wird das gütekräftige Vorgehen weiter eskaliert bis hin zu Massenaktionen. Immer mehr Menschen, die die Schlüsselpersonen stützen, werden mit der Kraft des tätigen Einsatzes für Gerechtigkeit, Menschenfreundlichkeit und Freiheit »angesteckt«, damit möglichst viele Beteiligte jegliche Form der Unterstützung des unrechten Verhaltens oder des ungerechten Systems aufkündigen und sich von den Schlüsselpersonen unabhängig machen – auch wenn sie Nachteile dafür in Kauf nehmen müssen. Die Beherrschten nutzen die Tatsache, dass Herrschende immer auf Unterstützung durch die Beherrschten angewiesen sind. Den Schlüsselpersonen wird durch organisierte *Nichtzusammenarbeit* in großem Maßstab ihre Machtbasis entzogen. Zur Nichtzusammenarbeit können u.a. gehören: Boykott, Generalstreik, ziviler Ungehorsam, Befehls-, Kriegsdienst- und Steuerverweigerung.[14] Zum *Alternativenaufbau* können gehören: Erarbeitung einer neuen Verfassung, Gründung unabhängiger Bildungseinrichtungen, Aufbau eigener Einrichtungen zur freien Ausführung von Gemeinwohl-Aufgaben unabhängig von den im herrschenden System zuständigen Institutionen (zivile

---

[14] Theodor Ebert hat einen einfachen systematischen Überblick erarbeitet (1981, 37).

Usurpation) usw. Durch Alternativenaufbau wird der positive Umgang mit der neuen Situation vorbereitet und in die Wege geleitet.

Wenn bei sehr harten Reaktionen des Gegners die wohlwollend-gerechte Haltung des streitbaren Anbietens seitens der Engagierten verlassen und vom Wunsch zu zwingen verdrängt wird, kann die Konfliktaustragung leicht auf die Ebene gegenseitiger Schädigung abgleiten, auf der die skrupellosere und mit mehr und effektiveren Schädigungsmitteln ausgerüstete Seite gewinnt. In der Regel ist nicht zu erwarten, dass alle, die sich an Massen-Aktivitäten beteiligen, großes Wohlwollen gegenüber den Schlüsselpersonen bzw. der herrschenden Gruppe aufbringen. Wenn jedoch die leitenden Personen, die die Aktivitäten klar mit Wohlwollen führen, in der eigenen Gruppe anerkannt bleiben, bestehen gute Chancen, auf diese Weise den Missstand abzubauen.

In den vorher behandelten Fällen lässt sich die Wirkung letztlich, wie oben ausgeführt, auf Eigentätigkeit, Selbstverbesserung und Resonanz zurückführen. Die Aktionen führen zu wachsendem öffentlichen Druck, innerer Zwiespältigkeit und innerem Druck bei den anderen Beteiligten, auch bei den Schlüsselpersonen, gemäß der eigenen Neigung zu Wohlwollen und Gerechtigkeit zu handeln. Hier tritt ein weiteres Element hinzu: wirtschaftlicher und auch direkter politischer Druck auf die Führungsgruppe. Mit der Zeit stellt sich, weil immer weniger Menschen den Mächtigen folgen, die Machtfrage, d.h. die Fähigkeit der herrschenden Gruppe zur Machtausübung wird ausgehöhlt.

Solange sich die herrschende, zunehmend isolierte Führungsgruppe den Forderungen nicht beugt, werden Personen in ihrer Umgebung sowie die Massen weiter gütekräftig angesprochen und zu wohlwollend-gerechter Nichtzusammenarbeit angeregt. Es kommt zu einer Machtverschiebung. Diese führt schließlich dazu, dass die Herrschenden den Abbau des Unrechts nicht mehr verhindern wollen oder können: Entweder bewirkt bereits der den Schlüsselpersonen drohende Machtverlust, dass sie, auch ohne selbst überzeugt zu sein, einlenken, oder ihr tatsächlicher Machtverlust führt, ohne dass sie ihre Überzeugung ändern, dazu, dass das Unrecht abgebaut wird.

So wurden diktatorische Regime wie 1978 das von Hugo Banzer in Bolivien und 1986 das von Ferdinand Marcos auf den Philippinen überwunden (siehe im vorliegenden Band S. 29f. und Arnold 2008). Aber auch diese Erfolge bedeuten nicht, dass gütekräftigem Handeln keine Grenzen gesetzt wären.

Grenzen gewaltfrei-gütekräftigen Handelns

Menschen, die jegliche Moralität, also den Sinn von Freiheit, Gerechtigkeit und Menschlichkeit entschieden leugnen, können, solange sie dieser Überzeugung sind, nicht von sich aus gütekräftig handeln, und Engagierte können in dieser Zeit nicht auf gütekräftige Weise mit ihnen gemeinsam Missstände abbauen. Allerdings kann auch in ihnen die Gütekraft-Potenz geweckt werden, wie Beispiele zeigen (siehe etwa den Bericht »Das Gewissen des Wachmannes« in: Schmelzer 1983, 57f.; dort zit. aus: Lanza del Vasto o.J., 14f.[15]).

Auch wer lediglich an andere appelliert, ohne selbst Schritte zum Abbau eigener Anteile am Missstand zu tun, allgemein gesagt, wer nur von anderen Personen Verhaltensänderungen oder Handeln in Bezug auf einen Missstand erwartet, kann die Gütekraft für den verfolgten Zweck nicht mobilisieren.

Gütekräftiges Handeln ist ferner nicht für egoistische Zwecke einsetzbar und eignet sich nicht für die Verwirklichung von Überlegenheits- oder Hegemoniestreben.

Dagegen gilt »Fülle des Lebens für alle«: Wenn die Beteiligten die Verhältnisse an diesem Maßstab messen und ihr Handeln danach ausrichten, kann ihr gütekräftiges Vorgehen erfolgreich sein.

Im öffentlichen Bewusstsein kommt diese Einsicht erst allmählich an. Immerhin lautete im SPIEGEL ONLINE zum Aufstand in Ägypten am 11.2.2011 eine Zwischenüberschrift: »Gewaltfreiheit funktioniert«.[16] Und US-Präsident Obama sagte, dass »wir uns nicht durch unsere Unterschiede bestimmen lassen müssen«, sondern »uns durch die gemeinsame Menschlichkeit definieren können«: »Ägypter haben uns inspiriert. Sie taten es, indem sie die Idee Lügen straften, Gerechtigkeit würde am besten durch Gewalt erreicht.« Er sprach von »the moral force of non-violence« und »the power of human dignity«, der moralischen Kraft der Gewaltfreiheit und der Macht menschlicher Würde.[17]

---

[15] Auch zugänglich über: http://www.guetekraft.net/ > Gütekraftberichte (Stand: 7.2.2011)
[16] Kommentar von Yassin Musharbash http://www.spiegel.de/politik/ausland/0,1518,745100,00.html (Stand: 26.2.2011)
[17] http://www.whitehouse.gov/photos-and-video/video/2011/02/11/president-obama-historic-day-egypt (Übersetzung Arnold, Stand: 11.2.2011)

Literatur

Antoch, Robert (1999): Gütekraft: Kraft der Liebe. In: Gewaltfreie Aktion 121 [Sonderheft], 58-64

Arnold, Martin (2008): Die Revolution auf den Philippinen – Menschen gegen Panzer. In: Gütekraftberichte: http://www.guetekraft.net/berichte.html (Stand: 18.2.2011)

Arnold, Martin/Reinhard Egel-Völp (2011): »Gandhi neu gelesen: Von der Norm zur Kraft« in http://guetekraft.net > Veröffentlichungen > Aufsätze (Stand: 26.2.2011)

Arnold, Martin/Gudrun Knittel (Hrsg.) (1999): Gütekraft erforschen. Gewaltfreie Aktion 121 (Sonderheft)

Bläsi, Burkhard (2001): Konflikttransformation durch Gütekraft. Interpersonale Veränderungsprozesse. Berlin: Lit (Studien zur Gewaltfreiheit, 4)

Clark, Howard (2005): Campaigning Power and Civil Courage: Bringing ›People Power‹ back into Conflict Transformation. Herausgegeben vom Committee for Conflict Transformation Support. (CCTS Review, 27)

Ebert, Theodor (1981): Gewaltfreier Aufstand. Alternative zum Bürgerkrieg. Waldkirch: Waldkircher Verlag (Pädagogische Informationen: Monographien, 7)

Gandhi, Mohandas Karamchand (1977): Eine Autobiographie oder: Die Geschichte meiner Experimente mit der Wahrheit. Gladenbach: Hinder + Deelmann

Gandhi, Mahatma (1999): Electronic Book Collected Works of Mahatma Gandhi (CD-ROM). Delhi. Publications Division

Goss-Mayr, Hildegard (1981): Der Mensch vor dem Unrecht. Spiritualität und Praxis gewaltloser Befreiung. 4., neubearb. u. erw. Aufl. Wien [u.a.]: Europaverlag (Soziale Brennpunkte, 3)

Goss-Mayr, Hildegard (1996): Wie Feinde Freunde werden. Mein Leben mit Jean Goss für Gewaltlosigkeit, Gerechtigkeit und Versöhnung. Freiburg i. Br.: Herder

Goss-Mayr, Hildegard (2004): Die Kraft der Gewaltfreiheit am Beispiel der Philippinen. In: Gewaltfreie Aktion 138/139, 5-17

Goss-Mayr, Hildegard und Jean Goss (2004): Evangelium und Ringen um den Frieden. Einüben in die Gewaltfreiheit des Evangeliums und die Methoden zum Engagement (1995). In: Thomas Nauerth (Hrsg.): Handbibliothek Christlicher Friedenstheologie. Berlin: Directmedia Publishing (Digitale Bibliothek Sonderband), 1133-1289

Hertle, Wolfgang (2008): Global denken, lokal handeln. Aktuelle Betrachtungen aus der Perspektive langjähriger Begleitung gewaltfreier Widerstandsbewegungen. Website von Lebenshaus Schwäbische Alb. http://www.lebenshaus-alb.de/magazin/004795.html (Stand: 3.3.2009)

King, Martin Luther (1963): Strength to Love. New York: Harper & Row

Lanza del Vasto, Joseph Jean o.J. [um 1960]: Definitionen der Gewaltlosigkeit. Hrsg. von L'Arche. La Stampa, nuova tipolito. Felinma Reggio, Italien

Ligt, Bart de (1925): Kerk, cultuur en samenleving. Tien jaren strijd. Arnheim: Van Loghum Slaterus en Visser

Ligt, Bart de (1936): Over revolutionaire strijdwijzen. In: De wapens neder. Maandorgaan van de internationale antimilitaristische vereeniging in Nederland, Jg. 32, Oktoberheft

Mirabehn [Madeleine Slade] (1983): An der Seite des Mahatma. Im engsten Kreise Gandhis. Wien: Sensen-Verlag

Nagler, Michael (2008): Gewaltfrei aus Prinzip. In: Michael Nagler und Egon Spiegel (Hrsg.): Politik ohne Gewalt. Berlin: Lit, 13-53

Riehm-Strammer, Andreas (o.J.): 50 Berichte von gütekräftigem Handeln. Unveröff. Manuskript [zugänglich in der Friedensbibliothek Linz/Donau/Stadtbücherei], auch unter: http://guetekraft.net > Veröffentlichungen (Stand:26.2.2011)

Schmelzer, Albert (1983): Die Arche. Waldkirch: Waldkircher Verlag

Schock, Kurt (2003): Nonviolent Action and its Misconceptions: Insights for Social Scientists. In: Political Science and Politics, Vol. XXXVI, H. 4, 705-712

Schwab, Hans (1994): NON-VIOLENCE. Studie zur Semantik einer lexikalischen Einheit des Französischen. Inaugural-Dissertation zur Erlangung der Doktorwürde der Philosophischen Fakultät der Albert-Ludwigs-Universität Freiburg i. Br.

Spiegel, Egon (2008): Ohne Gewalt leben. Spiritualität und Praxis gewaltfreier Weltgestaltung. In: Michael Nagler und Egon Spiegel (Hrsg.): Politik ohne Gewalt. Prinzipien, Praxis und Perspektiven der Gewaltfreiheit, Friedenswissenschaft Band 1, Berlin: Lit 55-136

Stephan, Maria J. und Erica Chenoweth (2008): Why Civil Resistance Works. The Strategic Logic of Nonviolent Conflict. In: International Security, Jg. 33, H. 33-1, 7–44.

JOCHEN STAY

Fünf Thesen zu den Erfolgsbedingungen eines massenhaften Zivilen Ungehorsams

Jochen Stay hat erste Erfahrungen mit Zivilem Ungehorsam in den 1980er Jahren am Atomwaffendepot in Mutlangen gemacht. Er war viele Jahre Sprecher der Kampagne »X-tausendmal quer«, die seit 1996 Sitzblockaden gegen die Castor-Transporte organisiert. 2003 hat er die Kampagne »resist« gegen den Irak-Krieg mitbegründet. In einem Aufsatz über »Massenhaften Zivilen Ungehorsam«[1] fasst er seine Erfahrungen in fünf Thesen zusammen.

1. Die jeweilige Kampagne Zivilen Ungehorsams wird getragen von einem Kreis von AktivistInnen, die sich mit ihrer ganzen Kraft und quasi Full-Time über Jahre für die Umsetzung ihrer Vision einsetzen.

2. Es wird eine konkrete Form Zivilen Ungehorsams gefunden, die von ihren Konsequenzen nicht zu viel, aber auch nicht zu wenig Folgen hat. Die begrenzte Regelverletzung und die Bereitschaft zum Tragen der Folgen öffentlicher Aufmerksamkeit führen dazu, dass viele bereit sind, diesen Schritt zum Zivilen Ungehorsam zu wagen, weil die juristischen und körperlichen Folgen überschaubar sind.

   Ziviler Ungehorsam kann sehr radikal und weitgehend sein. Wer aber erreichen will, dass die Regierung durch massenhaften Entzug von Loyalität unter Druck gerät, der/die muss eine Form Zivilen Ungehorsams finden, an der sich möglichst viele Menschen beteiligen. Die persönlichen Folgen müssen also überschaubar sein.

3. Die Aktionen entwickeln sich zu einer Mischung aus effektiver Behinderung der Maschinerie und Ritual. Rituale sind nichts Negatives, so lange sie mit Leben gefüllt sind.

   Die Ritualisierung von Aktionsformen führt zwar oft zu einer Abschwächung des Konfliktes, weil die Polizei weiß, was passieren wird. Sie ermöglicht aber auch den eher Ängstlichen die Teilnahme, weil sie besser

---

[1] Massenhafter Ziviler Ungehorsam. Voraussetzungen und Rahmenbedingungen. Gewaltfreie Aktion 138/139, 2004, 31-37. Dort belegt Stay jede These mit konkreten Erfahrungen.

überblicken können, was auf sie zukommt. Wenn es gelingt, den sehr unterschiedlichen Bedürfnissen im Aufbau einer Kampagne Rechnung zu tragen, kann sie viele Menschen erreichen und mit einbeziehen.

4. Die Mobilisierung zu den Aktionen ist nicht unverbindlich, sondern wird über Selbstverpflichtungs-Erklärungen letztlich sehr persönlich und verbindlich geführt.

    Dies ist ein oftmals stark unterschätzter Faktor. Es ist ein großer Unterschied, ob ich mit Flugblättern und Plakaten unverbindlich zu einer Aktion einlade, oder ob ich durch das Angebot einer Selbstverpflichtungs-Erklärung viele Menschen dazu bringe, sehr gründlich darüber nachzudenken und zu entscheiden, ob sie sich an einer Aktion beteiligen wollen. Diejenigen, die unverbindlich mobilisiert werden, kann ich schwer erreichen, weil ich sie nicht kenne. Wer eine Selbstverpflichtung unterschrieben hat, ist mit Adresse bekannt und kann mit weiteren Informationen versorgt werden, um gut auf die Aktion vorbereitet zu sein oder noch weitere Menschen zu mobilisieren. Manche steigen auch in die organisatorische Arbeit ein und auch nach einer Aktion sind alle noch erreichbar. Außerdem kann die Zahl der »Anmeldungen« auch verwendet werden, um politischen Druck zu machen. Und schließlich erleichtert es die organisatorische Planung, wenn klar ist, wie viele Menschen sich an den Aktionen beteiligen.

5. Die jeweiligen AktivistInnen haben die Möglichkeit, sich gründlich vorzubereiten. Und es wird viel Aufwand betrieben, damit die organisatorischen Rahmenbedingungen so gut sind, dass der oder die einzelne BlockiererIn sich wirklich aufs Blockieren konzentrieren kann.

    Angebote, sich vor einer Aktion Zivilen Ungehorsams mit einem Training vorzubereiten, werden meist nur von einer Minderheit der AktivistInnen genutzt. Trotzdem entsteht so ein gut vorbereiteter Kern, der die Qualität der Aktionen durch klares Auftreten und gut funktionierende Gruppen steigert. Wenn dann noch dafür gesorgt ist, dass die BlockiererInnen mit allem Notwendigen versorgt werden (Informationen, Sitzunterlagen, Essen, warme Getränke, juristische Unterstützung, Abholservice bei Ingewahrsamnahme usw.) und sich somit voll auf das Geschehen der Aktion konzentrieren können, dann steigert auch dies die Intensität des Widerstandes.

III

ZUR VORBEREITUNG GEWALTFREIER AKTIONEN

UWE PAINKE

Trainings für Gewaltfreiheit.
Ein historischer Streifzug

Uwe Painke ist seit 30 Jahren Trainer für Gewaltfreiheit und hat über 100 Trainer/innen aus- und fortgebildet. Er leitete fünf Jahre lang eine bundesweit arbeitende Trainings-Vermittlungsstelle für rund 40 Trainer/innen. 1987-92 hat er an Aktionen Zivilen Ungehorsams im Atomtestgebiet in Nevada teilgenommen und 1988 die Atomwaffenteststopp-Kampagne gegründet. Darüber hinaus hat er mit seinem hervorragenden Buch »Ein Stadtteil macht mobil. Gemeinwesenarbeit gegen Gewaltkriminalität«[1] gezeigt, dass die Grundeinsichten der Gewaltfreien Aktion nicht nur beim Kampf gegen Unrecht »von oben« wirksam werden können. Sein Streifzug durch die Geschichte der Vorbereitung auf Gewaltfreie Aktionen[2] macht deutlich, dass »Training« in der einen oder anderen Form seit jeher ein Grundbestandteil der Gewaltfreien Aktion gewesen ist.

Seit Jahrzehnten schulen sich Menschen in der Bundesrepublik Deutschland mit sogenannten »Trainings für Gewaltfreiheit«. Bevor sie einen Bauplatz für ein Kernkraftwerk besetzen, einen Castor-Transport oder ein Atomwaffenlager gewaltfrei blockieren, bereiten sich Gruppen aus der Ökologie- und Friedensbewegung in solchen Trainings auf ihre direkten Aktionen vor. Gruppen aus der Eine-Welt-Bewegung bereiten Straßenaktionen in ihren Heimatstädten vor, Asyl-, Antirassismus- und Ausländerinitiativen trainieren, wie sie sich und andere bei fremdenfeindlichen Übergriffen wirksam gewaltfrei schützen können, und Freiwillige bereiten sich für friedensstiftende Auslandseinsätze in Krisen- oder Kriegsgebieten vor. Die Dauer dieser Workshops kann dabei von kaum einem Tag bis zu einer ganzen Woche variieren. Je nach Anforderung an das Training können es sogar mehrwöchige oder mehrmonatige Veranstaltungen

---

[1] Uwe Painke: Ein Stadtteil macht mobil. Gemeinwesenarbeit gegen Gewaltkriminalität. Neighborhood Safety in den USA. Berlin/Münster/Wien/Zürich/London: Lit 2001

[2] Geringfügig überarbeitete Fassung des gleichnamigen Beitrags in: Christian W. Büttner/ Gernot Jochheim/Nadya Luer/Torsten Schramm (Hrsg.): Politik von unten. Zur Geschichte und Gegenwart der Gewaltfeien Aktion. Theodor Ebert zum 60. Geburtstag, Sonderband der Gewaltfreien Aktion 111/112, 1997, 167-177

209

sein. Meist nehmen sich die Aktivist/innen jedoch ein oder mehrere Wochenenden hierfür.

Da Trainings für Gewaltfreiheit keine allgemein bekannte Erscheinung sind, will ich zunächst aus eigener Anschauung die wichtigsten Inhalte dieser Workshops und Aktions-Vorbereitungstreffen und den Begriff »Training« erläutern. Im Hauptteil dieses Aufsatzes möchte ich der Frage nachgehen, seit wann es solche Trainings gibt, welche Entwicklungslinien dabei von den Anfängen bis in die heutige Zeit in Deutschland auftraten und welche Bedeutung ich der Trainingsarbeit auf dem Weg in eine gewaltfreie Gesellschaftsordnung zumesse. Da ein großer Teil dieser Entwicklungen sich in den USA ereignete, werde ich den Blick über die BRD (wo Trainings noch ein relativ junges Phänomen sind) hinaus richten.

Zunächst zu den Inhalten und Formen des Trainings in gewaltfreier Aktion. Wie der Name schon sagt, werden Elemente gewaltfreien Handelns praxisorientiert eingeübt. Dabei werden den Teilnehmer/innen jedoch keine vorgefertigten Bildungsprogramme vorgesetzt, sondern die Trainer/innen, die das Training anleiten und gestalten, versuchen bereits in der Vorbereitung – wie auch während des Trainings selbst – den Teilnehmer/innen ein Maximum an Mitentscheidungs- und Gestaltungsmöglichkeiten anzubieten. Auf den Trainings werden Probleme und Konflikte, die für die Teilnehmer/innen relevant sind, zunächst gemeinsam analysiert und – falls dies hilfreich erscheint – ihre Struktur durch Theorie und historische Fallstudien zur gewaltfreien Konfliktlösung weiter erhellt. Ein weiterer wichtiger Bereich ist die Einübung in basisdemokratische Entscheidungsformen. Auf fast allen Trainings für Gewaltfreiheit werden die Entscheidungen der Gruppe mit Hilfe des Konsensverfahrens erzielt. Mit Hilfe von Rollenspiel, Soziodrama und Planspiel können auf dem Training mögliche Wirkungen dieser Entscheidungen überprüft und die Planung und Gesamtstrategie gegebenenfalls verbessert werden. Als wichtiger Effekt der intensiven Gruppenarbeitsformen auf vielen Trainings kann auch die Auseinandersetzung vieler Teilnehmer/innen mit dem eigenen Lebensstil oder eigenen Zielsetzungen gesehen werden.

Der Begriff »Training für Gewaltfreiheit«

Im deutschsprachigen Raum kommen bei dem Begriff »Training für Gewaltfreiheit« unwillkürlich Assoziationen an Leibesübungen, Schweiß, Höchstleistungen, vielleicht an Bundesligafußball auf. Im Englischen bedeutet »training«

nichts weiter als »Ausbildung«, »Schulung« oder – vielleicht in diesem Zusammenhang am treffendsten – »Einübung«. Richtig ist sicherlich, dass diese Einübung gewaltfreien Handelns in den Trainings unter Beteiligung des ganzen Menschen geschieht. Es soll nicht nur ein verstandesmäßiges Lernen mit dem Kopf, sondern ein Ausprobieren, ein Experimentieren und ein praktisches Üben des als richtig Erkannten stattfinden.

Wie alt ist Training? – Historische Wurzeln und Vorläufer

Die Geschichte der Trainings für Gewaltfreiheit ist zunächst einmal Teilaspekt der Geschichte gewaltfreier Aktionen. Denn diese Trainings dienten zunächst einmal vor allem zur Vorbereitung der Teilnehmer/innen auf Aktionen und Kampagnen, die auf sozialen Wandel zielten. Und solche gewaltfreien Aktionen haben eine lange Tradition, vor allem in Nordamerika.

Auf einer Studienreise in die USA erforschte ich 1995 die Geschichte gewaltfreier Bewegungen in Neuengland. Für mich war auffällig, dass es sich bei den Teilnehmer/innen dieser frühen Aktionen überwiegend um Angehörige kleiner protestantischer Kirchen handelte, die sich ihre aufsässigen und zugleich gewaltfreien Traditionen bis in die heutige Zeit in sehr ähnlicher Form bewahrt und deren Entstehung dokumentiert haben. Im Zentrum sehr vieler dieser frühen gewaltfreien Aktionen standen Mitglieder der »Religious Society of Friends«, die meist als Quäker/innen bezeichnet werden.

Doch wie kommt es, dass eine so kleine Friedenskirche derartig starke dauerhafte Impulse zu gewaltfreier Aktion zu geben vermag? Die Antwort liegt meines Erachtens in der religiösen Praxis dieser Gruppe. Denn die Andachtsform der Quäker/innen, die diese Aktionen im 17. Jahrhundert maßgeblich organisierten, war eine Schweigemeditation: Die Gottesdienstbesucher/innen saßen meditierend im Kreis, und es bestand die Möglichkeit, sich den anderen Teilnehmer/innen persönlich mitzuteilen. Frauen und Männer jeden Alters konnten sich hierbei völlig gleichberechtigt äußern. Einsichten, innere Erfahrungen und Erlebnisse mit dem gewaltfreien Kampf wurden so in einer aufmerksamen Gruppe in den Raum gestellt. Dieses Vorgehen findet in heutigen Trainings sein funktionales Äquivalent in einer Reihe von Methoden: den »Blitzlichtern«, Runden zu Ängsten und Hoffnungen, sowie biografisch vorgehenden Techniken, die anhand von Erinnerungen – Erlebnissen und Erfahrungen der Teilnehmer/innen – eine persönliche Auseinandersetzung mit Kategorien wie »Mut« und »Verzweiflung« ermöglichen.

Allein in den traditionellen Zusammenkünften der Quäker/innen finden sich also vier Elemente, die m.e. auch in heutigen Trainings zentral sind:

1. Meditation und auf persönlicher Erfahrung beruhende Reflexion.
2. Es gab die Chance, über Ängste, Befürchtungen und Hoffnungen sprechen zu können; der Austausch erfolgte hierbei stets frei von Kritik.
3. Es gab Raum für Aktionsplanung: Die »business meetings« – meist im Anschluss an die Andacht – werden bei den Quäker/innen seit Jahrhunderten stark von einer Vielzahl sozialer und gesellschaftspolitischer Projekte geprägt.
4. Alle Entscheidungen wurden hierbei im Konsensverfahren getroffen. Jedes Mitglied konnte daher – genau wie bei heutigen Aktionen auch – individuell entscheiden, welche Risiken es eingehen wollte.

Es erscheint daher nur folgerichtig, dass sich aus dieser Quäker/innen-Kultur des sensiblen Aufeinander-Achtens und der persönlichen Auseinandersetzung mit gesellschaftspolitischen Themen, die auch für Trainings in gewaltfreier Aktion typisch ist, eine seit drei Jahrhunderten andauernde Tradition gewaltfreien Eingreifens in politische und soziale Konflikte ergab. So fallen die Quäker/innen spätestens seit 1730 durch gewaltfreie Aktionen gegen die Sklaverei auf. Sie sind dabei auch mit ihren Aktionsmethoden Avantgardisten: »Unsichtbares Theater« an öffentlichen Orten, bei dem die Zuschauer/innen der Szene und Passant/innen meinen, sie wohnten einer echten Alltagsszene bei[3] und auch andere psychologisch vielschichtige Aktionsformen jener Zeit verlangten sicherlich Vorbereitungen, doch erfahren wir nichts darüber. Vermutlich auch, weil hier die Einzelaktionen religiöser Käuze gegenüber Gruppenaktionen eher im Vordergrund standen. Dieser Zustand der Vereinzelung und der Einzelaktionen änderte sich erst rund ein Jahrhundert später. Ab 1838 gab es auch nichtreligiöse gewaltfreie Aktionsgruppen in den USA zur Abschaffung der Sklaverei. Zwar hatten die Quäker/innen auf diese Bewegung Einfluss, doch kam nun auch ein neues Element ins Spiel: Die utopische Kommune-Bewegung in Neuengland, die in den 1830er und 1840er Jahren aufblühte, war ein Nährboden dieser Bewegung. Erste politische Boykotts wurden organisiert; Die »Slavery-free-produce«-Bewegung propagierte, nur noch Produkte zu kaufen, die ohne Sklavenarbeit hergestellt wurde. (Diese wurden z.T. mit aufklärendem Aufdruck in speziellen Geschäften verkauft – die Praxis erinnert

---

[3] Mehrere solcher ebenso spannender wie höchst amüsanter Berichte habe ich der Biografie über Benjamin Lay (1677-1742) entnommen (American Anti Slavery Society 1842).

an heutige Dritte-Welt-Läden! Viele Aktivist/innen des 19. Jahrhunderts trugen Stofftaschen oder Taschentücher mit Antisklaverei-Slogans.)

Von der Friedenspädagogik zum Training für gewaltfreie Aktion

Leo Tolstoi nimmt diese Einflüsse aus den USA auf. Er liest die philosophischen Texte, die die Antisklaverei-Bewegung über ihre Aktionen verfasst, und er gibt sie über seine Schriften und z.t. auch im direkten Austausch (Briefwechsel) an Gandhi weiter (vgl. Bartolf 1993b). Auffällig ist die im Vergleich sehr ähnliche friedenspädagogische Praxis, die Tolstoi mit Gandhi verbindet. Bei beiden stehen Anschauung, Experimentieren und praktische Erprobung im Mittelpunkt ihrer Bildungspraxis. Für die Mitte des 19. Jahrhunderts völlig ungewöhnlich, verlässt Tolstoi (wie 50 Jahre später auch Gandhi) den geschlossenen Raum seiner Lehranstalt für den Unterricht und führt den Lernspaziergang als Quelle von Erkenntnis und Einübungsmöglichkeit ein. Doch in der Umsetzung seiner ebenso revolutionären friedenspolitischen Ansichten in Aktionsformen und in dazu hinführende pädagogische Konzepte blieb Tolstoi eher blass und unkreativ. Hier jedoch knüpfte Gandhi erfinderisch am Ideengut des russischen Vordenkers an und trieb die Praxis ein gutes Stück voran. Seine Bildungsauffassung, die eng mit gewaltfreier Aktion verknüpft war, kommt in vielen Punkten der heutigen Trainingsphilosophie und -praxis nahe.

Dies hängt sicherlich damit zusammen, dass die Grundideen gewaltfreier Bewegung seit den 1930er Jahren kontinuierlich von Indien nach Nordamerika hinüberschwappten. Die Bürgerrechtsbewegung der USA mit ihrem gewaltfreien Grundverständnis und ihren Aktionsformen war stark beeinflusst von der Philosophie und Praxis Mahatma Gandhis.[4] Martin Luther King (1984, 25f.) beschreibt in seinen Büchern immer wieder seine ersten Begegnungen

---

[4] Hier spielte vor allem Richard Gregg eine Rolle, der in den 1920er Jahren Gandhi in Indien besuchte und dessen Ideen anschließend in den USA populär machte. Vor allem das Werk: »The Power of Nonviolence« (1934) und »Training for Peace – A Training for Peace Workers Supplement« (1937) – wohl eine der frühesten Verwendungen des Begriffs – gaben wichtige Anstöße bei der Entstehung der US-Bürgerrechtsbewegung, bei ihrer Entscheidung für gewaltfreie Kampfmethoden und der Entwicklung von hierfür vorbereitenden Trainings. Auch K. Shridharanis in den USA vielrezipiertes »War Without Violence: A Study of Gandhi's Method and Its Accomplishments« (1939) ist ein gutes Beispiel für den starken Gedanken- und Methodenfluss zwischen den gewaltfreien Bewegungen in Indien und USA.

mit den Schriften und Ideen Gandhis, die bereits Ende der 1940er Jahre am »Crozer Theological Seminary« stattfanden. Eine wichtige Rolle bei diesem »Transfer« spielten erneut die Quäker/innen, die in Indien an der Bewegung Gandhis teilgenommen hatten. Glen Smiley und Abraham J. Muste brachten in Vorträgen, Büchertischen und Trainingsworkshops das Gedankengut zurück nach England und Nordamerika, wo es bei King und anderen auf fruchtbaren Boden fiel (vgl. Moyer 1987, 214). Im Osten der USA entwickelten sich so schließlich die »trainings for nonviolent action« als Grundform unserer heutigen Trainings für Gewaltfreiheit.

Ost-West Kulturunterschiede in der Trainingsarbeit

Vergleicht man die amerikanischen und europäischen Trainingskonzepte der letzten Jahrzehnte mit denen, die Mahatma Gandhi entwickelte und anwandte, so fällt auf, dass Gandhi unter Training mehr einen Ansatz verstand, der ganzheitlich das ganze Leben und den gesamten Alltag durchzieht: Das Leben selbst, jeder Tag und jede Handlung bieten die Gelegenheit, gewaltfreies Handeln zu lernen und einzuüben, also zu »trainieren«. Dabei wird Wert auf ein Erfassen mit allen Sinnen gelegt – das Erlernen von Fähigkeiten soll mit Geist und Körper und dem Blick fürs Ganze geschehen. Eine Friedenspädagogik zum Anfassen, zum Ausprobieren und in die Tat umsetzen (vgl. Bartolf 1993a). Eine klare Trennung von »Training« und »Realsituationen« gibt es in diesem Modell nicht mehr, die Übergänge sind fließend. Ein weiterer Kulturunterschied liegt in der stärkeren Betonung von Spiritualität als zentralem Teil des Trainingsprogramms östlicher Trainer/innen.

Narayan Desai (1992, 13-23) – der Sohn von Gandhis Sekretär – nimmt zu diesen Ost-West-Unterschieden Stellung, indem er darauf hinweist, dass im Osten Gewaltfreiheit mehr unter dem Aspekt einer Lebensweise gesehen wird, während es im Westen mehr als eine Technik gesehen und folglich auch eher so erlernt wird.

In den USA entwickelten sich folgerichtig Trainingskonzepte, die ich als rationalisierte »kapitalistische Variante« von Trainings bezeichnen würde. Viele Teilnehmer/innen waren nicht bereit, an allzu zeitaufwendigen Vorbereitungen teilzunehmen – time is money. So entwickelten die Trainer/innen oft Kurzworkshops von wenigen Stunden. Unter diesen Bedingungen musste mehr Wert auf Effizienz und ausgefeilte Methodik gelegt werden, mit der schnelle Einsichten und Übungserfolge erzielt werden sollten.

Ob bei solcher Kürze noch grundsätzliche Lebenshaltungen im Spannungsfeld einer Gesellschaft, in der Gewalt eher als Norm bezeichnet werden muss, aufgebrochen werden können, ist sehr fraglich. Die Bewegung um Martin Luther King hatte dieses Problem weit weniger als heutige US-Bewegungen, weil die Grundlagen der Lebensorientierung ihrer Aktivist/innen nicht in den kurzen »training sessions« gelegt wurden, die nach Feierabend unter ebenfalls knappen Zeitbedingungen in der Baptistenkirche Kings stattfanden. Für sie war es vielmehr das Leben und Wirken Jesu als gewaltfreies Vorbild, das sich ihnen als Herausforderung zur Verwirklichung in allen Lebensbereichen anbot. Mit dieser Grundeinstellung diente das eigentliche Training nur noch letzten praktischen Erprobungs- und Überprüfungserfordernissen. Die umfangreiche Arbeit an sich selbst, ja sogar die Entscheidungsfindung für bestimmte Aktionsformen waren quasi ein Teil des Gottesdienstes selbst. Ganz ähnlich wie bei den Quäker/innen vor 300 Jahren war also bei den Baptist/innen im schwarzen Süden Amerikas der Gottesdienst eine Art von Training in Gewaltfreiheit – die Versammlung der Gemeinde war das Entscheidungsfindungsgremium, das auch die ersten grundlegenden Schritte der Aktionsvorbereitung trug.

Das Rollenspiel wird Teil des Trainingsrepertoires

Seit den 1950er Jahren sind Rollenspiele fester Bestandteil gewaltfreier Aktionsvorbereitung. Martin Luther King (1984, 136ff.) beschreibt den Einsatz von Trainings im Jahre 1956, um bei der Integration von Bussen auch auf Gewaltprovokationen diszipliniert gewaltfrei zu reagieren:

> »In mehreren Versammlungen schulten wir Leute, wie sie sich verhalten sollten. Wir stellten vor dem Altar eine Reihe Stühle auf, die den Bus darstellen sollten. An der Spitze war der Fahrersitz. Dann wählten wir ein Dutzend ›Schauspieler‹ aus und übertrugen jedem eine Rolle für eine Situation, wie sie möglicherweise einmal eintreten konnte. Ein Mann war der Fahrer, die anderen waren weiße und farbige Fahrgäste. In beiden Gruppen gab es höfliche und feindselige Menschen. Im Beisein der übrigen Versammlungsteilnehmer führten die Schauspieler nun eine Szene auf, in der ein Fahrgast beleidigt oder geschlagen wurde. Dann kam eine andere Gruppe Schauspieler an die Reihe, und zum Schluss wurde über alles diskutiert. Manchmal stellten die, die einen Weißen spielten, ihn mit solchem Eifer dar, dass sie von den Zuschauern getadelt werden mussten.

Oft vergaß ein Neger,[5] dass er gewaltlos bleiben sollte und schlug heftig zurück. Dann versuchten wir seine Worte und seine Handlungsweise zu korrigieren.«

Der Einsatz von Rollenspielen in Trainings lässt sich bis zu den ersten beschriebenen Trainings an der Wende der 1930er zu den 1940er Jahren zurückverfolgen. Die Aktivist/innen mehrerer Jugendgruppen bereiteten im Sommer 1941 eine Aktion vor, mit der im Garfield Park Schwimmbad in Cleveland die Rassentrennung beendet werden sollte. Hierzu setzten sie Rollenspiele ein, um Hindernisse beim Eintrittskartenkauf, sowie eine Vielzahl möglicher Probleme im Bereich des Schwimmbeckens durchzuspielen. Aus dieser erfolgreichen Aktion wuchs die Gründung des »Congress on Racial Equality« (CORE), der bedeutendsten Bürgerrechts-Aktionsgruppe vor Martin Luther Kings »Southern Christian Leadership Conference«. Die CORE-Aktivist/innen setzten Trainings für Gewaltfreiheit bereits regelmäßig und erfolgreich zur Aktionsvorbereitung ein (vgl. Houser 1945).

Weitere Entwicklungen in Stil und Methodik der Trainings

Nach und nach flossen nun die Kenntnisse der sich neu entwickelnden Gruppenpsychologie und die Methoden der Gruppendynamik in die Trainingsarbeit ein. Die Arbeiten von Kurt Lewin und von Jacob Levy Moreno beeinflussten auch die gewaltfreie Bewegung zu einer stärker selbsterfahrungsorientierten Trainingskultur, in der vermehrt mit den Mitteln von Rollenspiel und Soziodrama gearbeitet wurde (vgl. Zietlow 1977, 14).

Während in den Trainings der 1950er Jahre mehr mit verbalen Elementen gearbeitet wurde, sorgte in den 1960er Jahren das Aufkommen der konfrontativeren Sit-ins und anderer neuer Aktionsformen auch für den verstärkten Einsatz neuer Trainingsformen. Vor allem Rollenspiele wurden nun häufiger und vielfältiger eingesetzt (vgl. Walker 1974, 5f.). Im Protestklima der 1960er Jahre verbreitete sich die in der US-Bürgerrechtsbewegung erprobte Trainingsmethodik zudem schnell auf andere Bewegungen und andere Länder. Ein regelrechter »methodischer Quantensprung« wurde zu Beginn der 1970er Jahre durch die Einrichtung einer Reihe von neuen Trainingszentren mit bezahlten Mitarbeiter/innen in Kalifornien, New York, Chicago und vor

---

[5] King benutzt im Text noch den Begriff »Neger« (Negro), der heute als rassistisch empfunden wird.

allem in Philadelphia erreicht. Systematisch wurden nun viele Erkenntnisse und Methoden moderner Gruppenpsychologie in die Trainingsarbeit integriert. Mehrere einjährige Ausbildungsprogramme für Trainer/innen entstanden und sorgten gegenüber den zuvor meist nur wenige Tage dauernden Trainerausbildungen für einen deutlichen Anstieg der didaktischen Vielfalt und Qualität der Trainingsarbeit (vgl. Zietlow 1977).

Eine wahre Massenbewegung wurden seit etwa 1969 sogenannte Marshall-Trainings, später auch Peacekeeper-Trainings genannt. Als an der Wende zu den 1970er Jahren gewaltsame Auseinandersetzungen bei Großdemonstrationen häufiger wurden, bereiteten sich Tausende von Ordner/innen in speziellen Kurztrainings auf erwartete Konfrontationen vor. Neben Kommunikation, Eindämmung von Gerüchten und der verbalen Konfrontation mit Störer/innen wurden hierbei auch körperliche Techniken zur Deeskalation von gewaltträchtigen Situationen geübt. Dass solche Trainings keine Spielwiese für gelangweilte Demonstrant/innen waren, zeigt sich an der erschreckend brutalen Bilanz vieler dieser Proteste: Allein im Mai 1970 wurden in den USA bei den zahlreichen Protesten gegen den Vietnamkrieg über 100 Menschen durch den rücksichtslosen Schusswaffengebrauch der US-Polizei verletzt oder getötet (vgl. Katsiaficas 1987, 120). In einer derart dramatisch aufgeheizten Situation konnte die Vorbereitung durch ein Training für Gewaltfreiheit durchaus unmittelbar dem Überleben auf einer Demonstration dienen.

Die Trainingsarbeit erreicht Deutschland

Das »Philadelphia Life Center« war zu dieser Zeit das bedeutendste Trainingszentrum in den USA. Es besaß eine Strahlkraft, die 1972 auch Deutschland erreichte. Mit Eric Bachman war es ein US-Amerikaner aus Philadelphia, der die Trainingsarbeit für Gewaltfreie Aktion in Deutschland in Bewegung brachte. Zwar hatte es bereits in den 1950er Jahren vereinzelte Versuche mit Trainingsvorformen gegeben, doch nun wurde eine gut organisierte Trainingskultur angestoßen, die bis heute vielfältige Auswirkungen hat. Mit dem ersten Training in dieser Reihe, das im Juni 1972 im Freundschaftsheim in Bückeburg unter der Leitung von Hermann Koch und Eric Bachman stattfand (vgl. Rothenpieler 1992, 107ff.), wurde eine Entwicklung in Gang gesetzt, durch die hunderte von Aktivist/innen in Westdeutschland sich als Trainer/in ausbilden ließen und viele Tausende an Trainingsworkshops teilnahmen. Mitte der 1970er Jahre entstanden in vielen Städten der BRD Gruppen von Trainer/innen, sogenannte

217

Trainingskollektive (vgl. Ratsch 1987, 94), und im Mai 1977 fand das erste Bundestreffen zum Austausch und zur Koordination zwischen den verschiedenen Trainingskollektiven statt. Mit dem Aufstieg der Anti-AKW-Bewegung Ende der 1970er Jahre und einer Welle neuer Aktionsformen, die auch zunächst schwer abwägbare Risiken für die Teilnehmer/innen mit sich brachten, waren Trainings für gewaltfreie Aktion plötzlich stark gefragt. Eine bezahlte Infostelle wurde zur Koordination eingerichtet, um die damit verbundene Verwaltungsarbeit zu leisten. Erste Medien und eine beachtliche Literatur (Trainingshandbücher) entstanden in dieser Zeit und halfen bei der Verbreitung der Trainingsideen und -formen.[6]

Bei der Platzbesetzung des Geländes für ein Atommüll-Lager bei Gorleben im Frühjahr 1980 gelang es in vielen Trainings-Workshops, eine gemeinsame gewaltfreie Strategie für die erwartete Räumung zu finden. 3.000 Besetzer/innen leisteten schließlich passiven Widerstand gegen eine bürgerkriegsartig auftretende Polizeimacht. Trotz der vermeintlichen Niederlage – der Platz wurde von der Polizei geräumt – brachte das disziplinierte und entschlossene gewaltfreie Auftreten Tausender Aktionsteilnehmer/innen der Bewegung auch eine Stärkung durch die große öffentliche Wirkung der Aktion.

1982 gehörte ich zur Vorbereitungsgruppe der ersten Massenaktion der Friedensbewegung gegen die Atomwaffen in der BRD. Die Aktion fand bei Großengstingen auf der Schwäbischen Alb statt und war die erste Massenaktion in Deutschland überhaupt, bei der die Veranstalter/innen ein Vorbereitungstraining zum Pflichtprogramm für alle Teilnehmer/innen erhoben. Sicherlich trug diese Tatsache zum erfolgreichen Verlauf der bemerkenswerten Aktion bei: Die Blockade wurde eine Woche lang – 170 Stunden ununterbrochen bei Tag und Nacht – auf der Zufahrt des Atomwaffendepots fortgeführt (vgl. AK Engstingen 1982).

In ganz Deutschland entstanden 1982 und 1983 Trainingskollektive, so dass sich schließlich in rund 30 Städten Trainer/innen regional organisiert hatten.[7] Eine wahre »Trainingseuphorie« machte sich in der Friedensbewegung breit, und Tausende von Menschen nahmen an Trainings teil. Doch als im November 1983 die Aufrüstung mit Pershing II-Atomwaffen erfolgte, lösten sich die meisten Aktionsgruppen ebenso schnell wieder auf, wie sie entstanden waren. Ebenso schnell wie die Trainings zu einer Modeerscheinung geworden waren, gerieten sie auch wieder aus der Mode. Bis auf wenige Ausnahmen lösten sich die Trainingskollektive auf oder wurden kaum noch angefragt (vgl. Ratsch 1987,

---

6 Vgl. Methodensammlung der Trainingskollektive (1982)
7 Vgl. Koordinationsstelle der Trainingskollektive für Gewaltfreie Aktion 1984, 3ff.

99).[8] Im württembergischen Raum entstand auf meine Initiative ein neues Trainingskollektiv, das bis 1988 kontinuierlich Trainings für Mutlangen-Aktionen anbot. Die 30 bis 40 beteiligten Trainer/innen wurden von mir regelmäßig fortgebildet und gestalteten bis zu 50 Trainings im Jahr für anfragende Gruppen aus dem gesamten damaligen Bundesgebiet. Doch mit dem Erfolg der vertraglichen Abrüstung der Mittelstrecken-Atomraketen kam auch diese Trainingskultur zum Erliegen. Die bundesweite Trainingsvermittlung in Mutlangen löste sich Anfang 1989 auf. Einzelne dieser Trainer/innen führten noch im selben Jahr auf Anfrage von Oppositionsgruppen in der DDR Trainings durch, die der dort neu entstandenen Bewegung von unten zusätzliche Impulse gaben. Ansonsten wurde es für einige Jahre stiller um die Trainingsarbeit in Deutschland.

Neue Inhalte, Professionalisierung und Entpolitisierung

Erst als in den Jahren 1992 und 1993 fremdenfeindliche Übergriffe in Deutschland in einem bis dahin nicht gekannten Ausmaß auftraten, suchten viele Menschen verzweifelt nach Antworten auf diese Herausforderung. Die noch arbeitenden Trainer/innen entwickelten in dieser Situation Trainingskonzepte aus der US-Bürgerrechtsbewegung weiter und passten sie der deutschen Situation an. Aus »Neighborhood Safety« wurden so Trainings für »Gewaltfreie Nachbarschaftshilfe« (vgl. Beck u.a. 1994). Kennzeichen dieser Trainingsphase in der BRD ist nach meinen Beobachtungen jedoch eine zunehmend unpolitische Auseinandersetzung mit den Möglichkeiten gewaltfreien Handelns. So wurden statt der Vorbereitung auf Aktionen zur Thematisierung von Rassismus in der BRD in den 1990er Jahren zunehmend Trainings für den unpolitisch-persönlichen Umgang mit Gewalt- und Bedrohungssituationen angeboten. Dabei stießen selbst Begriffe wie »Zivilcourage« bei einem Gutteil der Teilnehmenden eher auf Desinteresse.[9] Doch die großen Bildungsträger bis hin zur VHS sprangen angesichts der gesellschaftlichen Diskussion über die zunehmende Gewalt im öffentlichen Raum auf diese Welle auf und boten zur eher privaten Gewaltdeeskalation verschiedene Programme an.[10]

Während ich in den 1980er Jahren fast ausschließlich Aktionsgruppen der

---

[8] In diesem Zeitraum fiel die Gründung verschiedener gewaltfreier Bildungs- und Begegnungsstätten, u.a. die KURVE Wustrow; Werkstatt für Gewaltfreie Aktion, Baden; Fränkisches Bildungswerk für Friedensarbeit usw.

[9] Dieser Trend wurde mir damals von Trainer/innen aus mehreren Bundesländern bestätigt.

[10] Heute bilden bei allen mir bekannten Trainer/innen Kurse bei kirchlichen oder politischen Bildungswerken einen Teil der Trainingsarbeit.

Friedens- und Ökologiebewegung trainierte, wurde ich seit 1993 zunehmend für berufliche Fortbildungen von Jugendhausmitarbeiter/innen, Lehrer/innen, Sozialarbeiter/innen und Psycholog/innen angefragt. Einzelne Anfragen für berufsbezogene Gewalt-Deeskalationstrainings kamen selbst von Taxifahrer/innen und Hausmeister/innen. Als Ergebnis dieser Entwicklungen fand auch auf Seiten der Trainer/innen eine zunehmende Professionalisierung statt. Die thematische Ausweitung – die Themenpalette vieler Trainer/innen reicht vom Kommunikationstraining über die kreative Konfliktlösung im Betrieb bis hin zur Deeskalation von Bedrohungssituationen im Alltag – ging zugleich mit einer teilweisen Entpolitisierung der Trainingsarbeit einher.

Als einen gegenläufigen Trend sehe ich die Erarbeitung von Trainingskonzepten für den Zivilen Friedensdienst. Hier entwarfen Trainer/innen Programme für die Ausbildung von Konfliktlösungs-Spezialist/innen, die zu gewaltfreien Interventionen in internationalen Krisengebieten befähigen sollten (vgl. Painke 1995). Trotz einer starken Unterstützung dieser Konzepte durch kirchliche Institutionen und selbst durch ein breites Spektrum parlamentarischer Vertreter/innen konnten sie bisher aus Finanzierungsgründen noch nicht im großen Stil umgesetzt werden. Doch gerade im Bereich internationaler Konfliktlösung könnte die lange Erfahrung mit Trainings für Gewaltfreiheit Früchte tragen, indem die politischen Auseinandersetzungen der Zukunft durch einen starken Impuls von unten zivilisiert werden. Eine solche Entwicklung ist angesichts der vernichtenden Möglichkeiten militärischer Konfliktaustragung und der fast ebenso destruktiven Verschwendung von Ressourcen für Militär und Krieg geradezu ein Gebot der Vernunft.

Alphabetisierung der Gesellschaft zu gewaltfreier Konfliktaustragung

In diesem Licht erscheint die zukünftige Aufgabe von Trainings manchem Trainer aus Asien sogar vergleichbar mit einer Alphabetisierung der ganzen Gesellschaft durch die Grundlagen gewaltfreier Konfliktlösung. Ein indischer Trainer – Ramjee Singh (1992, 5) – erklärt die Schlüsselstellung der Trainingsarbeit für eine solche »Alphabetisierung« mit der Handlungsbezogenheit von Trainings für Gewaltfreiheit:

»Wir geben alljährlich mehr als 500 Milliarden Dollar aus, um Soldaten für den Krieg auszubilden und Kriegsmaschinerien zu kaufen, aber wir denken nicht daran, die Wissenschaft vom Frieden in unseren Stundenplan einzufügen. Gewaltfreiheit ist nicht nur ein Teil der Friedensforschung und der Friedenspädagogik, sondern besteht auch aus aktivem Handeln. Gewaltfreiheit ohne Aktion ist nichts. Doch Handeln ohne Wissenschaft oder die Kunst des Trainings – ist ziellos und unmethodisch.«

Angesichts solcher Perspektiven erscheint mir die in diesem Aufsatz beschriebene lange geschichtliche Entwicklung gewaltfreier Trainings lediglich wie eine schrittweise Heranführung an die bevorstehenden Aufgaben: Unsere Trainingsarbeit muss – mehr als bisher – einen deutlich spürbaren Beitrag dazu leisten, das Erlernen gewaltfreier Handlungsformen zu einem gesellschaftlich bedeutsamen Faktor zu machen.

Erst wenn uns dies gelingt, wird die Vision Mahatma Gandhis und Martin Luther Kings von einer Gesellschaft, in der mit zivilen Mitteln Gerechtigkeit immer wieder erkämpft wird, Wirklichkeit werden.

Literatur

American Anti Slavery Society (Hrsg.) (1842): Memoir of Benjamin Lay. New York (erstmals 1815 in Philadelphia und ein Jahr später in London)

Arbeitskreis Engstingen (Hrsg.) (1982): Schwerter zu Pflugscharen. Grossengstingen / Handbuch 2; Blockade-Aktion '82 – Auswertung. Tübingen: AK Engstingen

Bartolf, Christian (1993a): Gandhis Pädagogik. Berlin: Gandhi-Informations-Zentrum

Bartolf, Christian (1993b): Tolstoi – Gandhi. Berlin: Gandhi-Informations-Zentrum

Beck, Detlef, Barbara Müller und Uwe Painke (1994): Man kann ja doch was tun! Gewaltfreie Nachbarschaftshilfe. Kreatives Eingreifen in Gewaltsituationen und gemeinschaftliche Prävention fremdenfeindlicher Übergriffe. Minden: Bund für Soziale Verteidigung

Desai, Narayan (1992): The Why, What and How of Non-Violence Training: Gandhi's Example. In: Anuvibha, Nr. 1, Jaipur, Indien, 1. Jg., Juni 1992, 13-23

Gregg, Richard B. (1934): The Power of Non-Violence. Philadelphia: Lippincott

ders. (1937): Training for Peace, a Program for Peace Workers. A supplement to The power of Non-Violence. Philadelphia: Lippincott

Houser, George (1945): Erasing the Color Line. New York: Fellowship Publications

221

Katsiaficas, George (1987): The Imagination of the New Left: a Global Analysis of 1968. Boston, Mass.: South End Press

King, Martin Luther (1984): Freiheit. Von der Praxis des gewaltlosen Widerstands. Wuppertal: Brockhaus, 2. Aufl. 1984, 136ff.

Moyer, Bill (1987): The Dialogue begins. In: Lakey, George: Powerful Peacemaking. A Strategy for a Living Revolution. Philadelphia: New Society Publishers 1987

Painke, Uwe (1995): Ausbildung für den Zivilen Friedensdienst. Projektanalyse. Berlin: Evangelisches Bildungswerk

Ratsch, Britta (1987): Training in gewaltfreier Aktion: Emanzipative Erwachsenenbildung im Kontext politischer Aktion. Diplomarbeit der Sozialpädagogik, Universität Bremen

Rothenpieler, Heinz (1992): Training in Gewaltlosigkeit in Deutschland. In: Der Pazifist. Hefte für Völkerrecht und Arbeit für den Frieden, Nr. 5, Düsseldorf, 4. Jg., 1992, 107ff.

Shridharanis, Krishnalal (1939): War Without Violence: A Study of Gandhi's Method and Its Accomplishments. New York: Harcourt, Brace

Singh, Ramjee (1992): Nonviolence Training. In: Anuvibha, Nr. 1, Jaipur, Indien 1. Jg., Juni 1992, 5

Walker, Charles (1974): Training in gewaltfreier Aktion. In: Gewaltfreie Aktion. Vierteljahreshefte für Frieden und Gerechtigkeit, Nr. 19/20, Karlsruhe, 6. Jg., 1. & 2. Quartal 1974, 5f.

Zietlow, Carl (1977): A Reflective History of Training for Nonviolent Action in the Civil Rights and Peace Movements 1942-1972. Grand Rapids, Michigan: Ammon Hennacy House

KONRAD TEMPEL

Das »Handwerk der Gewaltfreiheit« lernen: Hindernisse und Ansätze zu ihrer Überwindung

Konrad Tempel gründete zusammen mit seiner späteren Frau Helga Tempel-Stolle 1957 den Aktionskreis für Gewaltlosigkeit in Hamburg. Er war 1960 Initiator des Ostermarsches gegen Atomwaffen in Ost und West und mehrere Jahre Sprecher der Ostermarsch-Kampagne. 1979 gehörte er zu den Mitbegründern der Bildungs- und Begegnungsstätte für Gewaltfreie Aktion (später »Kurve Wustrow«) und war acht Jahre lang deren Vorsitzender. Zwischen 1995 und 2003 hatte er den Vorsitz im Bund für Soziale Verteidigung inne. Über ein Jahrzehnt war er zuständig für die Trainings für Zivilen Friedensdienst / Zivile Konfliktbearbeitung der heutigen Akademie für Konflikttransformation des Forums Ziviler Friedensdienst. Im Folgenden beschäftigt er sich mit der Frage, wie man es Menschen leichter und attraktiver machen könnte, sich auf gewaltfreie Aktionen sorgfältig vorzubereiten.[1]

In einem Vortrag über Dietrich Bonhoeffer und Mohandas Gandhi untersucht Theodor Ebert, was der deutsche Theologe getan hat, um die Möglichkeiten des gewaltfreien Widerstands gegen die faschistische Herrschaft zu erforschen. »Wir wissen, dass er nach der Machtergreifung Hitlers zunächst zu Gandhi reisen wollte, um *das gewaltfreie Handwerk zu lernen*.«[2] Manche unserer Zeitgenossen werden zögern, ein solches Lernen unter den damaligen Bedingungen für nützlich zu halten, und sie können seine Vorteile vermutlich auch für die gegenwärtige Situation nicht erkennen. Tatsächlich könnte der Blick auf die massiven Demonstrationen im Jahre 2010 gegen den Umbau des Stuttgarter Hauptbahnhofs (Stuttgart 21) und auf die fantasievollen Anti-Atomkraft-Aktionen der jüngsten Zeit zu der Annahme führen, als genüge für ein öffentlich wirksames Vorgehen die bloße Anwesenheit. Die jeweiligen Entwicklungen vor Ort seien ohnehin nicht vorhersehbar. »Wozu also eine Vorbereitung auf gewaltfreies Handeln?«

---

[1] Es handelt sich um die Neufassung eines Beitrags mit ähnlichem Titel in einem Rundbrief des Bundes für Soziale Verteidigung/Minden aus dem Jahre 1997.

[2] http://www.lebenshaus-alb.de/magazin/002383.html (Stand: 30.9.2010)

Wer aber in den letzten Jahren über unterdrückende Verhaltensweisen oder über gewalttätige und kriegerische Auseinandersetzungen, ökologische Zerstörung und soziale Ungerechtigkeit erschreckt war und darüber nachgedacht hat, wie die eigene Betroffenheit in überlegtes gewaltfreies Handeln umzusetzen wäre,[3] teilt die faszinierende Erkenntnis, dass Gewaltfreiheit tatsächlich erlernbar ist[4] und wie nützlich ein entsprechendes Training sein kann. Tatsächlich haben sich gerade auf den Protest gegen das Projekt »Stuttgart 21« und auf den Widerstand gegen die Castortransporte zahlreiche AktivistInnen im Vorfeld durch Trainings für gewaltfreie Aktion intensiv vorbereitet – genauso wie sich Menschen in Ägypten durch langfristige Beschäftigung mit unmilitärischen Methoden anhand vorliegender internationaler Erfahrungen für den Umsturz im Frühjahr 2011 fit gemacht haben. Den meisten von uns, die wir im gewaltfreien Spektrum zuhause sind, ist bekannt, dass für viele gesellschaftliche und private Konfliktsituationen und fast flächendeckend eine Fülle sehr qualifizierter Angebote vorliegt, sich nicht-verletzende, kreative Methoden der Auseinandersetzung und Konfliktbearbeitung anzueignen und sich ins gewaltfreie Denken einzuüben.[5] In Bezug auf mehrere umstrittene politische Thematiken, die kritische Zeitgenossen zu Protest und Widerstand herausfordern, gibt es zudem unterschiedlich intensive, konkrete Aktionsvorbereitungen, moderiert von nüchtern-umsichtigen, einfühlsamen Leuten mit reicher politischer Erfahrung.

Und doch werden diese Angebote trotz der vorhandenen regionalen und inhaltlichen Vielfalt manches Mal nur zögernd genutzt. Wie kommt das?

Könnte es sein, dass die folgenden Hindernisse – in Kombination untereinander oder einzeln – mit dafür verantwortlich sind, ein Interesse am Erlernen aktiver Gewaltfreiheit nicht aufkeimen zu lassen? Dass nicht nur fehlendes Engagement, sondern diffizile innere Hürden eine Entscheidung, die eigenen Handlungsoptionen durch Teilnahme an Trainingskursen zu erweitern, gar nicht erst in Betracht kommen lassen?

---

[3] Selbstdarstellung der Bildungs- und Begegnungsstätte für gewaltfreie Aktion, KURVE Wustrow; siehe auch Konrad Tempel: Anstiftung zur Gewaltfreiheit. Über Wege einer achtsamen Praxis und Spiritualität. Berlin: Aphorisma 2008, 15ff.

[4] »Die faszinierende Erkenntnis besteht darin, dass Menschen in den Methoden der Gewaltfreiheit ebenso ausgebildet werden können wie in den Methoden der Kriegsführung. Gewaltfreiheit kann gelernt werden.« Margot Käßmann (2003) http://darth.internet-factory. de/metaXsite/p_pbi/data/programm_kita_29mai.pdf (Stand: 15.9.2010)

[5] Über vier unterschiedliche Zugänge (individuelle Beschäftigung mit Persönlichkeiten / Teilnahme an Übungskursen / berufliche Fortbildung / Teilnahme an Aktionstrainings): Tempel (s. Anm. 3) 2008, 36ff.

1. Ein Hindernis könnte das unbestimmte Gefühl sein, es handele sich bei Ge-
waltfreiheit um ein anstößiges, »un-anständiges« Phänomen.

Grundlage dafür sind in der Regel verkürzende Medienberichte über öf-
fentliches gewaltfreies Verhalten, die Spektakuläres und harte Reaktionen der
Ordnungskräfte hervorheben und politische Inhalte und Motivationen eher
aussparen. Viele Menschen scheinen wahrzunehmen, dass gewaltfreie Aktivitäten Ruhe und Ordnung gefährden, zivile Normen erschüttern und mit Gefahr
verbunden sind. Sie nehmen z.B. in begrenzter Sicht nur eine vermeintliche
Kausal-Kette wahr: Sitzblockaden – Wasserwerfer / prügelnde Polizisten –
Gerichtsverfahren. Deshalb wird die Beteiligung an gewaltfreien Aktivitäten
als bedrohlich empfunden und am liebsten als unakzeptabel ausgeblendet.

»Das Handwerk der Gewaltfreiheit lernen? Nein, danke!«

2. Eine weitere Barriere kommt hinzu: die Selbst-Einschätzung, dass das eige-
ne Verhalten bereits gewalt-frei sei.

Unter Verwendung eines etwas vergröberten und vielleicht dämonisierten
Gewaltbegriffs sagen sich nicht zu unrecht manche Menschen: »Ich bin nicht
kriminell«, »Ich übe keine Gewalt aus«. Indem sie ihre Vorstellungen von
Gewalt auf extreme und handgreifliche Situationen ausrichten und das Fehlen
solcher erkennbarer Gewalt in ihrem täglichen Leben als Indiz für Gewaltfreiheit nehmen, können sie darauf verzichten, weiterzudenken. Sie fragen folglich nicht nach den Möglichkeiten erfolgreichen nicht-verletzenden Handelns,
sei es gemeinsam oder individuell, und nehmen die Vorteile einer tatsächlich
gewalt-freien Kommunikation gar nicht wahr. Die besondere Qualität solcher
Optionen kommt ihnen nicht in den Blick.

»Was soll mir denn ein solches Training noch bringen?«

3. Eine besondere Hürde stellt die weitverbreitete Einschätzung dar, dass we-
der politisch noch persönlich Bedarf dafür vorhanden sei, sich zu wehren.

Die öffentliche Aufmerksamkeit auf sog. »Schurkenstaaten« wie Iran,
Nord-Korea und Libyen oder Verhältnisse wie in Afghanistan, Irak, Somalia, Tschetschenien oder dem besetzten Palästina lässt in vielen Menschen
beim Blick auf Europa Zufriedenheit aufkommen: »Wie gut haben wir es,
und wie bedrückt und ausgebeutet sind Völker in anderen Teilen der Erde!«
Sie gehen davon aus, dass bei uns etwa das Selbstbestimmungsrecht nicht
bedroht sei, wohl aber in anderen Regionen. Ihre Aufmerksamkeit richtet
sich auf die Opposition in Rangun oder die Emanzipation der Ur-Einwohner
von Australien.

Jedenfalls: »Nicht hier, sondern irgendwo anders könnten gewaltfreie Kampagnen sinnvoll sein. Vielleicht würde ich mich in Südamerika sogar entsprechend vorbereiten und engagieren.«

4. Auch die Ansicht, dass es zum Wesen der Demokratie gehöre, »Stellvertreter« für sich handeln zu lassen, zählt zu den inneren Barrieren, die es erschweren, sich aktiv in Reformprozesse einzubringen und dafür »gerüstet« sein zu wollen.

Hin und wieder treffen wir auf dieses Hindernis, das die Delegation von Zuständigkeit betrifft. Zugrunde liegt die Auffassung, dass entsprechend der staatsbürgerlichen Wahl von Parlamentsabgeordneten, die mandatiert sind, die Geschicke zu lenken, ebenso für bestimmte Problemfelder Spezialisten beauftragt werden müssten. Ihr hochwichtiger und sehr geschätzter Job wäre es, die Welt dort, wo sie in Unordnung geraten ist, auch wieder zu richten, u.a. mit den Mitteln des Rechts und womöglich notfalls des Militärs. Natürlich gilt das stellvertretende Handeln nach diesem Verständnis auch für den gewaltfreien Schutz von bedrohten Einzelnen wie durch »Peace Brigades International« in Lateinamerika oder von bedrohten Gruppen durch das »Unarmed Civilian Peacekeeping« der »Nonviolent Peaceforce« auf Sri Lanka oder Mindanao. Und als wichtig wird angesehen, dass eine entsprechende Qualifizierung in den nötigen Techniken und Haltungen erfolgt ist, um wirksam werden zu können.

»Natürlich ist es klar, dass diese Fachleute für den Frieden sich für ihre Aufgaben vorher gründlich trainieren müssen. Aber doch nicht ich.«

5. In ähnlich blockierender Weise steht dem Lernen des gewaltfreien Handwerks die Vermutung entgegen, dass das Angebot zur Beschäftigung mit neuen Methoden aus der Position fachlicher und moralisch-politischer Überlegenheit formuliert würde.

Es liegt auf der Hand, dass alle, die für Trainings in gewaltfreier Konfliktbearbeitung werben, sich lange mit zugehörigen Fragen beschäftigt und deshalb große Vorsprünge haben, so dass diejenigen, die das Angebot annehmen, damit direkt ein deutliches Defizit eingestehen. Wer sich auf ein diesbezügliches Lernen einlässt, hat künftig in gleichbleibend großem Abstand immer die vor sich, die moralisch und gesellschaftlich auf diesem alternativen Weg weiter fortgeschritten sind und sich innerlich sicherer fühlen. Je weniger einem z.B. die Trainer-Teams und deren »Normalität« bekannt sind, desto hemmender bauschen sich ggf. diese Vorsprünge auf und desto stärker wird die Vorstellung, dass sie eine Quelle ständiger Frustration sein könnten, der auszuweichen zweckmäßig erscheint.

Dies gilt insbesondere dann, wenn das Stichwort »Alphabetisierung in Gewaltfreiheit« ins Spiel kommt und die Sorge hervorruft, einem Schulkind gleichgestellt zu sein, das die Grundfertigkeiten zur Lebensbewältigung bei Eintritt in den Lernprozess noch nicht beherrscht. Möglicherweise erinnert »Alphabetisierung« fatal an frühere bittere Erfahrungen in Bildungsinstitutionen. Die nötige Einladung zu weiterem Lernen wird verfehlt, wo sich jemand im Selbstbewusstsein angegriffen und als Erwachsene/r in Frage gestellt fühlt. »Das will ich mir nicht antun.«

6. Auch die Befürchtung, dass es eigentlich nicht um die Frage der politischen Mittel, sondern um das »Lebensprinzip Gewaltfreiheit« ginge, kann davon abhalten, die eigenen Handlungsmöglichkeiten zu erweitern.

Nicht die Nützlichkeit von Instrumenten ist hier im Blick, sondern die Durchdringung vieler Lebensbereiche mit dem »Geist« der Gewaltfreiheit. Dieses Hindernis erwächst und lebt aus der Annahme, dass alle, die sich darauf einlassen, eine grundlegende Wendung in »alternative« Positionen mit radikaler Änderung der Prioritäten und Wertvorstellungen vornehmen müssten. Wer sich aber gerade zu engagieren beginnt, hat verständliche Scheu davor, viel Vertrautes aufzugeben. Offenheit für die Instrumente der Gewaltfreiheit kann durchaus durch die Erwartung zunichte werden, dass mit entsprechendem Lernen zugleich eine neue Orientierung des täglichen Lebens verbunden sei. »Ich will mich doch nicht umkrempeln lassen.«

Diese sechs erkennbaren Hindernisse, die sich als mentale Blockaden und emotionale Barrieren im Hinblick auf das Handwerk der Gewaltfreiheit erweisen, sind verständlicherweise nicht mit Argumenten zu entkräften und damit abzubauen, und dies nicht nur, weil mit Abwehrgefühlen subtile nicht-rationale Prozesse verbunden sind. Da unser Handeln unbewusst durch Ereignisse und Erfahrungen bestimmt wird, ist es nicht ohne Weiteres durch das Bewusstsein zu steuern. Es bedarf vieler Anläufe, um ablehnende Gefühle in Neugier und Lernbereitschaft zu verwandeln.

Einige solcher Hürden lassen sich eindeutig nicht von außen überwinden. In Bezug auf andere blockierende Hindernisse liegt es sehr wohl an uns, die wir im gewaltfreien Spektrum wirken, ob wir die Zugänge zur Beschäftigung mit nicht-verletzenden Instrumenten erleichtern.

Dies bedeutet zuerst, innere Schwierigkeiten ernst zu nehmen, ihr Vorhandensein und ihre blockierenden Wirkungen zu akzeptieren und einfühlend und fragend auf sie einzugehen. Deshalb könnte es zweckmäßig sein, die den Widerständen zugrunde liegenden Ängste und die durch sie geschaffenen Barrieren genauer zu betrachten und zu fragen, was wir – als Einzelne und als Organisationen – zu ihrer Auflösung tun können.

Zum anderen bedeutet dies, unsere eigenen direkten und indirekten »Botschaften« und besonders die Einladungen zur Beschäftigung mit dem uns wichtigen »Handwerk« sorgfältig unter die Lupe zu nehmen.

Hier einige Ansätze dazu:

– Je stärker von uns – unbeabsichtigt oder nicht – das Signal ausgeht, dass wir anderen allerhand Schritte voraus sind, je weiter wir durch Selbstanspruch und Kompetenz in Sachen Gewaltfreiheit von ihnen entfernt sind, desto längere Strecken haben sie zurückzulegen. Manchmal scheinen wir in der Tat für Interessierte so zu wirken, als besäßen wir ein Wahrheitsmonopol. Als stünden wir werbend mit der Fahne des Lichts auf einem Podest, zu dem es nur hinaufzuklettern gilt, um auf der richtigen Stelle zu stehen und den wirklichen Überblick zu bekommen. Um diese Schwierigkeit zu relativieren, müssen wir uns die Abstände zwischen ihnen und uns genau ansehen und uns überlegen, was wir tun können, um leichter als bisher erreichbar zu sein und als Mit-Lernende akzeptiert zu werden. Deshalb wird es darauf ankommen, vor allem die Gemeinsamkeiten aller Engagierten zu betonen.

– Wenn unbedacht und vergröbernd von der angestrebten »Alphabetisierung« gesprochen wird, heißt dies: Neugierige abzuschrecken. Im Rahmen aller entsprechender Trainings und Ausbildungen sollte es ein Anliegen sein, an das vorhandene Können und Wissen anzuknüpfen und ständig den Reichtum an Kompetenzen und früheren Erfahrungen einzubeziehen. Denn niemand, der in einer mitteleuropäischen Gesellschaft aufgewachsen ist, muss beim Nullpunkt anfangen. Wer zu einem Training in Gewaltfreiheit ansetzt, gehört zu den Fortgeschrittenen und bringt ein erhebliches Potenzial an zivilen Erfahrungen mit (vielleicht ohne den gewaltfreien Kern darin zu erkennen). So besitzt, wer sich in einen Kurs zur Konflikttransformation begibt, schon vor Beginn des bewussten Lernens einen reich gefüllten »Rucksack«, bestückt mit einigen wesentlichen Elementen ziviler Konflikttransformation.

– Je mehr wir zulassen, dass in unseren werbenden Aktivitäten Fragen der grundsätzlichen und lebensphilosophischen Gewaltfreiheit in den Vordergrund treten, desto geringer ist die Chance, dass sich Interessierte öffnen. Sinnvollerweise ist darauf zu achten, dass überall genügend Wert darauf gelegt wird, pragmatisch die Vermittlung einfacher Methoden in den Mittelpunkt zu stellen, wie es bei gezielten Trainings für bestimmte Aktionen geschieht.

Gene Sharp (damals Harvard-Universität) hat schon vor 25 Jahren den bitteren Hinweis gegeben, dass es gerade die Anhänger der Gewaltfreiheit seien, die die Entscheidung für gewaltfreie »Techniken« behinderten, solange sie Gewaltfreiheit betont als grundsätzliche Frage der Weltanschauung und Lebenseinstellung betrachteten.[6] Sollte darin ein Körnchen Wahrheit stecken, tun wir gut daran, alle unsere Angebote zu überprüfen, ob sie hinreichend den Werkzeug-Charakter ziviler Methoden deutlich machen.[7]

Es wird noch weitere Hindernisse und Widerstände gegenüber der Beschäftigung mit unserem »Handwerk« geben. Sicher ist, dass in dieser Hinsicht noch vielerlei selbstkritisches Nachdenken vor uns liegt. Das sollten wir, die wir uns auf dem mühseligen Weg der Gewaltfreiheit befinden, jedoch als Chance begreifen. Es gilt, noch überzeugender und einladender als bisher beiseite zu räumen, was jenen den Zugang erschwert, die kurz davor stehen, sich für Lernangebote der Gewaltfreiheit zu öffnen. Denn sie sind die künftigen BündnispartnerInnen in den kommenden schwierigen Kämpfen für soziale Gerechtigkeit und gegen Ausbeutung, für Abrüstung und gegen Atomkraft, für Menschenrechte und gegen Rassismus. Dass sie einen leichten Einstieg haben, liegt auch in unserer Verantwortung.

---

[6] Mündlich bei einer Konferenz über Gewaltfreiheit in Dubrovnik. Vgl. Tempel (s. Anm. 3) 2008, 62

[7] Wie das seit vielen Jahren beispielsweise bei den Angeboten der Akademie für Konflikttransformation des forumsZFD, Bonn, und der Werkstatt für gewaltfreie Aktion, Baden, geschieht.

ULRIKE LAUBENTHAL

Trainingsangebote und Kontaktadressen

G ewaltfreies Handeln will geübt sein. Es erfordert sowohl individuelle als auch gemeinschaftliche Vorbereitung – und das immer wieder. Auch wer schon an gewaltfreien Aktionen teilgenommen hat, sollte sich doch auf jede neue Aktion mit ihren neuen Herausforderungen und neuen Teilnehmer_innen wieder vorbereiten. Auch wer noch nie bei einer Aktion dabei war und sich das Ganze nur mal vorsichtig angucken möchte, sollte sich durch die Teilnahme an einem Training auf die Situation vorbereiten, die ihn oder sie erwartet.

Vor den meisten größeren gewaltfreien Aktionen werden zentrale Trainings angeboten, zu denen man spontan kommen kann. Bewährt haben sich auch dezentrale Aktionstrainings in den Monaten vor einer Aktion, bei denen Menschen aus einer Stadt oder Region, die an einer Aktion teilnehmen möchten, sich kennenlernen und gezielt vorbereiten können.

Die richtigen Kontaktadressen für solche Trainings sind die Organisationen oder Initiativen, die die jeweilige Aktion vorbereiten. Die wiederum finden Unterstützung und Austausch im Netzwerk »ZUGABe« (**Z**iviler **U**ngehorsam, **G**ewaltfreie **A**ktion, **Be**wegung, www.netzwerk-zugabe.de).

Für Gruppen: Trainings auf Anfrage

Aktionstrainings kommen nicht »von der Stange«, sondern sind individuell auf die jeweilige Gruppe zugeschnitten. Die Trainer_innen unterstützen die jeweils anfragende Gruppe schon im Vorfeld dabei, zu klären, was ihre genauen Bedürfnisse für das Training sind. Klassische Inhalte von Aktionstrainings sind z.B. die gewaltfreie Kommunikation innerhalb der Aktionsgruppe (u.a. schnelle Konsensfindung) und der deeskalierende Umgang mit der Polizei oder dem politischen Gegner. Ein gutes Aktionstraining enthält auch Elemente, die den Teilnehmer_innen ermöglichen, sich individuell und gemeinsam mit ihren Motiven, Ängsten und Grenzen für die Aktion auseinanderzusetzen. Aktionstrainings können darüber hinaus auf spezifische zu erwartende Situationen vorbereiten – z.B. eine Nacht im Polizeigewahrsam oder einen längeren Gefängnisaufenthalt. Über die unmittelbare Aktionsvorbereitung hinaus gibt es auch spannende und fruchtbare Möglichkeiten, sich als Gruppe mit weiterführenden Fragen auseinanderzusetzen, z.b.: Wie organisieren wir eine politische Kampagne? Wie können wir so zusammenarbeiten, dass die Arbeit mehr Spaß macht und wir mehr schaffen? Wo wollen wir unsere Schwerpunkte setzen?

Auch für Einzelpersonen: Offen ausgeschriebene Trainings

Auch wer nicht Teil einer Gruppe ist, findet Möglichkeiten, sich intensiv mit Gewaltfreiheit auseinanderzusetzen – in offen ausgeschriebenen Workshops und Trainings. Informationen dazu findet man auf den unten genannten Webseiten.

Wenn's ein bisschen mehr sein darf: Aus- und Fortbildungen

Über das Thema »Gewaltfreie Aktion« gibt es weitaus mehr zu lernen, als man an einem Tag oder Wochenende in einem Training unterbringen kann. Manche Aufgaben können etwas mehr Zeit vertragen – z.b. Konfliktanalyse und Strategieplanung, Kampagnenplanung, historische Erfahrungen mit gewaltfreier Aktion, Umgang mit Angst, Umgang mit Traumatisierung, Teamarbeit und Konsensfindung in großen Gruppen und Organisationen. Einige Organisationen bieten längere Fortbildungen zu diesen Themenbereichen an. Dazu gehören z.b. die »Fortbildung zur Friedensfachkraft«, verschiedene Trainer_innenausbildungen und die Ausbildung zur »Therapie Sociale«. Alle Fortbildungen behandeln auch allgemeine Aspekte gewaltfreien Handelns im Alltag.

Kontaktliste

Es folgt hier eine geografisch geordnete Liste von Trainingskollektiven und Organisationen, die Aktionstrainings und Fortbildungen zu Aktiver Gewaltfreiheit anbieten. Nicht berücksichtigt werden hier Organisationen, die zwar Seminare zu gewaltfreier Konfliktbearbeitung anbieten, aber nicht speziell auf die Gewaltfreie Aktion eingehen. Die Angebote und Schwerpunkte der verschiedenen Gruppen können hier nicht umfassend dargestellt werden; unter »Angebote« findet sich lediglich ein Hinweis, ob hier Trainings für Gruppen angefragt werden können, ob es offen ausgeschriebene Angebote für Einzelne gibt und ob längere Fortbildungen angeboten werden.

Deutschland

Ökumenisches Informationszentrum Dresden e.V.

Kreuzstr. 7, 01067 Dresden, Tel. 0351/492 33 65 bis 69, Fax.: 0351/492 33 60
oeiz@infozentrum-dresden.de, www.infozentrum-dresden.de
Gerechtigkeit, Frieden und Bewahrung der Schöpfung, das sind die Themen der ökumenischen Bewegung, die in den Jahren 1988/89 zur Ökumenischen Versammlung in der DDR und auch zur Friedlichen Revolution führten. In den Abschlusspapieren der Ökumenischen Versammlung wurde zur Fortsetzung des Prozesses vorgeschlagen, regionale Informationszentren einzurichten. Der Stadtökumenekreis Dresden nahm dies ernst und gründete 1990 das Ökumenische Informationszentrum.
Angebote: Trainings auf Anfrage, ausgeschriebene Seminare

Umweltbildungshaus Johannishöhe

01737 Tharandt, Tel. 035203/3 71 81
info@johannishoehe.de, www.johannishoehe.de
Geleitet von der Idee der Verbindung von ökologischem Engagement und naturverträglichem Leben, wollen die Bewohner_innen der Johannishöhe Wissen und Erfahrungen aus Natur- und Umweltschutz weitergeben. Gewaltfreiheit ist dabei eine wichtige Grundlage. Angebote: Trainings auf Anfrage, ausgeschriebene Trainings und Workshops

Friedenskreis Halle e.V

Gr. Klausstr. 11, 06108 Halle, Tel. 0345/27 98 07-10, Fax -11
info@friedenskreis-halle.de, www.friedenskreis-halle.de
Die Erfahrung der friedlichen Wende 1989 weckte bei vielen Menschen die Hoffnung, dass ein Deutschland ohne Militär möglich werden könne. Diese Hoffnung führte 1990 in Halle Menschen aus verschiedenen Bürgerinitiativen zum Friedenskreis zusammen. Angebote: Trainings auf Anfrage, ausgeschriebene Seminare und Fortbildungen

KURVE Wustrow. Bildungs- und Begegnungsstätte für gewaltfreie Aktion e.V.

Kirchstr. 14, 29462 Wustrow, Tel. 05843/98 71-0, Fax 05843/98 71-11
info@kurvewustrow.org, www.kurvewustrow.org
Seit 1980 leistet die KURVE Wustrow einen Beitrag dazu, dass Betroffenheit über kriegerische Auseinandersetzungen, ökologische Zerstörung und soziale Ungerechtigkeit in überlegtes gewaltfreies Handeln umgesetzt werden kann.
Angebote: Trainings auf Anfrage (in Zusammenarbeit mit dem Trainingskollektiv Windrose), ausgeschriebene Seminare und Kurse

Windrose – Trainings für gewaltfreies Handeln

Dorfstr. 30, 29462 Blütlingen, Tel. 05843/98 61 35
anfrage@tk-windrose.de, www.tk-windrose.de
Das Trainingskollektiv Windrose ist ein selbstverwalteter Zusammenschluss von
Trainerinnen und Trainern für gewaltfreies Handeln. Windrose unterstützt Gruppen,
Initiativen und Einzelne darin, am Aufbau einer herrschaftsfreien Gesellschaft mitzu-
wirken, und fördert Kompetenzen für gewaltfreies Handeln. Die Mitglieder sind geo-
grafisch weit verstreut, mit einem Schwerpunkt in Brandenburg und Sachsen.
Angebote: Trainings auf Anfrage, ausgeschriebene Trainer_innenfortbildungen

Bund für Soziale Verteidigung (BSV)

Schwarzer Weg 8, 32423 Minden, Tel. 0571/2 94 56, Fax 0571/2 30 19
Soziale_verteidigung@t-online.de, www.soziale-verteidigung.de
Der Bund für Soziale Verteidigung ist ein pazifistischer Fachverband der deutschen
Friedensbewegung zur Entwicklung von Alternativen zu Militär und Gewalt.
Angebote: Trainings auf Anfrage

Oekumenischer Dienst Schalomdiakonat (OeD)

Mittelstr. 4, 34474 Diemelstadt-Wethen, Tel. 05694/80 33
info@schalomdiakonat.de, www.schalomdiakonat.de
Der im Jahre 1992 gegründete Verein ist hervorgegangen aus den Ökumenischen
Versammlungen des Konziliaren Prozesses für Gerechtigkeit, Frieden und Bewahrung
der Schöpfung Ende der 1980er Jahre. Seit 1994 vermittelt er Grund- und Aufbaukur-
sen sowie in Fachseminaren Kompetenzen in gewaltfreier ziviler Konfliktbearbeitung.
Dabei hat die Spiritualität der Gewaltfreiheit einen großen Stellenwert.
Angebote: ausgeschriebene Fortbildungen

Kölner Trainingskollektiv für gewaltfreie Aktion und kreative Konfliktlösung

c/o Graswurzelwerkstatt, Venloer Straße 46, 50672 Köln, Tel. 0221/76 58 42
info@trainingskollektiv.de, www.trainingskollektiv.de
Das TK Köln ist eines der ganz alten Trainingskollektive – ein loser Zusammenschluss von Trainer_innen, teils mit jahrzehntelanger Trainingserfahrung.
Angebote: Trainings auf Anfrage

Werkstatt für Gewaltfreie Aktion, Baden

Büro Heidelberg: Eine-Welt-Zentrum, Am Karlstor 1, 69115 Heidelberg
Tel. 06221/16 19 78, Fax 06221/16 21 15, buero.heidelberg@wfga.de, www.wfga.de
Büro Freiburg i.Br.: Vauban-Allee 20, 79100 Freiburg i.Br.
Tel. 0761/4 32 84, Fax 0761/4 00 42 26, buero.freiburg@wfga.de
»Konflikte erkennen, Konflikte gewaltfrei austragen und gewaltfreien Widerstand

leisten – einen Boden bereiten für eine Kultur der Gewaltfreiheit.«
Mit dieser Ausrichtung wurde die Werkstatt 1984 als friedenspolitische Bildungsein-
richtung und Trainingszentrum gegründet.
Angebote: Trainings auf Anfrage, ausgeschriebene Seminare, Aus- und Fortbildungen

Fränkisches Bildungswerk für Friedensarbeit

Hessestr. 4, 90443 Nürnberg, Tel. 0911/28 85 00, Fax 0911/28 85 14
FBF.Nuernberg@t-online.de, www.fbf-nuernberg.de
Das Bildungswerk leistet eine qualifizierte friedenspädagogische Arbeit im Bereich
der Erwachsenenbildung, mit Jugendlichen und mit Kindern. Dieser Arbeit liegt ein
umfassendes Verständnis von Frieden zugrunde: Frieden als aktive und kreative Arbeit
am Aufbau einer gewaltfreien Gesellschaft, die geprägt ist von Achtung und Toleranz.
Angebote: Trainings auf Anfrage, ausgeschriebene Seminare und Fortbildungen

Skills for action

info@skills-for-action.de, www.skills-for-action.de
Dieses Trainer_innennetzwerk ist im Zusammenhang mit den Protesten gegen den
G8-Gipfel in Heiligendamm entstanden; seine Trainer_innen kommen aus unterschiedlichen Spektren, nur ein Teil vertritt die Grundhaltung der Aktiven Gewaltfreiheit. Wer hier anfragt und ein Training möchte, das eine Klärung in Bezug auf Ideen
und Handlungsmöglichkeiten der Gewaltfreiheit bringt, sollte das ausdrücklich sagen.
»Eine undogmatische Haltung zu Zivilem Ungehorsam, der Versuch über Gräben zu
springen und die Zeichen der Zeit zu erkennen, das ist die Klammer, die uns verbindet«, heißt es in der Selbstdarstellung des Netzwerks.
Angebote: Trainings auf Anfrage, ausgeschriebene Trainings, Fortbildungen für Trai-
ner_innen

Österreich

Internationaler Versöhnungsbund

Lederergasse 23/3/27, 1080 Wien, Tel. (+43) 01408/53 32, Fax (+43) 01408/53 32
office@versoehnungsbund.at, www.versoehnungsbund.at
Der Versöhnungsbund ist eine Vereinigung von Menschen, die sich aufgrund ihres
religiösen Glaubens oder ihrer humanistischen Grundhaltung zur Gewaltfreiheit als
Lebensweg und als Mittel persönlicher, sozialer und politischer Veränderung bekennen.
Angebote: Trainings auf Anfrage, ausgeschriebene Fortbildungen

Schweiz

Greenpeace Schweiz, Heinrichstrasse 147, 8031 Zürich, Schweiz

Tel. (+41) 0444/47 41 41, Fax 0444/47 41 99

gp@greenpeace.ch, www.greenpeace.org/switzerland/de

Greenpeace ist eine internationale Umweltorganisation, die sich seit 1971 weltweit für eine ökologische, soziale und gerechte Gegenwart und Zukunft einsetzt. Greenpeace Schweiz organisiert regelmäßig Aktionstrainings.

Angebote: ausgeschriebene Trainings.

IV

KRITISCHES

MICHAEL N. NAGLER

Die Gaza-Blockade kann nur durch prinzipientreuen gewaltfreien Widerstand überwunden werden

*M**ichael N. Nagler ist Professor emeritus an der University of California, Berkeley. Dort gründete er mit Kollegen den Studiengang Friedens- und Konfliktforschung. Er ist Autor des preisgekrönten Buches »The Search for a Nonviolent Future« (2001) sowie Gründer und heutiger Präsident des Metta Center for Nonviolence in Berkeley (http://www.mettacenter.org). Der Aufsatz erschien in einer ersten Fassung am 8. Juni 2010 in der »Washington Post«. Bearbeitete und autorisierte Übersetzung aus dem Englischen von Marcel M. Baumann.*

Israelischer Angriff in internationalen Gewässern und das Ende einer als gewaltfrei angekündigten Aktion

Im Mai 2010 startete ein internationaler Konvoi von sechs Schiffen auf dem Weg nach Gaza mit dem erklärten Ziel, die israelische Seeblockade des Gaza-streifens zu durchbrechen und Hilfe nach Gaza zu bringen. Die Schiffe waren mit 10.000 Tonnen Hilfsgütern beladen und transportierten insgesamt etwa 700 Personen. Organisiert wurde die Aktion u.a. von der Free-Gaza-Bewegung und der türkischen NGO »İnsani Yardım Vakfı« (IHH), in Deutschland von IPPNW – Internationale Ärzte für die Verhütung des Atomkrieges, Ärzte in sozialer Verantwortung e.V. und von Pax Christi Deutschland. Der IHH ge-hörte das mit Abstand größte der sechs Schiffe, die »Mavi Marmara« (»Blaues Marmarameer«). Auf diesem Schiff reisten 581 AktivistInnen, etwa 400 von ihnen waren türkische StaatsbürgerInnen.

Am 31. Mai 2010 kam es zu einem folgenschweren Vorfall: Die Mavi Mar-mara wurde von der israelischen Marine geentert. Beim Entern wurden neun Aktivisten getötet und über vierzig AktivistInnen sowie sieben israelische Sol-daten verletzt.

Da dieser Angriff der israelischen Armee in internationalen Gewässern stattfand, stellt er einen Verstoß gegen das Völkerrecht dar. Komplizierter wird es, das Verhalten der am internationalen Konvoi beteiligten AktivistInnen zu bewerten. Vor allem dann, wenn man sich die Bedingungen und Prämissen des gewaltfreien Widerstandes vergegenwärtigt.

War das Desaster vorprogrammiert?

2007 kontaktierten die Organisatoren des International Solidarity Movement das Metta Center for Nonviolence. Sie berichteten von ihrem Plan, die Seeblockade zu durchbrechen. Die AktivistInnen baten das Metta Center um Rat für die dafür geplanten Aktionen. Auch ein Workshop wurde mit ihnen durchgeführt. Bereits damals warnten wir die AktivistInnen davor, einen folgenschweren Fehler zu begehen: Sie beabsichtigten, nicht nur humanitäre Hilfe nach Gaza zu bringen, sondern gleichzeitig auch Menschen mit an Bord zu nehmen und nach Gaza zu bringen, die von Israel zu »personae non gratae« erklärt worden waren, z.b. weil sie (angeblich) mit der Hamas sympathisieren.

Gewaltfreiheit ist sehr allgemein formuliert eine Form der Kommunikation, die sich in ihrer konkreten Durchführung auf eine einfache symbolische »Sprache« reduziert. Deswegen sind absolute Klarheit und Einfachheit der »Botschaft« essentiell. Der gewaltfreie Widerstand hat mit vielen anderen Aktivitäten eines gemeinsam: Es ist immer schlecht, zwei Dinge gleichzeitig tun zu wollen. Hilfsgüter *und* umstrittene Personen an Bord zu nehmen, die ein Einreiseverbot nach Gaza haben, ist problematisch.

Noch schwerwiegender ist jedoch die Verwirrung, die entsteht, wenn Gewaltfreiheit und Gewalt vermischt werden: Zwar kann es Fälle geben, in denen tatsächlich Gewalt angewendet werden muss (z.B. um einen geisteskranken Attentäter zu stoppen – sogenannte »Grenzsituationen«). Aber solche Fälle sind extrem selten und müssen die absolute Ausnahme bleiben. Vor allem soll man sich nicht darauf vorbereiten, auf unvorhersehbare Ereignisse oder Grenzsituationen mit Gewalt zu reagieren. Man sollte sich stattdessen darauf vorbereiten, gewaltfrei zu reagieren. Unter normalen Umständen sabotiert sogar das geringste Maß an Gewalt den gewaltfreien Widerstand in seiner Gesamtheit:

$$NV + V = V$$

Die Gleichung[1] ist eine gedankliche Zuspitzung. Sie drückt die Eskalationsdynamik aus, welche die Transformation eines gewaltfreien Widerstandes in eine

---

[1] Vgl. hierzu die Ausführungen zu »Nagler's Law« im Nonviolence Glossary des Metta Center: http://www.mettacenter.org/definitions/naglers-law (Stand: 7.9.2010)

Gewalt-Kampagne bewirkt: Wenn es im Rahmen von gewaltfreiem Widerstand (NV steht für Nonviolence) zu Gewaltaktionen seitens der AktivistInnen kommt (V steht für Violence), dann endet der Widerstand in seiner Gesamtheit stets in einem gewaltsam ausgetragenen Konflikt bzw. in einer Gewalt-Kampagne. Bereits ein sehr geringes Maß an Gewalt kann manchmal ausreichen, um die Gewaltfreiheit einer Bewegung zu unterlaufen und ihren Widerstand in einen bewaffneten zu transformieren.

Nach verschiedenen Berichten existieren deutliche Anzeichen dafür, dass vergleichbare Dynamiken auch beim Entern der Mavi Marmara abgelaufen sind. So sagte z.B. Mahmut Coskun, ein türkischer Arzt, der an Bord der Mavi Marmara war: »[...] nur weil ihr eure Muskeln spielen lassen und drei Soldaten zu Boden ziehen wolltet, mussten neun Menschen sterben.«[2] Er berichtete, dass die israelische Armee das Boot von einem Helikopter aus zunächst mit einer Lärmgranate und mit Plastikgeschossen beschoss. Als im Anschluss drei israelische Soldaten abgeseilt wurden, griff die an Deck befindliche, möglicherweise in Panik geratene Menge sie an. Ein Soldat wurde mit einem Messer verletzt, die zwei anderen geschlagen. Die Soldaten, die zunächst nur den Auftrag hatten, mit – zwar schmerzhaften aber nicht tödlichen – Farbpatronen zu schießen, wehrten sich daraufhin mit ihren Handfeuerwaffen und es entstand eine Gewalteskalation, die ca. eine Stunde andauerte.

Dem Bericht in der »New York Times« zufolge trafen zwei Absichten aufeinander: die Absicht der israelischen Seite, die Flottille unter allen Umständen zu stoppen[3] und möglichst schnell in den Hafen von Ashdod zu überführen – und die Absicht einer kleinen Gruppe islamistischer türkischer AktivistInnen, den Angriff in internationalen Gewässern in einem Blutbad enden zu lassen und damit eine internationale Reaktion zu provozieren.[4]

---

[2] Zitat im englischen Original: »[...] just because you wanted to flex your muscles and drag three soldiers down, nine people ended up dead.« Das Folgende beruht auf dem ausführlichen, auf zahlreichen Interviews basierenden Bericht in der New York Times, 4.6.2010, http://www.nytimes.com/2010/06/05/world/europe/05reconstruct.html (Stand: 30.11.2010)

[3] Bis zur »Operation Gegossenes Blei« (27.12.2008-18.1.2009) hatte die damalige israelische Regierung fünf Blockadebrecher-Schiffe nach Gaza durchgelassen. Seitdem waren zwei weitere Schiffe abgefangen worden.

[4] »Dozens of interviews in Israel and Turkey suggest that Israel's decision to stop the flotilla at all costs collided with the intention of a small group of Islamic activists from Turkey, turning a raid on a ship of protesters in international waters into a bloodbath — and a major international event.« (New York Times, s. Fußn. 2)
Natürlich wird es sich nicht endgültig nachweisen lassen, ob dieser und die anschließenden Berichte in der New York Times zutreffen oder nicht. Die Zeitung kann jedoch

Dieses Kalkül ist aufgegangen. Es scheint, dass es eine kleine Gruppe gewaltbereiter AktivistInnen auf dem Oberdeck gab – dies geht nicht nur aus dem Bericht von Dr. Coskun hervor, sondern auch aus dem von der israelischen Armee veröffentlichten Videomaterial sowie aus einer nicht von der Armee konfiszierten Videoaufnahme.[5] Die Gewaltakte einer kleinen Gruppe unterliefen die gewaltfreie Absicht der Organisatoren: NV + V = V.

Selbst wenn die israelischen Soldaten schon vom Helikopter aus oder während des Abseilens mit scharfer Munition geschossen hätten, wäre es den AktivistInnen bei entsprechender Vorbereitung – wenn auch unter größten Schwierigkeiten – möglich gewesen, gewaltfreien Widerstand zu leisten, indem sie sich den Forderungen der Soldaten in zivilem Ungehorsam widersetzten, ohne dabei gleichzeitig den Versuch zu unternehmen, sie physisch zu verletzen. So verhielten sich die Menschen auf der MV Rachel Corrie, als die israelische Armee einige Stunden später dieses (kleinere) Schiff enterte, auf dem sich keine TürkInnen befanden. Hier kam es zu keiner Gewalteskalation, da die AktivistInnen nicht mit Gewalt reagierten.

Gewaltfreie Aktionen richten sich gegen Ungerechtigkeit, niemals gegen Personen. Ich unterscheide im Folgenden zwischen prinzipientreuer bzw. prinzipiengeleiteter Gewaltfreiheit und strategisch eingesetzten Aktionen, bei denen aus Opportunitätsgründen auf Gewalt verzichtet wird.

---

auf eine sehr lange Tradition eines kritischen, investigativen Journalismus zurückblicken: Zwar wurde der Watergate-Skandal von der New York Times »verschlafen« und stattdessen von der Washington Post aufgedeckt, doch vor allem in der jüngeren Gegenwart fielen die JournalistInnen der New York Times durch einige regierungskritische Berichte auf: So informierte die New York Times z.B. am 14. August 2010 darüber, dass Barack Obama im Kampf gegen die al-Qaida auf »Krieger in der Grauzone« setze. In diese Grauzone fallen u.a. geheime Abkommen, »Miet-Spione«, geheime Militärkampagnen von Privatarmeen und der Einsatz von Drohnen. Diese Strategien zielen darauf ab, sich der öffentlichen und politischen Kontrolle weitgehend zu entziehen. Die militärischen und geheimdienstlichen Aktivitäten seien im Jemen, in Pakistan, Somalia, Kenia und einigen anderen nordafrikanischen Ländern massiv ausgeweitet worden.

5 http://www.youtube.com/watch?v=Ku3TRxHGkIM&feature=related (Stand: 11.9.2010); http://blogs.aljazeera.net/middle-east/2010/06/11/filmmakers-unedited-video-gaza-convoy-raid (Stand: 30.11.2010). Es ist deutlich zu erkennen, dass einzelne Aktivisten sich mit Helmen und Stahlstangen u.ä. bewaffnet hatten. Unter http://www.youtube.com/watch?v=EOi4b_ihDno&NR=1&feature=fvwp sieht man, wie junge Männer den Helikopter von Deck aus mit Steinschleudern angreifen (Stand: 30.11.2010). Diese Aufnahmen beweisen, dass es sich bei dem gewaltsamen Kampf nicht ausschließlich um eine spontane Selbstverteidigung der AktivistInnen an Bord gehandelt hat, und dass die Kontrolle aller Mitreisenden auf Waffen vor Antritt der Reise nicht so sorgfältig war, wie vielfach behauptet wurde.

Prinzipientreue versus strategische Gewaltfreiheit

Im Konzept der »strategischen Gewaltlosigkeit« wird auf Gewalt verzichtet, wenn man glaubt, Gewaltlosigkeit sei in einer bestimmten Situation erfolgversprechender als der Einsatz von Gewalt. Natürlich ist die strategische Gewaltlosigkeit eine bessere Wahl als Gewalt und sie verlangt mehr Mut als der Einsatz von Gewalt erfordern würde. Sie ist jedoch dann problematisch, wenn sie als die einzig mögliche Form der gewaltfreien Intervention betrachtet wird. Denn dann suggeriert man, es gäbe keine andere Wahl als Gewalt anzuwenden, wenn die strategische Gewaltlosigkeit nicht funktioniert hat.

Es gibt jedoch eine andere Wahl, nämlich eine Intervention, die nicht aus strategischen Gesichtspunkten heraus ohne Gewalt stattfindet, sondern die das gewaltfreie Handeln zum Prinzip macht:

> »Prinzipientreue Gewaltfreiheit [...] [stellt] eine Berufung und Notwendigkeit dar. Aus dieser Perspektive betrachtet, ist Gewaltfreiheit weder eine bloße Strategie noch die Zuflucht der Schwachen, sondern eine positive Kraft, die ihr volles Potential solange nicht entfaltet, wie sie nicht als Prinzip angenommen und verinnerlicht wurde.«[6]

Eine Entscheidung für eine prinzipienfeste gewaltfreie Intervention ist nicht einfach auf der Basis rationaler Logik zu treffen. Sie ist vielmehr eine lebenslange Anstrengung. Ich lege nichtsdestotrotz besonderen Wert auf diese Form der gewaltfreien Intervention, da nur sie das Potenzial besitzt, langfristig unsere Institutionen dauerhaft zu verändern und auf eine menschlichere und nachhaltige Basis zu stellen. Aus dieser langfristigen Perspektive betrachtet ist Gewaltfreiheit, in den Worten Gandhis, ein »Experiment mit der Wahrheit«. Sie ist eine positive Kraft, ein Weg, gewalthaltige Situationen durch den Einfluss auf die AkteurInnen zu ändern, und zwar durch Überzeugung und nicht durch Überredung; ein Weg, auf dem alle Konfliktparteien durch die Konfliktlösung sich selbst als Menschen weiterentwickeln. Gewaltfreiheit darf niemals nur Mittel zum Zweck sein:

> »Heutzutage ist beinahe jeder mit dem Prinzip vertraut: ›Der Zweck heiligt nicht die Mittel.‹ Die Anerkennung dieses Prinzips unterscheidet eine prinzipientreue Gewaltfreiheit vom Recht des Stärkeren. Prinzipientreue Gewaltfreiheit stellt einen wechselseitigen Lernprozess des Wandels dar.

---

[6] Zitat aus dem Nonviolence Glossary des Metta Centers: http://www.mettacenter.org/definitions/principled-nonviolence (Stand: 7.9.2010)

›Mittel sind Zwecke im Werden‹, erklärte Gandhi und meinte damit, dass die Art der Mittel, die wir verwenden – gewaltsame oder gewaltfreie, verborgene oder offengelegte, verfälschende oder wahrheitsgetreue – das Fundament der Gesellschaft bilden, in der wir leben wollen.«[7]

Lehren aus der Tragödie vom 31. Mai 2010

Bis zum israelischen Angriff schien es, als ob die Flotte ein Beispiel für eine erfolgversprechende gewaltfreie Intervention sei, da die Absichten der OrganisatorInnen frühzeitig bekannt gemacht worden waren und die israelische Seite in die schwierige Position gebracht wurde, zwischen zwei ungünstigen Möglichkeiten entscheiden zu müssen.

Wie Yigal Palmor, ein Sprecher des israelischen Außenministeriums, vor dem Angriff sagte: »Wenn wir es zulassen, dass sie uns mit Eiern bewerfen, stehen wir mit Eiern im Gesicht als Dummköpfe da. Wenn wir versuchen, sie mit Gewalt aufzuhalten, stehen wir als Unmenschen da.«

Gandhi betonte, dass ein gewaltfreier Widerstand viel mehr an Training als ein gewaltsamer verlangt. Gewalt ist für die meisten von uns eine fast reflexartige Reaktion, die gesellschaftlich oft durch Einzelne und Gruppen – und vor allem auch durch unsere Regierungen – noch verstärkt wird. Prinzipientreue Gewaltfreiheit ist zugleich jedoch in unserem tiefsten Inneren verankert. Dafür gibt es beeindruckende wissenschaftliche Beweise. So zeigt die jüngste Entdeckung so genannter »Spiegel-Neurone«, dass unser evolutionäres Erbgut eine hochentwickelte neurophysiologische Kapazität für Empathie besitzt. Das hat u.a. zur Folge, dass ein gewaltfreier Akteur in der Tat direkt auf das zentrale Nervensystem seines Gegners einwirken kann.

Aber diese Kapazität liegt so tief in der menschlichen Person verborgen, dass sie ohne systematisches Training nicht an die Oberfläche kommen wird, wenn wir sie wirklich brauchen. Dieses Training ist schwierig und langwierig.[8]

Für die Vorbereitung von gewaltfreien Interventionen als Dritte Parteien

---

[7] Ebenda. Zitat aus dem Nonviolence Glossary des Metta Centers: (Stand: 7.9.2010)

[8] Sehr gute Trainingsangebote macht z.B. die Nonviolent Peaceforce. Siehe: http://www. nonviolentpeaceforce.org/ (Stand: 11.9.2010). Außerdem hat das Metta Center eine »Nonviolence Wallet Card« online gestellt, in dem die zentralen Punkte zusammengefasst werden: http://mettacenter.org:8000/wp-content/uploads/2009/09/walletcard_2010-bifold.pdf (Stand: 11.9.2010). Zu deutschsprachigen Trainingsangeboten siehe den Beitrag von Ulrike Laubenthal im vorliegenden Band.

(Nonviolent Third-Party Intervention) sind es folgende Kompetenzen, die ein/e Gewaltfreiheit anstrebende/r AktivistIn erwerben sollte:

- Grundlegende Prinzipien der unbewaffneten zivilen Friedenserhaltung (*unarmed civilian peacekeeping*).
- Einstellungen, Haltungen und Grundsätze des zivilen Widerstandes verstehen: empathisches Bewusstsein; Sensibilität gegenüber Verschiedenheit, Kultur, Gender und Machtdynamiken; Unparteilichkeit (sowohl in den konkreten Aktionen als auch in der Sprache).
- Interne und externe Kommunikationskompetenzen; »communication toolbox«; aktives Zuhören.
- Kompetenzen auf der psychologischen und emotionalen Ebene: psychologische, emotionale und spirituelle Bedürfnisse des unbewaffneten zivilen Widerstandes; Persönlichkeitstraining im Sinne persönlichen Risikomanagements; Verstehen von Traumata; »Gewaltfreie Kommunikation«; Umgang mit den anderen Mitgliedern des gewaltfreien Einsatzes.
- Kompetenzen im »gewaltfreien Einsatz«: aktive Begleitung und Monitoring, »Interpositioning« (die Kunst, sich zwischen die miteinander Verfeindeten zu stellen); »Entrance strategies«; Situationsanalysen usw.
- Analytische Kompetenzen: Verstehen von Konfliktdynamiken, Ursachen, verschiedene Akteursrollen verstehen usw.; Konflikttypen; Situation der betreffenden Zivilgesellschaft.
- Operationale und Sicherheitskompetenzen: Organisation von Sicherheitsstrategien und -konzepten; Koordination von verschiedenen Einsatzgruppen usw.

Mit Blick auf die *internationale* Gemeinschaft und vor allem die internationale Öffentlichkeit gilt es noch einen weiteren Aspekt zu bedenken: Warum gab es so gut wie keine Berichterstattung der internationalen Medien über die Flottille, die sich langsam in Richtung des Gazastreifens bewegte, bis die Tragödie passierte? Lag es daran, dass viele Zeitungen nach dem Prinzip arbeiten »*if it bleeds it leads*« (was Fragen hinsichtlich unserer kulturellen Narrative und Haltungen aufwirft), oder wurden die Möglichkeiten nicht hinreichend genutzt, entgegen diesem Trend die Aktion so interessant zu machen, dass JournalistInnen eine Chance gehabt hätten, Artikel darüber in der Presse zu platzieren?

Lasst uns das schmale Fenster nutzen, das die Tragödie auf der Mavi Marmara aufgestoßen hat, um unsere Botschaft deutlich hörbar zu machen: Diese Gewalt muss aufhören. Wie die kanadische Schriftstellerin Margaret Atwood in »Ha'aretz« schrieb: »Die Zeit läuft ab« (»Time is running out«), um den tödlichen Kampf zwischen Israelis und Palästinensern zu beenden.[9] Dies muss nicht nur auf der politischen Ebene stattfinden; es muss – mit den Worten des palästinensischen Aktivisten Sami Awad[10] – auch eine Versöhnung von Mensch zu Mensch geben, ohne die keine Grenzen, keine politischen Maßnahmen und vor allem keine Mauern Frieden bringen können.

Wenn es Israels Vorhaben war, ein Exempel zu statuieren, indem es verhinderte, dass die Flottille Gaza erreichen konnte, um andere davon abzuhalten, diesem Beispiel zu folgen, dann ist dieses Vorhaben gescheitert. Dies beweist zum einen das Boot MV Rachel Corrie, das nur eine Woche nach dem internationalen Konvoi am 5. Juni 2010 von der israelischen Marine abgeschleppt wurde – die AktivistInnen auf diesem Schiff ließen sich von der erwarteten Piraterie nicht abschrecken. Seitdem gab es mehrere weitere Versuche, die israelische Seeblockade zu brechen, u.a. von einem Boot der Organisation »Jewish Voice for Peace«.[11]

Diesen Aktionen ist es zwar nicht gelungen, Hilfsgüter auf direktem Weg nach Gaza zu transportieren, aber auch sie haben dazu beigetragen, die Aufmerksamkeit der Welt auf die Situation der Bevölkerung des Gazastreifens zu lenken. Wenn gewaltfreier Widerstand, wie auf der MV Rachel Corrie, fortgeführt wird, gibt es Hoffnung, dass nicht nur der Konflikt zwischen Israelis und Palästinensern transformiert wird, sondern auch die Erkenntnis in manchen Köpfen ankommt, dass Gewalt nicht funktioniert. Das wäre ein spiritueller Sieg für uns alle.

---

[9] Margret Atwood: The Shadow over Israel. Until Palestine has its own »legitimized« state within its internationally recognized borders, the Shadow will remain. In: Ha'aretz, 2.6.2010

[10] Sami Awad ist Geschäftsführer des Holy Land Trust in Bethlehem und organisiert sogar in Gaza unter den Augen der Hamas öffentliche Treffen, in denen die Frage des gewaltfreien Widerstandes thematisiert wird; vgl. dazu das Interview mit ihm in: Tikkun Magazine, 8.6.2009, http://www.tikkun.org/article.php/Awad-interview-palestinian-activist (Stand: 8.9.2010)

[11] Siehe: http://www.jewishvoiceforpeace.org/campaigns/gaza-flotilla (Stand: 11.9.2010); vgl. die Berichte über den Verlauf der Aktionen: http://wewillnotbesilent.net/blog/ (Stand: 11.9.2010); http://twitter.com/USBOATTOGAZA (Stand: 11.9.2010)

EGBERT JAHN

Mit gewaltlosen Techniken für unrechte Ziele?

*E*gbert Jahn, einer der Mitbegründer der Bildungs- und Begegnungsstätte *für gewaltfreie Aktion »Kurve Wustrow«, versucht zu zeigen, dass gewaltfreie Mittel nicht ausreichen, um eine Aktion zu einer gewaltfreien im Sinne Gandhis zu machen: Auch die Ziele, direkte wie indirekte, müssen dem Geist der Gewaltfreiheit entsprechen.*

Gewaltfreie Politik im Widerspruch zwischen Recht und Gerechtigkeit

Aktivisten und Theoretiker gewaltfreier Politik zur Veränderung der bestehenden gesellschaftlichen Verhältnisse (Ebert 1969) und zur Verteidigung sozialer Errungenschaften, demokratischer Freiheiten und rechtsstaatlicher Verfassungen gegen Putsche und äußere Aggressionen (Studiengruppe »Soziale Verteidigung« 1972) berufen sich in der Gegenwart meist auf die indische nationale Befreiungsbewegung unter der Führung von Mohandas K. Gandhi und die US-amerikanische Bürgerrechtsbewegung unter Martin L. King, manchmal auch auf die sizilianische Bewegung gegen Unterentwicklung unter Danilo Dolci und den tschechoslowakischen Widerstand gegen die militärische Intervention von vier anderen WVO-Staaten sowie wenige andere gesellschaftspolitische Bewegungen. Sie gehen dabei selbstredend davon aus, dass die Ziele gewaltfreier Veränderungs- und Verteidigungspolitik rechtens sind und mit den gewaltfreien Mitteln übereinstimmen; rechtens oftmals in Übereinstimmung mit den in Verfassungen und internationalen Verträgen normierten Bürger- und Menschenrechten, nicht selten auch mit den einfachen Gesetzen des jeweiligen Staates, rechtens aber manchmal nur gemäß allgemeinen religiösen oder ethischen Normen der Menschlichkeit. In beiden Fällen richtet sich also gewaltfreie Politik gegen Unrecht, sei es gegen Verstöße von staatlichen Organen oder mächtigen gesellschaftlichen Gruppen gegen geltendes Gesetz, Verfassungsgesetz oder Völkerrecht, sei es gegen gesetztes Recht, das gegen sittliche Normen verstößt, die die Verwirklichung von Gerechtigkeit anstreben.

Gewaltfreie Politik bedient sich ganz unterschiedlicher Mittel oder Techniken (Sharp 1973), die sich in drei Kategorien gliedern lassen:

1. allgemein übliche, gesetzliche und von den Staatsorganen und den mächtigen Gesellschaftsgruppen erlaubte Mittel zur Durchsetzung von Zielen, die als ethisch gerechtfertigt angesehen werden. Zu diesen Mitteln gehören Demonstrationen, Versammlungen, öffentliche Meinungsäußerungen, Bürgerinitiativen, Bildung von Verbänden und Parteien, Teilnahme an Wahlen, Gesetzesinitiativen usw. – also »normale« oder »friedliche« Formen der Bürgerbeteiligung an öffentlichen Angelegenheiten. Sie werden gemeinhin nicht als Besonderheit von gewaltfreier Politik angesehen, werden aber im großen Ausmaß auch von gewaltfreien Bewegungen angewandt. Von gewaltfreier Politik spricht man meist nur dann, wenn sie auf gewaltsame Maßnahmen stößt, dabei eigene Gewaltanwendung vermeidet und Gewalt einsetzenden Gegnern nicht mit Gewalt gegenübertritt.

2. die Nichtzusammenarbeit (Nonkooperation). Diese Mittel sind zwar gesetzlich ebenfalls zulässig und werden auch meist von den Verfechtern eines Unrechts nicht als strafwürdig angesehen, aber sie können zu mehr oder weniger schweren gesellschaftlichen Benachteiligungen führen – einerseits für diejenigen, die die Zusammenarbeit verweigern, andererseits aber auch für diejenigen, denen die Zusammenarbeit aufgekündigt wird. Selbst Unbeteiligte können davon betroffen sein. In der Folge kann es zur gesellschaftlichen Ächtung oder zu Repressionen gegen die gewaltfreien Aktivisten wie erheblichen finanziellen Sanktionen bis zur Entlassung aus einem Arbeitsverhältnis und dem Ruin einer beruflichen Existenz kommen.

3. der zivile Ungehorsam. Dies ist die schärfste »Waffe« im gewaltfreien Kampf, sei es gegenüber gesetzesbrechenden Staatsorganen zur Durchsetzung geltender Gesetze, sei es gegen geltende Gesetze, weil diese entweder Unrecht in Gesetzesform ausdrücken oder weil mit ihnen anderweitiges Unrecht geschützt wird.

Die Berufung auf eine außer- und übergesetzliche Gerechtigkeit (Rawls 1979) ist höchst problematisch, weil es in jeder Gesellschaft ganz unterschiedliche Gerechtigkeitsvorstellungen gibt, die keine Allgemeingültigkeit beanspruchen können. Die Befragung des eigenen Gewissens führt nicht selten in einer größeren Gruppe von Menschen zu ganz unterschiedlichen Vorstellungen darüber, was gerecht ist. Aus diesem Grunde beansprucht in der modernen Gesellschaft das gesetzte Recht in einer gewissen Hierarchie (Verordnungen, einfache Gesetze, Verfassungsgesetz, internationales Vertragsrecht) vorrangige Geltung vor den zahlreichen, verschiedenen und oft unvereinbaren Gerechtigkeitsnormen im Bewusstsein der Bevölkerung. Sie sieht aber auch Verfahren zur Gesetzesveränderung vor, die unter Umständen dazu dienen können, die bestehenden Gesetze an sich wandelnde und auf Veränderung drängende Gerechtigkeitsvorstellungen einer starken Minderheit oder einer Mehrheit der Gesellschaft anzupassen. Wo solche Verfahren der Gesetzesanpassung entweder verfassungsrechtlich oder auch nur politisch blockiert sind, haben immer wieder in der bisherigen Geschichte entweder gewaltsame oder auch gewaltfreie Bewegungen bestehende Gesetze und ungeschriebene oder geschriebene Verfassungen gebrochen, um neue Gesetze und Verfassungen zur Verwirklichung ihrer Gerechtigkeitsvorstellungen durchzusetzen. In vielen Ländern wurden so z.B. liberale Verfassungen, das allgemeine Männer- und dann auch das Frauenwahlrecht, das Streikrecht und schließlich auch manche völkerrechtlichen Verträge, etwa zum Natur- und Klimaschutz, durchgesetzt. Manche Diktatur wurde durch gewaltfreien Ungehorsam, also Gesetzesbruch gestürzt, so etwa die kommunistischen Einparteienregime im Osten Europas.

Formen situations- und zielabhängiger Gewaltlosigkeit

In der bisherigen Geschichte gab es bislang anscheinend noch keine heftige und andauernde Auseinandersetzung zwischen gewaltfreien Bewegungen mit gegensätzlichen Rechts- und Gerechtigkeitsvorstellungen. Dies kann nicht für alle Zukunft ausgeschlossen werden. Eine solche Auseinandersetzung bleibt solange unwahrscheinlich, solange die Gerechtigkeitsvorstellungen in den gewaltfreien Bewegungen nicht absolut gesetzt werden, sondern einen gesellschaftlich-kommunikativen und dialogischen Charakter behalten (Rothermund 1997, 496). Das, was gerecht ist, wird dann nicht durch das eigene Gewissen als Absolutum diktiert, sondern ist im Dialog mit den Opponenten zu klären. Wahrheit und Gerechtigkeit werden in diesem Sinne nicht vorgefunden, sondern ergeben sich aus dem Abwägen unter Umständen unterschiedlicher Wahrheits- und Gerechtigkeitsvorstellungen und der Suche nach einer grundlegenderen menschlichen Gemeinsamkeit. Das Ergebnis des gemeinsamen Ringens, auch des zeitweiligen Kampfes gegeneinander, kann ein Kompromiss aus ursprünglichen Überzeugungen sein. Voraussetzung dafür ist ein gemeinsames, universales Menschenbild von der fundamentalen Gleichheit aller Menschen, gesellschaftlichen Gruppen und Völker.

Zu wenig ist jedoch bislang beachtet worden, dass dieses gemeinsame, universale Menschenbild nicht immer vorausgesetzt werden kann, sondern oftmals religiöse, ethnische oder nationale Menschenbilder vorherrschen, die partikulare Interessen für vorrangig erklären oder gar von der Überlegenheit und Höherwertigkeit der eigenen religiösen Glaubensgemeinschaft, Ethnie oder Nation ausgehen. Zudem gründet gewaltfreie Politik durchaus nicht immer, wenn nicht sogar selten auf grundsätzlichen universal-humanen, ethischen Normen, die für alle Situationen Gültigkeit beanspruchen. Theodor Ebert hat im deutschen Sprachraum die Unterscheidung zwischen Gewaltfreiheit als prinzipieller und Gewaltlosigkeit als situativer, strategischer oder taktischer Absage an Gewalttätigkeit eingeführt (Ebert 1969, 35). Allerdings enthielt sich die übergroße Mehrheit der Teilnehmerinnen und Teilnehmer an allen historischen Bewegungen unter der Führung von prinzipiell gewaltfreien Führern wie Gandhi und King nur situativ der Anwendung von Gewalt (Rothermund 1997, 122ff., 247, 478f.), sei es, weil sie in bestimmten Situationen nur geringe Gewaltmittel besaßen oder nur geringe Erfolgsaussichten im Falle ihrer Anwendung sahen, sei es, weil sie zeitweise erfolgversprechenden gewaltfreien Führern folgten.

Gewaltlose Aktionen zur Vorbereitung von Gewaltpolitik

Eine realistische Einschätzung der Kräfteverhältnisse in einem zukünftigen gewaltsamen, bewaffneten Kampf kann durchaus zu einem der Situation angemessenen Verzicht auf den Erwerb und die Anwendung von Waffen und anderen Gewaltmitteln führen und die Suche nach gewaltfreien Aktionsformen begünstigen. Nach dem Erwerb von ausreichenden eigenen Gewaltmitteln, insbesondere nach der Eroberung der Staatsmacht mit ihren Gewaltapparaten hatten die meisten Teilnehmerinnen und Teilnehmer an gewaltlosen Bewegungen bisher keine Skrupel, gewaltsame Mittel anzuwenden, dies zu unterstützen oder zu propagieren.

Indien führte bereits wenige Monate nach Erringung der Unabhängigkeit durch die Nationalbewegung unter M. K. Gandhi Krieg, so mancher Teilnehmer an der Bürgerrechtsbewegung unter M. L. King dürfte später nach errungenen Bürgerrechten in den Krieg gegen andere Länder gezogen sein oder die Gewaltpolitik von US-Regierungen unterstützt haben. Die am gewaltlosen Widerstand in der Tschechoslowakei aktiv Beteiligten waren keineswegs für eine Abrüstung der Tschechoslowakei und prinzipiell gegen jegliche militärische Politik.

Die Methoden gewaltfreier und gewaltloser Politik sind kaum voneinander zu unterscheiden, da die prinzipiell gewaltfreien und die situativ gewaltlosen Aktivisten durchaus in der Einschätzung einer bestimmten historischen Situation und in einer begrenzten historischen Zielsetzung übereinstimmen können. Nicht selten geht eine gewaltlose Phase einer darauf folgenden gewaltsamen Phase von sozialen und nationalen Bewegungen voraus. Die Ablösung der gewaltfreien kosovo-albanischen Bewegung unter Ibrahim Rugova durch den bewaffneten Kampf der UÇK ist hierfür ein eindrückliches Beispiel aus jüngerer Zeit.

Aber darüber hinaus sind auch oftmals in der bisherigen Geschichte gewaltlose Methoden oder Kampftechniken für politische Ziele eingesetzt worden, die von jeglichem universal-humanen Gesichtspunkt her als Unrecht angesehen werden müssen, obwohl sie nach Ansicht ihrer Anwender und Befürworter durchaus rechtens waren, allerdings nur dem vermeintlichen Recht einer partikularen Gruppe, Ethnie, Nation oder Religionsgemeinschaft dienten. Formal waren etwa die »Kauft nicht beim Juden«-Aktionen der Nationalsozialisten in den 1930er Jahren, soweit sie nicht durch gewaltsame Druck- und Einschüchterungsaktivitäten unterstützt wurden, Akte der Nonkooperation. Sie waren jedoch nicht gegen von Juden begangenes, also durch die Nonkooperation zu beseitigendes Unrecht gerichtet, sondern gegen die prinzipielle berufliche Existenz und Präsenz von jüdischen Kaufleuten als pars pro toto, also überhaupt von Juden in Deutschland. Die eindrucksvollen, gewaltlosen Demonstrationen von Millionen Iranern gegen das Schah-Regime führten zur Errichtung eines islamistischen, theokratischen Gewaltregimes im Jahre 1979. Ein gewaltloser Marsch von über 300.000 Marokkanern in die nördlichen Gebiete Westsaharas im Jahre 1975 bereitete die Annexion dieses postkolonialen Landes durch Marokko vor, das seltene Beispiel einer erfolgreichen, zunächst gewaltlosen Aggression, wenn auch mit dem Rückhalt einer überlegenen Armee.

Die im Sommer 2010 heftig umstrittene Gaza-Flottille, die durch den blutigen Einsatz israelischer Streitkräfte Ende Mai 2010 angehalten und nach Israel umgeleitet wurde, hinterließ insgesamt ein zwiespältiges Bild von den Zielen, denen diese Aktion dienen sollte: Die deutschen, nord- und westeuropäischen Teilnehmerinnen und Teilnehmer verstanden sie offenbar als gewaltfreie Aktion zur humanitären Unterstützung der leidenden Bevölkerung in Gaza mit dem Ziel, dazu beizutragen, dass die als völkerrechtswidrig angesehene israelische Seeblockade des autonomen palästinensischen Teilgebiets Gaza aufgehoben wird. Ein Teil der muslimischen, vorwiegend türkischen Teilnehmer und die Stiftung für humanitäre Hilfe (IHH), die das größte Schiff der Flottille, die

Mavi Marmara bereitgestellt hatte, wollte damit anscheinend die Hamas und ihre politischen Ziele unterstützen, wenn man den – nicht unumstrittenen – Recherchen der deutschen Presse folgt,[1] Zu diesen Zielen gehört aber laut Charta der Hamas die Auslöschung des Staates Israel, die nur durch einen Vertreibungs- und Vernichtungskrieg möglich wäre, der *in nuce* durch fortwährenden Raketenbeschuss Israels auch geführt wird. Es hat derzeit den Anschein, dass der Unterschied zwischen einer humanitären Hilfsaktion und einer Unterstützung der nur mit Gewalt erreichbaren politischen Ziele der Hamas im Vorfeld der Aktion sowohl gegenüber der Öffentlichkeit als auch gegenüber der Hamas und gegenüber den Teilnehmerinnen und Teilnehmern der Aktion nicht hinreichend deutlich gemacht wurde.

Angenommen, die Free Gaza-Aktion wollte die politischen Ziele der Hamas unterstützen, dann wäre sie ein Beispiel dafür, wie gefährlich es ist, partikulare Gerechtigkeitsvorstellungen wie die von palästinensischen – und an anderer Stelle von jüdischen – Maximalisten zu verabsolutieren, ohne jegliche Rücksicht auf bestehendes internationales Vertragsrecht.

Gewaltfreie Politik im universal-humanen Geist, wie sie ein Gandhi oder ein King betrieben, wird stets versuchen, auf der Grundlage der bestehenden Rechtslage die politischen Kontrahenten mittels gewaltfreier Aktionen an einen Verhandlungstisch zu einer gemeinsamen Rechtsverwirklichung oder gegebenenfalls auch Rechtsveränderung zusammenzubringen, nicht aber der anderen Seite ihre Gerechtigkeitsvorstellung aufzuzwingen, und sei es vorerst auch nur mit gewaltlosen Mitteln.

---

[1] Als Beispiele für die vielen gegensätzlichen Beobachtungen und Beurteilungen der Gaza-Flottille und der israelischen Militäraktion gegen sie siehe »Free-Gaza-Flottille – Stellungnahme Inge Höger, Annette Groth und Norman Paech zu Vorwürfen von Petra Pau« http://www.scharf-links.de/90.0.html?&tx_ttnews[tt_news]=11212&tx_ttnews[backPid] =56&cHash=bbd8224d14 (Stand: 25.2.2011); Stellungnahme des BAK Shalom zu den Reaktionen auf den Stopp der Free Gaza-Flottille (http://bak-shalom.de/index. php/2010/06/06/stellungnahme-des-bak-shalom-zu-den-reaktionen-auf-den-stopp-der-free-gaza-flottille/ (Stand: 26.1.2011); Wolfgang Günter Lerch: »Piraten und Märtyrer«. In: Frankfurter Allgemeine Zeitung, 8.6.2010; Joseph Croitoru: »Die Märtyrer standen bereit«. In: Frankfurter Allgemeine Zeitung, 4.6.2010; Martina Doering: »Für absolute Gewaltfreiheit«. In: Frankfurter Rundschau,1.6.2010; Report of the international fact-finding mission to investigate violations of international law, including international humanitarian and human rights law, resulting from the Israeli attacks on the flotilla of ships carrying humanitarian assistance, Dokument A/HRC/15/21

Literatur

Ebert, Theodor ([2]1969): Gewaltfreier Aufstand. Alternative zum Bürgerkrieg. Freiburg i.Br.: Verlag Rombach

Rawls, John (1979): Eine Theorie der Gerechtigkeit. Frankfurt am Main: Suhrkamp Verlag

Rothermund, Dietmar ([2]1997): Mahatma Gandhi. Eine politische Biographie. München: Verlag C.H.Beck

Sharp, Gene (1973): The Politics of Nonviolent Action. Teil 2: The Methods of Nonviolent Action. Boston: Porter Sargent Publishers

Studiengruppe »Soziale Verteidigung« der VDW (Hrsg.) (1972): Soziale Verteidigung. Friedens- und Sicherheitspolitik in den 80er Jahren. Gelnhausen/Berlin: Burckhardthaus-Verlag

RENATE WANIE

Neun Thesen für die Weiterarbeit nach Straßburg

R *enate Wanie ist seit 1987 hauptamtliche Mitarbeiterin der Werkstatt für Gewaltfreie Aktion, Baden. Sie bietet u.a. Workshops zum gewaltfreien deeskalierenden Eingreifen in gewaltvollen Situationen an. Schwerpunkte sind Trainings in Zivilcourage und Gewaltfreier Aktion, Konsensentscheidungsfindung, Macht »von unten« sowie Fortbildungen in gewaltfreier Konfliktaustragung. Seit 2004 ist sie als Delegierte und zeitweise als Sprecherin in der bundesweiten »Kooperation für den Frieden«[1] aktiv. Ihre Thesen[2] sind eine Reaktion auf die miterlebten Proteste gegen den 60. NATO-Gipfel im April 2009 in Straßburg, die z.T in unkalkulierbare und gewaltvolle Angriffe eskalierten.*

1. Die Zeit der Formelkompromisse ist nach Straßburg vorbei. Die Friedensbewegung ist gewaltfrei oder sie ist nicht. Ziviler Ungehorsam ist eine gewaltfreie Strategie und kein Slogan, hinter dem sich RandaliererInnen verbergen können.
2. Randale ist keine Politik, Randale ist Randale. Gesellschaftliche Veränderungen in Richtung Emanzipation und Freiheit werden in hochentwickelten Gesellschaften nicht über Gewalteskalationen herbeigeführt.
3. Gewaltfreiheit greift den staatlichen Gegner nicht dort an, wo er am stärksten ist: beim Monopol der Gewalt. Sondern dort, wo er am schwächsten ist: bei der Legitimation seiner kriegerischen Aktivitäten.
4. Gewaltrituale wie in Straßburg seitens der Polizei und seitens der RandaliererInnen sind Ausdruck eines männlich-chauvinistischen Handelns. Die Friedens- und Antikriegsbewegung muss diese patriarchal-militaristischen Handlungen überwinden und offen kritisieren.
5. Die Kritik an RandaliererInnen aus Demonstrationen heraus spaltet die Friedensbewegung nicht. Steine werfen spaltet die Friedens- und Antikriegsbewegung. Wer Gewalt zulässt, zerstört die Glaubwürdigkeit der Bewegung und erleichtert ProvokateurInnen der Polizei, ihr friedloses Handwerk zu betreiben.

[1] Siehe http://www.friedenskooperative.de/ff/ff11/1-24.htm (Stand: 22.2.2011)
[2] Erstveröffentlichung in: Friedensform 3/2009, 4

6. Die Friedensbewegung wird nicht erfolgreich durch Gewalt, sondern durch kreative und beharrliche Kritik an Gewalt und Gewaltorganisationen wie der NATO.

7. Heiligendamm hat neue gewaltfreie Aktionsformen auf der grünen Wiese hervorgebracht. Nach Straßburg ist über neue kreative gewaltfreie Aktionsformen innerhalb von Städten nachzudenken, die auch über Blockaden hinausgehen.

8. Gewaltfreie Aktionen wie auch Großdemonstrationen brauchen Vorbereitung. Dort, wo gewaltfreie Aktionen vorbereitet wurden, wie z.B. für »Heiligendamm« oder im Bündnis NATO-ZU für Straßburg, haben sie funktioniert und zu Teilerfolgen beigetragen. Wir brauchen mehr und verbindlichere Vorbereitungen.

9. Mobilisierungen für große internationale Events zeigen ihren Erfolg immer auch darin, Menschen für den Montag danach zu gewinnen. Die Qualität von großen Events bemisst sich darin, wie viel mehr Menschen in den nächsten Monaten aktiv werden. Hier war Straßburg ein Rückschlag.

WOLFGANG HERTLE

Stärke durch Vielfalt – Einheit durch Klarheit. Rückblick auf Zivilen Ungehorsam und gewaltfreien Widerstand in Deutschland und Frankreich seit den 1970er Jahren und Schlussfolgerungen für die Zukunft

Wolfgang Hertle hat mit seiner frühen Feldstudie über den Widerstand der Larzac-Bauern und anschließend als Initiator und erster Leiter der »Bildungs- und Begegnungsstätte für Gewaltfreie Aktion« in Wustrow sowie mit seiner aktiven Teilnahme an zahlreichen Aktionen (insbesondere gegen die Nutzung von Atomkraft) der gewaltfreien Bewegung in Deutschland wichtige Impulse gegeben. In seinem Beitrag lässt er aus Anlass der Krawalle beim NA-TO-Gipfel in Straßburg 2009 die letzten Jahrzehnte Revue passieren und leitet aus diesen Erfahrungen Empfehlungen für die kommenden Großaktionen ab.

Bei der Suche nach Bündnispartnern für gewaltfreie Kampagnen wird oft über unterschiedliche, weltanschauliche Vorstellungen und Verständnisse von Gewalt und Gewaltfreiheit gestritten. Eine erfolgreiche Klärung wirkt stärkend, wenn die Gemeinsamkeiten und gleichzeitig auch die Unterschiede deutlich gemacht und bewusst akzeptiert werden. Meist führen aber lange, abstrakte Grundsatzdiskussionen zur Ermüdung statt zu der Einigkeit, die für eine kraftvolle Praxis gewaltfreien Widerstandes nötig ist.

Der zehnjährige, letztlich erfolgreiche Widerstand der betroffenen 103 Bauernfamilien auf dem südfranzösischen Larzac-Plateau gegen die Ausweitung eines Truppenübungsplatzes auf ihren Ländereien (1971-1981), der für viele Basisbewegungen zum fantasieanregenden Vorbild geworden ist, hat eine andere Möglichkeit als endlose Theoriedebatten gezeigt. Denn nicht alle, die in der frankreichweiten Unterstützerbewegung für ein ziviles Larzac aktiv waren, hatten sich von vorneherein und prinzipiell auf Gewaltfreiheit festgelegt. Das heterogene Bündnis hielt trotzdem, weil sich die von den betroffenen Bauern geforderte Grundlinie als erfolgreich erwies, d.h. weil die davon bestimmte gemeinsame Praxis in der Öffentlichkeit Sympathien für die Argumente des

Widerstands erwarb und deshalb die Bewegung als moralischen Sieger wirken ließ (Hertle 1982 und 1992). Erfolg in der Praxis überzeugt mehr als theoretische Grundsatzdiskussionen.

Bei Bündnisgesprächen für eine geplante Aktion sollten daher, statt einen Prinzipienstreit zu führen, möglichst verbindliche Verhaltensregeln verabredet werden. Denn die Akzeptanz des Protestes in der Bevölkerung hängt stark vom einheitlichen Auftreten und eindeutigen Verhalten ab.

Im Folgenden wird die wechselvolle Geschichte von Abgrenzung und Kooperation verschiedener Bewegungen seit Beginn der 1970er Jahre skizziert, die gegenüber der Gewaltfreiheit entgegengesetzte Positionen vertreten. Vorher soll jedoch dargestellt werden, warum die prinzipielle Gewaltfreiheit einem Teil dieser Bewegungen suspekt ist und welche Auswirkungen der Einsatz von Gewalt in der Regel für die Erfolgsaussichten einer Bewegung hat.

Diffamierung und Kritik des Zivilen Ungehorsams

Verteidiger der herrschenden Un-Ordnung tendieren dazu, Protestformen als gewaltsam zu diskriminieren, spätestens sobald die geltenden legalen Regeln überschritten werden. Obwohl jede Gesetzgebung und deren Auslegung von politischen Machtverhältnissen abhängt, gelingt es den Mächtigen, großen Teilen der Bevölkerung die bestehenden Verhältnisse als normal und damit legitim zu vermitteln. Gesellschaftskritiker, die zur notwendigen Veränderung Gegen-Gewalt nicht ausschließen oder sogar als gerechtfertigt ansehen, vermuten hinter der Position der Gewaltfreiheit die Blindheit von Liberalen gegenüber den Gewalt enthaltenden Verhältnissen oder gar eine raffinierte Form der Integration von Widerspruch und Protest in das bestehende Herrschaftssystem.

Die Diffamierung radikal gesellschaftskritischer Ideen wie die Bemühungen, Zivilen Ungehorsam zu kriminalisieren, halten viele Menschen von einer Praxis ab, welche die selbstbewusste Darstellung der Dissenshaltung auch gegenüber ihrer Alltagsumwelt fordert und juristische Konsequenzen mit sich bringen kann. Die Rhetorik mancher PazifistInnen, der keine entschiedene Tat folgt, macht diese Haltung in den Augen konsequenter ProtestiererInnen unglaubwürdig. Manche Demonstrantengruppen sehen Zivilen Ungehorsam als schwächlich an, sie lehnen es ab, sich der Strafverfolgung zu stellen, ziehen es eher vor, aus verdeckter Position Schläge auszuteilen. Ziviler Ungehorsam, der ein passives Gewaltlosigkeits-Verständnis hinter sich lässt, kann also sowohl

257

von Verteidigern als auch von radikalen Kritikern der bestehenden Verhältnisse missverstanden und – wenn auch aus entgegen gesetzten Motiven – abgelehnt werden.

Dabei ist nicht zu übersehen, dass gewaltsame Auseinandersetzungen von DemonstrantInnen mit der Polizei fatale Wirkungen auf die Öffentlichkeit haben, egal ob sie entstehen, weil sich die Gegenseiten magnetisch anziehen oder ob gezielt Provokation eingesetzt wird: Durch einen spektakulären Schlagabtausch wird die Gewalt zum ausschließlichen Thema. Das ursächliche Anliegen wird dadurch verdeckt. Beide Kampfparteien sehen das Unrecht nur auf der jeweiligen Gegenseite und rechtfertigen damit ihre eigenen Handlungen. Damit ver- oder behindern beide Seiten den Bewusstseins- und Lernprozess der Mehrheit der Betroffenen, die eigenen Angelegenheiten in die Hand zu nehmen. Wechselseitig liefern sie sich den Vorwand und die Rechtfertigung zu mehr Gewaltanwendung. Gewalt macht blind, ihr autoritärer Charakter steht in völligem Gegensatz zum von allen angestrebten Ziel der gesellschaftlichen Selbstbestimmung.

Von Larzac, Wyhl, Gorleben und Heiligendamm bis zum Debakel in Straßburg

Die Außerparlamentarische Opposition der Jahre 1967-1969 zerfiel nach 1970 in sehr unterschiedliche Strömungen, und es bildete sich insbesondere die breite Bürgerinitiativenbewegung. Am linken Rand der Gesellschaft entstand eine Vielzahl von Splittergruppen und Kommandos bewaffneten Widerstandes. Daneben gab es zwei Gruppierungen, die aus unterschiedlichen Motiven Gewalt ablehnten. Es war dies einerseits die legalistische Linke, darunter auch die vor dem Hintergrund des KPD-Verbots der 1950er Jahre um ein bürgerliches Image bemühte Kommunistische Partei. Andererseits gab es eine Reihe von gewaltfreien Aktionsgruppen, die unter gewissen Umständen bereit waren, mit Zivilem Ungehorsam Gesetzesgrenzen zu übertreten.

In den sozialen Bewegungen blieb die Frage der Gewalt umstritten. Einige populäre Bewegungen – wie die für die Verteidigung eines zivilen Larzac oder die gegen die Errichtung eines Atommeilers in Wyhl – hatten in den 1970er Jahren Erfolg, weil sich breite Bevölkerungsinitiativen mit den Grundgedanken der aktiven Gewaltfreiheit identifizierten und direkte Aktionen durchführten. Dies trifft auch für die noch viel breitere Bewegung gegen die Atomraketenstationierung in den 1980er Jahren zu, die zwar nicht unmittelbarer Auslöser für die Demontage der Raketen ab 1988, also im engeren Sinne nicht erfolgreich war, aber doch einen wichtigen Kontext dafür darstellte und die mit Abstand größten Protestaktionen in der Geschichte der Bundesrepublik Deutschland hervorbrachte.

Parallel dazu begann in den 1980er Jahren die neu gegründete Partei der Grünen viele außerparlamentarische Kräfte zu absorbieren. Etliche AktivistInnen schufen sich in konstruktiven Alternativen und Lobby-Organisationen von Spenden finanzierte oder von staatlichen Fördergeldern abhängige Arbeitsplätze. Die zunehmende Institutionalisierung des Protestmilieus half einerseits, das Gedankengut der meist kurzlebigen Basisinitiativen im Bewusstsein einer breiteren Bevölkerung zu verankern; andererseits fand durch Parteipolitik und staatliche Subventionen eine schleichende Integration der Opposition statt. Gewaltbereite Strömungen wie Maoisten oder Autonome boten dazu keine Alternative.

Aus dieser Erfahrung entwickelte sich die Einsicht gewaltfreier Gruppen, sich eigenständig und mit klaren Aussagen organisieren zu müssen. Es galt, Aktions- und Organisationsformen zu entwickeln, die es zunehmend mehr Menschen ermöglichen, sich zu beteiligen. Für Gruppen, die Gewalt einplanen oder nicht ausschließen, ist es vorteilhaft, ihre Aktionen im Schutze größerer Demonstrationen zu lancieren. Die darauf folgende staatliche Repression trifft dann auch viele Menschen um sie herum, die für sich selbst solche Aktionen ausschließen würden. Gewaltfreie Aktionen sind indessen unmöglich, wenn z.B. in unmittelbarer Nähe Steine geworfen werden. Die Kampagne »X-tausendmal quer« gegen die Atommüll-Transporte entstand aus dieser Einsicht. Nach chaotischen und für Viele unbefriedigenden Aktionen in Gorleben 1995 und 1996 war die Konsequenz gewaltfreier Atomkraftgegner nicht, Gewalt anwendende Gruppen zu denunzieren, sondern bewusst auf räumlichen Abstand zu ihnen zu gehen. Der massenhafte Zuspruch zur gewaltfreien Straßenblockade 1997 vor dem Castor-Verladekran in Dannenberg bewies das große Bedürfnis nach Eindeutigkeit. Die Protestbereiten in der Bevölkerung wollten wissen, wie die MitdemonstrantInnen zu handeln planten. In einem gut organisierten Zeltlager fanden öffentliche Trainings in gewaltfreier Aktion und die Bildung von Bezugsgruppen statt. Solche Camps in der Nähe des Aktionsortes sind wichtig, um die MitstreiterInnen aus anderen Orten kennenzulernen und sich gemeinsam auf die Aktion vorzubereiten.

Die Kampagne »X-tausendmal quer« nutzte die Erfahrungen der gewaltfreien Blockaden gegen die Raketenstationierung der 1980er Jahre und zog kritische Teile der Ökologie- und Friedensorganisationen an. Besonders Jugendliche fühlten sich bei Sommercamps und selbstorganisierten Kongressen freier als in den Verbänden der Erwachsenen. Die lebendige Basisdemokratie in Bezugsgruppen und das Konsensprinzip entsprach ihrem Politikverständnis. So verbreiteten sich das Gedankengut und die Aktionspraxis der gewaltfreien Aktionsgruppen auf größere Kreise und fanden Anwendung in neuen Themenfeldern wie z.b. Genmanipulation von Nahrungsmitteln, zunehmende Militarisierung sowie die profitorientierte Globalisierung. Zur gegenseitigen Stärkung dieser verschiedenen Kampagnen wurde u.a. das lockere Netzwerk ZUGABe (Ziviler Ungehorsam – Gewaltfreie Aktion – Bewegung) und die »Bewegungsstiftung« gegründet.

Im Laufe der Jahre näherten sich Teile der autonomen und der gewaltfreien Bewegung einander an. Vor dem G 8-Gipfel in Heiligendamm im Juni 2007 kam es zu pragmatischen Vereinbarungen für die Blockade-Aktionen, das heißt: selbst keine Gewalt anzuwenden, aber auch den Begriff »gewaltfrei« zu vermeiden. Nachdem es bei der Eröffnungskundgebung der Protestwoche am 2. Juni 2007 beim Stadthafen von Rostock dennoch zu gewaltsamen Auseinandersetzungen zwischen dem »Schwarzen Block« und der Polizei kam, sahen es alle Beteiligten als Erfolg an, dass in den Folgetagen trotz Polizeiketten sämtliche Zufahrten zum Gipfel-Treffen mit »weichen«, aber wirksamen Techniken massenhaft blockiert wurden. Denn es war vorher schwer vorstellbar, dass ProvokateurInnen in dieser Zeit keine Chance finden würden. Manche ehemalige StraßenkämpferInnen bezeichneten in den Bündnisgesprächen sich selbst als Post-Autonome, was gewaltfreie AktivistInnen hoffen ließ, dass sich der Prozess in Richtung Gewaltfreiheit weiterentwickeln würde.

Die Vorbereitungen auf die Blockade des G8-Gipfels in Heiligendamm dauerten ca. 18 Monate. Die pragmatische und insgesamt wirksame Einigung in dieser Zeit zwischen Gewalt ablehnenden Gruppen und dem Konzept der Gewaltfreiheit skeptisch gegenüberstehenden Strömungen war erstaunlich und ermutigend. Die Protestaktionen in Straßburg im April 2009 anlässlich des NATO-Gipfels und des 60-jährigen Bestehens des westlichen Militärbündnisses zeigten jedoch, dass nicht vorschnell von einem Schauplatz auf den nächsten geschlossen werden darf, da die Situationen und politischen Bedingungen sehr unterschiedlich sein können.

Der Protest gegen den NATO-Gipfel in Straßburg 2009

In Straßburg agierten sehr verschiedene Kräfte oft gegeneinander in der Auseinandersetzung mit einer Regierung, welche die örtlichen Behörden zu einer rigiden Linie zwang: Keine Demonstration in der Straßburger Innenstadt! (s. Braun u.a. 2009). Idealerweise laden ortsansässige Gruppen zu gemeinsamen Aktionen ein. Wenn sich in der Vorbereitung die Kenntnis der lokalen Verhältnisse mit den Erfahrungen von Demonstranten aus anderen Konflikten verbinden, können Aussage und Form der Aktion gegenüber der regionalen Öffentlichkeit am ehesten vermittelt werden. Eine schwache Basis vor Ort ist von außen kaum zu ersetzen. Die NATO ist aber auch kein rein lokales Problem. So war es legitim und notwendig, dass in Straßburg Menschen aus vielen Ländern gegen den NATO-Gipfel protestierten.

Im »International Coordinating Committee No-to-Nato 2009« (ICC) gab es Befürchtungen, Aktionen Zivilen Ungehorsams könnten zu gewaltsamen Auseinandersetzungen führen und die Großdemonstration gefährden. Deshalb organisierte das ICC keine Blockaden. Erst im Februar wurde eigens für Aktionen Zivilen Ungehorsams in Straßburg das lose Bündnis »Block-NATO« gegründet. Es bestand u.a. aus den deutschen Gruppierungen *Interventionistische Linke, Avanti* und *Solid*, den französischen »Désobéissants« (»Die Ungehorsamen«) und dem internationalen gewaltfreien NATO-ZU Bündnis, dem Gruppen der War Resisters` International (WRI) aus Belgien, England, Spanien sowie deutsche gewaltfreie Gruppen angehörten. Es fiel auf, dass französische gewaltfreie Organisationen wie »Mouvement International de la Reconciliation« (MIR), »Union Pacifiste de France« (UPF) oder »Mouvement pour une Alternative Nonviolente« (MAN) nicht für die Blockaden in Straßburg mobilisierten, auch nicht aus dem Elsass. Sie begründeten diese Enthaltung aber nicht öffentlich. Auch in den gewaltfreien Gruppen in Deutschland gab es Skepsis, weil im Vorfeld aus Frankreich fast nur von der harten Polizeilinie und von der drohenden Gewalt von »Autonomen« zu hören war.

Sprachprobleme behinderten zudem die Zusammenarbeit zwischen Gruppen beidseits des Rheins. Englisch als Brückensprache ist nicht ausreichend. Zum sprachlichen kam das Problem unterschiedlicher politischer Kulturen hinzu. So wird z.B. in Frankreich der Begriff Blockade (im Deutschen mit der Konnotation »gewaltfreier Sitzstreik«) oft als Barrikade (und gewaltsame Auseinandersetzung mit der Polizei) verstanden. Umgekehrt sind »Militante« im Französischen »politisch aktive Menschen«, im Deutschen: politisch argumentierende Gewalttäter.

Manche meinten, es gebe in Frankreich keine mit deutschen Kampagnen vergleichbare Tradition Zivilen Ungehorsams. Die kollektive Erinnerung an die populären Beispiele gewaltfreien Widerstandes wie auf dem Larzac, bei LIP (einer Uhrenfabrik in Besançon, die Mitte der 1970er Jahre von den Arbeitern besetzt und in eigener Regie weitergeführt wurde, s. Münster 1974), sowie in Marckolsheim/Elsass (wo der Bau eines Bleichemiewerkes von der Bevölkerung verhindert wurde)[1], ist offensichtlich verblasst. In den 1970er Jahren waren viele Mitglieder bundesdeutscher gewaltfreier Aktionsgruppen nach Frankreich gefahren, um von den ökologischen, antimilitaristischen und gewaltfreien Bewegungen Geist und Praxis Zivilen Ungehorsams zu lernen.

Bis zum Schluss gab es in Straßburg 2009 keine Einigung mit den Behörden über die Demonstrationsroute, lediglich über den Startpunkt. Die Behörden wollten auf keinen Fall eine Route, die das Stadtzentrum berührte, während es für die OrganisatorInnen unannehmbar war, sich nur im Hafen- und Industriegebiet bewegen zu dürfen.

Nach anhaltenden Problemen mit den Behörden kam es erst eine Woche vor Beginn des NATO-Gipfels zu Vereinbarungen über ein Camp. Zeltlager sind sinnvoll für eine selbstorganisierte Vorbereitung von Aktionen, aber sie können auch missbraucht und zweckentfremdet werden. »Block NATO« zog mit vielen anderen Gruppierungen in das »village« am Straßburger Stadtrand ein. Nicht vorausgesehen wurde trotz der oben erwähnten abschreckenden Informationen das Ausmaß an Konflikten zwischen der Polizei und einigen Menschen aus dem Camp. Gewaltfreie DemonstrantInnen mussten wiederholt gegen »kämpferische« Selbst-Inszenierungen provozierender Gruppen intervenieren, um die Räumung des Camps zu vermeiden.

Am Abschlusstag kam es auf der französischen Seite der Europabrücke zu gewaltsamen Auseinandersetzungen mit der Folge, dass die zehntausend auf der deutschen Rheinseite in Kehl von der Polizei aufgehaltenen DemonstrantInnen nicht an ihr Ziel kamen und die Kundgebung im Straßburger Hafenviertel im Chaos endete. Letztlich war nicht eindeutig zu erkennen, wer mit welcher Absicht Chaos und Gewalt organisierte. Leider gingen auch die trotz starker Polizeipräsenz durchgeführten gewaltfreien Straßenblockaden in der Innenstadt in den Meldungen von Brand und Zerstörung weitgehend unter.

---

[1] Marckolsheim: Erste erfolgreiche, grenzüberschreitende Bauplatzbesetzung 1974-1975. http://vorort.bund.net/suedlicher-oberrhein/europawahl-bauplatzbesetzung-marckolsheim.html (Stand: 26.2.2011)

Bedingungen und Schritte gesellschaftlicher Veränderung

Politisch kommt es m.E. darauf an, möglichst vielen Menschen kritische Inhalte näherzubringen und sie zu ermuntern, sich zu wehren. Radikalität besteht nicht darin, unter Gleichgesinnten Bekenntnisse zur Notwendigkeit von Revolution auszutauschen. Der Wandel der Gesellschaft kann nicht ohne Änderungen im Bewusstsein der »Normalbürger« und ohne ihre Mitwirkung erfolgen. Wenn sich basisdemokratische Bewegungen von »Schwarzen Blocks« durch den Vorwurf der Spaltung in eine falsch verstandene Solidarität zwingen lassen, schaden sie ihrer eigenen Sache, weil die Öffentlichkeit für ein solches Verhalten kein Verständnis aufbringt. Für die Anwohner im Straßburger Hafenviertel waren die Auseinandersetzungen vor ihrer Haustür unverständlich, sie bekamen keine Erklärung für das Geschehen, außer, dass die jeweilige Gegenseite angegriffen habe und dass Verteidigung legitim sei. Neben einem ausgedienten Zollgebäude wurde ein großes Hotelgebäude sowie die einzige Apotheke des Viertels in Brand gesteckt. Zwischen den Fronten Stehende mussten fürchten, von Steinen oder Tränengas getroffen zu werden, die jederzeit von allen Seiten kommen konnten. So etwas ist eine Form von Terror, d.h. die Verbreitung allgemeiner Angst mit der Folge politischer Apathie oder dem Ruf nach dem starken Staat, der für Sicherheit, Ruhe und Ordnung sorgen soll.

Sinnvoll ist es dagegen, verstärkt mit Mitgliedern der Friedens- und Anti-Kriegs-Organisationen des »mainstream« zu diskutieren, also mit bereits prinzipiell Motivierten, und sie zu schärferen Analysen und konsequenterem Handeln zu bewegen. Mit ihnen zusammen ist die Aufgabe leichter, politisch noch nicht aktive MitbürgerInnen anzusprechen.

Welche Zielgruppen sind für wirksame Gesellschaftsveränderungen wichtiger? In erster Linie Menschen, die das jetzige politische und wirtschaftliche System radikal ablehnen? Oder die Mehrheit der von diesem System Betroffenen, die dieser Kritik nur in Teilen zustimmen? Zweifellos ist es anstrengender, sich mit Menschen mit konventioneller bis konservativer Grundeinstellung auseinanderzusetzen als mit weitgehend Gleichgesinnten. Veränderung der Gesellschaft, insbesondere eine gewaltfreie, erfordert geduldige Überzeugungsarbeit. Die gewaltfreie Bewegung wendet sich auch und gerade an Menschen, die für die bestehende Gesellschaft typisch sind, an die Vielen, die unter den Verhältnissen leiden, die sich aber (noch) nicht bewusst sind, wie ihr Leid zustande kommt, wer davon profitiert und vor allem, dass ihr eigenes Verhalten (mitmachen statt widerstehen) dazu beiträgt, dieses gewalthaltige System aufrecht zu erhalten.

Zwei in letzter Zeit erfolgreiche Bewegungen in Deutschland, nämlich die gegen genmanipulierte Nahrungsmittel und die gegen Bombenabwurfsplätze (siehe Katja Tempel und Roland Vogt im vorliegenden Band), illustrieren, dass auch relativ konservative Bevölkerungsschichten von gewaltfreien Gruppen so angesprochen werden können, dass ihre ParlamentarierInnen sich schließlich den Forderungen ihrer WählerInnen anschließen müssen. Solche Prozesse verändern die Gesellschaft nicht von Grund auf, aber die Beteiligten lernen, dass die Verhältnisse veränderbar sind.

Es geht darum, Impulse zu geben, die es Menschen ermöglichen, ihre Einstellungen und Haltungen zu verändern. So sind nach Umfragen zu urteilen etwa 64 % der deutschen Bevölkerung dafür, dass die Bundeswehr aus Afghanistan abgezogen wird. Auf der Straße fordert das bisher nur eine kleine Minderheit, von der ein größerer Teil aus politisch unbedeutenden politischen Sekten stammt. Auch Demonstrationen und mehrtägige Märsche bieten Lernchancen, mögen sie auch für AktivistInnen, die mehr Druck erzeugen wollen, langweilig sein. Für viele Menschen sind sie erste Schritte, auf die eventuell radikalere Aktionsformen folgen können. Deshalb ist es nötig, Organisationsformen zu entwickeln, die ein Gegengewicht zur Anonymität in der Masse bilden und ein Klima der Gewaltfreiheit begünstigen.

Direkte Aktion und Ziviler Ungehorsam sind unmittelbarer Ausdruck empörter Betroffener, sich gegen Unrecht zu wehren. Sie setzen damit in ihrem Wohn- und Arbeitsalltag allgemein verständliche Zeichen des Protestes. Das ist so ziemlich das Gegenteil der Ereignisse an der Europabrücke in Straßburg, wo selbstherrlich handelnde Vermummte und agents provocateurs sich ein Scheingefecht gegen die bewaffnete Staatsmacht lieferten, was vor allem dazu führte, dass die begründete Ablehnung der NATO und jeglichen Militärs von Zehntausenden von DemonstrantInnen im Qualm brennender Häuser und in Wolken von Tränengas verschwand.

Vorbereitung auf Aktionen Zivilen Ungehorsams und Selbstverpflichtung auf gewaltfreies Verhalten

Eine politische Konsequenz aus den Ereignissen in Straßburg ist es m.E., in Zukunft Aktionen Zivilen Ungehorsams in eigenen Camps an getrennten Orten zu organisieren und von den TeilnehmerInnen die eindeutige Bejahung der Grundsätze zu fordern, die gewaltfreie Aktionen erst ermöglichen.

Generell scheint es mir vorrangig zu sein, bewusst die Bündnisarbeit innerhalb des politischen Spektrums von Organisationen zu verstärken, die sich für direkte gewaltfreie Aktion und Zivilen Ungehorsam aussprechen. Die verstärkte Zusammenarbeit von Kampagnen wie »X-tausendmal quer«, »Gewaltfrei Atomwaffen abschaffen«, »Gendreck weg« usw. unter dem Dach von ZUGABe ist ein wichtiger Schritt. Diese bundesweit agierenden Kampagnen sollten durch lokale und regionale »Querstreben« verstärkt werden: Zur Vorbereitung einer größeren Aktion wie z.b. in Gorleben organisieren alle interessierten Gruppen, die an einem Ort wohnen, gemeinsame Treffen zur Information über die geplanten Großaktionen Zivilen Ungehorsams, um evt. gemeinsam Aktionstrainings oder die Anreise zum Ort der Aktion vorzubereiten. Auch wer nicht an der zentralen Großaktion teilnehmen kann, findet hier Menschen, die bereit sind, in begleitenden Unterstützungsaktionen am Heimatort mitzuwirken.

Die in über 50 Städten dezentral organisierten Larzac-Komitees oder die Gorleben-Freundeskreise nach dem Motto »Larzac (bzw. Gorleben) ist überall!« können hier Vorbild sein. Sie führten damals zu weiteren Synergie-Effekten, die die überregionale Zusammenarbeit auf lokaler Ebene verstärkten und ergänzten. Die örtliche Nähe hat den Vorteil, dass mehr Menschen unterschiedlicher Herkunft und verschiedenen Alters sich bereits im Vorfeld begegnen und austauschen können. Auch Nicht-Organisierte können sich Arbeits- und Bezugsgruppen anschließen, die dann nicht erst in letzter Minute am Aktionsort gebildet werden müssen. Damit ist auch die Auswertung nach der Aktion erleichtert und die Möglichkeit der Fortführung über den kurzfristigen Anlass hinaus – wenn das Kennenlernen in der Aktion Lust an gemeinsamer Weiterarbeit geweckt hat.

Besonders wichtig finde ich, die gewaltfreie Position klar und unmissverständlich, aber ohne verurteilenden Dogmatismus darzustellen. Die bewusst gewaltfreie Bewegung muss sich kontinuierlich bemühen, diese Haltung über die eigenen Kreise hinaus zu verbreiten und sie gleichzeitig zu vertiefen.

Offenes Visier: Wir haben nichts zu verbergen, wollen weder Konspiration noch Vermummung. Wir stehen zu unseren Aktionen, wir möchten überzeugen und werden uns notfalls mit unserer ganzen Person gegen die organisierte Gewalt stellen.

Ohne Illusion: Die Staatsmacht ist vom Gewaltpotential aus betrachtet eindeutig stärker als jede Protestbewegung. Unser Ziel kann nur sein, die Gegenseite mit moralischen Mitteln zu »entwaffnen«. Ziviler Ungehorsam ist herausfordernd, provoziert und dramatisiert latente Konflikte, stellt Gewalt beinhaltende Teile des herrschenden und von der Legalität meist gedeckten

Gefüges in das Scheinwerferlicht der Öffentlichkeit. Es dauerte in der Geschichte lange und kostete große Opfer der Betroffenen, bis legitime Anliegen wie Abschaffung der Sklaverei (siehe dazu im vorliegenden Band S. 23f.), Frauenwahlrecht, Streikrecht oder Kriegsdienstverweigerung allgemein anerkannt und legalisiert wurden. Je mehr Elemente des Gesellschaftssystems infrage gestellt werden, desto differenzierter muss auch unser Bemühen werden, in jedem einzelnen Bereich das Unrecht aufzuzeigen und alternative Regeln des Zusammenlebens zu finden – auf dem Weg zu einer gewaltärmeren und zugleich geistig reicheren (Welt-) Gesellschaft.

Die gewaltfreie Gesellschaftsveränderung, für die wir eintreten, begreift die vielfältigen, Gewalt mit sich bringenden Probleme der Gesellschaft als komplex zusammenhängende Teile eines Gesamtsystems und nicht als zufällige Schönheitsfehler. Kriegsgefahr ist z.B. nicht allein durch Abschaffung der Wehrpflicht zu bannen. Es ist notwendig, punktgenaue Kampagnen zu organisieren, aber gleichzeitig die Zusammenhänge mit anderen Konflikten zu sehen und die gegenseitige Unterstützung der Kampagnen und Bewegungen zu fördern.

Zusammenfassend: Es wird keine gewaltfreie Gesellschaft ohne Gerechtigkeit und Basisdemokratie geben, das heißt: Gewaltfreiheit als Ziel verlangt Abbau aller gewaltförmigen Herrschaftsmittel und Strukturen auch auf dem Weg dorthin. Sie richtet sich zwangsläufig gegen wesentliche Elemente des Staates wie Militär, Rüstungsproduktion und auch Polizei, sofern sie einseitig zum Schutz der Privilegien von wenigen eingesetzt wird. Dem Staat darf nicht der Vorwand geliefert werden, die Repression zu verstärken, weil er stets vom Schlimmsten ausgehen »muss«, um sich dagegen zu schützen. Wenn der Öffentlichkeit klar ist, dass wir uns gegen massive gesellschaftliche oder industrielle Gewalt wenden und dabei bewusst keine Gegengewalt ausüben, haben wir die besseren Chancen, zu überzeugen und viele Menschen zu Widerstand (oder zum Verständnis und zur Sympathie für den Widerstand Anderer) zu bewegen. Dann können Situationen herbeigeführt werden, in denen auch der stärkste Staat einsehen muss, dass bestimmte Ziele politisch nicht durchsetzbar sind. Gewaltfreie Aktionen und Kampagnen sollten zugleich Lernfelder für weitergehende Gesellschaftsveränderung sein. Auch deshalb ist es wichtig, dass gewaltfreie Aktionsgruppen sich ernsthaft um Austausch und Gesprächskontakt mit den »Einheimischen« bemühen, auch wenn dies anstrengender ist, als im Kreis Gleichgesinnter und Gleichaltriger aus den vertrauten Milieus zu bleiben.

Literatur

Braun, Reiner / Peter Delis / Monty Schädel: (Hrsg.): Auswertungsmaterialien zur Kampagne anlässlich des 60. Geburtstages der NATO in Straßburg/Kehl/Baden-Baden, Berlin 2009: Friedens- und Zukunftswerkstatt e.v. und Rosa Luxemburg Stiftung

Hertle, Wolfgang (1982): Larzac 1971-1981. Der gewaltfreie Widerstand gegen einen Truppenübungsplatz in Südfrankreich. Kassel: Weber & Zucht

ders. (1994): Larzac, Wyhl, Brokdorf, Seabrook, Gorleben Grenzüberschreitende Lernprozesse Zivilen Ungehorsams. In: Komitee für Grundrechte und Demokratie (Hrsg.): *Ziviler Ungehorsam. Traditionen, Konzepte, Erfahrungen, Perspektiven.* Köln: Komitee für Grundrechte und Demokratie e.V., 83-106

ders.: L'eau tranquille fend la pierre. In: Réfractions Nr. 23, Paris 2009, 149-159

Münster, Arno (1974): Der Kampf bei LIP. Arbeiterselbstverwaltung in Frankreich. Berlin: Rotbuch Verlag

ULRIKE LAUBENTHAL

Wie bildet man eine Vereinigung mit Gewissen?
Ziviler Ungehorsam in Massen

Als langjährige Trainerin für gewaltfreie Aktion ist Ulrike Laubenthal immer wieder mit einer zentralen Frage konfrontiert, die schon Elias Canetti in »Masse und Macht« (1960) beunruhigt hat: das Verhalten von und in großen Menschenmengen. Die Eigendynamik von aufgewühlten Massen kann schnell dazu führen, dass mit dem Gehorsam gegenüber Obrigkeiten auch wichtige Regeln sozialen Miteinanders über Bord gehen. Wie können soziale Bewegungen verantwortungsvoll mit dieser Dynamik umgehen?

Ziviler Ungehorsam erlebt zurzeit eine neue Blüte. Die globalisierungskritische Bewegung entdeckt für sich alte, erprobte Formen gemeinsamen politischen Handelns neu, die in den letzten Jahren nur von verhältnismäßig kleinen Kreisen praktiziert wurden.

Im Juni 2007 blockierten viele Tausend Menschen die Zugänge nach Heiligendamm, wo sich die Staatschefs der G8-Staaten versammelten. Die eindrucksvollen Bilder von Menschenmengen, die gut organisiert durch Wälder und Felder liefen, um die Absperrungen der Polizei einfach friedlich zu umgehen, gingen um die Welt. In Straßburg blockierten Hunderte im April 2009 die Zufahrtsstraßen zum Ort des NATO-Gipfeltreffens. Die Bilder von diesen friedlichen Blockaden gingen allerdings unter angesichts der Bilder von brennenden Gebäuden und Straßenschlachten, die zeitgleich dort entstanden, wo die Polizei eine angemeldete Großdemonstration verhinderte.

Eine neu erstarkte Anti-Atom-Bewegung hat im November 2010 in Gorleben den Castor-Transport unter großer öffentlicher Aufmerksamkeit blockiert und damit erneut einen deutlichen Schritt vom Protest zum Widerstand getan; zugleich demonstrierten in Stuttgart fast täglich Zehntausende gegen den Abriss des Bahnhofs und versuchten die Zerstörung eines Parks mit vielen alten Bäumen zu verhindern (dazu Sternstein im vorliegenden Band). Die gewaltfreien Aktionen gegen den Gen-Mais-Anbau haben dazu geführt, dass die Erlaubnis zum Anbau einstweilen zurückgenommen wurde (dazu Katja Tempel im vorliegenden Band).

Es kann noch spannend werden in den nächsten Jahren. Mehr und mehr Menschen leben prekär, gewohnte Sicherheiten schwinden dahin. Kriegseinsätze der Bundeswehr in aller Welt, die vor 20 Jahren noch zu einem großen Aufschrei geführt hätten, sind auf dem Umweg über Sanitäts- und Minensucheinsätze nach und nach im Bewusstsein von mehr und mehr Menschen als normal und akzeptabel verbucht worden. Sie dürften in den nächsten Jahren massiv zunehmen. Im Inland wird derweil das Militär in immer mehr gesellschaftlichen Bereichen präsent.[1] So hat zum Beispiel die Bundeswehr seit 2007 in allen Regierungsbezirken, Landkreisen und kreisfreien Städten sogenannte Verbindungskommandos aufgebaut, die eng mit den zivilen Katastrophenschutzorganisationen verknüpft sind.

Bei den Aktionen gegen den G8-Gipfel in Rostock-Laage im Jahr 2007 haben Tornados der Bundeswehr die Bewegungen der globalisierungskritischen Aktivist_innen überwacht. Und die Polizei hat die Bundeswehr für den Einsatz gegen Atomkraftgegner_innen beim Castor-Transport im Herbst 2010 um Amtshilfe ersucht.

Überwachungsmethoden, die noch vor kurzem völlig undenkbar gewesen wären, werden – von der Öffentlichkeit beinahe unbemerkt – mit erstaunlicher Geschwindigkeit »normal«. Die Einführung einer zentral erfassten Personen-Identifikationsnummer, computerlesbare Personalausweise, die Abkehr vom Föderalismus und vom Subsidiaritätsprinzip durch Einführung der Bundespolizei, die Vorratsdatenspeicherung sind nur einige Beispiele für eine Entwicklung, die die Lehren aus der Zeit der nationalsozialistischen Diktatur auf den Müllhaufen der Geschichte zu fegen scheint.

Mag sein, dass die sozialen Bewegungen angesichts dieser Veränderungen eine Randerscheinung bleiben, weil sich in Zeiten zunehmender Verunsicherung viele doch zuerst darum kümmern, die eigenen Schäfchen ins Trockene zu bringen. Mag aber auch sein, dass wir tatsächlich eine wachsende, mächtiger werdende emanzipatorische Bewegung erleben, die durch Zivilen Ungehorsam an Macht gewinnt. In diesem Fall stellen sich vier spannende Fragen:

---

[1] »Allein im Zeitraum vom 1.4. – 30.06.2009 leistete die Bundeswehr 16 mal ›Amtshilfe‹, 8 mal ›sanitätsdienstliche Unterstützung‹ und 7 mal ›Unterstützung Dritter‹, die z.T. mit Hilfe der Verbindungskommandos organisiert wurden. Die 31 im Zeitraum dieser 3 Monate erfolgten ›Unterstützungs-, Hilfsleistungen reichten von der Bereitstellung von ABC-Spührpanzern mit Besatzung, Hubschraubern, Wärmebildgeräten, Soldat_innen für Lagerarbeiten, Sanitäter_innen, Krankenwagen uvm., der Übernahme von Transporten und Verpflegung für die Polizei, bis hin zur ‚Unterstützung im Rahmen der Ausbildung von Feuerwehrführungspersonal‹.« Aus: Die Bundeswehr im Innern – Verbindungskommandos, Aufstandsbekämpfung und Kampfeinsatz im Bahnhof. Oder warum die Militari-

- Wird diese Bewegung sich nur den bestehenden globalisierten staatlichen und wirtschaftlichen Strukturen verweigern, oder wird sie Utopien und handfeste Konzepte für eigene tragfähige Entscheidungs- und Subsistenz-Wirtschafts-Strukturen entwickeln und umsetzen?
- Wird sie den üblichen Eskalationsschemata gesellschaftlicher Konflikte folgen, wonach bei zunehmender Intensität der Konfliktaustragung immer mehr Regeln des menschlichen Miteinanders außer Kraft gesetzt, Menschenrechte einander abgesprochen werden? Oder wird diese Bewegung dadurch etwas Besonderes sein, dass sie Menschenrechte und Verabredungen für ein solidarisches und menschenwürdiges Miteinander auch und gerade in Zeiten des Kampfes, auch und gerade gegenüber dem politischen Gegner einhält?
- Werden mehr und mehr diejenigen auf allen Seiten an Einfluss gewinnen, die jung, stark, männlich und ungebunden sind, während Frauen, Kindern, Alten und Menschen mit Behinderung die Rolle der zu beschützenden und zu benützenden Opfer zufällt? Oder werden wir Organisationsformen finden, in denen alle, ob stark oder schwach, alt oder jung, Mann, Frau oder Zwitter Einfluss auf die Entwicklung haben?
- Werden wir es schaffen, dem Krieg nach innen und außen, der Prekarisierung, dem Kampf um die natürlichen Ressourcen, den fortschreitenden Umweltkatastrophen etwas Substantielles entgegenzusetzen?

Ziviler Ungehorsam heißt: Verantwortung übernehmen

Unter Zivilem Ungehorsam verstehe ich eine begrenzte Regelverletzung, eine Weigerung, an einem Unrecht mitzuwirken, ein Unrecht hinzunehmen, in einem ungerechten System zu funktionieren.

Ihre besondere Wirkungskraft bezieht diese Form politischen Handelns nach meinem Verständnis aus dem Umstand, dass die zivil Ungehorsamen Verantwortung übernehmen. Üblich ist es ja in politischen Auseinandersetzungen, Verantwortung abzuschieben, sich selbst für unschuldig an allem Schlechten, für hilflos zu erklären (»da kann man nichts machen«) und von den anderen, »den Verantwortlichen«, eine Änderung zu fordern. Ganz anders das, was Thoreau im 19. Jahrhundert in seinem viel zitierten Aufsatz »Über die Pflicht zum Ungehorsam gegen den Staat« beschrieb und was seitdem vielerorts prakti-

---

sierung der Gesellschaft ein Angriff auf alle linken und emanzipatorischen Bewegungen ist. http://antimilitarismus.blogsport.de/images/zmzweb.pdf (Stand: 27.10.2010) ziert wurde: »Mach dein Leben zu einem Gegengewicht, um die Maschine aufzuhalten. Jedenfalls muss ich zusehen, dass ich mich nicht zu dem Unrecht hergebe, das ich verdamme.« (1973, 18) Wer Gesetze bricht aus einer eigenen Gewissensentscheidung, aus einer Einsicht in die eigene Mitverantwortung heraus, geht auf die politischen Gegner nicht aggressiv zu, sondern affirmativ: Nicht die Anklage gegen andere Personen steht im Vordergrund, sondern die Kritik an einem Unrecht und die eigene Übernahme von Verantwortung zu seiner Überwindung. Diejenigen, die am Unrecht festhalten, werden eingeladen, ebenfalls Verantwortung für ihr eigenes Handeln zu übernehmen.

Diese Haltung entspricht der, die Burkhard Bläsi auf der Grundlage seiner empirischen Forschungen zur »Gütekraft« beschreibt. Er benennt zwei Säulen mit Verhaltensweisen, die diese Kraft freisetzen, die auch »Kraft der Gewaltfreiheit«, »Kraft der Wahrheit« oder von Gandhi »Satjāgrah« genannt wurde. Eine Säule nennt er »Paroli bieten«. Dazu gehört, am Ort des Unrechts präsent zu sein, den eigenen Standpunkt beharrlich deutlich zu machen, ggf. auch Nachteile in Kauf zu nehmen. Die andere Säule, »Vertrauensaufbau«, beinhaltet nicht-verletzendes Verhalten, Empathie, Offenheit und die Ermunterung zum Perspektivenwechsel (Bläsi 2001, 49). Die Kombination von »Paroli bieten« und »Vertrauensaufbau« kann beim Gegenüber Achtung erzeugen. Sie erzeugt eine emotionale Betroffenheit und ggf. ein Anerkennen gemeinsamer Werte; im optimalen Fall wird das Gewissen aktiviert und treibt das Gegenüber zu einer Änderung seines/ihres eigenen Verhaltens oder seiner/ihrer Ansichten.

Beim Zivilen Ungehorsam sind wir am Ort des Geschehens und machen unsere Forderungen deutlich; zugleich tun wir das auf eine Art, die allen anderen Beteiligten zu verstehen gibt, dass wir sie als Menschen achten. Der Zivile Ungehorsam ist in besonderer Weise eine Einladung zum Perspektivenwechsel: Indem wir uns einem ungerechten Gesetz verweigern, werden alle, die mit seiner Durchsetzung beauftragt sind, unmittelbar gefordert, selber Stellung zu beziehen. Würden wir sie physisch angreifen, dann gäbe es für sie keinen Zweifel, dass sie im Recht sind, wenn sie sich verteidigen. Stattdessen verweigern wir unsererseits dem Unrecht die Kooperation, sind dabei verletzlich und nehmen mögliche Nachteile in Kauf. Mit dieser Haltung ermuntern wir unser Gegenüber dazu, sich der eigenen Rolle bewusst zu werden und selbst eine Gewissensentscheidung zu treffen.

Eine Vision von einer anderen Gesellschaft

Hinter einer Aktion Zivilen Ungehorsams mag eine Vision davon stehen, wie unser Zusammenleben ohne das konkrete bekämpfte Unrecht aussehen kann – z.b. wie wir unsere Lebensmittelversorgung ohne Gentechnik sichern oder wie wir in einer Gesellschaft mit offenen Grenzen solidarisch leben können. In manchen Fällen mag eine solche Vision nicht vorhanden sein, sondern lediglich die Einsicht treiben, dass ein bestimmtes Handeln Unrecht ist und deshalb beendet werden muss. Unabhängig von dieser konkreten Vision in Bezug auf ein spezifisches Unrecht verbindet sich mit Zivilem Ungehorsam eine Utopie von einem anderen Zusammenleben – eine Vorstellung von einer Gesellschaft, in der viele Einzelne gemeinsam Verantwortung übernehmen und ihr Gewicht in die Waagschale werfen, um zu einer am Gewissen orientierten Politik zu kommen. Im Idealfall wirkt eine Aktion Zivilen Ungehorsams in zwei Richtungen: Zum einen für eine bestimmte Sache, zum anderen für selbstbestimmte, nichthierarchische Strukturen.

Eine alte Streitfrage in Sachen Ziviler Ungehorsam ist die nach der grundsätzlichen Akzeptanz des Staates und der Regierung. Thoreau wendet sich in seinem Aufsatz nicht grundsätzlich gegen Regierungen, aber er findet, die beste Regierung sei die, welche am wenigsten regiert. Gandhi forderte von seinen Mitstreiter_innen, dass sie außer der einen Regel, gegen die Ungehorsam geleistet wird, alle anderen Regeln und Gesetze peinlich genau befolgen und damit die Autorität der Regierung grundsätzlich anerkennen. Doch viele von denen, die Zivilen Ungehorsam leisten, sind Anarchist_innen und stellen den Staat grundsätzlich in Frage. Ob auch so motivierte Aktionen unter den »klassischen« Begriff des Zivilen Ungehorsams fallen oder ob es sich dabei um etwas darüber Hinausgehendes handelt, dazu möchte ich das zuvor schon verwendete Thoreau-Zitat noch einmal ausführlicher in seinem Zusammenhang betrachten:

»Wenn die Ungerechtigkeit einen Ursprung hat, ein Zahnrad oder einen Übertragungsriemen oder eine Kurbel, wovon sie ausschließlich herstammt, dann kannst du vielleicht erwägen, ob die Kur vielleicht schlimmer wäre als das Übel; wenn aber das Gesetz so beschaffen ist, dass es notwendigerweise aus dir den Arm des Unrechts an einem anderen macht, dann, sage ich, brich das Gesetz. Mach dein Leben zu einem Gegengewicht, um die Maschine aufzuhalten. Jedenfalls muss ich zusehen, dass ich mich nicht zu dem Unrecht hergebe, das ich verdamme.« (Thoreau 1973, 17f.)

Wenn wir nach sorgfältiger Prüfung zu der Überzeugung gelangen, dass nicht nur ein einzelnes Gesetz, sondern das Zusammenwirken aller Gesetze, außergesetzlichen Handlungen und Vorschriften sowie die grundlegenden Strukturen einer Gesellschaft zu massivem Unrecht führen; wenn wir ferner Alternativen zu diesem Unrechtssystem sehen und nach gründlicher Prüfung überzeugt sind, dass diese Alternativen kein neues Unrecht schaffen würden, dann können wir es zu unserer Sache machen, dieses System zu überwinden, und können dazu die Mittel des Zivilen Ungehorsams anwenden. Vielleicht sind wir dazu sogar moralisch verpflichtet, wenn wir durch ein Mittragen des Systems schuldig würden. Die Mittel des Zivilen Ungehorsams sind auch in diesem Fall die, Verantwortung zu übernehmen und die eigene Beteiligung an dem Unrecht zu beenden, unter Inkaufnahme von persönlichen Nachteilen. Auch hier bewegen wir uns im Bereich der begrenzten Regelverletzung: Wir akzeptieren nicht mehr die uns zugedachte Rolle in einem Staat, respektieren aber dennoch die Menschenrechte aller Beteiligten. Wir praktizieren auch in der Zeit der Auseinandersetzung die Werte, auf denen die neu zu schaffende Ordnung basieren soll. Die Grenzen der Regelverletzung sollten wir bewusst festlegen und konsequent einhalten.

Mir kommt es manchmal so vor, als sei in der Vorstellungskraft vieler Menschen Ziviler Ungehorsam reduziert auf Sitzblockaden. Wo ein Unrecht passiert oder absehbar ist und das Demonstrieren allein nicht mehr ausreicht, da wird blockiert. Die Steigerungsform davon – wenn das Ziel nicht nur die Beseitigung eines einzelnen Unrechts, sondern eines ganzen Unrechts-Systemzusammenhangs ist – wären in dieser Logik: Blockaden überall, nichts geht mehr. Tatsächlich hätte eine relativ kleine Gruppe von Menschen die Macht, eine Gesellschaft weitgehend lahm zu legen, und könnte damit Veränderungen sozusagen erpressen. Mir fällt dazu Nordirland ein, wo sich alljährlich im Juli katholische und protestantische Einwohner_innen gegenseitig das Leben schwer machen: Blockiert Ihr unsere Parade zur Erinnerung an den Sieg Wilhelms von Oranien, dann blockieren wir euren Kirchgang. Blockiert ihr unseren Kirchgang, dann blockieren wir den Schulweg eurer Kinder usw. Aber das ist nicht die Idee hinter dem Zivilen Ungehorsam. Wenn wir es für notwendig halten, ein Atomwaffendepot zu schließen, dann hat es Sinn, hinzugehen und die Zufahrt zu blockieren. Wenn wir ein politisches System ändern wollen, dann hat es keinen Sinn, hier und da und überall auf der Straße zu sitzen, sondern wir müssen erst mal schauen, wo wir selbst als Teil dieses Systems funktionieren, und unsere Kooperation einstellen. Das kann beim Wahlboykott beginnen und beim Steuerboykott noch lange nicht aufhören.

Um es mit Gustav Landauer zu sagen: »Einen Tisch kann man umwerfen und eine Fensterscheibe zertrümmern, aber die sind eitle Wortemacher und gläubige Wortanbeter, die den Staat für so ein Ding oder einen Fetisch halten, den man zertrümmern kann, um ihn zu zerstören. Staat ist ein Verhältnis, ist eine Beziehung zwischen den Menschen, ist eine Art, wie die Menschen sich zueinander verhalten; und man zerstört ihn, indem man andere Beziehungen eingeht, indem man sich anders zueinander verhält.« (zit. nach: Wolf 1988, 60)

Ziviler Ungehorsam im Wandel der Zeiten

Spannend wird diese Frage aktuell unter anderem, weil im Rahmen der globalisierungskritischen Bewegung viel mehr Menschen zum Zivilen Ungehorsam bereit sind, als das in den letzten Jahren bei anderen Themen der Fall war.

Nachdem in den 1970er Jahren an Orten wie Brokdorf, Whyl und Gorleben die Anti-Atom-Bewegung mit Bauplatzbesetzungen den Bau der Atomkraftwerke zu verhindern versuchte und in den 1980er Jahren Tausende von Menschen in Westeuropa im Zuge der Aktionen gegen die Atomraketenstationierung Zivilen Ungehorsam leisteten, waren es in den 1990er Jahren nur kleine Gruppen von Unentwegten, die gegen Atomanlagen, Militärstützpunkte und Abschiebehaftanstalten bei Aktionen bewusst Vorschriften oder auch Gesetze übertraten und dafür teilweise wiederholt ins Gefängnis gingen. Große Aktionen Zivilen Ungehorsams fanden nur noch bei den Castor-Transporten im Wendland statt, mit einem Höhepunkt 1997 (»X-tausendmal quer« blockierte mit über 6.000 Menschen den Verladekran). »Block G8« in Heiligendamm hat da ein neues Kapitel aufgeschlagen. In diesem Zusammenhang ist das Wort »Sozialer Ungehorsam« aufgetaucht – wie ich es verstehe eine aktuelle Ausformung des Zivilen Ungehorsams, die sich durch breite Beteiligung und durch grundsätzliche Systemkritik auszeichnet. Beides ist für sich genommen nichts Neues, aber in dieser Kombination etwas Besonderes. Welche Möglichkeiten entstehen, wenn Tausende zusammenkommen, die sich nicht nur in einem einzelnen Punkt einem Unrecht entgegenstellen, sondern grundsätzlich eine andere Gesellschaft wollen?

Ziviler Ungehorsam, so habe ich behauptet, hat immer auch die utopische Komponente eines Entwurfs für eine andere Gesellschaft. In den Zusammenhängen, in denen in den letzten Jahren Ziviler Ungehorsam geleistet wurde, haben wir viel gelernt über Regeln des Miteinanders, über Kommunikation, über Konsensfindung auch in großen Gruppen. All das blieb auf überschaubare Kreise beschränkt, und es war nie das Hauptthema. Das Nachdenken über Entwürfe für herrschaftsfreie Strukturen auf großer gesellschaftlicher Ebene blieb theoretisch. Anders könnte es in Zukunft werden: Eine Bewegung, die Herrschaftsstrukturen mit Mitteln des Zivilen Ungehorsam in Frage stellen will, muss Visionen für ein anderes Miteinander entwickeln. Denn Ziviler Ungehorsam beschränkt sich ja gerade nicht auf das Kritisieren und Fordern von anderen, sondern es geht immer auch darum, im eigenen Handeln Alternativen zum Unrecht zu leben. Und eine Bewegung, die immer größer wird und keine Herrschaftsstrukturen will, muss schon aus diesem Grund Konzepte für ein tendenziell herrschaftsfreies Miteinander weiter entwickeln.

Als ich in den 1980er Jahren erstmals an Aktionen Zivilen Ungehorsams in Mutlangen teilnahm, da agierten wir in sehr überschaubaren Gruppen. Blockaden fanden oft in Gruppen von zehn bis dreißig Personen statt, manchmal auch zu zweit oder zu dritt. Zu großen Blockaden kamen vielleicht mal ein paar hundert Menschen zusammen. Bei den Castor-Blockaden im Wendland habe ich andere Dimensionen kennengelernt: In einer Gruppe von zweihundert Leuten würden viele gar nicht erst mit einer Blockade anfangen, weil sie fürchten würden, viel zu schnell wieder von der Polizei geräumt zu sein. Das Bündnis »Block G8« hat auch in dieser Hinsicht bei den großen Massenblockaden im Juni 2007 neue Maßstäbe gesetzt.

Eine Vereinigung mit Gewissen

Was bedeutet es, in großen Gruppen von mehreren tausend Personen Zivilen Ungehorsam zu leisten? An dieser Stelle zwei weitere Zitate von Thoreau: »Man sagt, dass vereinte Masse kein Gewissen hat – und das ist wahr genug; gewissenhafte Menschen aber verbinden sich zu einer Vereinigung mit Gewissen.« Und: »In den Handlungen von Menschenmassen ist die Tugend selten zu Hause.« (Thoreau 1973, 14)

Wie kann es gelingen, dass sich Tausende von Menschen in einer Großaktion tatsächlich von ihrem Gewissen leiten lassen? Wie können wir verantwortungsvoll mit der Eigendynamik umgehen, die ein Handeln in solch großen Gruppen entwickelt? Manche Aktionsgruppen legen Wert darauf, dass nur diejenigen an der Aktion teilnehmen, die sich gründlich vorbereitet haben. Andere wie »WiderSetzen« (dazu Magerl im vorliegenden Band) akzeptieren auch ein Einsteigen von Kurzentschlossenen, und bei vielen Aktionen wird gerade darauf gesetzt, dass eine Sache so viel Dynamik entwickelt, dass immer mehr

275

Menschen sich spontan anschließen. Wenn jetzt der Zivile Ungehorsam eine neue Blüte erlebt, dann sicher zu einem großen Teil dadurch, dass Menschen sich im unmittelbaren Erleben ihrer Macht bewusst werden als Masse, die den Gehorsam verweigert und nach ihrem eigenen Drehbuch agiert.

Eine Menschenmenge, die ihre Freiheit entdeckt hat, zu tun was ihr beliebt und dabei halbwegs koordiniert handelt, kann eine große Macht entfalten. Aber Ziviler Ungehorsam bedeutet nicht einfach nur, dass alle machen, was sie wollen, und dass keine Regeln mehr gelten. »Wo kämen wir denn hin, wenn alle das tun, was sie für richtig halten?«, habe ich mal einen Richter sagen hören in seiner Begründung eines Urteils gegen einen Totalverweigerer. Ja, wo kämen wir hin? Wenn alle das tun, was sie für richtig halten, also alle ihrem Gewissen folgen, dann kommen wir jedenfalls woanders hin als dann, wenn alle das tun, wozu sie gerade Lust haben oder was sie gerade nützlich finden. Ziviler Ungehorsam hat mit Gerechtigkeit zu tun, mit Menschenrechten, mit Rücksichtnahme auf andere. Damit aus einer Menschenmenge eine »Vereinigung mit Gewissen« entsteht, braucht sie Verabredungen, sowohl für den Umgang untereinander als auch für den Umgang mit den politischen Gegner_innen. Einzelne müssen die Möglichkeit haben, zu durchschauen, was geschieht, ihre eigenen Kriterien bei der Planung einzubringen, sich Gehör zu verschaffen, wenn sie gegen eine Entwicklung Bedenken haben.

Dabei möchte ich nicht ausschließlich auf das Prinzip setzen: »Wenn dich etwas stört, dann sprich die Person an, die es tut, und setze dich direkt mit ihr auseinander, dazu brauchst du keine Regel und keine Gruppenentscheidung.« Das klingt zwar erst mal sehr verlockend: Keine Hierarchien, kein Delegieren von Verantwortung an Institutionen. Aber es birgt das Risiko, dass die Einzelnen letztlich allein bleiben. Ein Beispiel aus einem Aktionscamp: Jemand kann nicht schlafen, weil am Lagerfeuer noch Leute Lärm machen. Er geht hin und spricht sie an, stellt aber fest, dass sie betrunken sind und sehr aggressiv reagieren. Am nächsten Tag möchte derjenige, der in seinem Schlafbedürfnis gestört wurde, im Plenum Regeln für solche Fälle verabreden, wird aber zurückgewiesen: Regele das direkt mit den Leuten, die dich stören.

Es gibt keine soziale Begegnung ohne Regeln. Wenn keine Regeln vereinbart werden, nach denen gemeinschaftlich und solidarisch gehandelt wird, dann gelten – wie im beschriebenen Fall – die Regeln der Stärkeren. Das ist nicht Anarchie, sondern Faustrecht – nicht Herrschaftslosigkeit, sondern die Herrschaft der Starken.

Oft ist es auch so, dass wir mit verschiedenen Vorstellungen davon zusammenkommen, welche ungeschriebenen Gesetze im Umgang miteinander und

mit politischen Gegner_innen »selbstverständlich« gelten. Die daraus resultie-
renden Konflikte sind deswegen so schmerzhaft, weil sie an unsere in jeweils
eigenen Aktionszusammenhängen gewonnenen Sicherheiten und unser Selbstverständnis rühren. Deshalb gehört für mich zu Visionen des Zivilen Ungehorsams auch eine Vision, wie wir gemeinsam in größer und bunter werdenden
Zusammenhängen Regeln des Miteinanders aushandeln.

Uralte und neue Dynamiken

Besonders viel verhandelt wurde ja in den Monaten vor und auch nach dem
G8-Gipfel in Rostock um Regeln des Umgangs mit denen, die »auf der anderen Seite« stehen. Gewaltfreiheit, für manche selbstverständliches und grund-
legendes Prinzip des politischen Handelns, ist für andere ein Korsett, eine Ein-
schränkung der eigenen Handlungsfreiheit. Dahinter liegen zwei verschiedene
Vorstellungen von Wirkungsmechanismen:

– Die einen setzen auf die oben beschriebene Wirkung auf das Gewissen
  aller Beteiligten durch die Kombination aus »Vertrauensaufbau« und
  »Paroli bieten«, wofür ein klares Bekenntnis zur Gewaltfreiheit unabdingbar ist. Die größte Kraft entwickelt diese Art politischen Wirkens
  genau dann, wenn alle Beteiligten sich zu jeder Zeit sicher sein können,
  dass von den Aktivist_innen keinerlei Bedrohung für ihre Würde, ihre
  Freiheit, ihre körperliche Unversehrtheit ausgeht.
– Die anderen setzen auf die besondere Macht, die durch massenhafte,
  gemeinsame, potentiell unbegrenzte Regelverletzungen entsteht. Gerade das Moment des Unberechenbaren – alles kann passieren – führt auf
  Seiten der Aktivist_innen zu einem sonst selten gekannten Machtgefühl
  und auf Seiten ihres Gegenübers zu Verunsicherung, Angst, Ohnmacht.

Das Problem, das ich bei der zweiten Art von Dynamik sehe, ist: Das hat überhaupt nichts Neues und Revolutionäres, Zukunftsweisendes an sich, sondern es
ist Teil einer uralten Dynamik, die in der Geschichte immer wieder zur Eskalation von gesellschaftlichen Konflikten geführt hat. Angst und Verunsicherung
lösen bei den meisten Menschen (wenn sie nicht gerade aktive Gewaltfreiheit
üben) entweder Fluchtverhalten oder Aggression aus – und je mehr jemand in
die Enge getrieben ist, umso wahrscheinlicher wird die Aggression. Wenn in
einer ohnehin schon aufgewühlten Situation jemand Regeln verletzt, die sein/
ihr Gegenüber als grundlegende Regeln des Miteinander betrachtet, dann wird

das als unfair empfunden und dient als Rechtfertigung für Gegengewalt. Diese Dynamik läuft natürlich auf beiden Seiten ab, die sich so wunderbar gegenseitig hochschaukeln können. In den 1990er Jahren hatten wir es mit einer relativ kleinen Bewegung zu tun, die mit Mitteln des gewaltfreien Zivilen Ungehorsams ihren politischen Forderungen Nachdruck verlieh. Im neuen Jahrtausend erleben wir eine wachsende Bewegung, die eine Menge der Techniken des Zivilen Ungehorsams aufgreift, ohne sich aber seiner Geschichte und der Erfahrungen bewusst zu sein, aus denen heraus diese Techniken entwickelt wurden

Den politischen Raum vergrößern

Unter allen politischen Handlungsmöglichkeiten, die wir haben, gibt es solche, die mit für uns annehmbaren, und solche, die für uns mit unannehmbaren Kosten verbunden sind. Hieraus bestimmt sich der politische Raum, der uns zur Verfügung steht. Eine gut organisierte Kampagne Zivilen Ungehorsams vergrößert den politischen Raum einer sozialen Bewegung, während sie zugleich den politischen Raum der Herrschenden für Gewalt und Willkür einschränkt. Ich will das an einigen Beispielen deutlich machen.

Manche Aktivist_innen werden die möglichen Folgen der Teilnahme an einer Blockade (die Möglichkeit verletzt zu werden, juristische Folgen) als zu hoch empfinden, aber bei einer Demonstration keine für sie unannehmbaren Folgen erwarten. Das kann sich ändern: Wenn die Polizei auch bei einer friedlichen Demo Tränengas und Schlagstöcke einsetzt, dann werden diese Aktivist_innen nicht mehr zu Demos gehen: Ihr politischer Raum verkleinert sich.

Aber auch die Polizei bzw. die hinter ihr stehende Regierung hat einen politischen Raum, in dem sie sich bewegt. Auch sie muss abwägen, welche Handlungen ihrerseits welche (materiellen und politischen) Folgen haben.

Im April 2009 feierte die NATO in Straßburg mit einem Gipfeltreffen ihr 60-jähriges Bestehen. Eine angemeldete Demonstration durch die Innenstadt wurde von den Behörden verboten; sie schickten die Demonstrant_innen in ein abgelegenes Hafenviertel. Die Polizei verhinderte aber systematisch die Anreise zum Ort der genehmigten Demonstration. Es kam zu Auseinandersetzungen an einer Brücke, wo die Polizei Tausenden von Menschen den Zugang zum Ort der Demonstration verwehrte. Anschließend zog sich die Polizei aus dem Hafenviertel weitgehend zurück. Es kam zu Ausschreitungen, bei denen ein Hotel und ein leer stehendes Zollgebäude in Brand gesteckt wurden. Ein

Demonstrationszug, der von Kehl her zu der Demo in Straßburg stoßen wollte, wurde auf der Europabrücke aufgehalten, da angeblich nicht für die Sicherheit der Demonstrant_innen gesorgt werden konnte. Auf der Straßburger Seite gerieten viele friedliche Demonstrant_innen in das Kreuzfeuer zwischen gewaltbereiten Demonstrant_innen und der Polizei.

In dieser Situation war der politische Druck hoch; der politische Preis für eine gelungene Blockade des NATO-Gipfels oder auch nur für eine deutliche Beeinträchtigung des Gipfel-Geschehens durch die Demonstrationen wäre enorm hoch gewesen. Mehr noch: Eine schlimmere Bedrohung als die Blockaden mag die Aussicht gewesen sein, es könnte eine große, friedliche, sichtbar von einem breiten gesellschaftlichen Spektrum aus ganz Europa getragene Demonstration gegen die NATO geben. Dementsprechend war die Regierung bereit, für die Durchsetzung ihrer Ziele auch Dinge zu tun, die sonst eher vermieden werden, weil sie ihrerseits einen zu hohen politischen Preis haben.

Und deshalb brauchte die Regierung dringend Gewalt von Seiten der Demonstrant_innen. Nehmen wir mal an, es hätte an diesem Tag keinerlei Gewalt von Seiten der Demonstrant_innen gegeben. Keine Rauchsäulen über Hotels, keine zerstörten Bushäuschen, keine erbosten Anwohner_innen, nicht mal Vermummte. Nehmen wir an, die Polizei hätte ihr Tränengas und ihre Blendgranaten von Anfang bis Ende ausschließlich gegen Leute eingesetzt, die in keinerlei Weise auf diese Eskalation eingestiegen wären. Der politische Preis wäre vermutlich unannehmbar hoch gewesen.

Wer zu einer Blockade oder Feldbefreiung geht, bereitet sich vor und macht sich über Risiken Gedanken; zu Demos dagegen gehen viele von uns unvorbereitet und unorganisiert. Die meisten von uns sind es gewohnt, dass eine einfache Demonstration eine ungefährliche Art ist, der eigenen politischen Meinung Ausdruck zu geben. Das sollte auch so sein: Um das Demonstrationsrecht in Anspruch zu nehmen, sollte mensch weder besonders mutig noch besonders erfahren, weder durchtrainiert noch besonders stark sein müssen.

In Straßburg waren Tausende unterwegs, die einfach nur friedlich demonstrieren wollten und nicht darauf vorbereitet waren, sich die Möglichkeit dazu erst zu erkämpfen. Es waren ebenfalls Tausende unterwegs, die bereit waren für ihr Recht zu kämpfen – auch mit Gewalt. Und die damit der Polizei die Bilder lieferten, die sie brauchte, um ihr Vorgehen zu rechtfertigen. Diese beiden Zutaten waren der perfekte Mix für eine Polizei, die das Ziel hatte, die Demo im Keim zu ersticken.

Wir werden nie herausfinden, welche der Gewalttaten von agents provocateurs und welche von »echten« Demonstrant_innen begangen wurden. Sicher

279

ist: Sie haben alle der Gegenseite gedient. Der politische Raum der französischen Regierung wurde durch die Gewalt von Seiten der Demonstrant_innen deutlich größer, als er ohne sie gewesen wäre.

Das heißt andererseits: Wir können als Aktivist_innen unseren eigenen Handlungsspielraum erweitern, wenn wir uns auf eine Strategie der Aktiven Gewaltfreiheit festlegen. Wenn von vornherein klar ist, dass wir unsererseits unter keinen Umständen Gewalt anwenden werden, dann weiß die Gegenseite, dass sie einen hohen Preis zahlen muss, wenn sie uns mit Gewalt angreift. Das vermindert das Risiko von Übergriffen gegen die Demonstration und bedeutet damit eine Erweiterung des politischen Raums für viele Demonstrant_innen.

Gewaltfreies Handeln ist keine Garantie dafür, dass die Gegenseite ebenfalls keine Gewalt anwendet. Aber gewaltfreies Handeln setzt auf jeden Fall die (persönliche und politische) Hemmschwelle für Gewalt herauf und erhöht enorm den politischen Preis dafür.

Noch ein anderer Mechanismus ist in dem Zusammenhang interessant: Eine Folge der Repression ist, dass sich einige Menschen radikalisieren und einen immer höheren Preis für ihre Rechte zu zahlen bereit sind. Sie gehen trotz Repression zur Demo, rechnen damit, dort verletzt oder festgenommen zu werden, und bereiten sich entsprechend vor. Wenn mit dieser Radikalisierung eine zunehmende Bereitschaft zur Gegengewalt einhergeht, dann ist das wiederum sowohl Motiv als auch Rechtfertigung für weitere Repression. Wir haben dann den Effekt, dass eine immer kleiner werdende Gruppe immer radikaler wird, während immer mehr Menschen sich ganz zurückziehen – weil sie Angst vor den Folgen haben und/oder weil sie keinen Anteil an militantem[2] Widerstand haben wollen. Für eine radikale Minderheit erweitert sich der politische Raum, für die Massen schrumpft er zusammen.

Weitgehend unbeachtet von den Medien, die mit den Bildern der brennenden Gebäude vollauf zufrieden waren, gab es aber in Straßburg beim NATO-Gipfel noch eine ganz andere Aktion. Im Rahmen der Kampagne »NATO-ZU« blockierten hunderte Demonstrant_innen verbotenerweise in der Innenstadt die Zufahrtswege zum NATO-Treffen. Auch hier waren Leute unterwegs, die ein gewisses Risiko einzugehen bereit waren und sich darauf gut vorbereitet hatten. Es gab zu verschiedenen vorhersehbaren Szenarien klare Absprachen,

---

[2] »Militant« bedeutet eigentlich »kämpferisch« und ist damit ein Begriff, der auch auf gewaltfreien Widerstand zutrifft. Im Deutschen wird der Begriff als Synonym für »gewaltsam« gebraucht, bzw. als Selbstbezeichnung von linken Gruppen, die Gewalt als Mittel der Auseinandersetzung unter bestimmten Umständen als gerechtfertigt ansehen, sich aber nicht mit dem negativ besetzten Begriff »Gewalt« identifizieren möchten. Ich benutze den Begriff hier in diesem Sinne.

die auch eingehalten wurden. Leute aus verschiedenen Spektren waren sich einig: Sie würden der Polizei keinen Vorwand für eine weitere Eskalation bieten. Die Polizei setzte gegen diese friedliche Aktion Tränengas ein, konnte sie aber dennoch nicht verhindern. Durch ihre ruhige und entschlossene Herangehensweise haben die Blockierer_innen den politischen Raum der Polizei eingeengt; es gab keinerlei Rechtfertigungen für Gewalt. Für die Teilnehmer_innen der Aktion blieb die Sache überschaubar. Obwohl sie in der gleichen politischen Situation agierten, hatten sie einen größeren politischen Raum als die Demo-Teilnehmer_innen. Wer wird da keine Lust bekommen, das nächste Mal auch lieber zur Blockade zu gehen als zur legalen Demo?

Eine starke Einbindung einer Bewegung in die Gesellschaft bedeutet Schutz und damit einen größeren politischen Raum. So war es z.B. für die globalisierungskritischen Proteste in Rostock wichtig, dass fast alle Organisationen, Gruppen, Initiativen der im emanzipatorischen Sinne tätigen politischen Gruppen in Deutschland hinter den Protesten standen. Dadurch war der politische Raum der Regierung für Repressionen verkleinert. Je mehr eine Bewegung in der Bevölkerung verankert ist, umso höher ist der politische Preis, gegen diese Bewegung mit Gewalt vorzugehen. Um ihren Raum wieder zu vergrößern, hat die Regierung über gezielte Öffentlichkeitsarbeit die Möglichkeit, Bewegungen in der Bevölkerung zu diskreditieren. Dazu muss sie zeigen, dass eine Bewegung allgemein anerkannte Werte und Regeln verletzt. Das ist sehr schwer, wenn eine Bewegung sich ganz klar den Prinzipien Aktiver Gewaltfreiheit verpflichtet hat. Es wird deutlich einfacher, wenn auch nur Teile der Bewegung zu gewaltsamen Aktionen greifen. Im Vorfeld haben die Bemühungen der Behörden, die Bewegungen durch Hausdurchsuchungen einzuschüchtern und zu kriminalisieren, lediglich zu einer noch größeren Solidarisierung und Mobilisierung gesorgt. Das ist die Anwendung des Judo-Prinzips in der Politik: Die Kraft, die der Gegner einsetzt, wendet sich gegen ihn selbst. Als es dagegen bei der Großdemonstration in Rostock gegen das G8-Treffen zu Ausschreitungen kam, konnte das der Regierung nur Recht sein: Endlich hatte sie einen Vorwand, selbst Gewalt anzuwenden, und konnte damit ihren politischen Raum vergrößern. Zum Glück gelang es im Anschluss in den Camps, die Situation zu analysieren und tragfähige Vereinbarungen für die Aktionen der nächsten Tage zu treffen.

Fazit

Ich sehe ein gewisses Risiko, dass sich die derzeit wachsenden und mächtiger werdenden sozialen Bewegungen, wenn sie sich auf einen Machtkampf im herkömmlichen Sinne – und sei es mit Mitteln des »Sozialen« (Zivilen) Ungehorsams – einlassen, im Laufe der Zeit mit der Zuspitzung des Konflikts zu einer Art Bürgerkriegspartei im dann immerwährenden Krieg gegen die Konzerne und Staaten entwickeln.

Zugleich sehe ich die große Chance, dass sie einen Quantensprung nach vorne machen können, indem sie sich der Herausforderung stellen, nicht nur gegen die Globalisierung und deren Profiteure zu sein, sondern tatsächlich eigene, auf gesellschaftlicher Ebene (und nicht nur in kleinen Gruppen) tragfähige Strukturen zu schaffen. Wenn innerhalb von großen sozialen Bewegungen Räume entstehen, in denen wir uns nicht mehr an die hergebrachten, von Hierarchie und Konkurrenzdenken geprägten Regeln halten, sondern unsere eigenen, solidarischen Regeln des Miteinander entwickeln; wenn zugleich unsere Gegner_innen feststellen, dass es innerhalb dieser neuen, solidarischen Strukturen und Umgangsweisen auch für sie einen Platz gibt – dann könnten wir es schaffen, den Kampf aufzunehmen und zugleich den Krieg zu verweigern. Nach dem Motto »Auch in Kriegszeiten gilt Friedensbrauch« könnten wir die gesellschaftlichen Normen und Werte, die wir als Grundlage des gesellschaftlichen Zusammenlebens vorschlagen, sozusagen einseitig selbst implementieren, im Umgang untereinander und gerade auch mit politischen Gegner_innen.

Ich wünsche mir, dass die sozialen Bewegungen des 21. Jahrhunderts ihre besondere Qualität des breiten und grundsätzlich systemkritischen Ungehorsams verbinden mit einem deutlichen Anknüpfen an die Traditionen, Werte und Erfahrungen des Zivilen Ungehorsams im 19. und 20. Jahrhundert. Dann könnte es in der Tat richtig spannend werden.

Literatur

Bläsi, Burkhardt (2001): Konflikttransformation durch Gütekraft. Interpersonale Veränderungsprozesse. Studien zur Gewaltfreiheit Bd. 4, Münster: Lit-Verlag

Wolf, Siegbert (1988): Gustav Landauer zur Einführung. Hamburg: Junius Verlag

Thoreau, Henry David (1973): Über die Pflicht zum Ungehorsam gegen den Staat und andere Essays. Zürich: Diogenes

REINER STEINWEG

Bibliografie

Die zu diesem Band gehörende umfangreiche Bibliografie
Reiner Steinweg: Gewaltfreie Aktion, Ziviler Ungehorsam, Soziale Verteidigung.
Eine Bibliografie des deutschsprachigen Schrifttums mit anderssprachigen Einsprengseln
ist online zu finden unter http://www.friedenspaedagogik.de/service/literatur/
Bibliographie_Gewaltfreiheit_und_Soziale_Verteidigung und kann dort heruntergeladen werden.

Weitere Bibliografien

Bergfeldt, Lennart (1979): Nonviolent action: State of the Literature. Uppsala University, Department of Peace and Conflict Research, Report No 20, 1979

Bibliographie Theodor Ebert [bis 1997]. Erstellt von Nadya Luer, Gewaltfreie Aktion Heft 111/112, 1997, 223-240

Carter, April/Howard Clark und Michael Randle (2006): People Power and Protest since 1945. A Bibliography of Nonviolent Action. London: Housemans Bookshop (Supplement March 2007)

Gugel, Günther (1996): Wir werden nicht weichen. Erfahrungen mit Gewaltfreiheit. Eine praxisorientierte Einführung. Verein für Friedenspädagogik Tübingen 1996, 234-244

Martin Luther-King-Zentrum für Gewaltfreiheit und Zivilcourage Werdau e.V. – Archiv der Bürgerbewegung Westsachsens: Bibliothek, online verfügbar unter http://www.king-zentrum.de > Bibliothek

Müller, Barbara (1996): Anhang zu: Zur Theorie und Praxis von Sozialer Verteidigung. Arbeitspapier Nr. 3 des Instituts für Friedensarbeit und gewaltfreie Konfliktaustragung

Niemann, Rolf (1974): Literaturübersichten zur Sozialen Verteidigung: Bibliographie zur Sozialen Verteidigung, zusammengestellt von Rolf Niemann. In: Demokratische Sicherheitspolitik. Von der territorialen zur sozialen Verteidigung. Mit Beiträgen von Theodor Ebert, Vladimir Horsky, Rolf Niemann, Adam Roberts, Roland Vogt und Hans-Georg Wittig. München: Carl Hanser, 198-232

283

Verein für Friedenspädagogik Tübingen (1982/83): Gewaltfreiheit. Eine kommentierte Literaturübersicht. Literaturübersicht 6. Tübingen: Verein für Friedenspädagogik Tübingen [jetzt Institut für Friedenspädagogik Tübingen]

Internetseiten (Stand: Februar 2011)

antimilitarismus information/ami: http://www.antimilitarismus-information.de

Bund für Soziale Verteidigung/BSV: http://www.soziale-verteidigung.de

Forum Pazifismus: http://www.forum-pazifismus.de

Gewaltfreie Aktion (Wikipedia): http://www.konfliktbearbeitung.net/wiki/index. php5?title=Gewaltfreie_Aktion

Gewaltfreie Aktion Atomwaffen Abschaffen (GAAA). Gemeinsam für den Abzug der US-Atomwaffen aus Deutschland: http://www.gaaa.org

Graswurzelrevolution: Übersicht über die bisher erschienenen Ausgaben (Archiv) mit Suchfunktion: http://www.graswurzel.net/archiv/index.html

Greenpeace: http://www.greenpeace.de/ sowie http://www.greenpeace.org/switzerland/Global/switzerland/de/publication/AboutUs/2008_Leitbild_lang_dt_. pdf [Leitbild Greenpeace Schweiz]

Gütekraft: http://www.guetekraft.net

International Encyclopedia of Revolution and Protest, Immanuel Ness (ed.): Blackwell Publishing http://www.revolutionprotestencyclopedia.com

Institut für Friedenspädagogik Tübingen (vormals Verein für Friedenspädagogik Tübingen): http://www.friedenspaedagogik.de

Lebenshaus Schwäbische Alb: http://www.lebenshaus-alb.de/magazin/002141. html

Martin Luther-King-Zentrum für Gewaltfreiheit und Zivilcourage e.V.: http:// www.king-zentrum.de

Oekumenischer Dienst Schalomdiakonat: http://www.schalomdiakonat.de

Internationaler Versöhnungsbund, deutscher Zweig: http://www.versoehnungsbund.de

Internationaler Versöhnungsbund, österreichischer Zweig: http://www.versoehnungsbund.at

Werkstatt für gewaltfreie Aktion Baden: http://www.wfga.de

Ziviler Ungehorsam (Wikipedia): http://en.wikipedia.org/wiki/Civil_disobedienceBibliography

Editorisches Nachwort

Anlass für diesen Band war die Erschütterung über die Toten auf der »Mavi Marmara«, dem größten jener sechs Schiffe, die Ende Mai 2010 aufbrachen, die israelische Blockade des Gazastreifens zu durchbrechen (siehe den Beitrag von Rösch-Metzler).

Die Auswahl der Beiträge erfolgte unter dem Gesichtspunkt, a) wichtige Erfahrungen seit der Wende von 1989 zu bündeln (Teil I), b) an die ältere Erforschung und Praxis der Gewaltfreien Aktion zu erinnern (Teil II sowie die Beiträge von Goss-Mayr, Jahn/M. L. King, Hertle, Thorbecke) und neuere Forschungsergebnisse (Arnold, Bala) zugänglich zu machen, c) über Wege der Vorbereitung auf gewaltfreie Aktionen zu informieren (Teil III sowie Nagler und Steinweg/Internationale Aktionen) sowie d) zu aktuellen Debatten Stellung zu nehmen (Teil IV sowie Arnold, Magerl und Wichmann) und damit den Anschluss an die Überblicke der 1980er und 1990er Jahre herzustellen.[1]

Zwei große Anwendungsgebiete des gewaltfreien Zugangs mussten leider weitgehend ausgespart werden: die gewaltfreie »Soziale Verteidigung« gegen Angriffe fremder Staaten und die seit den 1990er Jahren verstärkt unternommenen Versuche, die Zivile Konfliktbearbeitung in Nachkriegs- und Spannungsgebieten weiterzuentwickeln, vorangetrieben u.a. durch die Berghof Foundation, das Forum Ziviler Friedensdienst, die Nonviolent Peace Force, die Peace Brigades International und den Dachverband »Plattform Zivile Konfliktbearbeitung«.

Linz/Donau und Zempow/Brandenburg, 4. April 2011

---

[1] Gernot Jochheim: Die Gewaltfreie Aktion. Idee und Methoden, Vorbilder und Wirkungen. Hamburg: Rasch & Röhring 1984; ders.: Traum und Tat. Wege des gewaltfreien Widerstands. Stuttgart / Wien: Hoch-Verlag 1992; Günther Gugel/Horst Furtner: Gewaltfreie Aktion. Materialien Nr. 7 des Vereins für Friedenspädagogik Tübingen 1982; Günther Gugel: Wir werden nicht weichen. Erfahrungen mit Gewaltfreiheit. Tübingen: Verein für Friedenspädagogik 1996.

Die Autorinnen und Autoren

Arnold, Martin, geb. 1946, Dr. phil. des., Pfarrer i.r., Friedensforscher, Institut für Friedensarbeit und gewaltfreie Konfliktaustragung; Essen

Bala, Sruti, geb. 1973 in Lucknow/Indien, Dr. phil., Theaterwissenschaftlerin, Universität von Amsterdam

Buro, Andreas, geb. 1928, Dr. habil., Prof. em. für internationale Politik der Universität Frankfurt am Main; Friedenspolitischer Sprecher des Komitees für Grundrechte und Demokratie; Grävenwiesbach

Ebert, Theodor, geb. 1937 in Stuttgart, Dr. phil., Prof. em. für Politologie der Freien Universität Berlin; Hrsg. von »Gewaltfreie Aktion. Vierteljahreshefte für Frieden und Gerechtigkeit« seit 1969; Berlin

Führer, Christian, geb. 1943 in Leipzig, evang. Pfarrer i.R.; Leipzig

Goss-Mayr, Hildegard, geb. 1930, Dr. phil., Ausbildnerin in Gewaltfreiheit, Internationaler Versöhnungsbund; Wien

Hertle, Wolfgang, geb. 1946, Dr. phil. Dipl. pol., Politologe, Hamburger Institut für Sozialforschung; Hamburg

Hollerbach, Matthias, geb. 1964, Dipl.-Ing., Landschafts- und Freiraumplanung, Regionalmanager PLENUM Kaiserstuhl; Gundelfingen

Jahn, Egbert, geb. 1941, Dr. phil., Friedensforscher; Prof. em. für Politische Wissenschaft und Zeitgeschichte der Universität Mannheim; Kelkheim

Laubenthal, Ulrike, geb. 1966, Trainerin für Gewaltfreies Handeln; Zempow/ Brandenburg

Magerl, Jens, geb. 1964, Philosoph, Pädagoge, Mediator; Bussau/Wendland

Nagler, Michael N., geb. 1937, Prof. em. der Universität Berkeley, Leiter des Metta-Centers für Gewaltfreiheit; Begründer des Studienprogramms Friedens- und Konfliktforschung; Berkeley

Nusseibeh, Sari, geb. 1949, Prof. Dr. phil., Rektor der Al Quds-Universität seit 1995; Ost-Jerusalem

Painke, Uwe, geb. 1962, Dr. rer. soc., Pädagoge, Trainer für gewaltfreies Handeln, Leiter der Volkshochschule Leonberg; Leonberg

Rohwedder, Jörg, geb. 1968, Dipl. soz. ök., Sozialökonom, Geschäftsführer der Bewegungsstiftung; Palingen/Nordwestmecklenburg

Rösch-Metzler, Wiltrud, geb. 1958, Journalistin; Stuttgart

Stay, Jochen, geb. 1965, Aktivist und Verleger, Sprecher der Anti-Atom-Organisation ausgestrahlt, aktiv im »Netzwerk ZUGABe«; Jeetzel/Wendland

Steinweg, Reiner, geb. 1939, Dr. phil., Friedensforscher/Konfliktberater, Theaterpädagoge; Linz/Donau

Sternstein, Wolfgang, geb. 1939, Dr. phil., Friedensforscher/gewaltfreier Aktivist, Institut für Umweltwissenschaft und Lebensrechte e.V., Stuttgart

Tempel, Katja, geb. 1963, Dipl. Soz. Päd., Hebamme, Aktivistin und Organisatorin von gewaltfreien Aktionen Zivilen Ungehorsams; Jeetzel/Wendland

Tempel, Konrad, geb. 1932, Pädagoge, früher Staatliches Studienseminar und Universität Hamburg; Ahrensburg/Schleswig-Holstein

Thorbecke, Saskia, geb. 1985, MA, Justus-Liebig-Universität Gießen

Vogt, Roland, geb. 1941, vormals MdB (10. Deutscher Bundestag); Jurist und Dipl. pol.; Friedensarbeiter, Konversionsexperte; Bad Dürkheim

Wanie, Renate, geb. 1948, Bildungsreferentin und Trainerin für gewaltfreies Handeln, Werkstatt für Gewaltfreie Aktion, Baden; Heidelberg

Brandes
&Apsel

ca. 320 S., Frz. Br. mit Fotos
ISBN 978-386099-709-3

372 S., Frz. Br., mit Bildteil
ISBN 978-3-86099-383-5

Andreas Buro

Gewaltlos
gegen Krieg

Erinnerungen
eines streitbaren Pazifisten

Vom ersten Ostermarsch an dabei, in vielen Teilen der Welt für Frieden tätig, Politikwissenschaftler und Friedensforscher – Andreas Buro erzählt, wie er zu seiner Lebensaufgabe fand, Frieden zu fördern und Krieg zu überwinden. Ein spannungsreiches, oft riskantes und doch erfülltes Leben zwischen der herrschenden Machtpolitik und dem Einsatz für eine friedlichere Welt.

Buro engagierte sich maßgeblich u.a in der von ihm um 1960 mitbegründeten Ostermarschbewegung/Kampagne für Abrüstung, dem Sozialistischen Büro und dem Komitee für Grundrechte und Demokratie. Sein besonderes Anliegen ist die Entfaltung ziviler Konfliktbearbeitung, um Frieden möglich und Militär überflüssig zu machen. Zahlreiche Veröffentlichungen. Aachener Friedenspreis 2008.

Friedensforschung
und Friedenspraxis

Ermutigung zur Arbeit
an der Utopie

Reiner Steinweg zum 70. Geburtstag

Hrsg. von M. M. Baumann,
H.-M. Birckenbach,
V. Brandes, S. Dieterich,
U. Gundermann, U. Suhr

Nicht nur Bilanz wird in diesem Buch von fast 30 Autor/innen gezogen, es werden auch praktische Ansätze und Erfahrungen aufgearbeitet, die Hoffnung machen.

Eine facettenreiche Bestandsaufnahme liegt hier vor, die den Blick auf alte und neue Krisenherde in der Welt wirft. Diskutiert werden vor diesem Hintergrund Ansätze und Wege zur Überwindung von Gewalt auf individueller, sozialer und politischer Ebene.

»(...) ein Standardwerk (...) für all diejenigen, die den humanen Auftrag ernst nehmen – Frieden schaffen, ohne Wenn und Aber!« (Jos Schnurer, socialnet)

Bitte fordern Sie auch unser Gesamtverzeichnis an: Brandes & Apsel Verlag

Scheidswaldstr. 22 • 60385 Frankfurt/M. • info@brandes-apsel.de • www.brandes-apsel-verlag.de